21世纪经济学管理学系列教材

经济法

第八版

ECONOMIC LAW

曾咏梅 王 峰 编著

武汉大学出版社

图书在版编目(CIP)数据

经济法/曾咏梅,王峰编著.—8版.—武汉:武汉大学出版社,2019.12
21世纪经济学管理学系列教材
 ISBN 978-7-307-21308-1

Ⅰ.经… Ⅱ.①曾… ②王… Ⅲ.经济法—中国—高等学校—教材
Ⅳ.D922.29

中国版本图书馆 CIP 数据核字(2019)第 269014 号

责任编辑:范绪泉　　　责任校对:李孟潇　　　版式设计:马　佳

出版发行:武汉大学出版社　(430072　武昌　珞珈山)
(电子邮箱:cbs22@whu.edu.cn　网址:www.wdp.com.cn)
印刷:武汉图物印刷有限公司
开本:787×1092　1/16　印张:23.5　字数:554 千字　插页:2
版次:2003 年 3 月第 1 版　　2006 年 1 月第 2 版
　　2006 年 7 月第 3 版　　2007 年 9 月第 4 版
　　2009 年 6 月第 5 版　　2012 年 8 月第 6 版
　　2015 年 3 月第 7 版　　2019 年 12 月第 8 版
　　2019 年 12 月第 8 版第 1 次印刷
ISBN 978-7-307-21308-1　　定价:49.00 元

版权所有,不得翻印;凡购我社的图书,如有质量问题,请与当地图书销售部门联系调换。

21世纪经济学管理学系列教材编委会

顾问

谭崇台　郭吴新　李崇淮　许俊千　刘光杰

主任

周茂荣

副主任

谭力文　简新华　黄　宪

委员（按姓氏笔画为序）

王元璋　王永海　甘碧群　张秀生　严清华

何　耀　周茂荣　赵锡斌　郭熙保　徐绪松

黄　宪　简新华　谭力文　熊元斌　廖　洪

颜鹏飞　魏华林

总　　序

　　一个学科的发展，物质条件保障固不可少，但更重要的是软件设施。软件设施体现在三个方面：一是科学合理的学科专业结构，二是能洞悉学科前沿的优秀的师资队伍，三是作为知识载体和传播媒介的优秀教材。一本好的教材，能反映该学科领域的学术水平和科研成就，能引导学生沿着正确的学术方向步入所向往的科学殿堂。作为一名教师，除了要做好教学工作外，另一个重要的职能就是，总结自己钻研专业的心得和教学中积累的经验，以不断了解学科发展动向，提高自己的科研和教学能力。

　　正是从上述思路出发，武汉大学出版社准备组织一批教师在几年内编写出一系列经济学和管理学教材，同时出版一批高质量的学术专著，并已和武汉大学商学院达成共识，签订了出版合作协议，这是一件振奋人心的大事。

　　我相信，这一计划一定会圆满地实现。第一，合院以前的武汉大学经济学院和管理学院已分别出版了不少优秀教材和专著，其中一些已由教育部通过专家评估确定为全国高校通用教材，并多次获得国家级和省部级奖励，在国内外学术界产生了重大影响，对如何编写教材和专著的工作取得了丰富的经验。第二，近几年来，一批优秀中青年教师已脱颖而出，他们不断提高教学质量，勤奋刻苦地从事科研工作，已在全国重要出版社，包括武汉大学出版社，出版了一大批质量较高的专著。第三，这套教材必将受到读者的欢迎。时下，不少国外教材陆续被翻译出版，在传播新知识方面发挥了一定的作用，但在如何联系中国实际，建立清晰体系，贴近我们习惯的思维逻辑，发扬传统的文风等方面，中国学者有自己的优势。

　　这一系列经济学和管理学教材将分期分批问世，武汉大学商学院教师将积极地参与这一具有重大意义的学术事业，精益求精地不断提高著作质量。系列丛书的出版，说明武汉大学出版社的同志们具有远大的目光，认识到，系列教材和专著的问世带来的不止是不小的经济效益，更重要的是巨大的社会效益。作为武汉大学出版社的一位多年的合作者，对这种精神，我感到十分钦佩。

第八版前言

2015年本书第七版发行以来，国家立法机关结合经济发展需要，先后对与本书内容相关的民法总则、公司法、商标法、证券法、保险法、反不正当竞争法、税法、会计法、产品质量法等法律进行了修改，此外，还颁布了民法总则、外商投资法、科创板首次公开发行股票注册管理办法（试行）等新法，最高人民法院也就本书涉及的法律发布了一些新的司法解释。为了更好地服务于广大师生及社会各界读者，我们决定对本书内容进行更新和补充，以第八版发行。

本次修订内容较多，主要集中在以下14个方面：

一、根据《中华人民共和国民法总则》对市场主体的种类、债权、知识产权等部分作了更新和补充，并将原书第二章中关于企业名称的规定调到第一章中，补充了新的内容。

二、根据《中华人民共和国公司法》和《中华人民共和国外商投资法》对公司法作了更新和补充，因《中华人民共和国中外合资经营企业法》等外商投资企业法在《外商投资法》实施后即废止，本次修订删除了原书第五章外商投资企业法。

三、根据《中华人民共和国商标法》和有关司法解释，对商标注册的原则、注册商标专用权和驰名商标的保护等内容作了修改和补充。

四、根据《中华人民共和国民法总则》和有关合同法的司法解释，对合同的效力、合同的变更作了更新和补充。

五、根据《中华人民共和国物权法》和《中华人民共和国担保法》，对留置权和定金作了修改和补充。

六、根据《中华人民共和国证券法》和有关规定，对证券法章节作了全面更新和补充。

七、根据《票据管理实施办法》《电子商业汇票业务管理办法》，对票据法的内容作了更新或补充，增加了电子商业汇票方面的内容。

八、根据《中华人民共和国保险法》、有关司法解释和国务院机构改革方案，对保险法的内容作了更新和补充。

九、根据课时安排，对税法一章结构作了调整，删除了对部分税种的介绍，重点对增值税、消费税、所得税等方面作了更新和补充。

十、根据修订后的《中华人民共和国会计法》《中华人民共和国审计法》和《中华人民共和国审计法实施条例》，对会计法、审计法的相关内容作了更新和补充。

十一、根据修订后的《中华人民共和国反不正当竞争法》和国务院机构改革方案，对反不正当竞争法部分作了全面更新、对反垄断法作了部分更新和补充。

十二、根据修订后的《中华人民共和国产品质量法》，对相关内容作了更新和补充。

十三、根据《中华人民共和国民法总则》，在第十六章中增加了时效方面的规定，并对仲裁和诉讼作了部分修改和补充，增加了知识产权法院和互联网法院管辖方面的内容。

十四、根据教学课时安排和学生情况，删除了原书中专业性较强的反倾销与反补贴法、房地产法，对书中发现的表述不准确之处进行了修改和完善。对本书各章后案例、参考阅读和思考题作了部分更新。

本书自2003年第一版出版发行至今，历时16年，见证了中国经济法的发展历程，与中国法制建设共同成长。衷心感谢长期以来一直支持我们的法律同仁和学生，是你们的鼎力支持，激励我们与时俱进，不断努力修改、完善这本教材。在本书第八版发行之际，再次向长期信赖和支持我们的广大师生及社会各界读者、向武汉大学出版社和编辑表示衷心的感谢！

曾咏梅

2019年12月

第七版前言

党的十八届三中全会、四中全会相继作出全面深化改革、推进依法治国的决定。其中,经济体制改革的核心问题是处理好政府和市场的关系,使市场在资源配置中起决定性作用和更好发挥政府作用。为实现这一目标,政府必须切实转变职能,深化行政体制改革。简政放权和减少行政审批事项则是推动行政体制改革、释放社会活力的重要抓手。自2013年以来,政府分批集中取消、下放了许多审批权,并在商事制度方面实施了多项改革措施,进一步降低市场准入门槛,构建了以信息公示、信用约束为核心的新型监管模式,提高了政府工作的效率。与此相适应,国家立法机关修订或制定了一些新的法律法规,最高人民法院也发布了一些新的司法解释,为了更好地服务于广大师生及社会各界读者,我们决定对本书内容进行更新和调整,以第七版方式发行。

本次修订主要集中在以下10个方面:

一是根据《注册资本登记制度改革方案》《企业信息公示暂行条例》《个体工商户年度报告暂行办法》《企业公示信息抽查暂行办法》、新修订的《中华人民共和国公司法》《企业法人登记管理条例》《公司注册资本登记管理规定》《中华人民共和国合作企业法实施细则》《中华人民共和国中外合资企业法》《中华人民共和国中外合作企业法》《中华人民共和国外资企业法》《中华人民共和国外资企业法实施细则》《个体工商户登记管理办法》等市场主体法,对本书第一章、第二章、第四章、第五章的相关章节作了更新或补充。

二是根据新修订的《中华人民共和国商标法》和《中华人民共和国商标法实施条例》对本书第七章内容作了更新或补充。

三是根据最高人民法院《关于审理买卖合同纠纷案件适用法律问题的解释》,对第八章的内容作了更新或补充。

四是根据新修订的《中华人民共和国证券法》和《证券发行与承销管理办法》等对第十章的内容作了更新或补充。

五是根据新修订的《中华人民共和国保险法》和《最高人民法院关于适用〈中华人民共和国保险法〉若干问题的解释(二)》等对第十二章的内容作了更新或补充。

六是根据新修订的《中华人民共和国税收征收管理法》等对第十三章的内容作了修订。

七是根据《中华人民共和国不动产登记暂行条例》,对第十八章城市房地产权属登记进行了修订。

八是根据新修订的《中华人民共和国民事诉讼法》等对第十九章的内容作了更新或补充。

九是对本书第一章的内容作了补充,增加了法的表现形式。

十是对书中发现的表述不准确之处进行了修改和完善。对本书部分章后案例、参考阅读的内容作了更新。

在本书第七版发行之际，再次向长期信赖和支持我们的广大师生及社会各界读者，向武汉大学出版社和编辑表示衷心的感谢！

曾咏梅
2015 年 3 月

第六版前言

时光如白驹过隙，转眼间，本书第五版已使用3年，重印8次。2009年和2010年，与本书相关的基本法律相对稳定，但2011年国家立法机关对与本书相关的法律进行了修订或制定了新的相关法律，最高人民法院也针对相关法律先后发布了一批司法解释，为了继续保持和发扬本书与时俱进的特色，更好地服务于广大师生及我们忠实的读者，我们决定结合新的规定及使用本书的师生反馈的意见和建议，对本书内容再次进行更新和调整，以第六版发行。此次修订主要集中在以下五个方面：

一是根据《个体工商户条例》《中华人民共和国侵权责任法》、最高人民法院《关于适用〈中华人民共和国公司法〉若干问题的规定（二）》和《关于适用〈中华人民共和国公司法〉若干问题的规定（三）》、最高人民法院《关于审理外商投资企业纠纷案件若干问题的规定（一）》《关于外商投资企业合并与分立的规定》《关于外商投资企业解散注销登记管理有关问题的通知》、最高人民法院《关于适用〈中华人民共和国企业破产法〉若干问题的规定（一）》《中华人民共和国专利法实施细则》、最高人民法院《关于适用〈中华人民共和国合同法〉若干问题的解释（二）》《证券发行与承销管理办法》、最高人民法院《关于审理票据纠纷案件若干问题的规定》、国家税务总局《关于旅店业和饮食业纳税人销售食品有关税收问题的公告》《关于免征蔬菜流通环节增值税有关问题的通知》、2011年修订的《中华人民共和国个人所得税法》及《中华人民共和国个人所得税法实施条例》《中华人民共和国车船税法》及《中华人民共和国车船税法实施条例》《中华人民共和国资源税暂行条例》等对本书相关章节作了更新或补充。

二是对本书第一章、第四章、第五章、第八章、第十章的结构或内容作了较大的调整。

三是对本书第一章、第四章、第八章、第九章、第十章、第十六章章后案列作了更新或较大调整，并对其他案例进行了微调。

四是对本书部分复习思考题、参考阅读的内容作了更新或调整。

五是对发现的书中表述不准确之处进行了修改和完善。

本书能够自2003年第一版发行至目前的第六版，得益于广大师生及相关读者对我们的信赖和支持，得益于武汉大学出版社和编辑的帮助和支持，在此表示衷心的感谢！

曾咏梅

2012年8月

第五版前言

时间飞逝，不经意间本书第四版已发行一年半了。在广大师生及其他读者的热情支持下，第四版已重印四次。在过去的一年多时间里，与本书相关的法律相对比较稳定，只是在 2007 年 10 月和 2007 年 12 月，全国人民代表大会常务委员会分别对《中华人民共和国民事诉讼法》和《中华人民共和国个人所得税法》作了部分修订，更新了《中华人民共和国耕地占用税暂行条例》。由于修订的内容在本书所占比例较小，为保持本书的相对稳定性，我们未对本书进行改版。2008 年 2 月和 11 月，国务院分别对《中华人民共和国个人所得税法实施条例》和流转税法作了一些调整，2008 年 12 月和 2009 年 2 月，全国人民代表大会常务委员会分别对《中华人民共和国专利法》和《中华人民共和国保险法》作了较大的修订，为了更好地服务于广大师生及其他读者，我们决定结合新法及使用本书的师生反馈的意见和建议，对本书部分内容进行更新，以第五版方式发行。此次修订主要集中在以下几个方面：

一是根据最新的法律规定，对本书第七章中的专利法部分，第十三章中的流转税法、个人所得税、房产税及行为税部分，第十九章中的经济诉讼部分作了较大的更新和调整，全面更新了第十二章保险法。

二是对本书第四章公司法、第六章企业破产法、第八章合同法、第九章担保法、第十一章票据法、第十五章竞争法律制度中的部分内容进行了完善和补充。

再次感谢广大师生及其他读者对我们的支持！

曾咏梅

2009 年 6 月

第四版前言

为适应我国社会主义市场经济体制深入改革的需要，近几年我国立法机关加快了经济方面法律的改革步伐。仅自2006年7月本书第三版出版后的一年时间里，全国人大便先后颁布了《中华人民共和国企业破产法》《中华人民共和国物权法》，并对《中华人民共和国合伙企业法》《中华人民共和国企业所得税法》等进行了较大的调整。虽然有些法律目前还没有开始实施，但为了使读者掌握我国最新的立法动态，继续保持和发扬本书与时俱进的特色，我们决定结合新法对教材内容进行更新，以第四版发行。此次修订主要集中在以下几个方面：

一是根据新《中华人民共和国合伙企业法》和《中华人民共和国企业破产法》，全面更新了第三章合伙企业法和第六章企业破产法。

二是根据《中华人民共和国物权法》对第一章法调整经济关系的一般理论、第九章担保法作了较大的调整和补充。

三是根据《中华人民共和国物权法》和2007年修订的《物业管理条例》对第十八章房地产法作了较大的调整和补充。

四是根据《中华人民共和国企业所得税法》和《中华人民共和国车船税暂行条例》等，对第十三章税法作了较大的调整。

五是对第四章公司法、第五章外商投资企业法和第十章证券法的结构和内容作了部分调整。

六是根据新颁布的《中华人民共和国反垄断法》，对第十五章竞争法律制度作了调整，增加了反垄断法方面的内容。

七是对书内部分复习思考及案例分析作了调整。

本书自2003年第一版发行以来，受到许多高校师生及其他社会读者的喜爱，我们深感荣幸。在此我们向各位读者表示衷心的感谢！四年间本书能够连续发行四版，武汉大学出版社对此给予了极大的支持，在此也一并表示衷心的感谢！为更方便读者使用此书，我们计划与即将开通的中国教学案例网（www.cctc.net.cn）合作，逐步为读者提供一些教学参考资料、学生习作，建立交流平台，敬请关注。

曾咏梅
2007年8月

第三版前言

《经济法》第二版自2006年1月出版至今,虽然时间不长,但由于与本书内容相关的部分法律国家立法机关又作了较大程度的修改,为了适应我国经济立法的发展,更好地满足教学、研究和工商界人士的需要,充分体现本书与时俱进的写作及出版特色,我们决定对本书第二版作进一步修订。由于改动的内容较多,所以决定以第三版形式发行。

此次修订的重点主要集中在以下几个方面:

一是更新了部分内容。结合新颁布实施的关于审计、消费税、烟叶税等方面的规定,对本书有关内容进行了更新。

二是扩充了部分内容。在担保法一章增加了最高人民法院发布的有关司法解释,有助于读者更准确地理解和运用担保法。在房地产法一章增加了国务院发布施行的《物业管理条例》等规定。

三是对公司法一章的内容作了进一步完善。

本书自2003年第一版出版发行以来,受到国内许多高等院校经济与管理类专业师生和工商界人士的青睐,在此衷心感谢所有读者对我们的信任与支持!

曾咏梅

2006年7月

第二版前言

经济法是调整经济关系的。随着我国经济体制改革的深入，调整经济关系的法也要适时地进行调整，与此相适应，经济法教材也需要与时俱进。本书于2003年3月出版，截至2005年8月，已印刷了七次。在本书编写和以后的每次重印过程中，我们都力求反映国内最新的立法和法学研究成果，及时对其间修订了的法律规定进行更新。该书于2004年11月被中国大学出版社协会授予第六届全国大学出版社优秀畅销书二等奖，2005年获中南地区大学版协优秀畅销书奖，受到教师和学生的普遍欢迎。

2005年10月以来，国家立法机关对《中华人民共和国公司法》《中华人民共和国证券法》和《中华人民共和国个人所得税法》作了较大范围的修订，为与我国立法改革相适应，满足教学需要，我们对本书有关内容作了较大幅度的调整，现以第二版方式发行。

曾咏梅
于武汉大学珞珈山
2005年12月岁末

第一版前言

经济法是我国教育部高等教育司确定的高等学校工商管理类专业核心课程,同时也是高等学校经济学专业的必修课或选修课。对工商管理类专业学生进行法学教育的基本目标是使学生了解和掌握我国经济法的基本理论、基础知识和基本技能,在提高法律意识、增强法治观念的同时,能够正确运用法律手段处理和解决工商管理工作中遇到的法律问题。

在理论上,对于经济法含义的理解有狭义和广义之分。从狭义上看,经济法是指以国家干预经济为主要特征,以协调社会整体利益为主要内容的独立的法的部门;从广义上看,经济法是调整经济关系的所有法的部门的总称。本书是按广义的理解来安排具体内容的。之所以采用广义的理解,主要原因有以下两点:一是在现代市场经济条件下,法对经济关系的调整已处于不同法的部门分合相济的综合调整模式下,现代形式意义上的调整经济关系的任何一部法律往往同时包含有不同性质的法律规范,因此,以狭义的部门法的划分标准来确定经济法教材的内容,具有片面性,难以达到工商管理类专业法学教育的基本目标;二是我国教育部高教司确定的《全国普通高等学校工商管理类核心课程教学基本要求》中对经济法教学的基本要求采用的是广义的理解。

本书紧密围绕工商管理类专业法学教育的基本目标,兼收民法、商法、经济法的基本内容。在教材编写过程中,力求反映我国最新的立法和法学研究成果,注重理论联系实际,特别强调对法律实务的介绍,努力提高其可操作性。

目 录

第一章 法调整经济关系的一般理论 1
    第一节 经济关系及其法的调整模式 1
    第二节 中国市场经济关系的法的调整 4
    第三节 市场主体 10
    第四节 市场主体的基本民事权利 19

第二章 个人独资企业法 27
    第一节 个人独资企业法概述 27
    第二节 个人独资企业的设立 29
    第三节 个人独资企业事务的管理 31
    第四节 个人独资企业的解散与清算 31

第三章 合伙企业法 34
    第一节 合伙企业法概述 34
    第二节 合伙企业的设立与变更 37
    第三节 合伙企业的财产 40
    第四节 合伙企业的内外关系 42
    第五节 入伙与退伙 44
    第六节 合伙企业的解散与清算 46

第四章 公司法 50
    第一节 公司法概述 51
    第二节 公司法的基本制度 54
    第三节 有限责任公司法 65
    第四节 股份有限公司法 72

第五章 企业破产法 83
    第一节 企业破产法概述 83
    第二节 破产申请与受理 87
    第三节 管理人与债权人会议 89
    第四节 债务人的财产及有关费用 93

第五节　破产重整与和解 …………………………………… 96
　　第六节　破产清算 …………………………………………… 100

第六章　工业产权法 …………………………………………… 104
　　第一节　工业产权法概述 …………………………………… 105
　　第二节　专利法 ……………………………………………… 106
　　第三节　商标法 ……………………………………………… 116

第七章　合同法 ………………………………………………… 128
　　第一节　合同和合同法概述 ………………………………… 129
　　第二节　合同的订立 ………………………………………… 132
　　第三节　合同的效力 ………………………………………… 138
　　第四节　合同的履行 ………………………………………… 146
　　第五节　合同的变更和转让 ………………………………… 150
　　第六节　合同权利和义务的终止 …………………………… 153
　　第七节　当事人的违约责任 ………………………………… 155

第八章　担保法 ………………………………………………… 161
　　第一节　担保法概述 ………………………………………… 161
　　第二节　保证 ………………………………………………… 164
　　第三节　抵押 ………………………………………………… 168
　　第四节　质押 ………………………………………………… 174
　　第五节　留置 ………………………………………………… 176
　　第六节　定金 ………………………………………………… 177

第九章　证券法 ………………………………………………… 181
　　第一节　证券法概述 ………………………………………… 181
　　第二节　证券发行 …………………………………………… 186
　　第三节　证券上市与交易 …………………………………… 194
　　第四节　上市公司的收购 …………………………………… 198
　　第五节　信息披露与投资者保护 …………………………… 202
　　第六节　证券交易场所与证券公司 ………………………… 205
　　第七节　《证券法》规定的其他机构 ………………………… 209

第十章　票据法 ………………………………………………… 214
　　第一节　票据和票据法概述 ………………………………… 214
　　第二节　票据行为 …………………………………………… 218
　　第三节　票据权利 …………………………………………… 222

第四节　票据运作的基本规则 …………………………………… 228
　　第五节　涉外票据的法律适用 …………………………………… 236

第十一章　保险法 …………………………………………………………… 239
　　第一节　保险与保险法概述 ……………………………………… 239
　　第二节　保险合同法 ……………………………………………… 242
　　第三节　保险业法 ………………………………………………… 255

第十二章　税法 ……………………………………………………………… 260
　　第一节　税法概述 ………………………………………………… 260
　　第二节　流转税 …………………………………………………… 264
　　第三节　所得税 …………………………………………………… 269
　　第四节　税收征收管理法 ………………………………………… 275

第十三章　会计法和审计法 ………………………………………………… 284
　　第一节　会计法 …………………………………………………… 284
　　第二节　审计法 …………………………………………………… 290

第十四章　竞争法 …………………………………………………………… 298
　　第一节　竞争法概述 ……………………………………………… 298
　　第二节　反不正当竞争法 ………………………………………… 302
　　第三节　反垄断法 ………………………………………………… 310

第十五章　产品质量法 ……………………………………………………… 317
　　第一节　产品质量法概述 ………………………………………… 317
　　第二节　产品质量的监督管理 …………………………………… 319
　　第三节　生产者、销售者的产品责任和义务 …………………… 321
　　第四节　违反产品质量法应承担的法律责任 …………………… 324

第十六章　经济争议的解决 ………………………………………………… 328
　　第一节　经济争议解决概述 ……………………………………… 328
　　第二节　经济仲裁 ………………………………………………… 330
　　第三节　经济诉讼 ………………………………………………… 338

参考文献 ……………………………………………………………………… 350

后　记 ………………………………………………………………………… 352

第一章 法调整经济关系的一般理论

经济基础决定上层建筑，经济法律作为上层建筑的一个重要组成部分，反映并服务于社会的经济生活。人类经济活动经历了从简单到复杂的发展过程，调整经济关系法的产生与发展也必然具有这一特点。法学理论来源于实践，反过来对实践又具有指导意义。了解法调整经济关系的一般理论，有助于我们深刻理解法的精神，正确运用法律。

与本章有关的法律文件主要有：《中华人民共和国立法法》(2015年)、《中华人民共和国民法通则》(1986年)、《中华人民共和国民法总则》(2017年)、《企业名称登记管理规定》(2012年)、《企业名称登记管理实施办法》(2004年)、《企业名称禁限用规则》(2017年)、《企业名称相同相近比对规则》(2017年)、《企业信息公示暂行条例》(2014年)、《企业公示信息抽查暂行办法》(2014年)、《工商行政管理行政处罚信息公示暂行规定》(2014年)、《个体工商户条例》(2011年)、《个体工商户年度报告暂行办法》(2014年)、《中华人民共和国物权法》(2007年)、《中华人民共和国侵权责任法》(2009年)、《中华人民共和国著作权法》(2010年)、《中华人民共和国著作权法实施条例》(2013年)、《计算机软件著作权登记办法》(2002年)、《信息网络传播权保护条例》(2013年)等。

本章共分四节，内容涉及法调整经济关系的基本模式、法调整现代市场经济关系的基本特点、参与市场经济活动的法律主体及主体的基本民事权利。其中，法调整经济关系的基本模式、市场主体的种类和市场主体的基本民事权利是本章的重点。

第一节 经济关系及其法的调整模式

法是由一定的物质生活条件决定的统治阶级意志的体现，是由国家制定或认可并由国家强制力保证实施的规范体系，它通过对人们的权利、义务的规定，确认、保护和发展有利于统治阶级的社会秩序。

法是调整一定社会关系的法律规范的总和。根据马克思主义政治经济学的基本原理，经济关系是指以某种生产资料所有制为基础，人们在生产、交换、分配、消费过程中产生的社会关系，因此，经济关系是人类社会最广泛、最基本的社会关系，是人类社会存在、延续和发展的基础。

生产资料所有制是经济关系的基础，它决定了法的历史类型，也是各国法重点调整的对象。除此之外，社会政治、经济发展的水平，也会影响法对经济关系调整的重点及方式。综观世界各国法对经济关系的调整情况，不难看出，法对经济关系的调整大致经历了合—分—分合相济的历史发展过程，即从人类社会早期的诸法合一的综合调整模式，经过刑民分立和刑行分立建立专门法调整模式，转为现代民商法、经济法、社会法、行政法、刑法分合相济的综合调整模式。

一、古代综合调整模式

人类自原始社会后期开始出现商品生产和商品交换。但由于奴隶社会生产力水平低下，自然经济仍占主导地位。奴隶主对奴隶的剥削异常残酷，因此，奴隶制国家的职能一般以政治统治为中心目的和基本内容。法的主要任务是镇压奴隶的反抗，维护剥削阶级的政治统治。当时，国家一般不介入民间的经济活动，在经济方面的立法涉及的范围很小，主要是确认财产的归属和使用权，调整税赋和徭役，并对农业、手工业及一些专卖行业进行管理。由于当时经济关系比较简单，而且国家对经济违法行为主要采取刑事制裁，所以，奴隶制法大都是诸法合一、刑民不分、以刑为主。比如古罗马的市民法就是一部包括行政法、民法、刑法、诉讼法等在内的各种法律规范的诸法合一的综合性法。这种状况一直延续到封建社会末期。比如，中国的秦律、汉律、宋律、明律直至清律都是综合性的法典。

二、近现代专门法调整模式

近现代对经济关系的专门调整主要有民商法和行政法两种模式。

（一）民商法调整模式

人类自原始社会后期开始出现商品生产和商品交换，至封建社会后期，随着社会生产力水平的提高，商品交换的增加，资本主义商品生产形成和发展起来，并逐渐占据了社会经济的主导地位，社会形态也就由自然经济社会进入商品经济社会。在自由资本主义时期，生产力空前发展，经济关系也日益纷繁复杂，经济纠纷日益增多，传统诸法合一的法的调整模式已不能满足商品经济发展的需要，人们迫切需要国家专门立法，加强对商品经济关系的法的调整。同时，资产阶级民主革命也为法的部门的划分和法学文化的繁荣提供了精神条件。适应上述经济及政治发展的需要，民法在欧洲率先从综合性法典中独立出来，以1804年《法国民法典》及后来的《德国民法典》为标志，确立了民法独立部门法的地位和对经济关系调整的民法模式。

民法以平等民事主体之间发生的财产关系和人身关系为调整对象，比较彻底地废除了封建特权，确立了全体公民权利一律平等的原则。它以调整社会商品经济关系为己任，以保护经济个体的财产所有权为核心，以保障经济个体利益和自由意志为内容，确认和保障了商品生产和商品交换的共同规则。

在民法从综合法典中独立出来的同时，与资本主义民主政治相适应，以约束或限制政府行政权力为核心的行政法也独立出来。为保证充分的自由竞争，资本主义国家或政府的职能一般被限制在维护社会秩序、保护公民权利以及防御外敌入侵等少数几个方面。在民法调整模式下，受放任主义观念和自由市场经济思想的影响，政府一般不能也不应该干预经济运行，从而极大地激发了私人投资的积极性，因而对资本主义经济的发展起过巨大的促进和保障作用。

随着资本主义商品经济的发展，商人阶层逐步形成，商人投资及交易的金额越来越大，范围越来越广。为控制交易风险，资本主义国家相继颁布了大量调整商人组织和商事行为过程中发生的经济关系的法律规范，1807年制定的《法国商法典》是近代最早、最完整的商法典。商法以保护商人利益为核心，主要服务于商人的营利目的。与民法相比，其内容具有较强的技术性和国际统一性。由于商法是从民法中逐步分离出来的，所以商法与民法具有密切的联系。民法是商法的基础，商法是对民法规定的适当补充与变更。民法的基本原则，如民事主体法律地位平等的原则、自愿原则、公平原则、等价有偿原则、诚实信用原则、权利滥用禁止原则等一般均适用于商法。在商法没有特别规定的时候，商事行为一般应适用民法。

(二) 行政法调整模式

行政法调整模式起源于苏联。苏联社会主义革命胜利后，建立了人类历史上第一个社会主义国家，实行生产资料社会主义公有制。由于社会生产资料主要掌握在国家或政府手中，国家或政府当然具有了参与和管理经济的职能，并成为社会经济的主导者。

苏联在设计自身的经济体制时，针对资本主义市场经济中存在的市场失灵等问题，为实现国民经济有计划按比例地发展，避免生产中的浪费，实现整个社会资源的合理分配，决定实行计划经济体制，对经济关系，特别是在生产、交换、分配领域主要由国家制定计划，然后通过行政系统，依靠行政权力，运用行政手段进行调节，从而形成了行政法调整模式。这一模式后来被包括中国在内的其他社会主义国家所接受，并在各自国内实行。

由于这一模式片面地夸大了政府的计划调控与指挥能力，完全排斥了市场的调节作用，由国家包揽一切，并主要采用行政强制方式，结果，除了在特殊的发展时期外，传统的计划经济体制在各社会主义国家均导致了结构失调、供求脱节、资源浪费和经济发展大起大落等弊端。

社会主义国家在以行政法调整经济的同时，国家一般也制定有民法，但其调整的范围较小，根本不涉及生产领域，因而对经济关系的调整作用很小。

三、现代综合调整模式

进入现代市场经济社会，生产高度社会化，利益主体多元化，经济矛盾复杂化，使得任何一个法律部门都难以对这种复杂的现代市场经济关系单独进行调整，因而在出现了一些新的法的部门的同时，形成了不同法的部门对经济关系既有分别调整，又有共同调整，各有侧重的分合相济的综合调整模式。

19世纪末至20世纪初，由于生产高度社会化，资本主义国家在政府完全不干预经济的情况下，市场经济的运行逐步出现了许多无法解决的问题：不受限制的自由竞争导致私人垄断集团的形成；完全的垄断使民法的基本原则遭到破坏，阻碍了经济的发展；整个社会经济发展无计划，导致周期越来越短、破坏越来越大的经济危机爆发，对经济的健康与稳定造成严重威胁；社会分配不公引起的社会问题等。这些市场缺陷的存在，影响了政局的稳定。解决这些问题，靠民法已无能为力，必须有外力介入自由市场经济的运行过程。在现代社会能够介入并且可以对国内的所有经济个体发挥作用的只有政府，因此各资本主义国家逐渐抛弃了"市场万能"的神话，开始对社会经济运行进行一定的干预。在资本主义国家，政府干预经济的行为主要以法的形式出现，于是便产生了既不同于民商法，又不同于行政法，以国家干预经济为特征，以协调社会整体利益为主要内容的新型的法的部门——经济法。

经济法是国家运用公权对私法领域进行调整的法,它以规范国家对经济的干预行为为目标,以保障社会经济协调、稳定和发展为宗旨。它一方面限制市场主体的意思自治,强调社会公共利益;另一方面扩大政府的经济职权,强化国家对经济的干预①。经济法在现代资本主义国家产生,并不是对民法、行政法的否定,而是为了弥补它们的不足,更好地发挥和完善市场调节机制的作用。经济法中的宏观调控法、市场规制法均是在确保经济个体生产经营的灵活性、自主性、效率性的基础上进行的,国家的宏观调控一般以间接调控为原则,以直接调控为补充。

社会主义国家实行的计划经济体制在国家建设初期曾起到过促进经济发展的作用,但随着经济的发展和人民物质文化生活需要的增强,其缺陷日益暴露,人们逐渐认识到"政府不是万能的",企图以国家计划取代市场调节的最终结果只能是延缓甚至阻碍经济的发展,于是社会主义国家纷纷进行经济体制改革:一方面,减少国家对经济关系直接的行政干预,强化国家对经济的间接调控功能,加强经济法的立法工作,将国家对经济关系的干预以行政法调整为主,改为以经济法调整为主;另一方面,加强民商事立法,强化市场调节的作用,充分调动市场主体从事经营活动的主动性和积极性。

在上述两种社会制度下,经济和法律、法学的变化,尽管它们的阶级性质不同,具体情况各异,但从不同方面都得出了一个共同的结论——单靠某一个法律部门来调整现代复杂的市场经济关系已不可能,经济发展的现实呼唤各法律部门团结起来,从不同层次、不同侧面共同对经济关系进行调整,从而实现整个社会经济的协调稳定、高速发展,维护社会的公平与秩序。

现代综合调整模式是建立在高度社会化的生产力和发达的现代市场经济基础上的更高级的新的综合调整模式,与古代诸法合一的综合调整模式有本质的区别。

第二节 中国市场经济关系的法的调整

一、法调整中国社会主义市场经济关系的基本特点

中国要建立的社会主义市场经济也是一种现代市场经济,法在调整这种经济关系时除了具有调整现代资本主义市场经济关系的基本特点之外,还有一些自己的特点。

(一)经济法对经济关系的调整范围广、强度大

中国的市场经济是建立在以社会主义生产资料公有制为主体的经济基础之上的,经过50多年的社会主义建设,国有经济在国民经济中已明显居于主导地位。具体表现在:

1. 国家掌握着大量的生产资料,国有经济在关系国家经济命脉的重要行业和关键领域占支配地位,支撑、引导和带动国民经济的发展。

2. 为实现国家调控国民经济的目标,国有经济在相当长的历史时期内仍将保持较多的数量。

---

① 吕忠梅,刘大洪. 经济法的法学与经济学分析. 第1版. 北京:中国检察出版社,1998:72.

3. 由于非公有制企业发展长期受到限制，国家还肩负着培育、扶持、促进非公有制经济、混合经济发展的重任。

建立在上述经济基础之上的经济法，对经济关系调整的广度与深度必然大于资本主义市场经济国家。

(二) 调整现代市场经济关系的民商法、经济法、社会法几乎同时产生

资本主义现代市场经济制度是商品经济从低级到高级持续发展的结果。经过几百年的发展，公民逐步形成了比较成熟的法律意识，国家也有较为完善的法律制度框架。其现代综合调整模式是随着商品经济从低级到高级的发展，在不断完善其法律调整的过程中形成的，是对社会已有经济关系和人们行为方式的认可，经历了先民商法，后经济法、社会法的发展过程。其调整经济关系的主要法律在产生、发展及实施等方面基本上形成了良性循环。

中国封建社会持续时间长，人治思想深入人心，法制建设十分薄弱。1949 年中华人民共和国成立后，长期实行高度集中的计划经济体制，忽视和排斥价值规律和市场调节的作用，在法律上一方面表现为一切以国家为本位的公法精神渗透了整个法学领域。国家直接管理企业的生产经营，企业没有经营自主权，公民普遍缺乏法律意识。改革开放前，与市场经济运行相适应的规范企业自主经营行为的民商法制度基本上未建立。另一方面，将行政法理解为执行国家政策的工具，使其失去了约束政府行政权力，规范政府行为的本意。行政法由西方国家的"控权法"变成了中国的"设权法"，甚至放权法，从而使间接调控经济关系的经济法也失去了发展的空间。

改革开放后，特别是实行社会主义市场经济体制后，一方面打破了传统的社会关系和人们的行为方式，公民和企业法律意识及独立性的增强需要政府大力宣传和培育；另一方面中国民商法、经济法、社会法等体系极不健全，不能满足市场经济发展的需要，要建立与市场经济相适应的现代综合调整的法律体系，各部门法的制定基本上都要从头开始，因而呈现出各部门法齐头并进的特点。

二、调整中国社会主义市场经济关系的法律体系

中国现代市场经济关系是由多个法律部门综合调整的，虽然每个法律部门都有自己的法律体系，但从现代市场经济整体运行的要素和过程来分析，调整市场经济关系的法律体系应由以下四方面构成：

(一) 市场主体法

市场主体法是规定市场主体的设立、组织、活动、解散及其对内对外关系的法。市场主体是在市场上直接或间接从事交易活动的经济组织。市场主体可以按不同标准进行分类。在国外，一般按出资者对企业的财产责任制分类立法，将企业法分为公司法、合伙法及独资企业法等。中国在改革开放前，国家只支持发展单一的公有制企业，并对企业一直按所有制性质进行管理，因此，有关企业立法一般按所有制分类制定，如全民所有制工业企业法、集体所有制企业法、私营企业法等。实行市场经济体制以来，中国才开始按出资者对企业的财产责任分类立法。目前已按此原则制定的市场主体法主要有公司法、合伙企业法、个人独资企业法等。此外，与市场主体法配套的企业破产法以及企业内部组织法，

如上市公司股权激励管理办法、国有企业监事会暂行条例等，也属于市场主体法的范畴。

(二) 市场运行法

市场运行法主要调整市场主体在经营过程中与其他市场主体发生的经济关系的法。市场运行关系主要表现为两大类：市场主体间的协作关系与竞争关系。此外，还有市场运行过程中需要保护或保证的关系。调整市场运行关系的法主要应包括：调整协作关系的法，如合同法、票据法、证券法、信托法等；调整竞争关系的法，如反不正当竞争法、反垄断法、反倾销法、反补贴法；市场弱者保护法，如消费者权益保护法；产品技术质量标准法，如产品质量法、标准化法、计量法等。

(三) 国家经济调控法

国家经济调控法主要调整国家在从社会经济长远的、整体的利益出发，对关系国计民生的重要经济因素，实行全局性的调节与控制过程中与市场主体发生的经济关系。国家对市场经济关系主动进行调节是现代市场经济的一大特点。国家经济调控法主要包括：一是导向性立法，如计划法、产业政策法、财政法、价格法、金融法；二是经济监督法，如统计法、会计法、审计法等。

(四) 社会保证与社会发展法

社会保证与社会发展法主要调整国家为保护人权、保证社会稳定和经济长远发展，合理利用人力资源与自然资源、保护环境而与经济组织发生的经济关系。社会保证与社会发展法主要包括：调整劳动关系的劳动法与社会保障法；调整资源关系的环境法与自然资源保护法。

在上述四大子系统中，一般市场主体在组织与组织经营活动中发生的经济关系主要由民商法调整。国有企业的组织与行为、市场竞争关系、消费者权益保护、产品技术质量标准和国家经济调控关系主要由经济法调整。

社会保证与社会发展关系是否属于经济法的调整范畴，目前在理论上尚有较大争议。有学者认为，这类关系包容了国家意志，体现了社会整体利益，带有强制性、互补性和社会性，属于经济法的调整范畴[1]。也有学者认为，社会保证与社会发展法是以保障社会和经济协调发展为宗旨的法律，是以限制经济效益和眼前经济利益为特征和保护公民基本人权的法律。它们虽也体现了国家对经济的干预性，但其干预的性质主要属于社会公共事务职能，而非经济职能，因此，这一类法律规范应纳入社会法的范畴[2]。本书作者倾向于后者的观点。

应当指出的是，法的部门只是一个学理上的概念，是学者们为了理论研究的目的而对同一性质的法律规范进行的归纳、分析和综合，它与形式意义上的法律是不同的。在现代立法中，与现代综合调整模式相适应，形式意义上的法律往往在一个法律文件中包含有性质不同的法律规范，这一现象在我国公司法、证券法等许多法律文件中都有突出的表现。

---

[1] 刘文华，肖乾刚. 经济法律通论. 第1版. 北京：高等教育出版社，2000：102.
[2] 吕忠梅，刘大洪. 经济法的法学与经济学分析. 第1版. 北京：中国检察出版社，1998：76.

三、法的表现形式

法的表现形式，是指由国家创制法的方式所决定的法律规范的外部表现形式。

在人类发展的不同历史时期以及不同的国家，法的表现形式可能是不同的。奴隶制时期，法主要表现为习惯法，后来有些国家产生了由习惯法演变而来的成文法。封建制时期，西方国家的法主要表现为习惯法、法律、帝国诏令、裁判官告示、王室公告、判例等。我国的法主要表现为律、令、典、敕、格、式、科、比、例等。在现代，西方国家的法主要表现为宪法、法律、自治法规、条约、法理、习惯、判例等。在我国，根据宪法和《中华人民共和国立法法》等有关法律的规定，法主要表现为以下几种形式：

（一）宪法

宪法是由我国全国人民代表大会制定和修改的国家的根本法，它规定了国家的根本制度和根本任务，是制定其他一切法律、法规的依据，在我国的法律体系中处于核心地位，具有最高的法律地位、法律权威和法律效力。

我国现行宪法于1982年12月4日第五届全国人民代表大会第五次全体会议通过并施行，目前已修正过4次，最新的文本是2004年3月修正实施的文本。为了增强全社会的宪法意识，弘扬宪法精神，加强宪法实施，全面推进依法治国，2014年11月1日，第十二届全国人民代表大会常务委员会第十一次会议决定，将12月4日设立为国家宪法日。

（二）法律

这里所说的法律是指狭义上的、作为一种法的表现形式的规范性文件。按照法律制定的机关及调整的对象和范围不同，法律可分为基本法律、其他基本法律和一般法律。法律是依据宪法的原则和规定制定的，其地位低于宪法，但高于其他的法律规范。

1. 基本法律。它是指由全国人民代表大会制定和修改的，规定和调整国家和社会生活中，在某一方面具有根本性和全面性关系的法律。比如《中华人民共和国刑法》《中华人民共和国民法通则》《中华人民共和国行政诉讼法》《中华人民共和国刑事诉讼法》和《中华人民共和国民事诉讼法》等。

2. 其他基本法律。它是指由全国人民代表大会制定和修改的内容直接涉及全国公民的切身利益并要求他们普遍和直接遵守的法律。比如《中华人民共和国兵役法》《中华人民共和国教育法》等。

3. 一般法律。又称基本法律以外的法律，是指由全国人民代表大会常务委员会制定和修改的，规定和调整除基本法律调整以外的关于国家和社会生活某一方面具体问题的关系的法律。比如《中华人民共和国证券法》《中华人民共和国商标法》《中华人民共和国产品质量法》《中华人民共和国国家赔偿法》等。

在全国人民代表大会闭会期间，全国人民代表大会常务委员会有权对全国人民代表大会制定的法律进行部分补充和修改，但是不得同该法律的基本原则相抵触。全国人民代表大会常务委员会的法律解释同法律具有同等效力。全国人民代表大会及其常务委员会通过的法律由国家主席签署主席令予以公布。

(三)行政法规

行政法规是国务院根据宪法和法律制定的有关国家行政管理方面的规范性文件。其地位和效力低于宪法和法律。行政法规由总理签署国务院令公布。

应当由全国人民代表大会及其常务委员会制定法律的事项,国务院根据全国人民代表大会及其常务委员会的授权决定可以先制定行政法规,经过实践检验,制定法律的条件成熟时,国务院应当及时提请全国人民代表大会及其常务委员会制定法律。

根据1987年4月21日国务院批准、国务院办公厅发布的《行政法规制定程序暂行条例》第三条的规定,行政法规的名称为条例、规定和办法。对某一方面的行政工作做比较全面、系统的规定,称"条例",比如《中华人民共和国商标法实施条例》《中华人民共和国公司登记管理条例》;对某一方面的行政工作做部分的规定,称"规定",比如《国务院关于职工工作时间的规定》;对某一项行政工作做比较具体的规定,称"办法",比如《全国年节及纪念日放假办法》。

(四)地方性法规

地方性法规是指省、自治区、直辖市以及设区的市的人民代表大会及其常委会,根据本行政区域的具体情况和实际需要,在其法定权限内制定的法律规范性文件。

设区的市的地方性法规须报省、自治区的人民代表大会常务委员会批准后施行。

地方性法规具有地方性,只在本辖区内有效,其地位和效力低于宪法、法律和行政法规,不得与宪法、法律和行政法规相抵触。

(五)自治条例和单行条例

自治条例和单行条例是民族自治地方的人民代表大会依照法定的自治权,在其职权范围内依照当地民族的政治、经济和文化的特点,制定的带有民族区域自治特点的法律规范性文件。

自治条例一般是指规定关于本自治区实行的区域自治的基本组织原则、机构设置、自治机关的职权、工作制度以及其他比较重大问题的规范性文件。单行条例一般是指根据宪法规定和本自治区的实际情况,对于国家法律、法规作出的变通或者补充的规定,或者规定本自治区某一具体事项的规范性文件。

自治条例和单行条例可以依照当地民族的特点,对法律和行政法规的规定作出变通规定,但不得违背法律或者行政法规的基本原则,不得对宪法和民族区域自治法的规定以及其他有关法律、行政法规专门就民族自治地方所作的规定作出变通规定。

自治区的自治条例和单行条例,报全国人民代表大会常务委员会批准后生效。自治州、自治县的自治条例和单行条例,报省、自治区、直辖市的人民代表大会常务委员会批准后生效。

(六)部门规章和地方政府规章

1. 部门规章。这是指国务院各部、委员会、中国人民银行、审计署和具有行政管理职能的直属机构,根据法律和国务院的行政法规、决定、命令,在本部门的权限范围内制定的法律规范性文件。

部门规章规定的事项应当属于执行法律或者国务院的行政法规、决定、命令的事项。其效力低于宪法、法律和行政法规。部门规章由部门首长签署命令予以公布。

2. 地方政府规章。这是指省、自治区、直辖市和较大的市的人民政府，根据法律、行政法规和本省、自治区、直辖市的地方性法规制定的法律规范性文件。

地方政府规章由省长或者自治区主席或者市长签署命令予以公布。

（七）军事法规

军事法规，是指中央军事委员会制定的调整和规定关于国防建设和军事方面关系的规范性法律文件。中央军事委员会各总部、军兵种、军区，可以根据法律和中央军事委员会的军事法规、决定、命令，在其权限范围内，制定军事规章。军事法规、军事规章在武装力量内部实施。

（八）香港、澳门特别行政区法

香港、澳门特别行政区是中华人民共和国不可分离的部分。全国人民代表大会授权香港、澳门特别行政区分别依照香港、澳门特别行政区基本法的规定实行高度自治，享有行政管理权、立法权、独立的司法权和终审权。香港、澳门特别行政区实施的法律包括香港、澳门特别行政区基本法、与特别行政区基本法不相抵触的原有法律以及特别行政区成立后制定的法律，这些法是我国法的一部分，是我国法的一种特殊形式。

特别行政区的任何法律、法令、行政法规和其他规范性文件均不得同特别行政区基本法相抵触。

（九）国际条约

国际条约是两个或者两个以上国家之间规定相互之间权利和义务的各种协定。它是我国法的一种形式，对所有国家机关、社会组织和公民都具有法律效力。

（十）司法解释

司法解释包括最高人民法院和最高人民检察院的解释。

根据《全国人民代表大会常务委员会关于加强法律解释工作的决议》（1981年）的规定，最高人民法院有权对人民法院在审判工作中具体应用法律的问题作出司法解释。最高人民检察院有权对检察工作中具体应用法律的问题进行解释。司法解释应当以法律为依据，不得违背和超越法律规定。

根据《最高人民法院关于司法解释工作的规定》（2007年）的规定，最高人民法院发布的司法解释，具有法律效力。司法解释施行后，人民法院作为裁判依据的，应当在司法文书中援引。司法解释的形式分为"解释""规定""批复"和"决定"四种。其中，对在审判工作中如何具体应用某一法律或者对某一类案件、某一类问题如何应用法律制定的司法解释，采用"解释"的形式。根据立法精神对审判工作中需要制定的规范、意见等司法解释，采用"规定"的形式。对高级人民法院、解放军军事法院就审判工作中具体应用法律问题的请示制定的司法解释，采用"批复"的形式。修改或者废止司法解释，采用"决定"的形式。司法解释以最高人民法院公告形式发布。

根据《最高人民检察院司法解释工作规定》（2019年）的规定，最高人民检察院制定并发布的司法解释具有法律效力。人民检察院在起诉书、抗诉书等法律文书中，需要引用法律和司法解释的，应当先援引法律，后援引司法解释。

第三节 市场主体

在现代，主体参与市场经济活动必须具备法定的主体资格。由于现代市场经济关系主要由民法、商法和经济法共同调整，因而市场主体要参与经济活动必须具备相应的民事法律关系主体、商事法律关系主体或经济法律关系主体资格。

一、民事法律关系主体

在我国，民法是调整平等主体的公民之间、法人之间、公民和法人之间的财产关系和人身关系的法律规范的总称。目前我国调整民事关系的基本法是《中华人民共和国民法通则》（以下简称《民法通则》）（和《中华人民共和国民法总则》（以下简称《民法总则》）。

《民法通则》于1986年颁布，1987年1月1日实施。《民法总则》2017年发布，自2017年10月1日起实施。《民法总则》吸收了《民法通则》规定的民事基本制度和一般性规则，同时作了补充、完善和发展。由于《民法通则》规定的合同、所有权及其他财产权、民事责任等具体内容还需要在编纂民法典各分编时作进一步统筹，系统整合，因此，《民法总则》通过后暂不废止《民法通则》。《民法总则》与《民法通则》规定不一致的，根据新法优于旧法的原则，适用《民法总则》的规定。

（一）民事法律关系主体的含义和特征

民事法律关系主体，简称民事主体，是指能够参加民事法律关系，享有民事权利和承担民事义务的人。其基本特征表现在四个方面：(1)民事主体的身份具有法定性。能够在民事法律关系中享有权利、承担义务的人，必须具有独立的法律人格。这种独立的法律人格是国家依法确认的。(2)民事主体的地位具有平等性。各民事主体都应以社会普通成员的身份参与民事活动。(3)民事主体意思自主。民事主体参与民事法律关系的意思表示应当是自愿的、真实的。任何一方不得将自己的意志强加于另一方。(4)民事主体的权利与义务相一致。民事主体在享有广泛民事权利的同时，也应承担相应的义务。

（二）民事法律关系主体的种类

依照《民法总则》的规定，民事法律关系主体可以分为自然人、法人和非法人组织三大类。

1. 自然人。自然人是指因自然出生而取得民事主体资格的人，主要包括本国公民、外国人和无国籍人三种。自然人是与法人相对应的私法概念，与公民具有不同的含义。公民是一个公法上的概念，仅指具有某国国籍的自然人，并不包括自然人的全部。

18周岁以上的自然人为成年人，不满18周岁的自然人为未成年人。自然人从事民事活动必须具有法定的民事权利能力。所谓民事权利能力，是指法律赋予民事主体享受民事权利、承担民事义务的资格。根据《民法总则》的规定，自然人的民事权利能力一般应当从出生时开始取得，直到其死亡时才终止。但也有例外情况，比如涉及遗产继承、接受赠与等胎儿利益保护时，胎儿视为具有民事权利能力。但是胎儿娩出时为死体的，其民事权利能力自始不存在。此外，根据《著作权法》的规定，作者死后其生前享有的著作权中的人身权仍受法律保护。

自然人从事民事活动还必须具有一定的民事行为能力。所谓民事行为能力，是指民事主体通过自己的行为取得民事权利、承担民事义务的资格。虽然这种资格也是由国家法律赋予的，但其却与民事权利能力有着本质的区别。民事权利能力是一种独立主体资格，民事行为能力则是一种独立行为资格。法律确立民事行为能力制度，目的在于保护理智未成熟者和不健全者的利益，并从根本上维护社会的秩序和利益。因此，民事行为能力通常包括两项内容：一是意思能力，即凡是具有民事行为能力的人，均应具有识别、判断、控制自己行为的能力；二是行使能力，即凡是具有民事行为能力的人，均能独立实施民事行为。

根据我国公民智力发育的一般情况和个人精神健康状况，《民法总则》将公民的民事行为能力分为三类：(1)完全民事行为能力人。即具有完全的意思能力、可以独立实施民事法律行为的成年人。此外，16周岁以上未成年人，以自己的劳动收入为主要生活来源的，视为完全民事行为能力人。(2)限制民事行为能力人。即8周岁以上的未成年人和不能完全辨认自己行为的成年人，这类人具有一定意思能力，可以独立实施纯获利益的民事法律行为或者与其年龄、智力相适应的民事法律行为，但实施其他民事法律行为时应由其法定代理人代理或者经其法定代理人同意、追认。(3)无民事行为能力人。即不满8周岁和不能辨认自己行为的成年人，这类人意思表示能力不健全，不能独立实施民事法律行为，由其法定代理人代理实施民事法律行为。

《民法通则》将个体工商户、农村承包经营户和个人合伙也列入自然人的范畴。因为他们与自然人一样，在从事民事活动时依法均应以个人财产承担民事责任。其中，个人合伙是指两个以上的公民按照协议，各自提供资金、实物、技术等，合伙经营、共同劳动。它既可以一种合同关系方式出现，也可以形成一个相对独立的组织体。《民法总则》将依法办理企业登记的合伙企业列入非法人组织之中。

2. 法人。法人制度萌芽于罗马法的团体观念，是具有独立人格的组织，以15世纪后产生的股份有限公司为其典型代表，并在1896年《德国民法典》中得以确立。《民法总则》规定，法人是具有民事权利能力和民事行为能力，依法独立享有民事权利和承担民事义务的组织。

(1)法人设立的条件

《民法总则》规定，法人应当有自己的名称、组织机构、住所、财产或者经费。法人应当依法成立，法人成立的具体条件和程序，依照法律、行政法规的规定。法人的实际情况与登记的事项不一致的，不得对抗善意相对人。

(2)法人的分类

《民法总则》根据法人设立目的的不同，将法人分为营利法人、非营利法人和特别法人。

营利法人是指以取得利润并分配给股东等出资人为目的成立的法人，包括有限责任公司、股份有限公司和其他企业法人等。营利法人经依法登记成立，并由登记机关发给营利法人营业执照。

非营利法人是指为公益目的或者其他非营利目的成立，不向出资人、设立人或者会员分配所取得利润的法人。其核心标准就是"非营利目的+不分配利润原则"。非营利法人包括事业单位、社会团体、基金会、社会服务机构等。非营利法人设立条件分为两种：一种是具备法人条件的事业单位、社会团体、以捐助财产设立的基金会、社会服务机构等，经依法登记成立，取得法人资格；二是依法不需要办理法人登记的，从成立之日起，具有法人资格。

《民法总则》规定，为公益目的成立的非营利法人终止时，不得向出资人、设立人或者会员分配剩余财产。剩余财产应当按照法人章程的规定或者权力机构的决议用于公益目的；无法按照法人章程的规定或者权力机构的决议处理的，由主管机关主持转给与其宗旨相同或者相近的法人，并向社会公告。

特别法人是指机关法人、农村集体经济组织法人、城镇农村的合作经济组织法人、基层群众性自治组织法人。有独立经费的机关和承担行政职能的法定机构从成立之日起，具有机关法人资格，可以从事为履行职能所需要的民事活动。机关法人被撤销的，法人终止，其民事权利和义务由继任的机关法人享有和承担；没有继任的机关法人的，由作出撤销决定的机关法人享有和承担。农村集体经济组织和城镇农村的合作经济组织依法取得法人资格。居民委员会、村民委员会具有基层群众性自治组织法人资格，可以从事为履行职能所需要的民事活动。未设立村集体经济组织的，村民委员会可以依法代行村集体经济组织的职能。

（3）法人的民事权利能力和行为能力

法人从事民事活动必须具有民事权利能力。法人的民事权利能力，是指法人依法独立享有民事权利、承担民事义务的资格。与自然人一样，法人的民事权利能力也由法律赋予。它与自然人民事权利能力的区别主要表现在以下两个方面：(1)权利能力的内容范围不同。法人受其自身性质的限制，不可能享有自然人基于其人身属性而享有的特殊民事权利能力，如结婚、收养、亲权、继承等资格；专属某些法人权利能力的内容，如银行法人开展信贷业务的权利能力，自然人则不能享有。(2)权利能力的一致性不同。自然人的权利能力一般是普遍一致的；法人则因其设立目的和类别的不同可能享有不同的权利能力。

法人从事民事活动也必须具有民事行为能力。法人的民事行为能力，是指法人以自己的意思独立从事民事活动，为自己取得民事权利、设定民事义务的资格。与自然人一样，法人的民事行为能力也由法律赋予。它与自然人民事行为能力相比有以下三个基本特点：(1)法人的民事行为能力与民事权利能力同时产生，同时消灭；(2)法人的民事行为能力与民事权利能力的范围相一致；(3)法人的民事行为能力由其机关、法定代表人或其委托授权的代理人来完成。其中，法定代表人是指依照法律或者法人章程的规定，代表法人从事民事活动的负责人。

3. 非法人组织

非法人组织是指不具有法人资格，但是能够依法以自己的名义从事民事活动的组织，主要包括个人独资企业、合伙企业、不具有法人资格的专业服务机构等。非法人组织应当依照法律的规定登记。非法人组织的财产不足以清偿债务的，其出资人或者设立人承担无限责任。法律另有规定的，依照其规定。

非法人组织与法人的主要区别在于：非法人组织的财产只具有相对独立性，非法人组织的财产不足以清偿债务的，除法律另有规定的外，其出资人或者设立人承担无限责任。

法人具有独立的财产，可以自己的财产对外承担民事责任，出资人仅以其认缴的出资额为限对法人债务承担责任。

二、商事法律关系主体

(一)商事法律关系主体的含义和特征

商法，是国家制定的调整商事主体的组织和商行为过程中发生的经济关系的法律规范的总称。法学上"商"的涵义比经济学上"商"的范围要广泛，除了直接以媒介商品交易的"固有商"之外，还有间接以媒介商品交易的"辅助商"，如货物运输、居间、行纪等，以及与商品交易有密切联系的"第三种商"，如金融、制造、摄影等，甚至广告、保险、饮食、服务等活动都可以视为"商"。以营利为目的是现代商事的基本特征。目前我国尚未制定商法典，理论上一般认为商法是民法的特别法。

商事法律关系主体，简称商事主体，是指具有商法上的资格与能力，能够以自己的名义从事商行为，独立享有商法上的权利并承担商法上义务的组织或个人。商事主体是商事法律关系的参加者，商事法律关系是一种特殊的民事法律关系，因此，商事主体要从事商事活动首先要具备民事主体的资格，除此之外，商事主体还具有四个基本特征：(1)依法登记，取得营业执照。商事主体从事商事活动的权利能力和行为能力，都是通过商业登记确定的。(2)从事营利性营业。商事主体的设立应以营利为目的，并持续地从事法律允许的某种营利性活动。(3)能够以自己的名义从事商事活动，并以法定范围的财产独立承担法律责任。(4)重要经营信息需要向社会披露。商事主体应将从事生产经营活动过程中形成的信息以及政府部门在履行职责过程中产生的能够反映商事主体状况的信息向社会披露。披露的目的在于强化对商事主体的信用约束，方便交易相对人了解对方情况，维护交易安全，保障公平竞争。

(二)商事法律关系主体的种类

在我国，商事主体根据其法律责任及组织形态的性质，一般可以分为三大类，即商个人、商非法人组织和商法人。

1. 商个人。又称商自然人、个体商人，是指依法取得特定商事权利能力和商事行为能力，独立从事商行为，并在商事法律关系中独立享有权利并承担义务的自然人。从本质上讲，商个人也是法律拟制的人。它可以表现为一个自然人，也可以表现为一个户。作为一个法律上拟制的主体，它与民法上的自然人的区别主要表现在两个方面：(1)商个人有权从事商行为，一般自然人不能从事商行为；(2)商个人可以在自己的本名之外设定自己的商号，并对其商号享有法定权利。

目前我国商个人的形式主要有两种：个体工商户和农村承包经营户。所谓个体工商户，是指以个人财产或家庭财产作为经营资本，依照《个体工商户条例》的规定，经企业登记机关登记设立的，从事工商业经营的主体。申请从事个体经营的人应当是有经营能力的公民。香港特别行政区、澳门特别行政区永久性居民中的中国公民，台湾地区居民可以按照国家有关规定，申请登记为个体工商户。个体工商户登记事项包括经营者姓名和住所、组成形式、经营范围、经营场所。个体工商户使用名称的，名称作为登记事项。组成形式包括个人经营和家庭经营。家庭经营的，参加经营的家庭成员姓名应当同时备案。

农村承包经营户，是指农村集体经济组织的成员，在法律允许的范围内，按照农村承包合同的规定，使用集体所有的土地和其他生产资料，独立从事商事活动的，由一人或多人组成的农户。

个体工商户开办门槛低，对促进劳动者就业具有积极的意义。1987年8月5日国务院发布《城乡个体工商户管理暂行条例》（以下简称《暂行条例》），对引导个体经济的发展起到了积极作用。为了更好地贯彻国家鼓励非公有制经济发展的方针政策，进一步保护个体工商户的合法权益，鼓励、支持和引导个体工商户健康发展，充分发挥其在经济社会发展和扩大就业中的重要作用，国务院对该《暂行条例》进行了全面修改，并于2011年3月30日由国务院发布了《个体工商户条例》（以下简称《条例》），该《条例》自2011年11月1日起施行，2014年和2016年国务院对该《条例》部分条款作了修改，现在实施的是2016年文本。

与《暂行条例》相比，该《条例》为个体工商户经营发展提供了更加宽松的制度环境，主要表现在以下四个方面：一是取消了申请设立个体工商户的身份限制。《暂行条例》规定的申请设立个体工商户的人员范围为"有经营能力的城镇待业人员、农村村民以及国家政策允许的其他人员"，《条例》扩大为"有经营能力的公民"。二是取消了对个体工商户从业人员人数的限制。《暂行条例》规定：个体工商户可以根据经营情况请一两个帮手；有技术的个体工商户可以带三五个学徒。《条例》取消了这一限制。三是放宽了经营范围。《暂行条例》规定的个体工商户的经营范围为，在国家法律和政策允许的范围内的工业、手工业、建筑业、交通运输业、商业、饮食业、服务业、修理业及其他行业。《条例》规定，个体工商户申请登记的经营范围不属于法律、行政法规禁止进入的行业的，登记机关应依法予以登记。四是取消了个体工商户管理费和年度验照费。《暂行条例》规定，个体工商户应缴纳管理费和年度验照费。《条例》取消了这些费用。2014年3月1日，国务院将年度验照制度改为信息披露制度。

农村承包经营户，是指农村集体经济组织的成员，以依法取得的农村土地承包经营权，从事家庭承包经营的农户。

个体工商户和农村承包经营户既可个人经营，也可以家庭为单位经营。根据《民法总则》第五十六条的规定，个体工商户的债务，个人经营的，以个人财产承担；家庭经营的，以家庭财产承担；无法区分的，以家庭财产承担。农村承包经营户的债务，以从事农村土地承包经营的农户财产承担；事实上由农户部分成员经营的，以该部分成员的财产承担。

最高人民法院《关于贯彻执行〈民法通则〉若干问题的意见》第四十三条规定：在夫妻关系存续期间，一方从事个体经营或者承包经营的，其收入为夫妻共有财产，债务亦应以夫妻共有财产清偿。个体工商户、农村承包经营户的债务，如以其家庭共有财产承担责任时，应当保留家庭成员的生活必需品和必要的生产工具。

2. 商非法人组织。它是指以营利为目的，依法成立的不具有法人资格的经济组织。主要包括个人独资企业、合伙企业和企业法人的分支机构。

个人独资企业，是指由一个自然人投资，财产为投资人个人所有，投资人以其个人财产对企业债务承担无限责任的营利性组织。目前，我国调整个人独资企业的法主要是《中华人民共和国个人独资企业法》(简称《个人独资企业法》)。

合伙企业，是指两个以上的合伙人订立合伙协议，共同投资，合伙经营，共享收益，至少有一个以上的合伙人对企业债务承担无限责任的营利性组织。目前，我国调整合伙企业的法主要是《中华人民共和国合伙企业法》。

企业法人的分支机构由企业法人出资设立，可以独立对外从事经营活动，但企业法人要对其分支机构的行为承担连带责任。

3. 商法人。即民事主体中的营利法人。商法人与其他法人的主要区别在于它以营利为目的设立，经营取得的利润可以分配给股东等出资人。

(三) 我国商事法律关系主体名称的一般规定

商事主体的名称是商事主体的外在特定性标志，用来与其他商事主体进行区分。商事主体只能使用一个名字，并且在登记主管机关辖区内不得与已登记注册、核准的同行业企业的名称相同或近似。商事主体对依法取得的名称享有人格权，并在登记范围内享有专有使用权、商誉权和依法转让权。

1. 企业名称的基本要求。根据我国《企业名称登记管理规定》《企业名称登记管理实施办法》的规定，企业名称应当由行政区划、字号、行业、组织形式依次组成。企业名称应与其从事的营业性质、地域相符合，不能将未获有关部门审批经营的业务作为自己的业务范围在名称中加以标榜。企业名称中的行政区划是本企业所在地县级以上行政区划的名称或地名。市辖区的名称不能单独用作企业名称中的行政区划。

企业名称中的字号应当由两个以上的符合国家规范的汉字组成，行政区划、行业、组织形式不得用作字号。此外，企业名称中不能含有下列文字和内容：(1) 有损国家、社会公共利益的；(2) 可能对公众造成欺骗或误解的；(3) 外国国家(地区)名称及国际组织名称；(4) 政党名称、党政军机关名称、群众组织名称、社会团体名称及部队番号；(5) 外国文字、汉语拼音字母、阿拉伯数字；(6) 其他法律、行政法规规定禁止的名称。

除国务院决定设立的企业外，企业名称不得冠以"中国""中华""全国""国家"或"国际"等字样。可以申请在企业名称中使用"中国""中华"或者冠以"国际"字词的企业仅限于：(1) 全国性公司；(2) 国务院或其授权的机关批准的大型进出口企业；(3) 国务院或其授权的机关批准的大型企业集团；(4) 国家市场监督管理局规定的其他企业。在企业名称中间使用"中国""中华""全国""国家"或"国际"等字样的，该字样应是行业的限定语，比如国际贸易、国际投资等。使用外国(地区)出资企业字号的外商投资企业，可以在名称中间使用"(中国)"字样。在企业名称中使用"总"字的，必须下设三个以上分支机构。企业在拟定自己企业的名称时，应当遵守上述规定。

关于企业名称的其他要求，参见原国家工商行政总局 2017 年 7 月发布的《企业名称禁限用规则》和《企业名称相同相近比对规则》。

2. 个体工商户的名称要求。个体工商户作为自然人可以直接使用自己的本名，也可以在本名之外单独为个体工商户申请一个名称。如果要使用专用名称，应符合《个体工商户名称登记管理办法》的规定。根据该规定，个体工商户名称由行政区划、字号、行业、组织形式依次组成。其中的行政区划是指个体工商户所在县(市)和市辖区名称。行政区划之后可以缀以个体工商户经营场所所在地的乡镇、街道或者行政村、社区、市场名称。

个体工商户名称组织形式可以选用"厂""店""馆""部""行""中心"等字样,但不得使用"企业""公司"和"农民专业合作社"字样。

(四)我国商事法律关系主体的信息披露制度

长期以来,我国商事主体信息披露主要面向企业登记机关,即企业在申报年度检验时按规定向登记机关披露一些经营信息。企业年度检验(以下简称年检),是登记机关按年度根据企业提交的年检材料,对与企业登记事项有关的情况进行定期检查,确认企业继续经营资格的行政监管法律制度。公众如需要了解企业情况,可以向登记机关申请查询登记事项。

根据《企业年度检验办法》,企业申报年检应当提交的材料主要包括:年检报告书、企业指定的代表或者委托代理人的证明、营业执照副本等,企业法人还应当提交年度资产负债表和损益表,公司和外商投资企业还应当提交由会计师事务所出具的审计报告。企业年检报告书记载的内容主要包括:登记事项情况,备案事项情况,对外投资情况,设立、撤销分支机构情况和经营情况等。每年3月1日至6月30日,企业应当向企业登记机关提交年检材料。

企业登记机关对个体工商户主要通过验照的方式进行监督管理,即个体工商户在每年规定的时间内向登记机关申请办理年度验照,由登记机关依法对个体工商户的登记事项和上一年度经营情况进行审验。

2014年2月,国务院发布的《注册资本登记制度改革方案》,将注册资本实缴登记制度改为认缴登记制度。为了强化对商事主体的信用约束,保护交易相对人和债权人利益,保证交易安全,国家取消了企业年检制度和个体工商户的验照制度,企业自2014年3月1日起实行信息公示制度,要求企业对其公示信息的真实性、合法性负责。个体工商户自2014年10月1日起实行年度报告报送制度,要求个体工商户对其年度报告内容的真实性、合法性负责。建立商事主体信息公示、报送制度,强化社会监督,是保障注册资本登记制度改革顺利实施的重要制度支撑,是转变监管理念、创新监管方式、加强事后监管的重要举措。

根据国务院发布的《企业信息公示暂行条例》和原国家工商行政管理总局公布的《个体工商户年度报告暂行办法》,商主体信息披露制度主要包括以下几个方面:

1. 商主体年度报告报送、公示制度。企业应当于每年1月1日至6月30日,通过企业信用信息公示系统向工商行政管理部门报送上一年度年度报告,并向社会公示。年度报告的内容包括:(1)企业通信地址、邮政编码、联系电话、电子邮箱等信息;(2)企业开业、歇业、清算等存续状态信息;(3)企业投资设立企业、购买股权信息;(4)企业为有限责任公司或者股份有限公司的,其股东或者发起人认缴和实缴的出资额、出资时间、出资方式等信息;(5)有限责任公司股东股权转让等股权变更信息;(6)企业网站以及从事网络经营的网店的名称、网址等信息;(7)企业从业人数、资产总额、负债总额、对外提供保证担保、所有者权益合计、营业总收入、主营业务收入、利润总额、净利润、纳税总额信息。其中第一项至第六项规定的信息应当向社会公示,第七项规定的信息由企业选择是否向社会公示。经企业同意,公民、法人或者其他组织可以查询企业选择不公示的信息。

个体工商户应当于每年 1 月 1 日至 6 月 30 日，通过企业信用信息公示系统或者直接向负责其登记的工商行政管理部门报送上一年度年度报告。个体工商户可以自主选择其年度报告内容是否公示，决定不公示年度报告内容的，应当向负责其登记的工商行政管理部门报送纸质年度报告。工商行政管理部门应当通过企业信用信息公示系统公示该个体工商户已经报送年度报告。个体工商户的年度报告包括下列内容：(1)行政许可取得和变动信息；(2)生产经营信息；(3)开设的网站或者从事网络经营的网店的名称、网址等信息；(4)联系方式等信息；(5)国家工商行政管理总局要求报送的其他信息。当年开业登记的个体工商户，自下一年起报送。

2. 企业信息即时公示制度。企业应当自下列信息形成之日起 20 个工作日内通过企业信用信息公示系统向社会公示：(1)有限责任公司股东或者股份有限公司发起人认缴和实缴的出资额、出资时间、出资方式等信息；(2)有限责任公司股东股权转让等股权变更信息；(3)行政许可取得、变更、延续信息；(4)知识产权出质登记信息；(5)受到行政处罚的信息；(6)其他依法应当公示的信息。

3. 市场监管主体在监管企业中产生的信息的公示制度。工商行政管理部门等政府部门在履行职责过程中，产生的大量反映企业状况的信息，应当自信息产生之日起 20 个工作日内依法予以公示。

工商行政管理部门应当通过企业信用信息公示系统公示的信息主要包括：(1)注册登记、备案信息；(2)动产抵押登记信息；(3)股权出质登记信息；(4)行政处罚信息；(5)其他依法应当公示的信息。根据《工商行政管理行政处罚信息公示暂行规定》，行政处罚信息公示期为 5 年，自公示之日起届满 5 年的，记录于企业信用信息公示系统，不再公示。

其他政府部门应当通过企业信用信息公示系统或通过其他系统公示的信息主要包括：(1)行政许可准予、变更、延续信息；(2)行政处罚信息；(3)其他依法应当公示的信息。

4. 政府部门的监管责任。政府部门对企业的监管主要表现在抽查企业公示的信息和核查处理举报两个方面。

(1)抽查企业公示的信息。工商行政管理部门应当按照公平规范的要求，根据企业注册号等随机摇号，确定抽查的企业，组织对企业公示信息的情况进行检查。抽查结果由工商行政管理部门通过企业信用信息公示系统向社会公布。工商行政管理部门应当组织对个体工商户年度报告内容进行随机抽查。抽查的个体工商户名单和抽查结果应当通过企业信用信息公示系统公示。

(2)核查处理举报信息。公民、法人或者其他组织发现商主体公示的信息虚假的，可以向工商行政管理部门举报，接到举报的工商行政管理部门应当自接到举报材料之日起 20 个工作日内进行核查，予以处理，并将处理情况书面告知举报人。公民、法人或其他组织对公示的商主体信息有疑问的，可以向政府部门申请查询，收到查询申请的政府部门应当自收到申请之日起 20 个工作日内书面答复申请人。

5. 商主体不履行公示、报送义务的法律后果。商主体不履行公示、报送义务，工商行政管理部门将根据商主体违规的严重程度列入经营异常名录或严重违法企业名录。县级以上地方人民政府及其有关部门应当建立健全信用约束机制，在政府采购、工程招投标、国有土地出让、授予荣誉称号等工作中，将企业信息作为重要考量因素，对被列入经营异常名录或者严重违法企业名单的企业依法予以限制或者禁入。商主体依法履行义务达到法定条件的，可以恢复正常经营者身份。

(1) 列入经营异常名录。企业未在规定的期限内公示年度报告、未在工商行政管理部门责令的期限内公示有关企业信息，或者公示企业信息隐瞒真实情况、弄虚作假的，由县级以上工商行政管理部门列入经营异常名录，通过企业信用信息公示系统向社会公示，并区别情况承担相应的法律责任。

个体工商户未在规定的期限内报送年度报告的，年度报告隐瞒真实情况、弄虚作假的，或者工商行政管理部门在依法履职过程中通过登记的经营场所或者经营者住所无法与个体工商户取得联系的，工商行政管理部门应当查实后将其标记为经营异常状态，并通过企业信用信息公示系统向社会公示。

(2) 列入严重违法企业名录。对被列入经营异常名录满3年仍未履行公示义务的企业，由国务院工商行政管理部门或者省、自治区、直辖市人民政府工商行政管理部门列入严重违法企业名单，并通过企业信用信息公示系统向社会公示。被列入严重违法企业名单的企业的法定代表人、负责人，3年内不得担任其他企业的法定代表人、负责人。

(3) 信用修复。被列入经营异常名录的企业履行公示义务的，由县级以上工商行政管理部门移出经营异常名录；企业自被列入严重违法企业名单之日起满5年未再发生不履行公示义务情形的，由国务院工商行政管理部门或者省、自治区、直辖市人民政府工商行政管理部门移出严重违法企业名单。

三、经济法律关系主体

(一) 经济法律关系主体的含义和特征

狭义的经济法，是调整国家在调节、干预、管理或调控社会经济过程中发生的各种经济关系的法律规范的总称。它以国家强制干预经济为主要特征，以协调社会整体利益为主要内容。

经济法律关系主体，简称经济法主体，是指参与经济法律关系依法享有经济权利和承担经济义务的当事人。经济法主体的基本特征在于：(1) 经济法主体必须是国家经济调节和管理活动的参加者。主体之间的权利义务关系全面体现了国家意志或者是国家意志与当事人意志的结合。(2) 经济法主体间法律地位不平等，国家机关参与经济法律关系是作为管理主体出现的，它与企业、事业单位等被管理对象在法律地位上是不平等的。

(二) 经济法律关系主体的种类

经济法主体的资格由法律规定或者依国家机关授权取得，按照主体在国家经济管理关系中所处的基本地位，经济法主体可以分为国家经济管理主体与被管理主体两大类。经济法主体具有广泛性与多样性。一切国家机关、企业、事业单位、社会团体和个人，都可以成为经济法主体，某些法人的内部单位也可以成为经济法主体。其中国家机关、企业内部组织和有关人员以外的主体已在前面作了介绍，下面仅对国家机关、企业内部组织和有关人员的主体资格加以说明。

国家机关包括国家权力机关、国家行政机关、国家审判机关、国家检察机关等。国家权力机关通过预决算、经济政策的制定、经济立法活动和对法律实施进行检查监督活动来实现国家对社会经济的调控。国家行政机关是最活跃的宏观调控主体和市场监管主体，也是经济政策的实施主体，其中起主要作用的是国家行政机关中的经济管理机关。此外，国家检察机关和国家审判机关也通过自己的特殊职能活动在国家调控经济生活中发挥着重要作用。

企业内部组织和有关人员，主要指企业董事会、经营管理机构、工会等内部机构和企业领导、管理人员及职工。国家通过制定经济法律法规，对企业内部一定范围的事项作出规定，企业的内部组织和有关人员可在依法参加企业内部的经济管理时，成为经济法主体。

第四节　市场主体的基本民事权利

市场主体享有的民事权利是市场主体从事民商事活动时依法取得的，市场主体享有的民事权利是其从事商事活动的基础。市场主体可能享有的民事权利很多，本节主要介绍市场主体享有的一些基本的民事权利。

一、物权

(一) 物权的含义和特征

物权，是指权利人依法对特定的物所享有的直接支配和排他的权利。目前我国调整物权关系的法主要是2007年3月16日第十届全国人民代表大会第五次会议通过，2007年10月1日起施行的《中华人民共和国物权法》(以下简称《物权法》)。

物权与债权同属于财产权，与债权相比，物权的特征主要表现在以下几个方面：

1. 物权是直接支配权。物权是直接支配特定的物并享受物之利益的权利，它的实现不需要任何人履行积极的义务，所以，物权的实现不需要积极的义务主体；而债权是请求权，只有通过债务人的履行才能实现，因此，债权必须具有特定的、积极的义务主体。

2. 物权是排他权。除法律另有规定外，同一物上不能有内容互不相容的两个物权。债权不具有排他性，同一物上可以有内容互不相容的多个债权。

3. 物权的客体主要是物。物权是对物所享有的权利。我国《物权法》所调整的物，包括不动产和动产。在法律有特别规定时，有些权利也可以作为物权客体，如建设用地使用权、土地承包经营权等，而债权的客体是行为——给付。

4. 物权是法定权。物权的种类和内容，由法律规定。不动产物权的设立、变更、转让和消灭，应当依法登记。动产物权的设立和转让，应当依法交付。债权则既可以因法律而产生，也可以因当事人约定而产生。

5. 物权是优先权。物权与债权并存时，物权优先于一般债权。

(二) 物权的分类

我国《物权法》将物权分为所有权、用益物权和担保物权三种。

1. 所有权

(1) 所有权的含义和分类

所有权，也称财产所有权，是指所有权人对自己的不动产或者动产，依法享有的占有、使用、收益和处分的权利。它与其他物权相比在权能上是最充分、最完整的，因此，所有权也称为"完全物权"。所有权是国家规定所有制关系的一项法律制度。从表面上看，所有权表现为人与物的关系，但从实质上看，所有权表现的是人与人之间的一种社会关系。

我国《物权法》将所有权分为国家、集体和私人所有权，并对业主的建筑物区分所有权、相邻关系及共有关系中财产的归属和利用而产生的民事关系作出了规定。

（2）所有权的取得

所有权的取得，是指市场主体依据一定的法律事实获得某物所有权的一种法律现象。尽管所有权取得的具体方式很多，但可以将其概括分为原始取得和继受取得两种。

原始取得，也称初始取得，是指所有权的首次产生或不依赖于原所有权人的意志，直接依据法律规定而取得所有权。主要包括以下几种情形：①生产，即市场主体对自己生产创造的财产享有所有权。②孳息，即市场主体对自己原物所产生的自然孳息和法定孳息享有所有权。③添附取得。所谓添附，是指不同所有权人的财产，非因合意合为一体，不能分离的事件，主要包括混合、附合、加工三种情况。添附事件发生后，因添附物不能分割，必须依法确定该添附物的归属。各国对此规定不一，但多数按主物吸收从物的原则处理。如该添附物归主物或价值大的物的所有人所有，其实际上即依法取得了原属对方的财产。但依据公平原则，其应当给对方一定的补偿。④国有化和没收。国家依法将某些财产以有偿或无偿方式强制收归国有。比如，我国《物权法》规定，遗失物自发布招领公告之日起六个月内无人认领的，归国家所有。拾得漂流物、发现埋藏物或者隐藏物的，参照拾得遗失物的有关规定。文物保护法等法律另有规定的，依照其规定。⑤善意取得。即从无处分权人手中依法以合理价格善意取得财产所有权。根据我国《物权法》，无处分权人将不动产或者动产转让给受让人时，除法律另有规定外，受让人具备以下三个要件时对该财产享有所有权：第一，受让人受让该财产时是善意的；第二，以合理的价格转让；第三，程序合法，即转让的财产依照法律规定应当登记的已经登记，不需要登记的已经交付给受让人。受让人善意取得该财产所有权的，原所有权人有权向无处分权人请求赔偿损失。

继受取得，也称传来取得，是指通过一定的法律事实而从原所有权人处取得所有权。它与原始取得的主要区别在于，继受取得必须以原所有权合法为前提，且受原所有人的意志影响，故其所有权的取得通常应有合同依据。继受取得的方式主要包括买卖、赠与、互易、继承和受遗赠等。

2. 用益物权

（1）用益物权的含义和特征

用益物权，是指用益物权人对他人所有的不动产或者动产，依法享有占有、使用和收益的权利。与所有权相比较，用益物权的特征主要表现在：①用益物权是他物权，所有权是自物权。②用益物权是限制物权，权利人对标的物只享有占有、使用、收益的权利。所有权是完全物权，权利人对标的物享有占有、使用、收益和处分的权利。③用益物权是有期限物权，其期限由法律规定或当事人约定。

（2）用益物权的分类

我国《物权法》规定的用益物权主要包括土地承包经营权，建设用地使用权，宅基地使用权，地役权，探矿权，采矿权，取水权和使用水域、滩涂从事养殖、捕捞的权利等。

土地承包经营权人依法对其承包经营的耕地、林地、草地等享有占有、使用和收益的权利，有权从事种植业、林业、畜牧业等农业生产。土地承包经营权自土地承包经营权合同生效时设立。

建设用地使用权人依法对国家所有的土地享有占有、使用和收益的权利，有权利用该土地建造建筑物、构筑物及其附属设施。设立建设用地使用权的，应当向登记机构申请建设用地使用权登记。建设用地使用权自登记时设立。

宅基地使用权人依法对集体所有的土地享有占有和使用的权利，有权依法利用该土地建造住宅及其附属设施。宅基地使用权的取得、行使和转让，适用土地管理法等法律和国家有关规定。

地役权人有权按照合同约定，利用他人的不动产，以提高自己的不动产的效益。地役权自地役权合同生效时设立。当事人要求登记的，可以向登记机构申请地役权登记；未经登记，不得对抗善意第三人。

3. 担保物权

担保物权是指，担保物权人在债务人不履行到期债务或者发生当事人约定的实现担保物权的情形时，依法享有的就担保财产优先受偿的权利。我国《物权法》规定的担保物权包括抵押权、质权和留置权三种。有关内容将在本书第九章担保法中介绍。

二、债权

(一) 债权的含义

债是按照合同的约定或者依照法律的规定，在特定当事人之间产生的权利义务关系。在债的法律关系中，享有权利的人为债权人，负有义务的人为债务人。债作为一种民事法律关系，反映的是社会财产流转关系，体现的是财产从一个主体转移给另一个主体的过程，因而具有财产性质。

债权是债权人按照合同的约定或者依照法律的规定请求债务人为一定行为的权利。债权与所有权同属于财产权，两者既有联系又有区别。所有权关系反映的是社会经济生活中物质资料的归属问题，属于静态法律关系；债权关系反映的是社会经济生活中物质资料的转移问题，属于动态法律关系。一般来讲，所有权是债权发生的前提和结果，债权是所有权变动的基础，是取得和实现所有权的一种方法。

(二) 债权发生的根据

债权的发生，必须基于一定的法律事实。引起债权发生的法律事实就是债权发生的根据。在我国，债权发生的根据主要有以下四种：

1. 因合同发生的债权。合同是债权发生的最为普遍的根据。因合同发生的当事人之间的权利义务关系参见本书第八章合同法。

2. 因侵权行为发生的债权。侵权行为是指不法侵害他人合法的民事权益，给他人造成损害，依法应承担民事责任的行为。目前我国调整侵权行为之债关系的专门法是《中华人民共和国侵权责任法》(以下简称《侵权责任法》)。

根据《侵权责任法》的规定，民事权益受到侵害的，被侵权人有权请求侵权人承担侵权责任。民事主体享有的民事权益,主要包括生命权、健康权、姓名权、名誉权、荣誉权、肖像权、隐私权、婚姻自主权、监护权、所有权、用益物权、担保物权、著作权、专利权、商标专用权、发现权、股权、继承权等人身、财产权益。法人、非法人组织享有名称权、名誉权、荣誉权等权利。《民法总则》增加了人身自由权、人格尊严权、身体权等。

侵权行为可以分为一般侵权行为和特殊侵权行为两大类。一般侵权行为又称直接侵权行为,是指行为人基于过错致人法定民事权益损害而应承担民事责任的行为。一般侵权行为之债的法定构成要件是:(1)行为具有违法性;(2)造成他人法定民事权益的损害;(3)违法行为与损害后果具有因果关系;(4)违法行为人主观上有过错。

特殊侵权行为,是指由法律直接规定,在侵权责任的主体、主观构成要件、举证责任的分配等方面不同于一般侵权行为,适用民法上特别责任条款的致人损害的行为。特殊侵权行为一般实行过错推定原则或无过错责任原则,承担责任的主体比较复杂,各种特殊侵权行为之债的构成要件不一样,所以,《侵权责任法》对每一种特殊侵权行为之债的构成要件分别加以规定。

根据《民法通则》和《侵权责任法》的规定,特殊民事侵权行为主要有:国家机关或其工作人员的职务侵权行为、被派遣的工作人员因执行工作任务造成他人损害的行为、产品质量不合格致人损害行为、施工人致人损害行为、建筑物保管不善致人损害行为、饲养的动物致人损害行为、无民事行为能力人或限制民事行为能力人致人损害行为、高度危险作业致人损害行为、机动车交通事故致人损害行为、医疗损害行为、环境污染致人损害行为和产品责任等。

侵权行为给他人造成损害,行为人或责任人有义务对受害人进行赔偿。这样,在当事人之间就形成了以损害赔偿为内容的债权债务关系。根据《侵权责任法》的规定,行为人或责任人承担侵权责任的方式主要有:停止侵害、排除妨碍、消除危险、返还财产、恢复原状、赔偿损失、赔礼道歉、消除影响、恢复名誉。这些方式,既可以单独适用,也可以合并适用。侵害他人造成人身损害的,应当赔偿医疗费、护理费、交通费等为治疗和康复支出的合理费用,以及因误工减少的收入。造成残疾的,还应当赔偿残疾生活辅助具费和残疾赔偿金。造成死亡的,还应当赔偿丧葬费和死亡赔偿金。侵害他人人身权益,造成他人严重精神损害的,被侵权人可以请求精神损害赔偿。

侵权行为之债与违约之债相比,主要有如下特点:(1)一般侵权行为侵害的是法定权利,违约行为侵害的是当事人在合同中约定的权利;(2)侵权行为之债的承担原则一般适用过错责任原则,违约之债的承担原则一般适用严格责任原则。(3)侵权行为之债一般侵权人的责任既可能是财产责任,也可能是非财产责任,如赔礼道歉等。违约人一般只承担财产责任。

3. 因不当得利发生的债权。不当得利,是指没有法律根据,取得不当利益,并致他人受损的法律事实。由于受益人取得该利益没有法律根据,因此受益人应将不当利益返还给受害人,受损人有权请求受益人返还其所得不当利益。这样,在当事人之间便形成了以返还不当得利为内容的债权债务关系。

不当得利之债的构成要件有三个方面:(1)得利无法律根据但行为不违法;(2)造成他人财产损失;(3)一方得利与另一方受损有因果关系。

4. 因无因管理发生的债权。无因管理，是指没有法定的或约定的义务，为避免他人利益受损，而进行管理的行为。无因管理行为发生后，管理人有权请求受益人偿付因管理事务所支出的必要费用，受益人负有偿还这种费用的义务。这样，在当事人之间就形成了以受益补偿为内容的债权债务关系。

无因管理之债的构成要件有四个方面：(1)客观上为他人谨慎管理了事务；(2)主观上有为他人谋利益的意思；(3)无法定或约定的义务；(4)管理他人事务时支付了必要的费用。

除上述根据之外，债权还可因其他法律事实而发生，如遗嘱、缔约过失行为等。

三、知识产权

(一)知识产权的含义和特征

知识产权，又称智力成果权、无形财产权，是指基于智力创造活动所产生，并由法律赋予知识产品的所有人对其智力创造成果在一定期限内享有专有的权利。知识产权与其他财产权相比，具有以下法律特征：

1. 知识产权是一种无形财产权。无形财产权是相对于有形财产权而言。有形财产权的客体是法律意义上的物，物的存在都有一定的形态，人们对它的占有，都表现为对它的实际控制。无形财产权的客体是知识产品，知识产品虽然与一般物质产品的内在属性一样，都具有价值和使用价值，但它可能没有外在的物质形态，或与其存在的载体自身的价值有较大的差异，知识产品的价值主要表现为对它的认识和利用，不一定要占有。

2. 知识产权具有双重性。知识产权在内容上包括人身权和财产权两方面的权利。知识产品是人类脑力劳动的产物，它与特定的人身有着密切的联系，因此多数国家立法都规定，知识产权的内容包括人身权利或精神权利，如著作权包括作者的署名权，专利权包括发明人的署名权等。另一方面，知识产品虽然不具有物质形态，但一旦被利用，却有可能产生极大的经济效益和社会效益。由于其开发需要付出大量的人力和财力，所以所有人有必要也有理由通过知识产品的利用回收开发成本并获取收益，这就决定了知识产权中应包括财产权的内容，如著作权中的作品稿酬权。

3. 知识产权具有专有性。专有也称独占或垄断，知识产权的专有性表现在两个方面：其一，是权利人对知识产品的专有。即一项知识产品只能有一个完整的权利主体。其二，是权利人对知识产品使用的专有，未经权利人许可或法律特别规定，他人不得使用。

4. 知识产权的保护具有地域性。知识产权需要专门法律来确认，商标专用权和专利权等权利还要由国家专门机构来审核授权。从国际上看，某一国家所确认和保护的知识产权，原则上只能在该国行政领域内发生法律效力，除有双边或多边国际条约规定或者给予互惠之外，知识产权没有域外效力。因此，一个知识产品要取得某个国家的保护，一般需要依法向该国提出申请，经审查批准或登记注册后，才能在该国取得知识产权，并受该国法律保护。

应当说明的是，著作权的取得一般不需要国家专门机构确认。根据《中华人民共和国著作权法》(以下简称《著作权法》)和《中华人民共和国著作权法实施条例》(以下简称《著作权法实施条例》)，中国公民、法人或者其他组织的作品，不论是否发表均享有著作权。

著作权自作品创作完成之日起产生。外国人、无国籍人的作品首先在中国境内出版的,在中国享有著作权,其著作权自首次出版之日起受保护。外国人、无国籍人的作品在中国境外首先出版后,30日内在中国境内出版的,视为该作品同时在中国境内出版。外国人、无国籍人的作品根据其作者所属国或者经常居住地国同中国签订的协议或者共同参加的国际条约享有的著作权,受中国法律保护。

5. 知识产权具有时间性。知识产权只在法定期限内受到法律保护。超过法定期限,这一权利就自行消灭,知识产品就成为全社会的共同财富,任何人都可无偿使用。知识产权保护期限通常是根据知识产品本身的性质来确定的。依我国法律的规定,作品作者的署名权、修改权、保护作品完整权的保护期不受限制。公民的作品的发表权等其他权利的保护期一般为作者终生及其死亡后50年。发明专利权的保护期限是自申请之日起20年。

(二)知识产权的范围

知识产权作为一个与政治、经济和科学技术发展密切相关的法律概念,其内涵因各国或地区政治、经济和科学技术发展的具体情况不同,而各自在不同的历史时期对知识产权的保护范围各不相同,但在总体上其范围是逐步扩大的。传统意义上的知识产权,主要包括著作权(含邻接权)、专利权和商标权三个部分。1967年世界知识产权组织成立时,各成员国综合各国的规定,对知识产权的范围作了较大的扩充。根据《成立世界知识产权组织公约》的规定,知识产权包括8项权利:(1)关于文学、艺术和科学作品的权利;(2)关于表演者的演出及其录音和广播的权利;(3)关于人类一切活动领域内的发明的权利;(4)关于科学发现的权利;(5)关于工业品外观设计的权利;(6)关于商品商标、服务商标、厂商名称和标记的权利;(7)关于制止不正当竞争的权利;(8)关于工业、科学、文学或艺术领域内一切智力活动成果的权利。

1994年通过的《与贸易有关的知识产权协议》(*Agreement on Trade-Related Aspects of Intellectual Property Rights*,TRIPs),将知识产权的范围作了微调,规定为:(1)著作权及其有关权利;(2)商标权;(3)地理标识权;(4)工业品外观设计权;(5)专利权;(6)集成电路布图设计权;(7)未公开的信息权,即商业秘密权;(8)关于制止不正当竞争的权利。1996年通过的《欧盟数据库指令》,将"数据库特殊权利"列入知识产权的范围,赋予数据库制作者以"摘录权"和"再利用权",意在阻止他人擅自使用数据库的全部或实质部分的内容。从此,在内容选择和结构编排上没有独创性的数据库,也可以通过知识产权制度加以保护。

我国1980年加入世界知识产权组织,目前对知识产权保护的范围已经与国际上基本一致。《民法总则》第一百二十三条将下列客体列入知识产权范围:(1)作品;(2)发明、实用新型、外观设计;(3)商标;(4)地理标志;(5)商业秘密;(6)集成电路布图设计;(7)植物新品种;(8)法律规定的其他客体。

由于知识产权客体各有特点,所以我国根据不同客体的特点分别立法保护。其中,作品由著作权法保护。目前《著作权法》保护的作品是指在文学、艺术和科学领域内具有独创性并能以某种有形形式复制的智力成果。具体包括:(1)文字作品;(2)口述作品;(3)音乐、戏剧、曲艺、舞蹈、杂技艺术作品;(4)美术、建筑作品;(5)摄影作品;(6)电影作品和以类似摄制电影的方法创作的作品;(7)工程设计图、产品设计图、地图、示意图等图形作品和模型作品;(8)计算机软件;(9)法律、行政法规规定的其他作品。不包括:(1)法律、法规,国家机关的决议、决定、命令和其他具有立法、行政、司法性质的文件,及其官方正式译文;(2)时事新闻;(3)历法、通用数表、通用表格和公式。

集成电路布图设计,是指集成电路中至少有一个是有源元件的两个以上元件和部分或者全部互连线路的三维配置,或者为制造集成电路而准备的上述三维配置。根据《集成电路布图设计保护条例》,受保护的布图设计应当具有独创性,即该布图设计是创作者自己的智力劳动成果,并且在其创作时该布图设计在布图设计创作者和集成电路制造者中不是公认的常规设计。由常规设计组成的布图设计,其组合作为整体具有独创性的受保护。

植物新品种,是指经过人工培育的或者对发现的野生植物加以开发,具备新颖性、特异性、一致性和稳定性并有适当命名的植物品种。植物新品种由《植物新品种保护条例》对进行保护。

《中华人民共和国专利法》(以下简称《专利法》)对发明、实用新型和外观设计进行保护。《中华人民共和国商标法》(以下简称《商标法》)对商品商标、服务商标、集体商标和证明商标进行保护。《中华人民共和国反不正当竞争法》(以下简称《反不正当竞争法》)规定了制止不正当竞争方面的权利,将侵犯商业秘密行为、引人误解的混淆行为等列入不正当竞争行为。《地理标志产品保护规定》对地理标志进行保护。

参 考 阅 读

1. 相关法律文件。
2. 王利明. 中华人民共和国民法总则详解. 北京:中国法制出版社,2017.

复 习 思 考

1. 简述法人与合伙的主要区别。
2. 简述我国企业信息披露制度的主要内容。
3. 简述物权与债权的主要区别。
4. 简述相邻关系与地役权的主要区别。
5. 简述知识产权与财产所有权的主要区别。
6. 简述一般侵权行为与违约行为的主要区别。

案 例 分 析

案情:2015年,甲房地产开发有限公司(以下简称甲公司)拍得某市区靠近某湖的一块土地,并建造了一栋34层的商品住宅楼。该公司为了让业主能看到自然美景,2016年1月,甲公司和更靠近该湖的相邻的乙制衣厂约定:"5年内不能在厂区内修建7层以上建筑,同时,甲公司每年向制衣厂支付补偿金50万元。"合同签订后,甲公司每年依约支付了补偿金。2018年4月,乙制衣厂决定搬迁,并将原有厂区土地使用权转让给丙房地产开发公司(以下简称丙公司)。丙公司于 2018 年 10 月开始在该厂区修建一栋 40 层的写字楼。因大楼建成后将遮挡甲公司所在小区业主的观景权,甲公司向法院起诉,要求丙公司停止施工、乙制衣厂继续履行合同。

问题:

1. 什么是地役权?地役权合同生效的条件是什么?
2. 甲公司与乙制衣厂之间的合同是否生效?
3. 甲公司的诉讼请求能否得到法院的支持?

第二章 个人独资企业法

个人独资企业是一种最简单、最古老的企业形式,它产生于人类社会的第一次分工时期。由于个人独资企业具有投资少、设立简便、投资人对企业有绝对控制权等优势,因而直到现在仍受到各国中小投资者的普遍欢迎。为规范我国个人独资企业的行为,保护中小投资人和债权人的合法权益,维护社会经济秩序,促进社会主义市场经济的发展,我国于1999年8月30日由第九届全国人民代表大会常务委员会第十一次会议通过了《中华人民共和国个人独资企业法》(以下简称《个人独资企业法》),该法于2000年1月1日实施。

与本章有关的法律文件主要有:《个人独资企业法》(1999年)、《个人独资企业登记管理办法》(2014年)等。

本章共分四节,对我国《个人独资企业法》作了较为全面的介绍,内容涉及个人独资企业的含义和特征、企业的设立、企业的投资人及其事务的管理、企业的解散与清算。其中,企业设立的条件、企业的解散与清算是本章的重点。

第一节 个人独资企业法概述

一、个人独资企业的含义和特征

个人独资企业,是指依法设立的,由一个自然人投资,财产为投资人个人所有,投资人以其个人财产对企业债务承担无限责任的经营实体。

个人独资企业与其他企业形式相比具有以下法律特征:(1)企业的投资人只能是一个自然人。(2)企业的全部财产,包括企业经营中以企业名义所获得的所有收益都归投资人个人所有。投资人投入企业的财产与其个人的其他财产归属上并无实质的区别。(3)投资人对企业事务有绝对控制权与支配权,完全可以按照自己的意志去经营所属的企业。(4)企业的投资人对企业债务承担无限责任。(5)企业虽然是一个经营实体,但由于企业的财产与个人的财产是合一的,所以许多国家在法律上一般不将个人独资企业作为独立的纳税主体,而由业主个人缴纳各种税收。在我国,根据《国务院关于个人独资企业和合伙企业征收所得税问题的通知》[①]的规定,个人独资企业不交企业所得税。对其投资者的生产经营所得,比照个体工商户的生产、经营所得征收个人所得税。

---

① 国务院关于个人独资企业和合伙企业征收所得税问题的通知.2000-06-20.

二、个人独资企业的优缺点

(一)个人独资企业的优点

1. 设立容易。个人独资企业只需一个投资人,且没有资金数额的限制,资金较少的人也可单独申请设立,登记手续也比较简便。

2. 经营效率高。个人独资企业,往往是所有者与经营者集于一身,单一业主可自行决定企业的经营事项,决策效率高、行动快,便于及时抢占市场先机。

3. 有利于扩大社会投资,增加就业。

(二)个人独资企业的缺点

1. 企业的兴衰过于依赖于投资者个人。个人独资企业一般是由投资人负责经营管理的,因此,企业的兴衰与投资人的知识与能力,甚至与其身体健康状况都紧密相连,而个人的经验、能力与精力都是有限的,这种限制会给企业的发展带来不利影响,严重时可能会导致企业的关闭。

2. 投资人投资风险较大。投资人依法应承担无限责任,这对于维护企业的信誉和保护债权人的利益是有利的,但它使投资人的个人财产与企业的风险紧密相连,增大了投资人的投资风险。

3. 经营规模受限制。个人独资企业只有一个自然人投资,由于投资人的投资风险较大,资金较多的人为规避风险一般不会采用此种企业形式。一般只有在个人资金较少时才会采用此种形式,因此,难以建立规模较大的企业。

三、个人独资企业与个体工商户的区别

个体工商户与个人独资企业有很多共同点,比如都可以由一个自然人投资兴办,投资人对外都承担无限责任,都可以有自己的名称、生产经营场所和生产条件,所得税统一按个体工商户缴纳,实行年度信息报告制度等,但也存在一些区别,主要表现在:

(一)设立的法律依据不同

前者设立的主要依据是《个体工商户条例》。后者设立的主要依据是《个人独资企业法》。

(二)设立条件不同

前者属于自然人范畴,可以不使用名称,可以没有固定的生产经营场,也不需要申报出资。后者属于企业组织范畴,应有自己的名称和固定的生产经营场,申请人需要明确申报出资额。

(三)申请人不同

前者的申请人既可以是一个自然人,也可以是一户。后者的申请人只能是一个自然人。

(四)对外承担民事责任的财产范围不同

前者的债务,个人经营的,以个人财产承担;家庭经营的,以家庭财产承担;无法区分的,以家庭财产承担。后者的债务,以设立登记时的申报情况为准,即申请人在申请企业设立登记时明确以其家庭共有财产作为个人出资的,应当以家庭共有财产对企业债务承

担无限责任，否则以个人财产对企业债务承担无限责任。

应当说明的是，根据《中华人民共和国婚姻法》，除法律有特别规定之外，夫妻在婚姻关系存续期间因生产、经营产生的收益归夫妻共同所有，债务共担。因此，不论是登记为个人经营的个体工商户，还是申报以个人财产承担的个人独资企业，因生产、经营取得的收益均属于夫妻共同所有，债务亦属于夫妻共同债务。夫妻以外的其他家庭成员不是共有财产主体，不适用此规定。

(五)登记机关不同

前者在经营场所所在地县区级市场监督管理机关登记；登记机关可以委托其下属市场监督管理所办理个体工商户登记。后者登记机关不得委托其下属市场监督管理所办理企业登记。

(六)财务管理要求不同

前者法律未要求设置会计账簿，所得税数额一般采用核定方式确定。后者法律要求设置会计账簿，进行会计核算。根据《国务院关于个人独资企业和合伙企业征收所得税问题的通知》①的规定，后者不交企业所得税，其投资者的生产经营所得，比照个体工商户的生产、经营所得征收个人所得税。但由于会计账簿清晰，在实际收入相同的情况下，后者实际缴税额高于前者。

(七)信息公示要求不同

前者只需要通过企业信用信息公示系统向登记机关报送上一年度年度报告，法律未规定其必须向社会公示，即可以自主选择其年度报告内容是否公示。后者除报送上一年度年度报告外，还必须向社会公示。

由于我国个体工商户的设立条件与个人独资企业的设立条件差距不大，因此很多依法设立的个体工商户同时具备个人独资企业的条件。凡符合《个人独资企业法》规定条件的个体工商户均可依法申请转为个人独资企业。

第二节　个人独资企业的设立

一、企业设立的条件

根据我国《个人独资企业法》第八条的规定，设立个人独资企业应具备下列条件：(1)投资人为一个自然人；(2)有合法的企业名称；(3)有投资人申报的出资；(4)有固定的生产经营场所和必要的生产经营条件；(5)有必要的从业人员。

(一)投资人为一个自然人

投资人是指向企业投入资金、实物或劳务技术的人。作为个人独资企业，其投资人只能是自然人，由于企业设立后要从事经营活动，所以投资人还应是具有完全民事行为能力，并依照法律、行政法规能够从事营利性活动的人。法人不能作为其投资人。此外，由于我国《个人独资企业法》规定，外商独资企业不适用该法，因此，企业的投资人应为我

---

① 参见《国务院关于个人独资企业和个人合伙企业征收所得税问题的通知》，2000年6月20日。

国公民。

(二) 合法的企业名称

个人独资企业的名称除应符合前述商事主体名称的一般要求外，还应与其责任形式相符合，个人独资企业是依据《个人独资企业法》设立的，出资人依法应对企业债务承担无限责任，所以名称中不能使用"有限""有限责任"或"公司"字样。

(三) 投资人申报的出资

设立企业的申请书应当载明投资人的出资额和出资方式。投资人申报的出资只是经营条件，因此，法律对其具体数量、出资方式未予规定，投资人可以自行决定。

(四) 固定的生产经营场所和必要的生产经营条件

固定的生产经营场所，是指企业应有比较固定的经营地点。法律作这一要求的目的是使它与行商游贩相区别。

(五) 必要的从业人员

从业人员是指参与企业业务活动的人员，包括从事业务活动的投资人和企业依法招用的职工。对从业人员的人数法律未作限定。只有投资人一人从事业务活动的，也属于符合条件。

二、企业设立的程序

申请设立个人独资企业，应当由投资人或者其委托的代理人向个人独资企业所在地的登记机关提交设立申请书、投资人身份证明、生产经营场所使用证明等文件。委托代理人申请设立登记时，应当出具投资人的委托书和代理人的合法证明。

设立申请书作为申请设立个人独资企业的必备文件，应当能够反映申请设立人的基本情况和真实意愿。根据我国《个人独资企业法》第十条的规定，申请书应当载明下列事项：(1) 企业的名称和住所；(2) 投资人的姓名和居所；(3) 投资人的出资额和出资方式；(4) 经营范围。其中企业的住所，是指企业从事生产经营及其他活动的地方，即企业主要办事机构所在地。投资人的居所，是一个与住所既有联系又有区别的法律概念。根据我国《民法通则》的规定，公民的住所是指公民长期居住的场所，每个公民的住所只能有一处，一般根据公民的户籍所在地、经常居住地或监护人的住所等情况确定。而投资人的居所可能是其住所也可能不是，而且还可能不止一个。投资人在登记时应根据自己开展企业活动的方便和实际要求如实填写。

登记机关在收到投资人的设立申请文件之日起15日内，对符合法定条件的，予以登记，发给营业执照。个人独资企业营业执照的签发日期，为企业成立日期；对不符合法定条件的，登记机关不予登记，但应给予书面答复，说明理由。按照我国行政复议法和行政诉讼法的有关规定，当事人对企业登记机关作出的不予登记的决定可以依法提起行政复议或行政诉讼。

三、企业的变更登记

企业在存续期间登记事项发生变更的，应当在作出变更决定或变更事由发生之日起15日内依法向登记机关申请办理变更登记。

第三节 个人独资企业事务的管理

一、投资人的主要权利和义务

投资人的权利主要体现在以下四个方面：(1)对企业资产及运营收益享有完全的所有权；(2)对企业的生产经营活动有完全的决策权、指挥权、管理权；(3)有将其全部营业及财产转让、赠送、以遗嘱方式处分的权利；(4)有为扩大其经营规模而收购、并入其他企业的权利和设立分支机构的权利。

投资人的义务主要有：(1)遵守法律、行政法规，在法律、行政法规允许的范围内活动，并将营业执照正本置放在企业住所的醒目位置；(2)遵守诚实信用原则；(3)不损害社会公共利益；(4)依法建立财务会计制度；(5)依法纳税；(6)依法招用职工，保障职工合法权益；(7)应当于每年1月1日至6月30日，通过企业信用信息公示系统向登记机关报送上一年度年度报告，并向社会公示。(8)做好环境保护工作等。

二、个人独资企业的事务管理

个人独资企业投资人对本企业的财产依法享有所有权，有权决定本企业的各项事务。个人独资企业事务管理的方式可以有两种：一是由投资人自任厂长、经理，管理企业事务；二是委托或者聘用其他人管理企业的事务。委托或者聘用其他人管理企业事务时，投资人应与受托人或者被聘用的人签订书面合同，明确委托的具体内容和授予的权利范围。根据我国《个人独资企业法》的规定，投资人对受托人或者被聘用的人员职权的限制，不得对抗善意第三人。

受托人或者被聘用的人员应当履行诚信、勤勉义务，按照与投资人签订的合同负责企业的事务管理。受托人或者被聘用的人员管理个人独资企业事务时违反双方订立的合同，给投资人造成损害的，应承担民事赔偿责任；受托人或者被聘用的人员违反法律规定，侵犯个人独资企业财产权益的，应依法退还侵占的财产；给企业造成损失的，应依法承担赔偿责任；有违法所得的，应没收违法所得；构成犯罪的，应依法追究刑事责任。

企业投资人对于受托人或者被聘用的人员在正常经营活动中的行为有监督权，在其有违反聘用合同的行为或其他违法行为时可解除其职务，停止聘用。其正常履行职责所带来的收益归企业投资人，如造成损失也由企业投资人承担责任。

第四节 个人独资企业的解散与清算

一、个人独资企业的解散

(一)个人独资企业解散的原因

根据我国《个人独资企业法》的规定，个人独资企业有下列情形之一时，应当解散：

1. 投资人决定解散。因为个人独资企业是一个自然人投资设立的，企业财产为投资人个人所有，因此，投资人个人可以自己决定解散企业，而不需要征求其他人的意见。

2. 投资人死亡或者被宣告死亡，无继承人或者继承人决定放弃继承。投资人死亡是指其生理死亡。宣告死亡是指在法律上推定其死亡，从而发生与生理死亡相同的法律后果。根据我国《民法通则》的规定，投资人被宣告死亡应当具备两个条件：一是投资人下落不明满四年，或者因意外事故下落不明，自事故发生之日起满两年，或者因意外事故下落不明，经有关机关证明该投资人已不可能生存；二是要由投资人的利害关系人向人民法院提出申请，由人民法院依法定程序作出死亡宣告。

3. 被依法吊销营业执照。

4. 法律、行政法规规定的其他情形。

(二) 个人独资企业解散的法律效力

个人独资企业主决定解散企业的，应通知和公告债权人，清理企业财产，收回企业债权，清偿企业债务。因此，如果企业债权人因故未能在规定的期限内申报其债权，或者其债权未能得到全部清偿，在企业解散后仍可请求企业投资人清偿。为敦促债权人及时主张权利，我国《个人独资企业法》规定，债权人在五年内未向债务人提出偿债请求的，该责任消灭。

二、个人独资企业的清算

个人独资企业解散，应依法进行清算。清算是指清理企业的债权债务，了结尚未完结的企业事务，使企业终止的行为。个人独资企业的清算方式有两种：一是由投资人自行清算；二是由债权人申请人民法院指定清算人进行清算。

为使企业债权人能够知悉企业解散的情况，并及时申报其债权，我国《个人独资企业法》规定，投资人自行清算的，应当在清算前15日内以书面形式通知债权人，无法通知的，应当予以公告。债权人应当在接到通知之日起30日内，未接到通知的应当在公告之日起60日内，向投资人申报其债权。

无论清算人是投资人还是人民法院指定的人，在进行清算时都应对企业资产进行全面清理核查，并对申报的债权进行登记。为保护职工和国家利益不受损害，个人独资企业解散的财产应当按照下列顺序清偿：(1)所欠职工工资和社会保险费用。其中企业应为职工缴纳的社会保险主要包括职工基本养老保险、职工基本医疗保险和职工失业保险。(2)所欠税款。(3)其他债务。个人独资企业财产不足以清偿债务的，投资人依法应当以其个人的其他财产予以清偿。

清算结束后，清算人应当编制清算报告，并于15日内到登记机关办理注销登记。

参 考 阅 读

1. 相关法律文件。

2. 卞耀武．中华人民共和国个人独资企业法释义．北京：法律出版社，2000.

复习思考

1. 简述个人独资企业的含义和特征。
2. 简述个人独资企业设立的法定条件。
3. 简述个人独资企业与个体工商户的区别。
4. 简述个人独资企业的优缺点。

案例分析

案情：2018年6月，王某利用家庭自有的5万元人民币，另以个人名义向朋友借了6万元人民币，合计11万元人民币，在自己家附近租了一个30平方米的空房，准备投资兴办一个名为"鲜香豆坊"的小型豆制品加工作坊。该作坊计划由王某及其妻子共同经营。

问题：
1. 如果王某以个人名义申请设立个人独资企业，是否符合法定条件？
2. 王某应到哪一级的企业登记机关申请设立登记？
3. 如果王某在企业设立申报书中将5万元作为个人财产申报出资，当企业不能偿还对外负债时，应以王某个人的财产偿还，还是以家庭财产承担？
4. 如果企业经营亏损，借朋友的6万元钱能否先于其他债权人优先受偿？

第三章 合伙企业法

合伙是一种古老的以契约为基础的法律制度，它起源于人类需要共同生产劳动这一简单事实，合伙作为一种营利性安排，可以追溯到古巴比伦的共耕制度。在现代，合伙已逐步发展成为具有较强组织性的经营主体——合伙企业，合伙人的身份也由自然人扩大到法人和其他组织。由于合伙企业内部关系比较复杂，为规范合伙企业的组织与行为，保护合伙企业及其合伙人的合法权益，维护社会经济秩序，促进社会主义市场经济的发展，我国于1997年2月23日由第八届全国人民代表大会常务委员会第二十四次会议通过了《中华人民共和国合伙企业法》(以下简称《合伙企业法》)，该法于1997年8月1日起施行。2006年8月27日，第十届全国人民代表大会常务委员会第二十三次会议通过了《合伙企业法》修订文本，新法自2007年6月1日起施行。

与本章有关的法律文件主要有：《合伙企业法》(2006年)、《合伙企业登记管理办法》(2014年)等。

本章共分六节，对《合伙企业法》作了较为全面的介绍，内容涉及合伙企业的含义和分类、普通合伙企业与独资企业的异同、合伙企业的设立与变更、合伙企业的财产、合伙企业的内外关系、合伙企业的入伙与退伙、合伙企业的解散与清算。其中，合伙企业的分类、普通合伙企业与独资企业的区别、合伙企业设立的条件、合伙企业的内部和外部关系以及合伙企业的入伙与退伙是本章的重点。

第一节 合伙企业法概述

一、合伙企业的含义和特征

合伙企业，是指两个或两个以上的合伙人订立合伙协议，共同投资，合伙经营，共享收益，至少有一个以上的合伙人对企业债务承担无限责任的营利性组织。合伙企业是组织体，它只是合伙存在的形式之一，不具备组织体的合伙不构成合伙企业。与其他种类的企业相比，合伙企业的法律特征主要表现在以下几个方面：

(一)企业应有两个或两个以上的合伙人共同投资

合伙企业是由多数人出资组成的企业，其中，至少有一个是对合伙企业债务承担无限连带责任的普通合伙人。在合伙企业中，只有普通合伙人才可以负责企业经营，执行企业事务，对外代表企业。

(二)企业以合伙协议为设立基础

合伙协议依法由全体合伙人在协商一致的基础上以书面形式订立。在合伙协议中，各合伙人应就出资方式、利润分配方式和分配比例、亏损分担方式等事项作出约定。与公司章程相比，法律对合伙协议内容的强制性规定更少，合伙人有更多自主权。

（三）合伙人分别缴纳所得税

合伙企业的生产经营所得和其他所得，按照国家有关税收规定，由合伙人分别缴纳所得税。此外，根据财政部、国家税务总局2000年9月19日发布的《关于个人独资企业和合伙企业投资者征收个人所得税的规定》，合伙企业每一纳税年度的收入总额减除成本、费用以及损失后的余额，作为合伙人的生产经营所得。合伙人为自然人的，按照合伙企业的全部生产经营所得和分配比例确定应纳税所得额，比照个人所得税法的"个体工商户的生产经营所得"应税项目，适用5%～35%的五级超额累进税率，计算征收个人所得税。

二、合伙企业的分类

从国际上看，早期的合伙人对合伙企业债务均承担无限连带责任，但这种责任形式对合伙人而言风险较大。为降低合伙人的投资风险，吸引更多资金投入合伙企业，有些国家逐步允许部分合伙人在一定条件下以出资为限对合伙企业债务承担责任，从而产生了有限合伙企业。目前在美国的风险投资组织中，有限合伙制企业已达到80%左右。

我国1997年颁布的《合伙企业法》只允许设立合伙人承担无限连带责任的普通合伙企业，2006年颁布的《合伙企业法》增加了特殊的普通合伙企业和有限合伙企业形式。根据该法，我国合伙企业根据合伙人责任的不同，可以细分为普通合伙企业、特殊的普通合伙企业和有限合伙企业三种。

（一）普通合伙企业

它由普通合伙人组成，全体合伙人对合伙企业债务承担无限连带责任。所谓无限连带责任，是指在企业财产不足以偿还企业债务时，各合伙人均有义务以自己的其他财产对企业的剩余债务对外承担全部偿还责任，而非仅限于其投入合伙企业的财产及按合伙协议约定或法定的比例偿付。合伙人偿付后，对超过自己应偿付比例的部分可以向其他合伙人追偿。

（二）特殊的普通合伙企业

它是普通合伙企业的一种特殊形式，其特殊性在于合伙人对因其他合伙人故意或者重大过失造成的合伙债务只承担有限责任，从而可以适当降低合伙人承担的合伙风险，有利于合伙企业发展壮大和异地发展业务。特殊的普通合伙企业形式主要适用于以专业知识和专门技能为客户提供有偿服务的专业服务机构。如注册会计师事务所、律师事务所等。目前许多国际专业服务机构，如普华、德勤、安永、毕马威等会计师事务所，都采用了此种合伙形式。

我国《合伙企业法》根据合伙人在执业活动中的主观过错情况，将特殊的普通合伙企业的合伙人的民事责任具体分为三种情况：(1)合伙人对在执业活动中因故意或者重大过失造成的合伙企业债务，依法应承担无限责任或者无限连带责任，其他合伙人以其在合伙企业中的财产份额为限承担责任。(2)合伙人在执业活动中非因故意或者重大过失造成的合伙企业债务以及合伙企业的其他债务，由全体合伙人承担无限连带责任。(3)合伙人执业活动中因故意或者重大过失造成的合伙企业债务，以合伙企业财产对外承担责任后，该合伙人应当按照合伙协议的约定对给合伙企业造成的损失承担赔偿责任。

由于此种企业形式限定了合伙人对合伙企业债务承担无限责任的范围,客观上增加了企业债权人的风险。为提高合伙企业的赔偿能力,法律规定,此类企业应从业务收入中提取一定比例资金,建立执业风险基金,用于偿付由执业责任形成的债务。另外,执业合伙人还要办理职业保险。

(三)有限合伙企业

它由普通合伙人和有限合伙人组成,其主要特点是有限合伙人不执行合伙企业事务,并仅以其认缴的出资额为限对合伙企业债务承担责任,普通合伙人负责合伙企业事务的执行,并对合伙企业债务承担无限连带责任。有限合伙是20世纪60年代快速发展起来的一种风险投资方式,它可以使资本与智力实现有效的结合,即拥有财力的人作为有限合伙人,拥有专业知识和技能的人作为普通合伙人,从而建立以有限合伙为组织形式的风险投资机构,促进这类企业的技术开发、创业发展和资金融通。

三、普通合伙企业与个人独资企业的异同

在我国,普通合伙企业与独资企业都可以由自然人投资设立,两者既有许多共同之处,也有不少区别。了解两者之间的异同,有利于我们在设立企业时选择适合于自己的企业组织形态,也便于在企业的设立、变更、解散以及经营管理过程中正确行使自己的权利,履行相应的义务。

(一)普通合伙企业与独资企业的共同点

1. 企业不具有法人资格,投资人对企业债务承担无限责任。在法律意义上,独资企业只是业主的"财产",因此业主个人即代表企业本身,企业不是独立的民事责任主体。普通合伙企业与独资企业一样,如无特别约定,每一个合伙人都是业主,都有代表合伙企业的权利。合伙企业尽管在法律上具有团体性,其财产、责任也具有相对独立性,但在法律上,合伙企业不作为完全独立的民事责任主体来看待。因此,普通合伙人对企业债务承担无限责任。

2. 企业以营利为目的,具有独立的经营主体资格。营利是企业投资者投资的基本目标,为实现这一目标,企业必须从事经营活动。为方便企业从事经营活动,法律规定合伙企业与独资企业可以有自己的名称,并可以企业商号名义独立地从事经营活动,从而使它们在法律上成为独立的经营主体。凡是以商号名义进行的经营活动,其法律后果都直接归属于企业主或全体合伙人,在企业财产不足以偿债时,由业主或合伙人承担。因此,合伙企业与独资企业虽然不具有法人资格,但这并不妨碍它们成为独立的经营主体,它们与法人的最大区别在于投资人的责任不同,而不是企业能否成为独立的经营主体。

3. 设立条件低,设立程序比较简单。法律对于独资和合伙企业的出资没有最低限额的规定,只要具备生产经营所需的必要的资金和生产经营条件,就可以到登记机关注册,成立独资或合伙企业。

(二)普通合伙企业与独资企业的区别

1. 出资人数不同。合伙企业由两个以上的人出资,因此,一方面合伙企业比独资企业在资金筹措上具有更多的优势;另一方面,由于不管出资性质如何,合伙人均按照约定

的比例或法定方式承担经营风险,所以,合伙有利于分散投资风险,但这种优势是建立在合伙人之间的相互信任和忠诚的基础之上的。如果合伙人之间缺乏互信,那么合伙所具有的优势也就可能转化为劣势。独资企业只有一个出资人,投资风险由单个业主独立承担。

2. 出资人身份不同。独资企业的出资人只能是自然人;合伙企业的合伙人可以是自然人,也可以是法人或其他组织。

3. 企业财产性质不同。合伙企业财产与合伙人的其他财产相对分离,在形式上属于合伙企业所有,但实质上属于合伙人共同共有。以个人或家庭财产投资设立的独资企业,企业财产与个人或家庭的其他财产是合一的,均属于投资人个人或家庭所有。

4. 经营方式及决策权行使的复杂程度不同。合伙企业由各合伙人合伙经营,每个人对合伙企业财产具有平等的表决权。合伙企业对重大事项做出决定,必须经过一定的表决程序,达到法定或约定表决比例。一些重要事项法律还要求经全体合伙人一致同意才能做出决定。独资企业由出资人一人享有绝对的经营决策权,易于实现出资人的意志,不存在相互"搭便车"或推诿责任的问题。

综上所述,普通合伙企业较之独资企业容易聚集更多的资金、技术和实物等资源,合伙人之间也可以优势互补,但在企业事务的决策和执行上则不如独资企业简便易行,合伙人之间可能存在利益冲突。

第二节 合伙企业的设立与变更

一、合伙企业设立的条件

设立合伙企业,应当具备法定的条件。根据我国新《合伙企业法》的规定,设立普通合伙企业应具备以下五个条件:

(一)有两个或两个以上的合伙人

1. 合伙人的人数。合伙企业是多数人共同投资形成的经济组织,两人是其下限。对于普通合伙企业合伙人数的上限,法律未作限制。在实践中,由于普通合伙人对企业承担无限连带责任,合伙人对企业经营管理的参与程度高,人数过多往往不利于合伙关系的处理及合伙事务的执行,所以,合伙人的人数一般不宜太多。对于有限合伙企业的合伙人数,法律规定合伙人一般应在50个以下,并至少应当有一个普通合伙人。这是因为有限合伙人一般不参与管理,规定最高限可以降低有限合伙人的投资风险,避免普通合伙人任意扩大有限合伙人数。

2. 合伙人的资格。合伙人可以是自然人、法人和其他组织。首先,普通合伙人为自然人时依法应当是具有完全民事行为能力的人,否则会影响其行为的效力。其次,合伙人不能是法律、行政法规禁止的组织或自然人。我国新《合伙企业法》第三条规定:"国有独资公司、国有企业、上市公司以及公益性的事业单位、社会团体不得成为普通合伙人。"依此规定,上述主体只能参与设立有限合伙企业成为有限合伙人。禁止从事营利性活动的自然人主要有法官、检察官、国家公务员等,他们因工作性质特殊,掌握着一定的公共权力,不能作为合伙人,否则,不利于建立公平的竞争秩序。

(二) 有书面合伙协议

合伙协议又称合伙合同，是合伙企业设立的基础，是全体合伙人处理合伙企业事务的基本行为准则。合伙协议是要式合同，需要以书面方式订立，在申请企业登记时应向登记机关提交。合伙协议应在自愿、平等、公平、诚实信用的基础上经协商一致达成。

结合不同种类合伙企业的特点，我国新《合伙企业法》对合伙协议应具备的条款分别作了规定。普通合伙企业的合伙协议应当载明的事项包括：(1)合伙企业的名称和主要经营场所的地点；(2)合伙目的和合伙经营范围；(3)合伙人的姓名或者名称、住所；(4)合伙人的出资方式、数额和缴付期限；(5)利润分配、亏损分担方式；(6)合伙事务的执行；(7)入伙与退伙；(8)争议解决办法；(9)合伙企业的解散与清算；(10)违约责任。此外，合伙协议可以载明合伙企业的经营期限等。

有限合伙企业合伙协议依法除应当载明前述事项外，还应当载明下列事项：(1)普通合伙人和有限合伙人的姓名或者名称、住所；(2)执行事务合伙人应具备的条件和选择程序；(3)执行事务合伙人权限与违约处理办法；(4)执行事务合伙人的除名条件和更换程序；(5)有限合伙人入伙、退伙的条件、程序以及相关责任；(6)有限合伙人和普通合伙人相互转变程序。此外，执行事务合伙人可以要求在合伙协议中确定执行事务的报酬及报酬提取方式。

合伙协议是具有法律意义的文件。合伙协议经全体合伙人签名、盖章后生效。修改或者补充合伙协议，应当经全体合伙人一致同意；但是，合伙协议另有约定的除外。

合伙协议与普通合同相比具有以下法律特征：(1)当事人之间订立合伙协议的目的在于他们有着共同的利害关系，旨在建立一个有利于各个合伙人的利益共同体。普通合同当事人的利益是相对的，一方的权利正是另一方的义务。(2)合伙协议是设立合伙企业的前提条件和必要条件，而合伙企业则是合伙协议的预计结果。协议的履行具有长期性。普通合同的订立不会形成新的经营共同体，合同的履行往往是一次性的。(3)合伙协议在履行中不适用抗辩权和不可抗力制度的规定，即合伙人既不得以其他合伙人未履行出资义务而拒绝履行自己的出资义务，也不得因某一合伙人因不可抗力而不能履行出资义务时拒绝履行自己的出资义务。(4)合伙协议应当采用书面形式，普通合同既可以采用书面形式，也可以采用口头或其他形式。

(三) 合伙人认缴或者实际缴付的出资

作为一个经营性实体，合伙企业应拥有与其经营规模相适应的资金。普通合伙人可以用货币、实物、知识产权、土地使用权或者其他财产权利出资，也可以用劳务出资，但有限合伙人不得以劳务出资。合伙人以实物、知识产权、土地使用权或者其他财产权利出资，需要评估作价的，可以由全体合伙人协商确定，也可以由全体合伙人委托法定评估机构评估。合伙人以劳务出资的，其评估办法由全体合伙人协商确定，并在合伙协议中载明。

合伙人应当按照合伙协议约定的出资方式、数额和缴付期限，履行出资义务。以非货币财产出资的，依照法律、行政法规的规定，需要办理财产权转移手续的，应当依法办理。

(四)合伙企业的名称和生产经营场所

企业的名称是企业的外在特定性标志,合伙企业只有拥有自己的名称,才能以自己的名义参与各种法律关系,享有相应的权利并承担义务。合伙企业对其登记的名称享有登记范围内的专有使用权、商誉权和依法转让权。

合伙企业的名称除要符合国家关于企业名称的一般性要求之外,还应标明企业的种类,即普通合伙企业名称中应当标明"普通合伙"字样,特殊的普通合伙企业名称中应当标明"特殊普通合伙"字样,有限合伙企业名称中应当标明"有限合伙"字样,以方便交易相对人了解合伙人对企业的责任。

经营场所是企业从事生产经营活动的主要场所,该场所在企业登记机关登记后即成为企业的住所。合伙企业一般只有一个经营场所,当合伙企业有一个以上的经营场所时,合伙协议中载明的主要经营场所作为合伙企业住所。

(五)法律、行政法规规定的其他条件

这包括企业根据其所从事业务的特点和要求,正常开展业务所需要的资质条件和设施等。比如前述特殊的普通合伙企业应当建立用于偿付合伙人执业活动造成的债务的执业风险基金、办理职业保险即属于此种企业设立的其他必要条件。

二、合伙企业设立的程序

(一)准备申请文件

合伙人在申请企业登记之前应备齐所有应提交的文件及相关材料,主要包括由全体合伙人签名、盖章的合伙协议书,合伙人身份证明等。企业经营范围中有属于法律、行政法规规定必须报经有关部门审批的项目的,应当先向有关部门报批,取得批准文件。

(二)向企业登记机关提出设立申请

我国工商行政管理机关是合伙企业的登记机关。市、县工商行政管理机关负责本辖区内的合伙企业登记。合伙企业的经营范围中有属于法律、行政法规规定在登记前须经批准的项目的,应在登记时提交批准文件。

(三)企业登记机关审查登记,签发营业执照

为提高审查登记的工作效率,新《合伙企业法》规定,企业登记机关一般应当自受理申请之日起20日内,作出是否登记的决定。予以登记的,发给营业执照;不予登记的,应当给予书面答复,并说明理由。企业登记机关的审查时间比旧《合伙企业法》减少了10天。此外,新《合伙企业法》还规定,如果申请人提交的登记申请材料齐全、符合法定形式,企业登记机关能够当场登记的,应予当场登记,发给营业执照。

合伙企业自营业执照签发之日起成立。合伙企业领取营业执照前,合伙人不得以合伙企业名义从事经营活动。合伙企业设立分支机构,应当向分支机构所在地的企业登记机关申请登记,领取营业执照。分支机构的经营责任由合伙企业承担。

三、合伙企业的变更登记

合伙企业在经营过程中,可能会因为主、客观方面的原因而发生变化。合伙企业登记事项发生变更的,执行合伙事务的合伙人依法应当自作出变更决定或者发生变更事由之日

起15日内,向企业登记机关申请办理变更登记。法律要求合伙企业及时办理变更登记的主要目的在于方便企业以外的人了解企业的真实情况,减少欺诈。为督促合伙企业自觉办理有关变更登记,新《合伙企业法》除了要求企业限期办理变更登记外,还加大了对违法行为的处罚力度:一是将逾期不登记的罚款限额由2 000元以下,改为2 000元以上20 000元以下。二是明确规定"执行合伙事务的合伙人未按期申请办理变更登记的,依法应当赔偿由此给合伙企业、其他合伙人或者善意第三人造成的损失。"

第三节 合伙企业的财产

一、合伙企业财产的构成及合伙人的份额

(一)合伙企业财产的构成

合伙企业的财产,由合伙人的出资、以合伙企业名义取得的收益和依法取得的其他财产构成。

1. 合伙人的出资。包括设立时合伙人实际缴付的出资和企业存续期间合伙人依照合伙协议的约定或者合伙人决定增加的对合伙企业的出资。

2. 以合伙企业名义取得的收益。合伙企业的收益在分配给合伙人之前,属于合伙企业的财产。合伙企业的收益主要包括:(1)合伙企业的经营收入;(2)以合伙企业名义购置的动产和不动产;(3)以合伙企业名义取得的专利权、商标权及其他财产权。

3. 依法取得的其他财产。如受赠财产、企业获得的赔偿等。

从财产形式上看,构成合伙企业的财产除有形财产之外,还包括以合伙企业名义申请获得的专利权、非专利技术、注册商标专用权、企业商誉等无形资产及其他财产权利。

(二)合伙人的财产份额

合伙人的财产份额,是指全体合伙人依照出资额或合伙协议的约定确定的各合伙人对企业财产享有的比例。财产份额依法可以转让和出质,也可以作为确定合伙人利益分配和风险分担比例的依据。

1. 财产份额转让的条件。普通合伙人之间可以自由转让其财产份额,但应当通知其他合伙人。如果要将其在合伙企业中的全部或部分财产份额转让给合伙人以外的人,除合伙协议另有约定的外,依法应取得其他合伙人一致同意。有限合伙人因不执行企业事务,所以其按照合伙协议的约定向合伙人以外的人转让其在有限合伙企业中的财产份额时只要提前30日通知其他合伙人即可,不需要征求其他合伙人的意见。

2. 财产份额出质的条件。普通合伙人以其在合伙企业中的财产份额出质的,依法须经其他合伙人一致同意;未经其他合伙人一致同意,其行为无效,由此给善意第三人造成损失的,由行为人依法承担赔偿责任。

二、合伙人对合伙企业的权利与义务

(一)合伙人对合伙企业的权利

合伙人对合伙企业的权利依法可以由合伙协议自行约定,合伙协议未约定的,合伙人

依法对合伙企业主要享有以下权利：

1. 决定权。普通合伙人对合伙企业事务享有同等决定权，因此，对于合伙财产的重大处分必须经全体合伙人一致同意。但有限合伙人的决定权在法律上有一定的限制。

2. 监督检查权。合伙人为了解合伙企业的经营状况和财务状况，有权查阅合伙企业会计账簿等财务资料。

3. 对外代表权。普通合伙人依法可以执行合伙企业的事务，对外代表合伙企业。但有限合伙人不执行合伙事务，不得对外代表有限合伙企业。

4. 利益分配权。合伙企业的经营所得，扣除一定积累后的利润可以分配给合伙人，每个合伙人均享有分配利润的权利。合伙人可以在合伙协议中约定利润分配的比例，但合伙协议不得约定将全部利润分配给部分合伙人，但有限合伙企业合伙协议另有约定的除外。合伙协议未约定或者约定不明确的，由合伙人协商决定；协商不成的，依法由合伙人按照实缴出资比例分配；无法确定出资比例的，由合伙人平均分配。

5. 优先购买权。合伙人向合伙人以外的人转让其在合伙企业中的财产份额的，在同等条件下，其他合伙人有优先购买权。

(二) 合伙人对合伙企业的义务

根据《合伙企业法》，合伙人对合伙企业主要承担以下义务：

1. 出资义务。普通合伙人应按照约定履行出资义务，否则应依合伙协议的约定承担违约责任。有限合伙人未按期足额缴纳出资的，应当承担补缴义务，并对其他合伙人承担违约责任。经其他合伙人一致同意，对未履行出资义务的合伙人，可以通过决议将其除名。

2. 分割财产的限制。在合伙企业清算前，除法律另有规定外，合伙人不得请求分割合伙企业的财产。合伙企业的财产要由合伙人共同管理和使用，如果允许合伙人随意分割企业财产，就会使合伙企业的财产处于不稳定状态，这不利于合伙企业事业的发展，因此，我国法律对合伙人请求分割企业财产的权利作出了限制，即除合伙协议另有约定的外，合伙人只有在以下三种情形下才可以请求分割财产：(1) 合伙人依法转让其在合伙企业中的全部或部分份额的；(2) 合伙人依法退伙的；(3) 合伙人依法以其在合伙企业中的财产份额出质的。

3. 忠实义务。普通合伙人应忠实于企业，不得自营或者同他人合作经营与本合伙企业相竞争的业务，不得从事损害本合伙企业利益的活动。除合伙协议另有约定或者经全体合伙人一致同意外，普通合伙人不得同本合伙企业进行交易。普通合伙人违反法律规定或者合伙协议的约定，从事与本合伙企业相竞争的业务或者与本合伙企业进行交易的，该收益归合伙企业所有；给合伙企业或者其他合伙人造成损失的，依法承担赔偿责任。

4. 分担企业风险。普通合伙人对企业承担无限连带责任，有限合伙人对企业承担有限责任。合伙人可以在合伙协议中约定亏损分担的比例，但合伙协议不得约定由部分合伙人承担全部亏损。

第四节　合伙企业的内外关系

合伙企业事务的执行和合伙企业与第三人的关系分别构成了合伙企业的内部关系和外部关系。合伙企业的内部关系要求合伙人在执行合伙事务时不得侵犯其他合伙人的利益；合伙人的外部关系要求合伙人对外代表企业时既不得损害合伙企业的利益，也不得损害交易相对方的利益。

一、合伙企业事务的执行

(一) 合伙企业事务执行的含义

合伙企业事务的执行，是指为了实现合伙企业的目的而进行的各项活动，它包括决策和具体执行两个方面。普通合伙企业是典型的人合企业，合伙企业的一切权利都集中在合伙人手中，合伙人享有充分的自主权。因此，合伙人在原则上都享有同等参与合伙事务执行的权利。

在有限合伙企业中，有限合伙人不执行合伙事务，为维护有限合伙人的利益，法律规定，有限合伙人从事下列事务，不视为执行合伙事务：(1)参与决定普通合伙人入伙、退伙；(2)对企业的经营管理提出建议；(3)参与选择承办有限合伙企业审计业务的会计师事务所；(4)获取经审计的有限合伙企业财务会计报告；(5)对涉及自身利益的情况，查阅有限合伙企业财务会计账簿等财务资料；(6)在有限合伙企业中的利益受到侵害时，向有责任的合伙人主张权利或者提起诉讼；(7)执行事务合伙人怠于行使权利时，督促其行使权利或者为了本企业的利益以自己的名义提起诉讼；(8)依法为本企业提供担保。

合伙企业事务执行的方式，可以由合伙人依法在合伙协议中自行约定。不具有事务执行权的合伙人擅自执行合伙事务，给合伙企业或者其他合伙人造成损失的，依法应承担赔偿责任。

(二) 合伙企业事务的决策方式

合伙人参与合伙企业事务决策的方式主要有两种：

1. 由全体合伙人采取少数服从多数的原则决定。合伙人的表决办法可以由合伙人在合伙协议中约定，合伙协议未约定或者约定不明确的，依法实行合伙人一人一票并经全体合伙人过半数通过的表决办法。这种方式能够充分反映多数合伙人的意见，有利于提高决策效率，但少数合伙人的利益可能得不到保障。

除合伙协议另有约定外，依法可以适用此原则决定的合伙企业事务主要包括：(1)决定委托一个或者数个合伙人对外代表合伙企业，执行合伙事务；(2)决定由各合伙人分别执行合伙企业事务；(3)决定增加或者减少对合伙企业的出资；(4)决定企业解散；(5)指定一个或者数个合伙人，或者委托第三人，担任清算人；(6)退伙人在合伙企业中财产份额的退还办法。

2. 由全体合伙人一致同意决定，即每个合伙人都对需要决定的事项作出同意的意思表示才能作出决定。这种方式有利于充分发挥每个合伙人的积极性和创造性，充分保护每个合伙人的合法权益。但如果合伙人人数较多，则可能会降低决策效率。因此，只适用于对企业重大事务的决策。

除合伙协议另有约定外,依法应当适用此原则决定的合伙企业事务主要包括:(1)改变合伙企业的名称;(2)改变合伙企业的经营范围、主要经营场所的地点;(3)处分合伙企业的不动产;(4)转让或者处分合伙企业的知识产权和其他财产权利;(5)以合伙企业名义为他人提供担保;(6)聘任合伙人以外的人担任合伙企业的经营管理人员;(7)修改或者补充合伙协议;(8)许可合伙人同本合伙企业进行交易;(9)许可新合伙人入伙;(10)普通合伙人转变为有限合伙人,或者有限合伙人转变为普通合伙人。

(三)合伙企业事务执行的具体方式

按照合伙协议的约定或者经全体合伙人决定,合伙企业事务执行的具体方式主要有三种:

1. 委托一个或者数个合伙人对外代表合伙企业,执行合伙企业事务。作为合伙人的法人、其他组织执行合伙事务的,应由其委派的代表执行。未受委托的合伙人不再执行合伙事务,但有权监督执行事务合伙人执行合伙事务的情况。执行事务合伙人应当定期向其他合伙人报告事务执行情况以及合伙企业的经营和财务状况,其执行合伙事务所产生的收益归合伙企业,所产生的费用和亏损由合伙企业承担。受委托执行合伙事务的合伙人不按照合伙协议或者全体合伙人的决定执行事务的,其他合伙人可以决定撤销该委托。此种方式有利于对企业实行统一管理,提高决策效率,只要监督到位,一般也能保证合伙人的基本利益。

2. 由合伙人分别对外代表合伙企业,执行合伙企业事务。未参与该项事务执行的合伙人除享有监督权外,还有提出异议权。当有合伙人提出异议时,执行人应当暂停该项事务的执行。如果发生争议,由全体合伙人决定。此种方式使各个合伙人能集中精力于某一方面的事务,充分发挥各自的特长,但合伙人可能因忙于自己所管理的事务而使合伙人相互之间的监督减弱。

3. 聘任合伙人以外的人对外代表合伙企业,执行合伙企业事务。被聘任的经营管理人员,超越合伙企业授权范围履行职务,或者在履行职务过程中因故意或者重大过失给合伙企业造成损失的,依法承担赔偿责任。此种方式对合伙人风险较大,一般不宜采用。

二、合伙企业与第三人的关系

(一)合伙人的对外代表权

合伙人的对外代表权,是指合伙人以合伙企业名义对外从事合伙事务的权利。我国《合伙企业法》规定,执行合伙企业事务的合伙人,有权对外代表合伙企业。从理论上看,合伙企业是合伙人之间的一种松散的经济组织,基于合伙企业的性质,每个普通合伙人在合伙企业中都可以执行合伙企业事务,都可能享有对外代表权。由于合伙企业事务执行的具体方式是企业内部的一种权利安排,企业以外的人不一定知道,因此,合伙企业对普通合伙人执行合伙事务以及对外代表合伙企业权利的限制,依法不得对抗善意第三人。有限合伙人依法不得对外代表合伙企业,但第三人有理由相信有限合伙人为普通合伙人并与其交易的,该有限合伙人对该笔交易承担与普通合伙人同样的责任。有限合伙人未经授权以有限合伙企业名义与他人进行交易,给有限合伙企业或者其他合伙人造成损失的,该有限合伙人依法应当承担赔偿责任。

（二）合伙企业债务的清偿

合伙企业的债务，是指以合伙企业名义在合伙企业存续期间按合同约定或法律规定应承担的金钱上的义务，包括合同债务、侵权赔偿责任等。合伙企业对其债务，应先以其全部财产进行清偿。合伙企业不能清偿到期债务的，普通合伙人承担无限连带责任。这种责任是一种补充责任。普通合伙人因承担连带责任，导致所清偿的数额超过其在合伙协议中约定或法定的应承担的比例时，普通合伙人在对外清偿后有权就超过部分向其他普通合伙人追偿。其他普通合伙人对其追偿只承担约定或法定比例内的责任，不负连带责任。

（三）合伙人的债权人与合伙企业的关系

为既维护合伙企业的利益，又保障合伙人的债权人的利益，法律对合伙人的债权人行使债权的方式作了一些规定。表现在：

1. 合伙人发生与合伙企业无关的债务，相关债权人不得以其债权抵销其对合伙企业的债务；也不得代位行使合伙人在合伙企业中的权利。因为在合伙企业存续期间，合伙企业的财产与合伙人的财产是相对分离的。

2. 合伙人的自有财产不足清偿其与合伙企业无关的债务的，该合伙人可以以其从合伙企业中分取的收益用于清偿；债权人也可以依法请求人民法院强制执行该合伙人在合伙企业中的财产份额用于清偿。人民法院强制执行合伙人的财产份额时，应当通知全体合伙人，其他合伙人有优先购买权；其他合伙人未购买，又不同意将该财产份额转让给他人的，应依法为该合伙人办理退伙结算，或者办理削减该合伙人相应财产份额的结算。

第五节　入伙与退伙

一、入伙

（一）入伙的含义和方式

入伙，是指在合伙企业存续期间，非合伙人加入合伙企业，取得合伙人身份的行为。入伙的方式一般有三种：

1. 非合伙人依法接受合伙人转让的财产份额，从而成为新合伙人。合伙人如果是部分转让其财产份额，则仍为合伙企业的合伙人；合伙人如果是全部转让其财产份额，则完全退出合伙企业，不再是合伙企业的合伙人。新合伙人加入后，合伙企业的财产没有变化。

2. 在没有合伙人转让财产份额的情况下，非合伙人依法加入合伙企业，从而成为新的合伙人。新合伙人加入后，合伙企业的财产增加。

3. 合伙人死亡或被依法宣告死亡时，对该合伙人在合伙企业中的财产份额享有合法继承权的人，愿意成为该企业合伙人的，依法加入企业，从而成为新的合伙人，此时合伙企业的财产没有变化。

（二）入伙的条件和程序

除合伙协议另有约定外，入伙依法应具备两个条件：（1）经全体合伙人一致同意；

(2)依法订立书面协议。入伙协议经全体合伙人签名、盖章后生效。

入伙协议签订后,执行合伙事务的合伙人应当依法向企业登记机关申请办理变更登记。应当注意的是,未登记并不影响入伙协议本身的效力。

(三)入伙的法律效力

入伙的法律效力主要表现在两个方面:(1)新合伙人与原合伙人享有同等权利,承担同等责任。但入伙协议另有约定的,从其约定。(2)新入伙的普通合伙人对入伙前合伙企业的债务承担无限连带责任。新入伙的有限合伙人对入伙前合伙企业的债务,以其认缴的出资额为限承担责任。为减少入伙风险,订立入伙协议时,新合伙人应全面了解原合伙企业的经营状况和财务状况,原合伙人应当如实告知相关情况。

二、退伙

(一)退伙的含义和条件

退伙,是指合伙企业存续期间,合伙人依法退出在合伙企业的财产份额,消除合伙人资格的行为。退伙的条件因合伙人退伙事由的不同,依法可以分为以下三种:

1. 声明退伙,也称任意退伙,是指合伙人有权自主选择是否退伙情形下的退伙。根据合伙企业在合伙协议是否约定期限方面的不同,声明退伙的法定条件细分为两种情形:一是合伙协议约定合伙期限的,有下列情形之一时,合伙人可以退伙:(1)合伙协议约定的退伙事由出现;(2)经全体合伙人一致同意;(3)发生合伙人难于继续参加合伙企业的事由;(4)其他合伙人严重违反合伙协议约定的义务。二是合伙协议未约定合伙期限的,合伙人在不给合伙企业事务执行造成不利影响的情况下,可以退伙,但应当提前30日通知其他合伙人。

合伙人未按规定擅自退伙的,应当赔偿由此给其他合伙人造成的损失。

2. 法定退伙,也称当然退伙,是指合伙人因法定事由的出现,不再具备合伙人的基本条件而必须退伙的情形。普通合伙人有下列情况之一的,依法当然退伙:(1)作为合伙人的自然人死亡或者被依法宣告死亡。(2)个人丧失偿债能力。个人丧失偿债能力的认定标准,目前我国法律未作规定,合伙人可以在合伙协议中作出约定。(3)作为合伙人的法人或者其他组织依法被吊销营业执照、责令关闭撤销,或者被宣告破产。(4)法律规定或者合伙协议约定合伙人必须具有相关资格而丧失该资格。(5)合伙人在合伙企业中的全部财产份额被人民法院强制执行。

普通合伙人被依法认定为无民事行为能力人或者限制民事行为能力人的,经其他合伙人一致同意,可以依法转为有限合伙人,普通合伙企业依法转为有限合伙企业。此种转变有利于保持企业财产的稳定性。当然,如果其他合伙人不同意,则该合伙人应当退伙。有限合伙人没有合伙事务执行权,作为有限合伙人的自然人在有限合伙企业存续期间丧失民事行为能力的,其他合伙人不得因此要求其退伙。

法定退伙事由实际发生之日为退伙生效日。普通合伙人死亡或者被依法宣告死亡的,对该合伙人在合伙企业中的财产份额享有合法继承权的继承人,按照合伙协议的约定或者经全体合伙人一致同意,从继承开始之日起,取得该合伙企业的合伙人资格。普通合伙人的继承人为无民事行为能力人或者限制民事行为能力人的,经全体合伙人一致同意,可以依法成为有限合伙人,普通合伙企业依法转为有限合伙企业。全体合伙人未能一致同意的,合伙企业应当将被继承合伙人的财产份额退还该继承人。作为有限合伙人的自然人死亡、被依法宣告死亡或者作为有限合伙人的法人及其他组织终止时,其继承人或者权利承受人可以依法取得该有限合伙人在有限合伙企业中的资格。

有下列情形之一的,合伙企业应当向合伙人的继承人退还被继承合伙人的财产份额:(1)继承人不愿意成为合伙人;(2)法律规定或者合伙协议约定合伙人必须具有相关资格,而该继承人未取得该资格;(3)合伙协议约定不能成为合伙人的其他情形。

3. 除名退伙,即指在法定条件下,经其他合伙人一致同意,合伙人被合伙企业除名而发生的退伙。合伙人有下列情形之一的,经其他合伙人一致同意,依法可以决议将其除名:(1)未履行出资义务;(2)因故意或重大过失给合伙企业造成损失;(3)执行合伙企业事务时有不正当行为;(4)发生合伙协议约定的事由。

对合伙人的除名决议应当书面通知被除名人。被除名人接到除名通知之日,除名生效,被除名人退伙。除名是强制被除名的合伙人退出,具有一定的惩罚性,可能损害被除名人的利益。为保护被除名人的合法权益,法律规定被除名人对除名决议有异议的,可以向人民法院起诉。因此,合伙企业在决定开除某个合伙人时应当慎重。从上述规定可以看出,我国法律对除名退伙的条件规定得比较原则,因此,合伙人在订立合伙协议时应尽可能细化,明确界定"重大"及"不正当"的含义,以免在出现纠纷时难以确认。

(二)退伙的法律效力

1. 退还退伙人的财产份额。合伙人退伙,其他合伙人应当与该退伙人按照退伙时的合伙企业财产状况进行结算,退还退伙人的财产份额。退伙人对给合伙企业造成的损失负有赔偿责任的,相应扣减其应当承担的赔偿数额。退伙时有未了结的合伙企业事务的,待该事务了结后进行结算。退伙人在合伙企业中财产份额的退还办法,由合伙协议约定或者由全体合伙人决定,既可以退还货币,也可以退还实物。

2. 普通退伙人对基于其退伙前的原因发生的合伙企业债务,承担无限连带责任。有限合伙人对基于其退伙前的原因发生的合伙企业债务,以其退伙时从合伙企业中取回的财产承担责任。

退伙协议签订或退伙事由发生后,退伙行为生效。执行合伙事务的合伙人应当依法向企业登记机关申请办理变更登记。

第六节 合伙企业的解散与清算

一、合伙企业的解散

合伙企业的解散,是指因法定原因或约定原因发生而使合伙协议终止、分割合伙企业财产,全体合伙人的合伙关系归于消灭的程序或制度。合伙企业依法设立,也应依法终止。

合伙企业有下列情形之一的,依法应当解散:(1)合伙期限届满,合伙人决定不再经营。如果合伙协议约定的期限届满,合伙人决定继续经营的,应视为延长合伙企业的期限，可以不发生企业解散的后果，但应依法办理企业变更登记。(2)合伙协议约定的解散事由出现。(3)全体合伙人决定解散。这种解散，不论合伙企业是否有存续期限，均可适用。(4)合伙人已不具备法定人数满30天。(5)合伙协议约定的合伙目的已经实现或者无法实现。(6)依法被吊销营业执照、责令关闭或者被撤销。(7)法律、行政法规规定的其他原因。

二、合伙企业的清算

合伙企业决定解散后应依法进行清算。清算是指清理合伙企业的债权债务，了结尚未完结的事务的行为。清算期间，合伙企业存续，但不得开展与清算无关的经营活动。

(一) 确定清算人

清算人是指负责企业清算事务的人。合伙企业的清算人一般应在合伙协议中事先约定。如果合伙协议未作约定，也可以在合伙企业解散时协商确定。合伙企业清算人的法定产生方式有三种：(1)由全体合伙人担任。(2)由全体合伙人指定，即经全体合伙人过半数同意，可以自合伙企业解散事由出现后15日内指定一名或者数名合伙人，或者委托第三人担任清算人。(3)人民法院指定。自合伙企业解散事由出现后15日内未确定清算人的，合伙人或其他利害关系人可以申请人民法院指定清算人。

清算人的职责：(1)清理合伙企业财产，分别编制资产负债表和财产清单；(2)处理与清算有关的合伙企业未了结的事务；(3)清缴所欠税款；(4)清理债权、债务；(5)处理合伙企业清偿债务后的剩余财产；(6)代表合伙企业参加诉讼或者仲裁活动。

清算人在履行职责时应恪尽职守，清算人在清算过程中因从事违法活动给合伙企业、其他合伙人或者债权人造成损失的，依法应承担赔偿责任。

(二) 通知公告债权人

清算人自被确定之日起10日内应将合伙企业解散事项通知债权人，并于60日内在报纸上公告。债权人应当自接到通知书之日起30日内，未接到通知书的自公告之日起45日内，向清算人申报债权。债权人申报债权，应当说明债权的有关事项，并提供证明材料。清算人应当对债权进行登记。

(三) 清偿债务、分配财产

合伙企业财产在支付清算费用后，依法应按下列顺序清偿：(1)职工工资、社会保险费用和法定补偿金；(2)所欠税款；(3)企业的债务。债务清偿后有剩余财产的，按照合伙协议的约定办理；合伙协议未约定或者约定不明确的，由合伙人协商决定；协商不成的，由合伙人按照实缴出资比例分配、分担；无法确定出资比例的，由合伙人平均分配、分担。合伙企业、合伙人或者清算人因违反法律规定，应当承担的民事赔偿责任和应当缴纳的罚款、罚金，其财产不足以同时支付的，依法应先承担民事赔偿责任。

合伙企业不能清偿到期债务的，债权人可以依法向人民法院提出破产清算申请，也可以要求普通合伙人清偿。与法人企业破产不同的是，合伙企业依法被宣告破产的，普通合伙人对合伙企业债务仍要承担无限连带责任。

合伙人在合伙企业清算前私自转移或者处分合伙企业财产的，合伙企业不得以此对抗善意第三人，否则善意第三人可以依法申请撤销。

（四）申请注销登记

清算结束，清算人应当编制清算报告，经全体合伙人签名、盖章后，在 15 日内向企业登记机关报送清算报告，申请办理合伙企业注销登记。清算人未依法向企业登记机关报送清算报告，或者报送清算报告隐瞒重要事实，或者有重大遗漏的，由企业登记机关责令改正。由此产生的费用和损失，由清算人承担和赔偿。合伙企业注销后，原普通合伙人对合伙企业存续期间的债务仍应承担无限连带责任。

参 考 阅 读

1. 相关法律文件。
2. 中国法制出版社．中华人民共和国合伙企业法．实用版．北京：中国法制出版社，2006.

复 习 思 考

1. 简述合伙企业事务决策的基本方式。
2. 简述合伙企业清算人产生的方式和法律责任。
3. 简述个人独资企业与普通合伙企业的主要区别。
4. 简述有限合伙企业与普通合伙企业的主要区别。
5. 简述特殊普通合伙企业与普通合伙企业的主要区别。
6. 简述合伙企业入伙和退伙的法定条件、程序及其法律后果。

案 例 分 析

案情：甲、乙、丙三人共同协商准备合伙创办一个名为长远运输队（以下简称运输队）的合伙企业，租用甲的门面房作为运输队的住所，三人各以自有的一部东风商用货车入股。协议约定，乙为运输队负责人，但每个合伙人都可以运输队的名义对外承接运输业务。联系到业务的人可在运费收入中提成 20%，每月扣除房租等必要费用后，收入三人均分，经营风险也由三人均担。该运输队于 2015 年依法取得合伙企业的营业执照。第一年，运输队经营良好。第二年，三人协商一致，以运输队名义贷款买了一辆长途客车。2018 年 6 月 1 日，三人在合作中发生纠纷，丙书面提出退出运输队，要求开走自己的货车，并要求得到长途客车的 1/3 价款。甲乙同意其退伙，但因买车的贷款还欠 5 万元未还，于是三方签订协议约定：丙自 2018 年 6 月 10 日起退出运输队，丙开走自己的货车，但长途客车中丙应分得的款项于 2019 年 6 月 10 日前支付。协议签订后一个月，甲在运货途中出现重大交通事故，并在事故中死亡，货车基本报废，同时造成他人货损折价 10 万元。乙随即将自己的货车及长途客车卖掉，分别得款 4 万元和 13 万元。乙将 4 万元归己，从 13 万元中拿出 5 万元偿还了贷款，剩下 8 万元由乙和丙各得 2.5 万元，甲家属分得 3 万元及保险公司对甲的车损补偿 4 万元。运输队自行解散，乙去外地经商。受害人找到丙要求其赔偿，丙拒绝，称自己在事故发生前已退出运输队。因找不到乙，于是，受害人向法院起诉，要求甲的家属和丙赔偿事故导致的货物损失10万元。

据查，企业登记机关记载的合伙人仍为甲乙丙三人。乙既未到企业登记机关办理丙退伙的变更登记手续，也未办理注销运输队的手续。

问题：
1. 运输队的设立是否符合法定条件？
2. 合伙人退伙的方式有哪些，丙是否已退出该运输队？
3. 乙在事故发生后依法应如何处理运输队的财产？
4. 法院应如何处理此案？

第四章 公 司 法

公司制度是生产力发展和生产社会化以及合伙制度和法人制度巨大发展的产物。现代公司制度萌芽于欧洲中世纪,自18世纪的产业革命起开始普及和发展,至19世纪末20世纪初,公司在各主要资本主义国家已成为企业的基本组织形式。我国在实行社会主义市场经济体制后,公司制度作为现代企业制度的一种基本形式被普遍推广。1993年12月29日由第八届全国人民代表大会常务委员会第五次会议通过了《中华人民共和国公司法》(以下简称《公司法》),该法于1994年7月1日起施行。1999年12月25日,第九届全国人民代表大会常务委员会第十三次会议通过了《关于修改〈公司法〉的决定》。2005年10月27日,第十届全国人民代表大会常务委员会第十八次会议通过了对《公司法》进行的再次修订,修订后的《公司法》自2006年1月1日起施行。

为正确适用《公司法》,最高人民法院分别于2006年、2008年和2011年发布了三个《关于适用〈公司法〉若干问题的规定》(以下分别简称《公司法解释一》《公司法解释二》《公司法解释三》)。

2013年12月28日第十二届全国人民代表大会常务委员会第六次会议再次对《公司法》进行了修订。为与修订后的《公司法》相适应,2014年2月17日最高人民法院对公司法解释一至三作了相应修订。2016年12月,最高人民法院发布《公司法解释四》,该解释就公司决议效力、股东知情权、利润分配权、优先购买权和股东代表诉讼等案件适用法律问题作出规定,该解释自2017年9月1日起施行。

2018年10月,全国人民代表大会常务委员会通过关于修改《公司法》的决定,增加了可回购股份的情形,对公司股份回购的方式做了进一步完善。2019年4月,最高人民法院发布《公司法解释五》,就股东权益保护等纠纷案件适用法律问题作出细化规定。

2019年3月,全国人民代表大会通过《中华人民共和国外商投资法》(以下简称《外商投资法》),自2020年1月1日起施行。该法实施时,《中华人民共和国中外合资经营企业法》《中华人民共和国外资企业法》《中华人民共和国中外合作经营企业法》同时废止。根据该法,外国的自然人、企业或者其他组织(以下称外国投资者)在中国境内经登记注册设立公司的,应适用《公司法》。《外商投资法》施行前依照《中华人民共和国中外合资经营企业法》《中华人民共和国外资企业法》《中华人民共和国中外合作经营企业法》设立的外商投资企业,在本法施行后五年内可以继续保留原企业组织形式等。

与本章有关的法律文件主要有:《公司法》(2018年)、公司法解释一至五、《外商投资法》(2019年)、《公司登记管理条例》(2016年)、《公司注册资本登记管理规定》(2014年)等。

本章共分四节,对我国现行公司法作了较为全面的介绍,内容涉及公司的含义和特征、公司法的基本制度、有限责任公司法、股份有限公司法。其中，公司的特征，公司设立、变更与终止的条件与程序，公司法人治理结构是本章的重点。

第一节 公司法概述

一、公司的含义和特征

公司的含义，理论上一般是指依照公司法设立，以营利为目的的法人。它具有以下特征：

（一）公司是依照公司法设立的

为规范公司的组织与行为，各国一般都制定有专门的公司法。公司必须严格依照公司法的规定设立。

（二）公司以营利为目的

公司的性质和设立宗旨主要是通过从事经营活动以获取利润，并将其分配于股东，因此，它与机关、事业单位和社会团体有着本质的不同。

（三）公司一般是法人

公司的法人性在很多国家和地区的公司法中都有明确规定，从而使公司能够区别于出资人成为独立的市场主体，能够以自己的名义独立地对外承担民事责任。我国《公司法》也将公司规定为法人，要求公司必须有独立的法人财产，并享有法人财产权。公司以其全部财产对公司的债务承担责任。有限责任公司的股东以其认缴的出资额为限对公司承担责任；股份有限公司的股东以其认购的股份为限对公司承担责任。

股东的有限责任有利于降低股东的投资风险，为防止股东滥用公司的法人资格，英美等国确立了"揭开法人面纱"的原则，即当具有法人资格的公司的形式上的独立性造成违反正义与公平的结果时，可以针对特定的法律关系单独地、相对地否定公司的独立性。我国以往的公司法对此未予规定。2005年《公司法》对此作了补充，规定公司股东滥用公司法人独立地位和股东有限责任，逃避债务，严重损害公司债权人利益的，应当对公司债务承担连带责任。

（四）公司一般由两个以上发起人或股东出资组成

公司制度是适应多数人联合投资的需要而创设的，因此许多国家或地区的公司法都规定，公司的发起人或股东不能少于两个人。但随着个人资本实力的提高和公司内部治理结构的完善，在现代法律中公司的社团性在逐步淡化，有些国家已允许一人公司的存在，但标准的公司还是由两个以上发起人或股东出资组成。

我国《公司法》也将两个以上的发起人或股东出资组成的公司作为公司的基本存在形式。国有独资公司和其他一人公司虽然可以设立，但在某些方面需要适用特别规定。

（五）公司是股东资本的集合，决策遵循资本至上原则

为鼓励股东出资，各国公司法一般都根据资本至上的原则，规定公司股东会或股东大会按照股东出资比例或所持有的股份行使表决权。这种规定在大小股东利益一致的情况

下，并不会导致不公平。但在实践中，大小股东的利益可能存在冲突，大股东直接或通过公司负责人滥用权利，很容易损害中小股东的利益。为解决这一问题，我国《公司法》坚持资本至上原则的同时，也作出了例外规定：(1)公司为公司股东或者实际控制人提供担保的，必须经股东会或者股东大会决议。前述股东或者受实际控制人支配的股东不得参加该事项的表决。该项表决由出席会议的其他股东所持表决权的过半数通过。所谓实际控制人，是指虽不是公司的股东，但通过投资关系、协议或者其他安排，能够实际支配公司行为的人。(2)有限责任公司股东可以在章程中约定股东会会议由股东按照出资比例以外的方式行使表决权。(3)公司的控股股东、实际控制人、董事、监事、高级管理人员不得利用其关联关系损害公司利益。否则，给公司造成损失的，应当承担赔偿责任。所谓控股股东，是指其出资额占有限责任公司资本总额50%以上或者其持有的股份占股份有限公司股本总额50%以上的股东；出资额或者持有股份的比例虽然不足50%，但依其出资额或者持有的股份所享有的表决权已足以对股东会、股东大会的决议产生重大影响的股东。所谓高级管理人员，是指公司的经理、副经理、财务负责人，上市公司董事会秘书和公司章程规定的其他人员。

二、公司的分类

从国际上看，公司制度经过长期的发展已形成了多种形态的公司。各种公司在具备一般公司的基本特征的同时，又有着各自不同的特点。在法律上或学理上对公司一般可以作如下分类：

（一）无限公司、有限责任公司、两合公司、股份有限公司及股份两合公司

这是大陆法系国家的公司法主要根据股东对公司承担责任的不同，对公司所作的法定分类。无限公司，在日本称为合名公司，是指全体股东对公司债务承担无限连带清偿责任的公司。有限责任公司，是指全体股东对公司债务仅以各自的出资额为限承担责任的公司。两合公司，在日本称为合资公司，是指公司的一部分股东对公司债务承担无限连带责任，另一部分股东对公司债务仅以出资额为限承担责任的公司。股份有限公司，是指公司资本划分为等额股份，全体股东仅以各自持有的股份额为限对公司债务承担责任的公司。股份两合公司，是指公司资本划分为等额股份，一部分股东对公司债务承担无限连带责任，另一部分股东对公司债务仅以其持有的股份额为限承担责任的公司。

我国《公司法》只规定了两种公司形式，即有限责任公司和股份有限公司形式。

（二）封闭式公司和开放式公司

这是英美法系根据公司股权掌握的对象及股权转让方式的不同，对公司所作的法定分类。封闭式公司，英国称 private company，美国称 closely held corporation，是指股东人数较少，股权转让受较多限制，不得向社会公众募股，实行封闭式经营的公司。开放式公司，英国称 public company，美国称 publicly held corporation，是指可以公开募股并由社会公众持股，股权可以自由转让的公司。

（三）人合公司、资合公司和人合兼资合公司

这是大陆法系学者根据公司信用基础的不同，对公司所作的学理分类。人合公司的信用基础侧重于股东个人信用而不在于公司资本。无限公司就是典型的人合公司。资合公司

的信用基础侧重于公司的资本额而不在于股东个人信用。股份有限公司是其典型。人合兼资合公司的信用基础兼具股东个人信用和公司资本额两方面,两合公司是其典型。

(四)母公司和子公司

这是根据公司间的控制或支配关系所作的分类。母公司,也称为控股公司,是指掌握其他公司多数股份,从而能实际控制其他公司经营决策的公司。子公司,是指其半数以上的股份受母公司控制,经营决策受母公司影响的公司。母公司与子公司在法律上均具有独立的法人资格。与子公司相近的是分公司,分公司是指公司在其住所以外设立的从事经营活动的机构,是总公司的分支机构,在经营决策上直接受控于总公司,虽然其设立要依法登记,但不是独立法人,分公司对外负债,总公司要为其承担连带责任。

公司设立分公司的,应当向分公司所在地的市、县公司登记机关申请登记;核准登记的,发给《营业执照》。

(五)内资公司和外商投资公司

内资公司是由中国的自然人、企业或者其他组织依照中国公司法在中国境内经登记注册设立的企业。外商投资公司是指由外国的自然人、企业或者其他组织(以下称外国投资者)依照中国公司法在中国境内经登记注册设立的企业。

国家对外商投资实行准入前国民待遇加负面清单管理制度。所谓准入前国民待遇,是指在投资准入阶段给予外国投资者及其投资不低于本国投资者及其投资的待遇;所谓负面清单,是指国家规定在特定领域对外商投资实施的准入特别管理措施。国家对负面清单之外的外商投资,给予国民待遇。负面清单由国务院发布或者批准发布。中华人民共和国缔结或者参加的国际条约、协定对外国投资者准入待遇有更优惠规定的,可以按照相关规定执行。

国家建立外商投资信息报告制度。外国投资者或者外商投资企业应当通过企业登记系统以及企业信用信息公示系统向商务主管部门报送投资信息。

国家建立外商投资安全审查制度,对影响或者可能影响国家安全的外商投资进行安全审查。依法作出的安全审查决定为最终决定。

(六)中国公司和外国公司

中国公司是指依照中国法律在中国境内设立的公司。外国公司是指依照外国法律在中国境外设立的公司。外国公司在中国境内设立分支机构,采用行政许可设立原则,即依法必须向中国主管机关提出申请,并提交其公司章程、所属国的公司登记证书等有关文件,经批准后,向公司登记机关依法办理登记,领取营业执照。外国公司在中国境内设立的分支机构不具有中国法人资格。外国公司对其分支机构在中国境内进行经营活动承担民事责任。经批准设立的外国公司分支机构,在中国境内从事业务活动,必须遵守中国的法律,不得损害中国的社会公共利益,其合法权益受中国法律保护。

三、公司法的含义和特征

公司法,是国家制定的调整公司在设立、组织、活动与解散过程中发生的经济关系的法律规范的总称。它一般有广义与狭义之分。狭义的公司法仅指公司基本法。广义的公司法还包括与调整公司的组织与行为有关的其他法律规范,如公司登记管理条例、证券法、商业银行法等。

公司法的特征主要表现在三个方面：

（一）公司法是组织法

公司法是全面调整公司组织关系的法，其内容涉及公司设立、变更、解散，组织机构的组建及各机构之间的关系，公司的法律地位，股东的权利义务等各个方面。

（二）公司法是调整公司特有行为的活动法

公司是从事生产经营活动的企业，其生产经营活动的规则需要由法律加以规定。公司的活动内容广泛，一般可以分为两大类。一类是与公司组织特点有关的活动，如股票的发行、股权转让等；另一类是与公司组织特点无关的活动，如商品的买卖等。前者由公司法调整，后者则由其他法调整。

（三）公司法既强调股东自治，也保障社会利益

公司法是鼓励投资的法，为促进投资、激发经济活力，公司法允许公司在法律的规定下，自主选择确定公司章程具体内容等。当然，公司设立及活动直接影响社会的利益，为保证交易安全，防止公司大股东、负责人侵犯公司财产，维护小股东和债权人利益，我国在公司法中对公司大股东权利的行使等也作出了一定的限制，并对公司设立、变更、解散的条件作出了一些强制性规定。

第二节 公司法的基本制度

一、公司设立

公司设立，是指为创设公司并使之取得公司主体资格，依照法定条件和程序所进行的一系列法律行为的总称。

（一）公司设立的要件

设立的条件，因公司种类不同而有差异，但都要具备三个要件，即发起人、资本和章程。

1. 发起人。发起人是指为了成立公司而筹划设立事务，从事设立行为，并在公司章程中签名盖章的出资人。发起人是公司成立后的首批股东。

发起人应具备法定的资格。在我国，发起人既可以是具有完全民事行为能力的自然人，也可以是法人，但法律、行政法规禁止从事营利性活动的人除外。

发起人的人数应符合法律规定。公司发起人的人数既可能有最低人数的规定，也可能有最高人数的规定。根据我国《公司法》的规定，除一人有限责任公司和国有独资公司外，一般有限责任公司的发起人和股东为2~50人。股份有限公司的发起人为2~200人。

为规范发起人的行为，各国公司法一般都规定了发起人的法律责任。综合我国《公司法》的规定，发起人的责任主要有：（1）在公司筹备期间，发起人之间的关系具有合伙性质。当公司不能成立时，发起人应当对设立行为所产生的债务和费用负连带责任。为明确发起人在公司筹备期间内部各自的权利和义务，发起人应当签订一份公司发起协议。（2）公司成立后，发起人之间的关系转变为股东间的合作关系，发起人仅以其出资额为限对公

司债务承担责任。(3)有限责任公司成立后,发现作为设立公司出资的非货币财产的实际价额显著低于公司章程所定价额的,交付该出资的股东应当补足其差额;公司设立时的其他股东承担连带责任。(4)股份有限公司的发起人,在公司不能成立时,对认股人已缴纳的股款,负返还股款并加算银行同期存款利息的连带责任;在公司设立过程中,由于发起人的过失致使公司利益受到损害的,应当对公司承担赔偿责任;股份有限公司成立后,发起人未按照公司章程的规定缴足出资的,应当补缴;其他发起人承担连带责任;发现作为设立公司出资的非货币财产的实际价额显著低于公司章程所定价额的,应当由交付该出资的发起人补足其差额;其他发起人承担连带责任。

公司的发起人、股东虚假出资,未交付或者未按期交付作为出资的货币或者非货币财产的,由公司登记机关责令改正,处以虚假出资金额5%以上15%以下的罚款。公司的发起人、股东在公司成立后,抽逃其出资的,由公司登记机关责令改正,处以所抽逃出资金额5%以上15%以下的罚款。

《公司法解释三》第十四条规定,股东抽逃出资,公司或者其他股东请求其向公司返还出资本息、协助抽逃出资的其他股东、董事、高级管理人员或者实际控制人对此承担连带责任的,人民法院应予支持。公司债权人请求抽逃出资的股东在抽逃出资本息范围内对公司债务不能清偿的部分承担补充赔偿责任、协助抽逃出资的其他股东、董事、高级管理人员或者实际控制人对此承担连带责任的,人民法院应予支持;抽逃出资的股东已经承担上述责任,其他债权人提出相同请求的,人民法院不予支持。第十五条规定,第三人代垫资金协助发起人设立公司,双方明确约定在公司验资后或者在公司成立后将该发起人的出资抽回以偿还该第三人,发起人依照前述约定抽回出资偿还第三人后又不能补足出资,相关权利人请求第三人连带承担发起人因抽回出资而产生的相应责任的,人民法院应予支持。

2. 资本。资本是公司存在的物质基础。长期以来,西方各国公司法关于公司资本的规定虽然有所不同,但归纳起来,主要有法定资本制、授权资本制和认可资本制三种不同模式的资本制度。

所谓法定资本制是指公司在成立时,注册资本是全体股东认缴出资的总额。股东的出资可以在公司成立前或成立后的一定期限内一次或分期缴付的公司资本制度。根据法定资本制的要求,首先,公司章程必须记载不低于法定最低资本限额的注册资本。其次,公司章程所确定的资本总额必须在公司成立之前全部认足。最后,发起人的股款可以按规定或约定在公司成立前或成立后的一定期限内一次性缴纳或分期缴纳。大陆法系国家为了确保债权人的利益和公司的对外信用基础,更多地体现"社会本位"的价值观念,在传统的公司法中,关于公司资本的规定大都采用了"法定资本制",并形成了"资本三原则",即资本确定原则、资本维持原则和资本不变原则。其中,资本确定原则,是指公司在设立时,必须在章程中对公司的资本总额作出明确规定,并必须由股东全部认足,否则公司不能成立。资本维持原则,又称资本充实原则,是指公司在存续期,应经常保持与其资本额相当的财产,以维持公司的资信。资本不变原则,是指公司的资本一经确定,在存续期间不得随意更改,如需增减,必须履行法定的程序。

法定资本制的主要优点在于:(1)有利于确保公司资本的真实、可靠。(2)有利于防止公司设立中的欺诈、投机等不法行为,避免公司注册资本和实缴资本的不同而给社会公众及投资者造成的混乱局面。(3)有利于维护债权人的合法权益和社会交易的安全。其不足在于:(1)短期筹资量大,不利于公司的尽快成立。(2)在公司成立之初容易造成公司资本的闲置、浪费。(3)公司变更资本的程序较复杂,耗时较长。

所谓授权资本制,是指公司设立时,虽然要在公司章程中确定注册资本总额,但发起人只需认足或缴足部分股份,公司就可正式成立,其余的股份,授权董事会根据公司生产经营情况和证券市场行情再随时发行的公司资本制度。根据授权资本制的要求,首先,公司章程既要载明公司的注册资本又要载明公司成立之前第一次发行的资本数额。其次,在授权资本制下,注册资本、发行资本、实缴资本、授权资本同时存在,但各不相同。最后,发起人只需认购并足额缴纳章程所规定的第一次应发行的股份数,公司即可正式成立。英美法系的公司法为了刺激人们的投资热情和简化公司的设立程序,更多地体现"个人本位"的价值观念,关于公司资本的规定大都采用了授权资本制。

授权资本制的主要优点在于:(1)便于公司的尽快成立。(2)不易造成公司资本的闲置和浪费。(3)免除了变更注册资本的繁琐程序,使公司资本变更的操作成本大幅度降低。其不足主要在于:(1)容易引起公司设立中的欺诈和投机等非法行为的滋生。因为授权资本制既未规定公司首次发行股份的最低限额,也未规定公司实收资本应与公司的生产经营规模相适应。(2)不利于保护债权人的利益。因为在授权资本制下,公司章程中规定的公司资本仅仅是一种名义资本,公司的实收资本可能微乎其微,这就削减了公司的信用担保范围,从而不利于维护交易的安全。

认可资本制,也称为"折中授权资本制",是指在公司设立时,对公司章程中所确定的注册资本,发起人可以只认购一部分,未认购的部分授权董事会根据需要随时发行,但首次发行的股份不得少于法定比例,发行股份的授权也须在一定期限内行使的公司资本制度。认可资本制融合了法定资本制与授权资本制的优点,兼顾了公平、安全与效率。目前采用认可资本制的国家主要有德国、法国和日本。

我国1993年通过的《公司法》,采用的是严格的法定资本制。其严格性主要表现为:(1)公司的注册资本必须在公司成立前全部发行,不允许分期缴纳,否则公司不得成立。(2)法定资本最低限额较高。比如,股份有限公司的最低注册资本额为人民币1 000万元。(3)资本变更制度刚性强,程序复杂,耗时较长。(4)出资标的范围较窄,智力成果出资比例偏低。股东只可以用货币出资,以实物、工业产权、非专利技术、土地使用权作价出资,而且智力成果出资在注册资本的比例中一般不得超过20%,其他财产权公司法都未予承认。这一制度的主要优点在于:(1)切实贯彻了公司资本三原则。严格的资本制度有利于公司资本结构、财务会计结构的稳定,有效地保证公司资本的真实、可靠,防止公司设立中的欺诈、投机行为。(2)保障公司资本稳健运行。严格的资本制度能够有效地遏制出资不实等严重不良现象的发生,使公司的经营活动获得坚实的资本保证。(3)债权人利益和社会交易安全获得最大程度的保障,有利于维护良好的市场经济秩序。这一制度的不足主要在于:(1)公司设立门槛较高,容易挫伤投资者设立公司的积极性。(2)容易造成公司资本的闲置和浪费。(3)公司变更注册资本操作成本较高。

我国2005年通过的《公司法》,虽然继续采用法定资本制,要求股东或发起人在公司成立前一次认足注册资本,但在其他方面放宽了对公司资本的要求。主要表现在:(1)大幅度降低了公司注册资本的最低限额。将一般有限责任公司和股份有限公司的注册资本的最低限额分别降低为人民币3万元和人民币500万元。(2)取消了无形资产出资在注册资本中的比例一般不得超过20%的规定,改为全体股东的货币出资金额依法不得低于有限责任公司注册资本的30%。(3)扩大了股东出资的方式,即除法律、行政法规规定不得作为出资的财产外,股东可以用货币出资,也可以实物、知识产权、土地使用权等可用货币估价并可依法转让的非货币财产作价出资。这一规定,将工业产权扩大为知识产权,并且对其他可以用货币作价并可以独立转让的财产出资的合法性给予明确肯定,从而使股权、债权出资的合法性得以确立。(4)允许股东或发起人分期缴纳股款。规定有限责任公司全体股东和采用发起方式设立的股份有限公司全体发起人的首次出资额不得低于注册资本的20%,也不得低于法定的注册资本最低限额,其余部分由股东或发起人自公司成立之日起两年内缴足;其中,投资公司可以在5年内缴足。(5)取消了一般公司向其他企业转投资不得超过本公司净资产的50%的限制性规定,有利于公司信用的扩张。

为方便投资人,2013年修订的《公司法》在资本制度上做了进一步的放宽,表现在:(1)取消了一般公司最低注册资本限额的规定,即除法律另有规定之外,公司注册资本额完全由发起人自己决定。(2)取消了注册资本缴付时间的规定。股东或发起人实际缴付出资的时间完全由章程规定,不再受两年内缴足的限制。(3)取消了货币出资在注册资本中最低占比的规定和提供验资证明的要求。(4)股东或发起人的实际出资额不再作为工商登记事项。公司营业执照只记载注册资本等,不记载实收资本。

此外,2014年修订的《公司注册资本登记管理规定》明确规定股东或者发起人的劳务、信用、自然人姓名、商誉、特许经营权或者设定担保的财产等不得作为出资的财产,并对作为出资的股权和债权作出了细化的规定,即股东或者发起人可以其持有的在中国境内设立的公司(以下称股权所在公司)股权出资。以股权出资的,该股权应当权属清楚、权能完整、依法可以转让。具有下列情形的股权不得用作出资:(1)已被设立质权;(2)股权所在公司章程约定不得转让;(3)法律、行政法规或者国务院决定规定,股权所在公司股东转让股权应当报经批准而未经批准;(4)法律、行政法规或者国务院决定规定不得转让的其他情形。

债权人可以将其依法享有的对在中国境内设立的公司的债权,转为公司股权。转为公司股权的债权应当符合下列情形之一:(1)债权人已经履行债权所对应的合同义务,且不违反法律、行政法规、国务院决定或者公司章程的禁止性规定;(2)经人民法院生效裁判或者仲裁机构裁决确认;(3)公司破产重整或者和解期间,列入经人民法院批准的重整计划或者裁定认可的和解协议。用以转为公司股权的债权有两个以上债权人的,债权人对债权应当已经作出分割。债权转为公司股权的,公司应当增加注册资本。

3. 章程。章程是由发起人或公司最初的全体股东依法制定的,规定公司设立的宗旨与经营范围、公司组织和活动基本规则等问题的法律文件。公司章程作为充分体现公司自治的法律文件,堪称"公司小宪法",是公司法的重要渊源。

章程必须采用书面形式,其内容可以分为依法应当记载的事项和任意记载的事项两种。2005年修订的《公司法》对章程中应当记载的内容作了调整,并扩大了股东的自主权。

比如，有限责任公司中有关股东权利与义务、股东转让股权的条件、公司的解散事由与清算办法，原来规定属于章程中应当记载的事项，现在转为任意记载事项。此外，《公司法》中的强制性规定减少了，股东可以在章程中对股东表决权的行使、议事方式和表决程序、股东分红和认缴出资的比例、公司向其他企业投资或者为他人提供担保事项具体由董事会还是由股东会或者股东大会决议决定、自然人股权继承等许多重要事项自主作出规定。

章程内容应尽可能全面、具体，文字力求准确、通俗易懂。公司章程自公司成立之日起生效，对公司、股东、董事、监事、高级管理人员具有约束力。

(二) 公司设立的方式

公司设立的方式一般有两种，即发起设立与募集设立。

1. 发起设立。又称单纯设立，是指由发起人认足公司全部股本而设立公司。其特点是，公司不向发起人以外的任何人募集股金，公司资本由发起人全额认购。发起设立方式适用面较广，各种公司形式都可采用。

2. 募集设立。又称渐次设立，是指由发起人认购公司应发行股份的一部分，其余股份向社会公开募集或者向特定对象募集而设立公司。其特点是公司可以向发起人以外的人募集股份。募集方式包括向社会公开募集和向特定对象募集两种形式。募集设立方式在我国只适用于股份有限公司。

(三) 公司设立的立法原则

公司设立的立法原则决定了公司设立的程序。综合各国的规定，从历史上看，国际上对公司的设立先后实行过四种设立原则。

1. 自由主义。又称放任主义，是指公司设立完全由当事人自行决定，无需任何条件，国家也不加任何干涉。这一原则在公司制度处于萌芽时期的罗马曾经采用。根据罗马法的规定，一切社团基于自由设立原则而成为事实上的存在，并因此而有法律上的人格。这一原则难以保证交易安全，近代以后各国已很少采用。

2. 特许主义，即设立公司须经国家元首颁发特许状或依国会特别法令许可。这一原则在17、18世纪的英国、荷兰等国十分盛行，如1600年经英国国王批准设立的东印度公司。这一原则是与国家元首和政府保持对公司的垄断和特权相适应的，不适合一般公司的设立，目前只在很小的范围内使用。

3. 行政许可主义。又称核准主义，即设立公司除了要符合法律规定的条件外，还须经行政主管机关审核批准。这一原则首创于1673年法国路易十四颁布的《商事敕令》，其优点是便于国家对公司的设立进行统筹安排和管理，保证已成立的公司具备法定的条件并符合社会的需要。但这一原则也存在着手续繁琐、重复，容易引起行政机关滥用职权等弊端。近代以来，西方国家已很少采用。

4. 准则主义。又称登记主义，即设立公司只要符合法律规定的条件，无需经过行政机关的审批，即可登记成立。首先采用这一原则的是英国1862年颁布的公司法，到20世纪时已为西方各国普遍采用。

我国企业设立过去长期采取行政许可主义，1993年《公司法》对公司的设立采取的是准则主义与许可主义相结合的原则，即对一般有限责任公司的设立，采取准则主义；对股份有限公司和特殊有限责任公司的设立，采取行政许可主义。为进一步减少政府对公司设立的干预，2005年《公司法》废除了原《公司法》关于"股份有限公司的设立，必须经过国务院授权的部门或者省级人民政府批准"的规定。实行以"准则主义"为主，以"行政许可主义"为辅的设立原则，即除了法律、行政法规有特别规定的之外，一般公司的设立可以直接向公司登记机关申请注册登记。

二、公司负责人的任职资格和义务

公司负责人，是指公司的董事、监事和高级管理人员。公司负责人在公司的职权行为直接关系到公司、股东及债权人的利益，我国《公司法》从保障公司合法经营，维护公司正常经营秩序出发，借鉴国际上通行的做法和规则，对我国公司负责人的任职资格和义务作出了明确规定。

(一) 公司负责人的任职资格

公司负责人的任职资格一般分为积极资格和消极资格。积极资格是指任职应具备的条件；消极资格是指任职的限制性条件。公司负责人的积极资格因其职务和公司特点不同而有所不同，一般应由公司自行确定，法律不作规定。对消极资格法律一般有明确的规定。根据我国《公司法》第一百四十七条的规定，有下列情形之一的人，不得担任公司的负责人：(1) 无民事行为能力或者限制民事行为能力；(2) 因贪污、贿赂、侵占财产、挪用财产或者破坏社会经济秩序，被判处刑罚，执行期满未逾5年，或者因犯罪被剥夺政治权利，执行期满未逾5年；(3) 担任破产清算的公司、企业的董事或者厂长、经理，并对该公司、企业的破产负有个人责任的，自该公司、企业破产清算完结之日起未逾3年；(4) 担任因违法被吊销营业执照、责令关闭的公司、企业的法定代表人，并负有个人责任的，自该公司、企业被吊销营业执照之日起未逾3年；(5) 个人所负数额较大的债务到期未清偿。

公司违反法律规定选举、委派董事、监事或者聘任高级管理人员的，该选举、委派或者聘任无效。董事、监事、高级管理人员在任职期间出现变成无民事行为能力或者限制民事行为能力人时，公司应当解除其职务。

(二) 公司负责人的义务

公司经营离不开负责人，为维护公司利益，我国《公司法》要求公司负责人对公司履行忠实和勤勉义务。所谓忠实义务，是指负责人在履行职务时始终将公司利益置于首位。所谓勤勉义务，是指负责人在管理公司事务时应尽到应有的谨慎。忠实义务是所有负责人都应对公司承担的一种义务。它是一种严格责任，不以负责人有过失为必要。勤勉义务是一种管理性义务，一般以负责人有过失为承担责任的必要条件，主要由具体负责公司日常经营的负责人承担。

为落实公司负责人的上述义务，我国《公司法》规定，公司负责人不得利用职权收受贿赂或者其他非法收入，不得侵占公司的财产。董事、高级管理人员不得有下列行为：(1) 挪用公司资金；(2) 将公司资金以其个人名义或者以其他个人名义开立账户存储；(3) 违反公司章程的规定，未经股东会、股东大会或者董事会同意，将公司资金借贷给他人或者以公司财产为他人提供担保；(4) 违反公司章程的规定或者未经股东会、股东大会同意，与本公司订立合同或者进行交易；(5)未经股东会或者股东大会同意，利用职务便利为自己或者他人谋取属于公司的商业机会，自营或者为他人经营与所任职公司同类的业务；(6)接受他人与公司交易的佣金归为己有；(7)擅自披露公司秘密；(8)违反对公司忠实义务的其他行为。

董事、高级管理人员违反前述规定所得的收入应当归公司所有。董事、高级管理人员执行公司职务时违反法律、行政法规或者公司章程的规定，给公司造成损失的，应当承担赔偿责任。股东就此可以书面请求监事会或者不设监事会的监事向人民法院提起诉讼；损害股东利益的，股东可以直接向人民法院提起诉讼。监事执行公司职务时违反法律、行政法规或者公司章程的规定，给公司造成损失的，也应当承担赔偿责任。股东可以就此书面请求董事会或者执行董事向人民法院提起诉讼。

监事会、不设监事会的有限责任公司的监事，或者董事会、执行董事收到股东前述书面请求后拒绝提起诉讼，或者自收到请求之日起 30 日内未提起诉讼，或者情况紧急、不立即提起诉讼将会使公司利益受到难以弥补的损害的，股东有权为了公司的利益以自己的名义直接向人民法院提起诉讼。

他人侵犯公司合法权益，给公司造成损失的，股东可以依照前述程序向人民法院提起诉讼。

三、公司债券

(一)公司债券的含义和特征

公司债券，是指公司依照法定程序发行，约定在一定期限还本付息的有价证券。在我国，公司发行债券应当符合《中华人民共和国证券法》(简称《证券法》)规定的条件。公司债券是公司为了向社会筹集资金而发行的一种有价证券，其主要特征是：

1. 要式证券。所谓要式证券，是指必须依法定的方式制作和发行才能成立的证券。公司债券是可以依法流通的有价证券，为保证交易安全，债券的制作、记载事项和签发必须符合法律规定，否则不具有法律效力。

2. 设权证券。所谓设权证券，是指权利的发生以证券的制作和存在为条件的证券。债权与债券同时发生，债权不能脱离债券独立存在。

3. 债券利率固定，逾期部分不计算利息。不论公司盈亏，债券持有人都有权要求公司按期支付约定的利息，因此收益比较可靠。

4. 债券到期，公司应当返还全部本金。债券是有固定期限的，债券到期时，公司应还本付息。公司解散，公司债券先于股票得到清偿，风险较小。

(二)公司债券的种类

1. 记名公司债券与无记名公司债券

记名债券，是指公司发行的将债权人的姓名或者名称记载于公司债券票面及公司债券存根簿上的债券。发行记名公司债券的，应当在公司债券存根簿上载明下列事项：(1)债券持有人的姓名或者名称及住所；(2)债券持有人取得债券的日期及债券的编号；(3)债券总额，债券的票面金额、利率、还本付息的期限和方式；(4)债券的发行日期。

无记名债券，则指公司发行的不将债权人的姓名或者名称记载于公司债券票面及公司债券存根簿上的债券。发行无记名公司债券的，应当在公司债券存根簿上载明债券总额、利率、偿还期限和方式、发行日期及债券的编号。

2. 可转换公司债券与不可转换公司债券

可转换公司债券，是指依照法定程序发行，在一定期间内依据约定的条件可以转换成股票的公司债券。可转换公司债券的发行主体为上市公司，其直接后果是影响债券发行人的负债结构和资产负债率，但转换期到来时，可能会影响债券发行人的股本结构和总额。

可转换公司债券具有债券和股票的双重属性。在转换成股票前，其持有人处于公司债权人地位，不享有股东的权利和义务；持有人将债券转换成股票后就成为公司的股东。债券持有人有权选择是否将债券转换成股票。

对投资者来说，可转换公司债券最大的优点在于它将公司债券的安全稳定性与股票的投机性有机结合，使认购人有了更多的选择权。投资者既可以选择在可转换公司债券到期时领取稳定的利息收益，也可以在二级市场上卖出债券，获取价差，还可以根据公司股价走势换成公司股票，分享公司成长收益。对发行公司来说，公司债券约定的票面利率一般低于银行贷款利率和普通公司债券利率，有利于降低融资成本。

不可转换公司债券，是指不能转换为股票的普通公司债券。普通公司债券发行主体包括股份有限公司和有限责任公司，债券发行人承担到期还本付息的义务，其直接后果是改变债券发行人的负债结构和资产负债率，但不影响债券发行人的股本总额和股本结构。

四、公司财务、会计

公司资本在经营期间一般是变动的，为加强对公司资本流动情况的监督，《公司法》要求公司依法建立财务、会计制度，对公司资产，不得以任何个人名义开立账户存储。

公司应当在每一会计年度终了时编制财务会计报告，并依法经会计师事务所审计。公司聘用、解聘承办公司审计业务的会计师事务所，依照公司章程的规定，由股东会、股东大会或者董事会决定。为保证股东知情权的实现，有限责任公司应当按照公司章程规定的期限将财务会计报告送交各股东。股份有限公司的财务会计报告应当在召开股东大会年会的20日前置备于本公司，供股东查阅；公开发行股票的股份有限公司，由于涉及公众投资者的利益，所以其财务会计报告依法必须公告。

为保持公司资本真实，公司经营所得利润应首先用于弥补亏损和提取法定公积金。公司在弥补亏损和提取法定公积金之前向股东分配利润的，股东必须将违反规定分配的利润退还公司。我国《公司法》规定的公积金分为法定公积金和任意公积金两种。法定公积金的提取比例为公司当年税后利润的10%。公司法定公积金累计额为公司注册资本的50%以上的，可以不再提取。公司的法定公积金不足以弥补以前年度亏损的，在提取法定公积金之前，依法应当先用当年利润弥补亏损。任意公积金是在依法提取法定公积金后，从税后利润中再提取的。任意公积金的提取比例由股东会或者股东大会决议确定。公司从利润中提取的公积金可以用于弥补公司的亏损、扩大公司生产经营或者转为增加公司资本。任法定公积金转为资本时，所留存的该项公积金不得少于转增前公司注册资本的25%。

资本公积金是在公司的生产经营之外，由资本、资产本身及其他原因形成的股东权益收入。资本公积金不得用于弥补公司的亏损。

五、公司的合并、分立与资本增减

(一) 公司合并

公司合并,是指两个或两个以上的公司在订立合并合同的基础上,依法定程序组成为一个公司的法律行为。公司合并的方式可以分为两种,一种是吸收合并,也称为兼并,即一个公司被另一个公司吸收,被吸收公司解散,吸收公司存续并扩大。此种方式主要适用于强弱联合。另一种是新设合并,即两个以上的公司合并设立一个新公司,原有公司均解散。此种方式主要适用于强强联合。

公司合并是具有法律意义的行为,它不仅会对合并公司的股东、经营管理等内部人员产生影响,而且会对公司债权人的利益产生重要影响。因此,各国法律一般对公司合并的原则与程序都有严格规定。根据我国《公司法》,公司合并必须坚持自愿的原则,其法定程序主要是:(1)合并各方内部应充分协商,并由股东会或股东大会作出同意的书面决议。依法应报主管部门审批的,还应报批。(2)合并双方自愿签订书面合并协议,并编制资产负债表和财产清单。合并协议须报合并各方股东会或股东大会批准。(3)通知并公告债权人。这是对债权人的特殊保护程序。根据我国《公司法》的规定,公司应当自作出合并决议之日起 10 日内通知债权人,并于 30 日内在报纸上公告。债权人自接到通知书之日起 30 日内,未接到通知书的自公告之日起 45 日内,可以要求公司清偿债务或者提供相应的担保。(4)合并股本或股份,移交财产。合并后存续的公司召开股东会或股东大会,公司负责人报告合并经过,修改公司章程。采用新设合并方式的,应召开创立大会,由各公司推举的设立委员报告合并经过,制定公司章程。(5)履行审批登记手续。

公司合并的效力主要表现在三个方面:(1)因合并而解散的公司,在解散时无须经过清算程序。(2)股东收容。(3)权利义务概括承受,即公司合并时,合并各方的债权、债务,应当由合并后存续的公司或者新设的公司承继。

(二) 公司分立

公司分立,是指一个公司在订立分立合同的基础上,依法定程序分解为两个或两个以上公司的法律行为。公司分立一般有两种方式:一种是原公司仍保留,其中某些部分分离出去组成一个或几个新公司;另一种是原公司解散,分解为几个新公司。

公司分立需要对财产进行分割,可能会影响债权人利益,因此,我国《公司法》规定,公司应当自作出分立决议之日起 10 日内通知债权人,并于 30 日内在报纸上公告。公司分立前的债务由分立后的公司承担连带责任。但是,公司在分立前与债权人就债务清偿达成的书面协议另有约定的除外。

(三) 公司资本的增加

公司增加资本会使公司债权人的利益有更多的保障,因此,公司增加资本不需要通知公告债权人。公司股东依法认缴新增资本或认购新股即可。

(四) 公司资本的减少

公司减少资本可能损害债权人的利益,因此,公司需要减少注册资本时,一方面必须编制资产负债表及财产清单。另一方面,公司应当自作出减少注册资本决议之日起 10 日内通知债权人,并于 30 日内在报纸上公告。债权人自接到通知书之日起 30 日内,未接到通知书的自公告之日起 45 日内，有权要求公司清偿债务或者提供相应的担保。

公司在合并、分立、减少注册资本时，不依法通知或者公告债权人的，由公司登记机关责令改正，对公司处以 1 万元以上 10 万元以下的罚款。

六、公司的解散与清算

（一）公司解散

公司解散，是指消灭公司法人资格的法律行为。公司解散必须基于法定的事由或者法律事实的出现。根据我国《公司法》的规定，公司解散的原因主要包括六种情形：(1)公司章程规定的营业期限届满或者公司章程规定的其他解散事由出现。此种情形出现时，股东会或股东大会可以通过修改公司章程而使公司存续。(2)股东会决议或者股东大会决议解散。(3)因公司合并或者分立需要解散的。(4)依法被吊销营业执照、责令关闭或者被撤销。(5)公司经营管理发生严重困难，继续存续会使股东利益受到重大损失，通过其他途径不能解决的，持有公司全部股东表决权 10% 以上的股东，可以请求人民法院解散公司。(6)公司被依法宣告破产。

根据《公司法解释二》第一条之规定，所谓引起"经营管理发生严重困难"的事由包括：(1)公司持续两年以上无法召开股东会或者股东大会；(2)股东表决时无法达到法定或者公司章程规定的比例，持续两年以上不能做出有效的股东会或者股东大会决议；(3)公司董事长期冲突，且无法通过股东会或者股东大会解决；(4)经营管理发生其他严重困难，公司继续存续会使股东利益受到重大损失的情形。股东以知情权、利润分配请求权等权益受到损害，或者公司亏损、财产不足以偿还全部债务，以及公司被吊销企业法人营业执照未进行清算等为由，提起解散公司诉讼的，人民法院不予受理。

（二）公司清算

公司清算，是指公司于解散时，清理其财产与债权、债务，进行公平分配，以结束公司所有法律关系的法律行为。由于公司的清算涉及众多股东及债权人的利益，为规范公司清算行为，各国公司法对公司清算都规定了严格的程序。根据我国《公司法》，公司清算的基本程序是：

1. 组成清算组。公司因前述第(1)项、第(2)项、第(4)项和第(5)项原因而解散的，应当在解散事由出现之日起 15 日内成立清算组，开始清算。有限责任公司的清算组由股东组成，股份有限公司的清算组由董事或者股东大会确定的人员组成。逾期不成立清算组进行清算的，债权人可以申请人民法院指定有关人员组成清算组进行清算。人民法院应当受理该申请，并及时组织清算组进行清算。

清算组在清算期间行使的职权主要包括：(1)清理公司财产，分别编制资产负债表和财产清单；(2)通知、公告债权人；(3)处理与清算有关的公司未了结的业务；(4)清缴所欠税款以及清算过程中产生的税款；(5)清理债权、债务；(6)处理公司清偿债务后的剩余财产；(7)代表公司参与民事诉讼活动。清算组成员应当忠于职守，依法履行清算义务，因故意或者重大过失给公司或者债权人造成损失的，应当承担赔偿责任。

2. 通知公告债权人。为保护债权人合法权益，清算组应当自成立之日起 10 日内将公司解散清算事宜书面通知全体已知债权人，并于 60 日内，根据公司规模和营业地域范围在全国或者公司注册登记地省级有影响的报纸上进行公告。债权人应当自接到通知书之日起30日内，未接到通知书的自公告之日起45日内，向清算组申报其债权。

因清算组未依法履行通知和公告义务，导致债权人未及时申报债权而未获清偿，债权人可以要求清算组成员对因此造成的损失承担赔偿责任。

3. 债权人申报其债权，应当说明债权的有关事项，并提供证明材料。清算组应当对债权进行登记。如果债权人在法定期限内未申报债权，一般应视为债权人弃权。但在公司财产能够全面清偿所有债务，并且公司剩余财产尚未分配给股东的情况下，逾期申报债权的债权人可以请求从剩余财产中得到清偿。在申报债权期间，清算组不得对债权人进行清偿。

4. 调查和清理公司财产，编制资产负债表和财产清单。公司财产能够清偿公司债务的，则制定清算方案，报股东会、股东大会或者人民法院确认后实施，如果公司财产不足以清偿公司债务，清算组应当向人民法院申请破产。清算期间，公司存续，但不得开展与清算无关的经营活动。

5. 收取公司债权，清偿公司债务。公司清算组在清偿债务前应先支付清算费用、职工的工资、社会保险费用和法定补偿金，缴纳所欠税款。

6. 分配公司剩余财产。公司对外清偿债务后，如果还有剩余财产，有限责任公司按照股东的出资比例分配，股份有限公司按照股东持有的股份比例分配。公司财产在未支付清算费用、职工的工资、社会保险费用和法定补偿金，缴纳所欠税款前，不得分配给股东。清算组发现公司财产不足清偿债务的，应当依法向人民法院申请宣告破产，并将清算事务移交给人民法院。

7. 制作清算报告，申请注销公司登记。公司清算结束后，清算组应当制作清算报告，报股东会、股东大会或者人民法院确认，并报送公司登记机关，申请注销公司登记，公告公司终止。清算组执行未经确认的清算方案给公司或者债权人造成损失的，公司、股东或者债权人有权要求清算组成员承担赔偿责任。

公司在进行清算时，隐匿财产，对资产负债表或者财产清单作虚假记载或者在未清偿债务前分配公司财产的，由公司登记机关责令改正，对公司处以隐匿财产或者未清偿债务前分配公司财产金额5%以上10%以下的罚款；对直接负责的主管人员和其他直接责任人员处以1万元以上10万元以下的罚款。公司被依法宣告破产的，依照有关企业破产的法律实施破产清算。

根据《公司法解释二》第十八条的规定，有限责任公司的股东、股份有限公司的董事和控股股东未在法定期限内成立清算组开始清算，导致公司财产贬值、流失、毁损或者灭失，债权人可以要求责任人在其造成损失的范围内对公司债务承担赔偿责任。有限责任公司的股东、股份有限公司的董事和控股股东因怠于履行义务，导致公司主要财产、账册、重要文件等灭失，无法进行清算，债权人可以要求责任人对公司债务承担连带清偿责任。前述情形系实际控制人原因造成的，债权人可以要求实际控制人对公司债务承担相应民事责任。

公司未经清算即办理注销登记，导致公司无法进行清算，债权人可以要求有限责任公司的股东、股份有限公司的董事和控股股东，以及公司的实际控制人对公司债务承担清偿责任。

第三节 有限责任公司法

一、有限责任公司概述

(一)有限责任公司的含义和特征

有限责任公司,是指根据公司法设立的,公司以其全部财产对公司的债务承担责任,股东以其认缴的出资额为限对公司承担责任的企业法人。有限责任公司起源于19世纪后半期的德国,吸收了无限公司与股份有限公司的优点,它与其他公司形式相比较,具有以下法律特征:

1. 全体股东仅以其认缴的出资额为限对公司债务负有限责任。股东之间一般也无连带责任关系。

2. 股东的人数一般有法定最高人数的限制。比如日本、英国和我国的公司法都规定有限责任公司的股东总数不能超过50人,因为有限责任公司股东一般要参与公司管理,股东之间的合作很重要,人数过多不利于内部关系的协调。

3. 公司注册资本只能由发起人认购,不能通过对外发行股份筹集资金。有限责任公司成立后向股东签发的出资证明书,只是一种权利凭证,不是有价证券,不得上市流通。

4. 设立程序比较简单,内部机构比较精干。

5. 股东向股东以外的人转让股权有严格的限制。

总之,有限责任公司是一种资本的联合,同时它在组织和经营上的封闭性以及股东相互之间的信任性,又使之具有一定的人合性。

(二)有限责任公司的优缺点

1. 有限责任公司的优点。(1)设立条件低,设立简便。(2)股东变动小,内部凝聚力强。(3)公司营业及财务状况无须公开,机构精干,经营效率高。(4)股东风险小,仅负有限责任。

2. 有限责任公司的缺点。(1)发展规模受限制。因为公司具有非公众性特点,不便于广泛筹集社会资金。(2)股权转让不易。股东向股东以外的人转让股权必须征求其他股东的意见,股东依法转让股权后,公司还要注销原股东的出资证明书,向新股东签发出资证明书,并相应修改公司章程和股东名册,办理变更登记。(3)对债权人利益保护较差。因为公司一般自有资本较少,抗风险能力较差,且全体股东均负有限责任,当严重亏损,不能还债时破产的可能性较大。此外,公司的非公开性,也使债权人平时难以了解公司营业及财务的真实情况,所以对债权人来说风险较大。

通过以上分析可以看出,有限责任公司形式比较适合中、小企业采用。

二、有限责任公司的设立

(一)有限责任公司设立的条件

根据我国《公司法》第二十三条的规定,设立有限责任公司,应当具备五个基本条件:

1. 股东符合法定人数。有限责任公司依法由50个以下股东出资设立。

2. 有符合公司章程规定的全体股东认缴的出资额。有限责任公司的注册资本为在公司登记机关登记的全体股东认缴的出资额。

对作为出资的非货币财产应当依法评估作价，核实财产，不得高估或者低估作价。承担资产评估的机构因其出具的评估结果不实，给公司债权人造成损失的，除能够证明自己没有过错的外，在其评估不实的金额范围内承担赔偿责任。

股东以货币出资的，应当将货币出资足额存入有限责任公司在银行开设的账户；以非货币财产出资的，应当依法办理其财产权的转移手续。股东不按照前款规定缴纳出资的，除应当向公司足额缴纳外，还应当向已按期足额缴纳出资的股东承担违约责任。

3. 股东共同制定的公司章程。根据我国《公司法》第二十五条的规定，章程应当记载的事项有：(1)公司名称和住所；(2)公司经营范围；(3)公司注册资本；(4)股东的姓名或者名称；(5)股东的出资方式、出资额和出资时间；(6)公司的机构及其产生办法、职权、议事规则；(7)公司法定代表人；(8)股东会会议认为需要规定的其他事项，如股东的权利和义务、股东转让股权的条件等。全体股东就章程事项达成一致后，应当在公司章程上签名、盖章。

4. 有公司名称，建立符合有限责任公司要求的组织机构。有限责任公司应当在名称中标明"有限责任公司或者有限公司"字样，其组织机构一般由股东会、董事会、经理机构、监督机构组成。

5. 有公司住所。公司的住所是公司主要办事机构所在地。经公司登记机关登记的公司的住所只能有一个。公司的住所应当在其公司登记机关辖区内。

(二)有限责任公司设立的程序

1. **申请名称预先核准**。由全体股东指定或委托的代理人向公司登记机关申请公司名称预先核准。公司登记机关应当自收到申请所需文件之日起10日内作出核准或者驳回的决定。公司登记机关决定核准的，发给《企业名称预先核准通知书》。预先核准的公司名称保留期为6个月。预先核准的公司名称在保留期内，依法不得用于从事经营活动，不得转让。

2. **申请设立登记**。股东认足公司章程规定的出资后，由全体股东指定的代表或者共同委托的代理人向公司登记机关申请设立登记。设立国有独资公司，由国务院或者地方人民政府授权的本级人民政府国有资产监督管理机构作为申请人，申请设立登记。法律、行政法规或者国务院决定规定设立有限责任公司必须报经批准的，应当自批准之日起90日内向公司登记机关申请设立登记；逾期申请设立登记的，申请人应当报批准机关确认原批准文件的效力或者另行报批。

申请设立有限责任公司，依法应当向公司登记机关提交下列文件：(1)公司法定代表人签署的设立登记申请书；(2)全体股东指定代表或者共同委托代理人的证明；(3)公司章程；(4)股东的主体资格证明或者自然人身份证明；(5)载明公司董事、监事、经理的姓名、住所的文件以及有关委派、选举或者聘用的证明；(6)公司法定代表人任职文件和身份证明；(7)企业名称预先核准通知书；(8)公司住所证明；(9)国家工商行政管理总局规定要求提交的其他文件。法律、行政法规或者国务院决定规定设立有限责任公司必须报经批准的，还应当提交有关批准文件。

3. 登记机关审核。公司登记机关对申请登记的事项及文件进行审核，对符合法定条件的，予以登记，发给公司营业执照。公司营业执照签发日期，为有限责任公司成立日期。

为防止公司在设立登记时弄虚作假，我国《公司法》还规定了严格的设立责任，即公司登记时虚报注册资本、提交虚假材料或者采取其他欺诈手段隐瞒重要事实取得公司登记的，由公司登记机关责令改正，对虚报注册资本的公司，处以虚报注册资本金额5%以上15%以下的罚款；对提交虚假材料或者采取其他欺诈手段隐瞒重要事实的公司，处以5万元以上50万元以下的罚款；情节严重的，撤销公司登记或者吊销营业执照。

三、有限责任公司的法人治理

现代企业组织制度的基本特征是所有者与经营者和生产者之间，通过公司的决策机构、执行机构、监督机构，形成各自独立、权责分明、相互制约的法人治理结构关系，并通过法律和公司章程加以确立和实现。根据我国《公司法》的规定，有限责任公司的法人治理结构主要由股东会、董事会（或执行董事）、经理、监事会（或监事）等构成。

（一）有限责任公司股东的权利与义务

公司股东对公司享有的权利，也称为股东权或股权，它是股东以其出资组成公司，形成公司法人财产后，再依照法律和章程的规定对公司享有的一种权利。根据我国《公司法》第四条的规定，公司股东依法享有资产收益、参与重大决策和选择管理者等权利。具体来说，有限责任公司股东依法享有的权利主要有：

1. 参加或推举代表参加股东会并依法行使表决权、质询权。

2. 获取红利和优先认购公司新增资本。股东依法有权按照实缴的出资比例分取红利。公司新增资本时，股东有权优先按照实缴的出资比例认缴出资。但是，全体股东约定不按照出资比例分取红利或者不按照出资比例优先认缴出资的除外。

3. 转让股权和优先购买其他股东转让的股权。股东之间依法可以相互转让其全部或者部分股权。股东向股东以外的人转让股权，依法应当经其他股东过半数同意。股东应就其股权转让事项书面通知其他股东征求同意，转让通知的内容包括受让人的有关情况、拟转让股权的数量、价格及履行方式等股权转让合同的主要内容。其他股东自接到书面通知之日起满30日未答复的，视为同意转让。其他股东半数以上不同意转让的，不同意的股东应当购买该转让的股权；不购买的，视为同意转让。经股东同意转让的股权，在同等条件下，其他股东有优先购买权。两个以上股东主张行使优先购买权的，协商确定各自的购买比例；协商不成的，按照转让时各自的出资比例行使优先购买权。为保障公司股东的自主权，《公司法》在作出上述规定的同时，也允许股东在公司章程中对股权转让作出其他规定。

人民法院依照法律规定的强制执行程序转让股东的股权时，应当通知公司及全体股东，其他股东在同等条件下有优先购买权。其他股东自人民法院通知之日起满20日不行使优先购买权的，视为放弃优先购买权。

4. 知情权。股东有权查阅、复制公司章程、股东会会议记录、董事会会议决议、监事会会议决议和财务会计报告。股东如果要求查阅公司会计账簿，应当向公司提出书面请求,说明目的。公司有合理根据认为股东查阅会计账簿有不正当目的,可能损害公司合法利益的,可以拒绝提供查阅,并应当自股东提出书面请求之日起 15 日内书面答复股东并说明理由。公司拒绝提供查阅的,股东可以请求人民法院要求公司提供查阅。

5. 提议、召集和主持临时股东会。

6. 异议股东股权收购请求权。公司按股权表决有可能损害中小股东的利益,为使中小股东能够有退出渠道,《公司法》第七十四条规定,有下列情形之一的,对股东会该项决议投反对票的股东可以请求公司按照合理的价格收购其股权:(1)公司连续 5 年不向股东分配利润,而公司该 5 年连续盈利,并且符合本法规定的分配利润条件的;(2)公司合并、分立、转让主要财产的;(3)公司章程规定的营业期限届满或者章程规定的其他解散事由出现,股东会会议通过决议修改章程使公司存续的。自股东会会议决议通过之日起 60 日内,股东与公司不能达成股权收购协议的,股东可以自股东会会议决议通过之日起 90 日内向人民法院提起诉讼。

7. 参与剩余财产的分配,即公司终止后,依法分得公司的剩余财产。

8. 继承权。自然人股东死亡后,其合法继承人可以继承股东资格;但是,公司章程另有规定的除外。

9. 请求司法救济权。为维护股东权益,《公司法》在多处地方赋予股东请求司法救济的权利。比如董事、高级管理人员违反法律、行政法规或者公司章程的规定,损害股东利益的,股东可以向人民法院提起诉讼。股东会、董事会的会议召集程序、表决方式违反法律、行政法规或者公司章程,或者决议内容违反公司章程的,股东可以自决议作出之日起 60 日内,请求人民法院撤销。

股东的义务主要有:(1)按期足额缴纳应缴付的出资额。(2)公司成立后,不得抽回出资,对公司债务仅以其认缴的出资额为限承担责任。(3)公司章程规定的其他义务。

(二)股东会

股东会是由全体股东组成的公司的权力机构,它不是常设机关,对外并不代表公司,对内也不执行业务。

1. 股东会的职权。为维护股东利益,各国公司法对股东会的职权都有明确规定。根据我国《公司法》,股东会行使下列职权:(1)决定公司的经营方针和投资计划;(2)选举和更换非由职工代表担任的董事、监事,决定有关董事、监事的报酬事项;(3)审议批准董事会的报告;(4)审议批准监事会或者监事的报告;(5)审议批准公司的年度财务预算方案、决算方案;(6)审议批准公司的利润分配方案和弥补亏损方案;(7)对公司增加或者减少注册资本作出决议;(8)对发行公司债券作出决议;(9)对公司合并、分立、变更公司形式、解散和清算等事项作出决议;(10)修改公司章程;(11)公司章程规定的其他职权。

2. 股东会的议事规则。股东会会议分为定期会议和临时会议。定期会议应当按照公司章程的规定按时召开。一般情况下,每个营业年度终结后,应召开股东年会,听取上一年经营情况的汇报,决定收益分配,决定下一年生产经营中的重大问题。临时会议可以由代表 1/10 以上表决权的股东,1/3 以上的董事,监事会或者不设监事会的公司的监事提议召开。

股东会的首次会议由出资最多的股东召集和主持。公司设立董事会的，以后的股东会会议由董事会召集，董事长主持，董事长不能履行职务或者不履行职务的，由副董事长主持；副董事长不能履行职务或者不履行职务的，由半数以上董事共同推举一名董事主持。公司不设董事会的，股东会会议由执行董事召集和主持。董事会或者执行董事不能履行或者不履行召集股东会会议职责的，由监事会或者不设监事会的公司的监事召集和主持；监事会或者监事不召集和主持的，代表 1/10 以上表决权的股东可以自行召集和主持。召开股东会会议，一般应当于会议召开 15 日以前通知全体股东。

股东对需要决议的事项以书面形式一致表示同意的，可以不召开股东会会议，直接作出决定，并由全体股东在决定文件上签名、盖章。股东会会议股东表决权的确定方式可以由公司章程规定，章程未规定的由股东按照出资比例行使表决权。股东会会议对一般事项作出决议，只需要半数以上表决权的股东通过即可，但作出修改公司章程、增加或者减少注册资本的决议，以及公司合并、分立、解散或者变更公司形式的决议，依法必须经代表 2/3 以上表决权的股东通过。

股东会应当对所议事项的决定作成会议记录，出席会议的股东应当在会议记录上签名。

（三）董事会、执行董事

有限责任公司应当设立董事会或执行董事。董事会是公司的常设领导机构，对外代表公司，对内负责执行股东会的决议，对公司日常重大事务进行决策，监督公司日常经营。

1. 董事会的组建。董事会是由所有董事组成的一个领导集体，董事由股东会在股东或股东委派的代表中选举产生。两个以上国有企业或者其他两个以上国有投资主体投资设立的有限责任公司的董事会中应有公司职工的代表。其他有限责任公司董事会成员中也可以有公司职工代表。董事会中的职工代表由公司职工通过职工代表大会、职工大会或者其他形式民主选举产生。董事会设董事长一人，可以设副董事长。董事长、副董事长的产生办法由公司章程规定。

董事的人数，对公司经营管理影响很大。人数太少，容易造成独裁，危害股东利益；人数太多，机构臃肿，形成决议比较困难，办事效率较低。我国《公司法》规定，有限责任公司董事会的成员应为 3 人至 13 人。公司在规定具体人数时，一般应规定董事的人数为奇数，以减少董事会表决出现僵局的机会。股东人数较少和规模较小的，可以设一名执行董事，不设立董事会。执行董事可以兼任公司经理，其职权由公司章程规定。

董事的任期由章程规定，每届任期不得超过三年。董事任期届满，连选可以连任。董事任期届满未及时改选，或者董事在任期内辞职导致董事会成员低于法定人数的，在改选出的董事就任前，原董事仍应当依照法律、行政法规和公司章程的规定，履行董事职务。

2. 董事会的职权和议事规则。董事会对股东会负责，根据我国《公司法》第四十七条的规定，董事会的职权主要有：(1)召集股东会，并向股东会报告工作；(2)执行股东会的决议；(3)决定公司的经营计划和投资方案；(4)制订公司的年度财务预算方案、决算方案；(5)制订公司的利润分配方案和弥补亏损方案；(6)制订公司增加或者减少注册资本以及发行公司债券的方案；(7)拟订公司合并、分立、变更公司形式、解散的方案；(8)决定公司内部管理机构的设置；(9)决定聘任或者解聘公司经理及其报酬事项，并根据经理的提名决定聘任或者解聘公司副经理、财务负责人及其报酬事项；(10)制定公司的基本管理制度；(11)公司章程规定的其他职权。

董事会的职权是通过董事会集体行使的。董事会会议由董事长召集和主持；董事长不能履行职务或者不履行职务的，由副董事长召集和主持；副董事长不能履行职务或者不履行职务的，由半数以上董事共同推举一名董事召集和主持。

董事会决议的表决，实行一人一票。董事会应当对所议事项的决定作成会议记录，出席会议的董事应当在会议记录上签名。董事会的其他议事方式和表决程序，由章程规定。

(四)经理

有限责任公司可以设经理，经理是由董事会聘请的负责公司日常经营活动的高级管理人员。经理对董事会负责，并有权列席董事会会议。

经理的职权可以由章程规定。章程未规定的适用法律的规定。根据我国《公司法》第五十条的规定，经理应行使下列职权：(1)主持公司的生产经营管理工作，组织实施董事会决议；(2)组织实施公司年度经营计划和投资方案；(3)拟订公司内部管理机构设置方案；(4)拟订公司的基本管理制度；(5)制定公司的具体规章；(6)提请聘任或者解聘公司副经理、财务负责人；(7)决定聘任或者解聘除应由董事会决定聘任或者解聘以外的负责管理人员；(8)董事会授予的其他职权。

(五)监事会、监事

有限责任公司依法应设立监事会或监事作为公司日常监督机构，对股东会和全体职工负责。其中，公司经营规模较大的，设立监事会，其成员不得少于3人。公司股东人数较少或者规模较小的，可以只设一至二名监事，不设监事会。

1. 监事会的组建。监事会由股东代表和适当比例的公司职工代表组成，其中职工代表的比例不得低于1/3，具体比例由公司章程规定。监事会中的职工代表由公司职工通过职工代表大会、职工大会或者其他形式民主选举产生。监事会设主席一人，由全体监事过半数选举产生。董事、高级管理人员不得兼任监事。

监事的任期每届为3年。监事任期届满，连选可以连任。监事任期届满未及时改选，或者监事在任期内辞职导致监事会成员低于法定人数的，在改选出的监事就任前，原监事仍应当依照法律、行政法规和公司章程的规定，履行监事职务。

2. 监事会、不设监事会的公司的监事的职权。根据我国《公司法》第五十四条的规定，其职权主要包括：(1)检查公司财务。比如对董事会编报的公司每一会计年度财务会计报告进行稽查，签署审查意见等。(2)对董事、高级管理人员执行公司职务的行为进行监督，对违反法律、行政法规、公司章程或者股东会决议的董事、高级管理人员提出罢免的建议。(3)当董事、高级管理人员的行为损害公司的利益时，要求董事、高级管理人员予以纠正。(4)提议召开临时股东会会议，在董事会不依法召集和主持股东会会议时召集和主持股东会会议。(5)向股东会会议提出提案。(6)依法代表公司对董事、高级管理人员提起诉讼。(7)公司章程规定的其他职权。

监事有权列席董事会会议，并对董事会决议事项提出质询或者建议。监事会、不设监事会的公司的监事发现公司经营情况异常，可以进行调查；必要时，可以聘请会计师事务所等协助其工作。监事会、不设监事会的公司的监事行使职权所必需的费用，以及依法聘请外部人员的费用，由公司承担。

3. 监事会的议事规则。监事会每年度至少召开一次会议，监事可以提议召开临时监事会会议。监事会主席召集和主持监事会会议；监事会主席不能履行职务或者不履行职务的，由半数以上监事共同推举一名监事召集和主持监事会会议。监事会决议应当经半数以上监事通过。监事会应当对所议事项的决定作成会议记录，出席会议的监事应当在会议记录上签名。监事会的其他议事方式和表决程序，由公司章程规定。

（六）工会

有限责任公司职工有权依法组建工会，开展工会活动，维护职工合法权益。公司应当为本公司工会提供必要的活动条件。公司工会有权代表职工就职工的劳动报酬、工作时间、福利、保险和劳动安全卫生等事项依法与公司签订集体合同。公司应当为本公司工会提供必要的活动条件，并依法通过职工代表大会或者其他形式，实行民主管理。公司研究决定改制以及经营方面的重大问题、制定重要的规章制度时，应当听取公司工会的意见，并通过职工代表大会或者其他形式听取职工的意见和建议。

四、一人有限责任公司的特别规定

一人有限责任公司，是指只有一个自然人股东或者一个法人股东的有限责任公司。它是有限责任公司的一种特殊形式。

由于有限责任公司在经营期间内部信息一般不公开，因此，当公司只有一个股东时，复数股东之间的相互制衡不复存在，股东很容易将公司财产与本人财产混同，这就使公司债权人或相对人承担了过大的风险。为降低交易风险，我国《公司法》对一人有限责任公司在对外投资、信息披露公示等方面作出了特别规定。与一般有限责任公司相比，其特殊性主要表现在以下几个方面：

（一）对自然人再投资设立一人有限责任公司有限制

一个自然人只能投资设立一个一人有限责任公司，该一人有限责任公司不能投资设立新的一人有限责任公司。

（二）信息披露及审计有更高要求

一人有限责任公司应当在公司登记中注明自然人独资或者法人独资，并在公司营业执照中载明。公司应当在每一会计年度终了时编制财务会计报告，并经会计师事务所审计。

（三）法人治理结构和决策程序简化

一人有限责任公司章程由股东制定，不设股东会。股东只需要在决定公司的经营方针和投资计划时采用书面形式，并由股东签字后置备于公司即可。

（四）股东对公司财产的独立性负举证责任

针对一人有限责任公司股东很容易将公司财产与本人财产混同的问题，法律规定，一人有限责任公司的股东不能证明公司财产独立于股东自己财产的，应当对公司债务承担连带责任。

五、国有独资公司的特别规定

国有独资公司，是指国家单独出资、由国务院或者地方人民政府委托本级人民政府国有资产监督管理机构履行出资人职责的有限责任公司。它与一人有限责任公司的区别主要在于投资主体身份不同。根据国有资产管理的特点，为既维护国家利益，又保证公司经营自主权，我国《公司法》对国有独资公司在法人治理结构和公司负责人对外兼职等方面作出了特别规定。与一般有限责任公司相比，其特殊性主要表现在以下几个方面：

(一) 公司法人治理结构及职权划分有自己的特点

1. 国有独资公司不设股东会。一般有限责任公司股东会的职权由国有资产监督管理机构行使。国有资产监督管理机构可以授权公司董事会行使股东会的部分职权，决定公司的重大事项，但公司的合并、分立、解散、增减注册资本和发行公司债券，必须由国有资产监督管理机构决定；其中，按照国务院的规定确定重要的国有独资公司合并、分立、解散、申请破产的，应当由国有资产监督管理机构审核后，报本级人民政府批准。公司章程由国有资产监督管理机构制定，或者由董事会制订报国有资产监督管理机构批准。

2. 国有独资公司董事会的法定职权大于一般有限责任公司。董事会除享有一般有限责任公司董事会的法定职权外，还享有国有资产监督管理机构授予的股东会的部分职权。公司董事会成员由股东代表和职工代表组成，其中，股东代表由国有资产监督管理机构委派；职工代表由公司职工代表大会选举产生。董事会设董事长一人，可以设副董事长。董事长、副董事长由国有资产监督管理机构从董事会成员中指定。

3. 国有独资公司经理由董事会聘任或者解聘。经理的法定职权与一般有限公司相同。董事会成员兼任经理的，应取得国有资产监督管理机构的同意。

4. 国有独资公司监事会成员不得少于 5 人，其中，职工代表的比例不得低于 1/3，具体比例由公司章程规定。监事会成员中的股东代表由国有资产监督管理机构委派；职工代表由公司职工代表大会选举产生。监事会主席由国有资产监督管理机构从监事会成员中指定。监事会的法定职权少于一般有限责任公司，只享有一般有限责任公司监事会法定职权中的前三项，但国务院另有规定的除外。

(二) 公司负责人兼职有更多的限制

为保证公司负责人更好地履行职责，我国《公司法》第六十九条规定，国有独资公司的董事长、副董事长、董事、高级管理人员，未经国有资产监督管理机构同意，不得在其他有限责任公司、股份有限公司或者其他经济组织兼职。

第四节　股份有限公司法

一、股份有限公司概述

(一) 股份有限公司的含义和特征

股份有限公司，是指依照公司法设立的，全部资本分为等额股份，公司以其全部财产对公司的债务承担责任，股东以其认购的股份为限对公司承担责任的企业法人。近代意义上的股份有限公司是随着资本主义经济的发展而在 17 世纪诞生并成长起来的。荷兰 1602 年成立的东印度公司被学者们认为是近代股份有限公司最早的典型代表。现代意义上的股份有限公司在 19 世纪得到很快发展和普及。1807 年法国商法典首次对股份有限公司作了规定。在现代，股份有限公司已成为资本主义国家占统治地位的公司形式。股份有限公司与有限责任公司形式相比较，具有以下法律特征：

1. 全部资本分为等额股份，并可依法向社会公众募集资金。这是它与有限责任公司在资本计算方式上的重要区别。公司资本的股份化不仅便于公司公开募集资本，而且也便于公司资本数额的计算和股东权利的确定和转让。

2. 公司股东有最低人数的限制，没有最高人数的限制。股份有限公司制度主要是为面向社会广泛筹集资本而设计的，如果股东人数太少，则不利于资金的筹集，因此，多数国家公司法对股东人数的上限未作出限制性规定。

3. 股份有限公司是典型的资合公司。公司的信用基础主要在于公司的资本，而不在于公司股东。因此，公司法对股份有限公司股东的资格及股份转让一般不作限制。

4. 全体股东均以其认购的股份为限对公司负责。

(二)股份有限公司的优缺点

1. 股份有限公司的优点。(1)可以广泛筹集资金。这不仅是由于它可以对外公开发行股份和债券，而且由于股份每股金额很小，即使只拥有少量资金的人也可以参与投资，所以，能广泛吸收社会上的闲散资金。(2)适应了所有权与经营权相互分离的现代生产方式的需要。现代企业制度要求企业由具有专门经营管理才能的人员来进行经营管理。股份有限公司股东只通过股东大会参与公司的重大决策，大部分股东不参与公司的日常决策与管理，经营者有较大的经营自主权。(3)公司股票上市后可以自由转让。股东遇有急需或者对公司的经营发展不看好，可以将持有的股票转让出去，收回投资。此外，开办股票交易市场，既可以增加国家的税收，又可在客观上起到自发调节生产结构、平衡各行业投资比例的作用，有利于国家从中掌握有关信息，自觉地采取相应的宏观调控措施。(4)股东投资风险较小。股份有限公司总股本一般较大，一方面抗经营风险的能力相对较强；另一方面，有可能获得规模经营所带来的高收益。因此，单个股东有可能以较小的投入分享规模经营所获得的高收益。

2. 股份有限公司的缺点。(1)公司设立条件、程序比较严格、复杂，发起人设立责任比较重，审批环节多。(2)公司易被少数大股东操纵和控制。为减少大股东的操纵和控制，使小股东也有反映他们利益的董事或监事，我国《公司法》规定，股东大会选举董事、监事，可以根据公司章程的规定或者股东大会的决议，实行累积投票制。所谓累积投票制，是指股东大会选举董事或者监事时，每一股份拥有与应选董事或者监事人数相同的表决权，股东拥有的表决权既可以集中使用，也可以分散使用。(3)中小股东对公司缺乏责任感。公司股东流动性较强，不容易控制。公司经营状况好，投资者就多，公司经营不佳，股东便抛售股票，转移风险。这使有可能扭亏为盈的公司因股票价格暴跌而一蹶不振。(4)公司经营和财务信息不能严格保密，因为公司上市后依法应定期向公众公开其经营和财务状况，并及时、全面地提供可能对公司证券的买卖活动及价格有重大影响的任何信息。

通过以上分析可以看出，股份有限公司形式比较适合需要资金比较多，成长性好的大型企业采用。

二、股份有限公司的设立

(一) 股份有限公司设立的条件

根据《公司法》的规定，设立股份有限公司，应当具备六个基本条件：

1. 发起人符合法定人数。设立股份有限公司，应当有 2 人以上 200 人以下的股东为发起人。对发起人的资格，多数国家没有限制。有些国家规定发起人必须是本国人。我国公司法规定，发起人中须有过半数在中国境内有住所。

2. 有符合公司章程规定的全体发起人认购的股本总额或者募集的实收股本总额。采取发起设立方式设立的，注册资本为在公司登记机关登记的全体发起人认购的股本总额。在发起人认购的股份缴足前，不得向他人募集股份。采取募集设立方式设立的，注册资本为在公司登记机关依法登记的实收股本总额。发起人认购的股份一般不得少于公司股份总数的35%。

法律、行政法规以及国务院决定对股份有限公司注册资本实缴、注册资本最低限额另有规定的，从其规定。

3. 股份发行、筹办事项符合法律规定。

4. 发起人制订公司章程，采用募集方式设立的经创立大会通过。以发起方式设立公司的，公司章程由发起人制订；以募集方式设立公司的，公司章程先由发起人拟定。募集成功后，公司召开全体股东参加的创立大会，经创立大会决议通过章程，作为公司的正式章程，根据我国《公司法》第八十一条的规定，股份有限公司章程应当载明下列事项：(1) 公司名称和住所；(2) 公司经营范围；(3) 公司设立方式；(4) 公司股份总数、每股金额和注册资本；(5) 发起人的姓名或者名称、认购的股份数、出资方式和出资时间；(6) 董事会的组成、职权、任期和议事规则；(7) 公司法定代表人；(8) 监事会的组成、职权、任期和议事规则；(9) 公司利润分配办法；(10) 公司的解散事由与清算办法；(11) 公司的通知和公告办法；(12) 股东大会会议认为需要规定的其他事项。

5. 有公司名称，建立符合股份有限公司要求的组织机构。股份有限公司依法必须在公司名称中标明"股份有限公司"或者"股份公司"字样，以表明公司的性质。股份有限公司的组织机构主要包括股东大会、董事会、经理机构、监事会等。

6. 有公司住所。

(二) 股份有限公司设立的程序

股份有限公司的设立，可以采取发起设立或者募集设立的方式。

1. 发起设立的主要程序。(1) 发起人签订发起人协议，明确各自在公司设立过程中的权利和义务。(2) 由全体发起人指定的代表或者共同委托的代理人向公司登记机关申请名称预先核准。在公司筹备期间以该预先核准的名称从事设立活动。(3) 发起人制定公司章程。(4) 发起人按照公司章程规定缴纳出资。以非货币财产出资的，应当依法办理其财产权的转移手续。发起人不按照前述规定缴纳出资的，应当按照发起人协议的约定承担违约责任。(5) 发起人选举董事会和监事会，由董事会向公司登记机关报送公司章程以及法律、行政法规规定的其他文件，申请设立登记。(6) 公司登记机关自接到股份有限公司设立登记申请之日起 30 日内作出是否予以登记的决定。对符合公司法规定条件的，予以登记，发给公司营业执照。公司营业执照签发日期，为公司成立日期。

2. 募集设立的主要程序。根据我国《公司法》，发起人可以通过向社会公开募集或者向特定对象募集而设立股份有限公司。募集设立与发起设立在程序上的区别主要表现在以下几个方面：(1)发起人应向国务院证券监督管理机构提出股票发行申请。(2)向社会公开募集股份的，发起人必须公告招股说明书、制作认股书，并与依法设立的证券经营机构签订承销协议，与银行签订代收股款协议。(3)认股人填写认股书并签名、盖章。认股人按照所认购股数缴纳股款。发行的股份款缴足后经法定验资机构验资并开具验资证明。(4)发行股份的股款缴足后，发起人在 30 日内主持召开由认股人组成的创立大会，审议发起人关于公司筹办情况的报告、讨论通过发起人拟定的公司章程、选举董事会和监事会成员、审核公司的设立费用和发起人用于抵作股款的财产的作价。发生不可抗力或者经营条件发生重大变化直接影响公司设立的，可以作出不设立公司的决议。发起人应当在创立大会召开 15 日前将会议日期通知各认股人或者予以公告。创立大会应有代表股份总数过半数以上的认股人出席，方可举行。创立大会作出决议，必须经出席会议的认股人所持表决权过半数通过。发行的股份超过招股说明书规定的截止期限尚未募足的，或者发行股份的股款缴足后，发起人在 30 日内未召开创立大会的，认股人可以按照所缴股款并加算银行同期存款利息，要求发起人返还。(5)董事会应于创立大会结束后 30 日内，向公司登记机关申请设立登记。

三、股份有限公司的股份

(一) 股份的含义和特征

股份有限公司的资本应分为等额股份。股份是股份有限公司资本的基本构成单位，也是计算股东权利和义务的基本计量单位。股份代表了股东的出资，在这一点上与其他类型公司的股东出资并无区别。但与其他出资相比，也有自己的显著特征：

1. 每一股的金额相等，即每股所代表的资本额一律相等。同种类的每一股份应当具有同等权利。同次发行的同种类股票，每股的发行条件和价格应当相同；任何单位或者个人所认购的股份，每股应当支付相同价额。这样规定既有利于公司计算股东的权利和义务，也有利于股份交易。

2. 股东持有的股份可以依法转让。股份有限公司是典型的资合公司，股东的信用不受重视。因此，除法律有特别规定外，公司一般不得以章程或其他方式对股份的转让进行限制。《公司法》对股份转让的限制主要有：(1)发起人持有的本公司股份，自公司成立之日起一年内不得转让。公司公开发行股份前已发行的股份，自公司股票在证券交易所上市交易之日起一年内不得转让。(2)公司董事、监事、高级管理人员应当向公司申报所持有的本公司的股份及其变动情况，在任职期间每年转让的股份不得超过其所持有本公司股份总数的 25%；所持本公司股份自公司股票上市交易之日起一年内不得转让。上述人员离职后半年内，不得转让其所持有的本公司股份。公司章程可以对公司董事、监事、高级管理人员转让其所持有的本公司股份作出其他限制性规定。(3)股东转让其股份，应当在依法设立的证券交易场所进行或者按照国务院规定的其他方式进行。

3. 股份表现为有价证券——股票。股份是股票的实质内容，股票是股份的证券化形式,主要用于证明股东持有公司股份和便于股份的转让。

(二)股票的含义和特征

股票是股份有限公司签发的证明股东持有公司股份的凭证,是股东借以取得股利的一种有价证券。它与其他有价证券相比,具有以下特征:

1. 股票是股份有限公司成立后以公司名义签发的。虽然在新设公司时,股份是在公司成立前发行并认购的,但股票只能在公司依法成立后才能发行。

2. 股票是证权证券。所谓证权证券,是指证券是权利的一种物化的外在形式,它是作为权利的载体,权利是已经存在的。股东所享有权利并非由股票单独创设,而是因股份的认缴而发生。股票是专为股东转让股份的方便而创设的证权证券,只起证明作用。股权可以脱离股票单独存在。

3. 股票是一种可转让但不能退还的证券。股票一经发行,概不退还。如果持票人想抽回本金,只能依法将股票转让给他人。

4. 股票是非固定收益证券。股票的收益与公司的经营状况紧密联系,既可能具有较高收益,也可能有较高风险。

5. 股票是要式证券。股票是可依法流通的有价证券,为保证交易安全,股票的制作、记载事项和签发必须符合法律规定,否则不发生法律效力。股票依法应由法定代表人签名,公司盖章。

(三)股份的种类

股份有限公司的股份依据不同标准,可以分为不同种类。根据我国股份有限公司股份发行的情况,股份可以分为以下几种:

1. 普通股与优先股。普通股是公司发行的对股东权利和义务没有特别约定的股份。它具有股份的基本特征,是构成公司资本的基本股份。股东享有公司法规定的一般股东权。

优先股是指公司在普通股之外发行的在分配公司利润和剩余财产等方面与普通股相比有一定优先权的股份。优先股持有人在享有优先权的同时,参与公司决策管理等权利会受到限制。

发行优先股主要是为了吸引保守的投资者。因为优先股有固定的分红股息,而且其股息率一般高于公司债券的利率,有高收益、低风险的特征;同时,优先股在利润和剩余财产分配的顺序上先于普通股,进一步降低了投资风险,使投资具有较强的安全性特征。但优先股的优先权是以放弃其他权利为代价的,其不足主要表现在四个方面:(1)优先股一般不能参与股息以外的红利分配,当公司利润较高时,其实际获利可能低于普通股;(2)优先股发行后虽然可以申请上市交易或转让,但缺乏投资上的投机性,在股票市场上的流动性较小;(3)在通常情况下,优先股的投票表决权和参与决策权会受到较多限制;(4)在公司增资扩股时,普通股股东享有优先认股权,而优先股股东则不具有这种权利。根据中国证券监督管理委员会 2013 年发布的《优先股试点管理办法》,我国上市公司可以发行优先股,非上市公众公司可以非公开发行优先股。上市公司公开发行优先股未向优先股股东足额派发股息的差额部分应当累积到下一会计年度。

2. 记名股与无记名股。记名股,是指将股东姓名或名称记载在股票和公司股东名册的股票。记名股的权利只能由股东本人行使。记名股票转让时，由股东以背书方式或者法律、行政法规规定的其他方式转让。并由公司将受让人的姓名或者名称及住所记载于股东名册。股东大会召开前20日内或者公司决定分配股利的基准日前5日内，不得进行股东名册的变更登记。但是，法律对上市公司股东名册变更登记另有规定的，从其规定。无记名股(也叫不记名股)，是指不将股东姓名或名称记载在股票和公司股东名册的股票。股东行使权利只需出示股票，无需证明自己的身份。股东只需要将股票交付给受让人后即发生转让的效力。

记名股与无记名股各有利弊。记名股便于公司掌握股份流通的情况和股东状况，但转让手续复杂，股东流动性小。无记名股转让方便，但股东流动性过大，发行公司不易控制。我国《公司法》规定，公司向发起人、法人发行的股票，应当为记名股票，并应当记载该发起人、法人的名称或者姓名，不得另立户名或者以代表人姓名记名。对社会公众发行的股票，可以为记名股票，也可以为无记名股票。

3. 额面股与无额面股。额面股，是指股票票面上标明一定金额的股份。额面每股金额必须相等，一般为每股1元。股票发行价格可以按票面金额，也可以超过票面金额，但不得低于票面金额。以超过票面金额为股票发行价格的，发行价由发行公司与证券商协商确定。以超过票面金额发行股票所得溢价款列入公司资本公积金。

无额面股，又称比例股，是指股票票面上不标明一定金额，只标明该股份占公司资本总额的比例的股份。我国《公司法》对无额面股的发行未作规定，不能发行。目前在国外只有美国、加拿大等少数国家公司法允许发行无额面股。

4. 国家股、法人股、社会公众股。国家股，是指有权代表国家投资的部门或机构以国有资产向股份有限公司投资形成的股份。法人股，是指法人以其依法可以支配的财产向股份有限公司投资形成的股份。社会公众股，是指我国境内个人和机构，以其合法财产向股份有限公司投资形成的股份。社会公众股包括一般社会公众股和公司内部职工股。

5. A股、B股、H股、N股、S股、T股。A股与B股均为我国境内的股份有限公司发行、在上海或深圳证券交易所上市交易的，以人民币标明股票面值的股份。其中，A股，也称人民币普通股票，是供我国境内机构、组织或个人(不含我国台、港、澳投资者)以人民币认购和交易的普通股股票。B股，又称人民币特种股票，原来主要是供外国和我国香港、澳门、台湾省的自然人、法人和其他组织，以及定居在国外的中国公民用外币认购和交易的一种股票。2001年2月19日，中国证券监督管理委员会发布《境内居民可投资B股市场的决定》，境内居民个人也可以依法从事B股投资。

H股是指我国的股份有限公司在香港发行、上市的，以人民币标明股票面值，以外币认购的股份。

N股、S股、T股均为境外上市外资股，即我国股份有限公司向我国境外投资者发行、境外上市交易，以人民币标明股票面值，以外币认购的股份。其中，N股是指在美国纽约上市的境外外资股。S股是指在新加坡上市的境外外资股。T股是指在日本东京上市的境外外资股。

(四)股份的回购

为保证公司注册资本的真实性，法律规定公司成立后一般不得收购本公司股份，也不得接受本公司的股票作为质押权的标的。但为促进公司建立长效激励机制、完善公司治理、提升上市公司质量、推动资本市场稳定健康发展，也有必要赋予公司一定回购自主权，因此，《公司法》第一百四十二条规定，公司有下列情形之一的，可以依法收购本公司股份：(1)减少公司注册资本；(2)与持有本公司股份的其他公司合并；(3)将股份用于员工持股计划或者股权激励；(4)股东因对股东大会作出的公司合并、分立决议持异议，要求公司收购其股份的；(5)将股份用于转换上市公司发行的可转换为股票的公司债券；(6)上市公司为维护公司价值及股东权益所必需。

公司因前款第(1)项、第(2)项规定的情形收购本公司股份的，应当经股东大会决议；公司因前款第(3)项、第(5)项、第(6)项规定的情形收购本公司股份的，可以依照公司章程的规定或者股东大会的授权，经三分之二以上董事出席的董事会会议决议。公司依照本条第一款规定收购本公司股份后，属于第(1)项情形的，应当自收购之日起 10 日内注销；属于第(2)项、第(4)项情形的，应当在 6 个月内转让或者注销；属于第(3)项、第(5)项、第(6)项情形的，公司合计持有的本公司股份数不得超过本公司已发行股份总额的 10%，并应当在 3 年内转让或者注销。

上市公司收购本公司股份的，应当依照《证券法》的规定履行信息披露义务。上市公司因本条第一款第(3)项、第(5)项、第(6)项规定的情形收购本公司股份的，应当通过公开的集中交易方式进行。

四、股份有限公司的法人治理

(一)股份有限公司股东的权利义务

股份有限公司的股东权在性质上与有限责任公司是相同的，因此公司法在股东的权利与义务的规定上有许多方面是相同的。此外，结合股份有限公司的特点，《公司法》在个别权利的行使上也有一些特别规定，主要表现在：(1)股份转让条件不同。股份有限公司除少数有特殊身份的股东、法律限制其转让股份外，一般股东可以自由转让股份，不需要征得其他股东的同意。股东对其他股东转让的股份一般没有优先购买权。(2)知情权不同。一方面，股份有限公司的股东依法只有权查阅公司章程、股东名册、公司债券存根、股东大会会议记录、董事会会议决议、监事会会议决议、财务会计报告，但不能要求查阅公司会计账簿。另一方面，股东对查阅的文件也没有复制权。(3)参与公司管理方式不同。多数股东不直接参与公司管理，股东主要通过质询权和建议权参与公司管理。(4)要求公司回购股份(股权)条件不同。股份有限公司股东只有在对股东大会作出的公司合并、分立决议持异议时才可以要求公司收购其股份。有限责任公司股东在 3 种情形下可以要求公司收购其股权。

股东的义务主要有：(1)在公司申请设立登记前，足额缴纳应缴付的股款。(2)公司成立后，不得抽回其股本，对公司债务仅以其认购的股份为限承担责任。(3)公司章程规定的其他义务。

(二)股东大会

股东大会是由公司全体股东所组成的公司权力机构。它不是常设机关，对外并不代表公司，对内也不执行业务。

1. 股东大会的职权。股东大会属于法定机构，其职权由公司法规定。股东大会的法定职权与有限责任公司股东会的职权相同。

2. 股东大会的议事规则。股东大会会议分为定期会议和临时会议。股东大会应当每年召开一次年会。有下列情形之一的，应当在两个月内召开临时股东大会：(1)董事人数不足《公司法》规定的人数或者公司章程所定人数的2/3时；(2)公司未弥补的亏损达实收股本总额的1/3时；(3)单独或者合计持有公司10%以上股份的股东请求时；(4)董事会认为必要时；(5)监事会提议召开时。此外，公司法和公司章程规定公司转让、受让重大资产或者对外提供担保等事项必须经股东大会作出决议的，董事会应当及时召集股东大会会议，由股东大会就上述事项进行表决。

股东大会会议由董事会召集，董事长主持；董事长不能履行职务或者不履行职务的，由副董事长主持；副董事长不能履行职务或者不履行职务的，由半数以上董事共同推举一名董事主持。董事会不能履行或者不履行召集股东大会会议职责的，监事会应当及时召集和主持；监事会不召集和主持的，连续90日以上单独或者合计持有公司10%以上股份的股东可以自行召集和主持。

召开股东大会会议，应当将会议召开的时间、地点和审议的事项于会议召开20日前通知各股东；临时股东大会应当于会议召开15日前通知各股东；发行无记名股票的，应当于会议召开30日前公告会议召开的时间、地点和审议事项。

单独或者合计持有公司3%以上股份的股东，可以在股东大会召开10日前提出临时提案并书面提交董事会；董事会应当在收到提案后2日内通知其他股东，并将该临时提案提交股东大会审议。临时提案的内容应当属于股东大会职权范围，并有明确议题和具体决议事项。股东大会不得对前两款通知中未列明的事项作出决议。无记名股票持有人出席股东大会会议的，应当于会议召开5日前至股东大会闭会时将股票交存于公司。

股东出席股东大会会议，所持每一股份有一表决权。但是，公司持有的本公司股份没有表决权。此外，股东可以委托代理人出席股东大会会议。股东大会作出决议，必须经出席会议的股东所持表决权过半数通过。但是，股东大会作出修改公司章程、增加或者减少注册资本的决议，以及公司合并、分立、解散或者变更公司形式的决议，必须经出席会议的股东所持表决权的2/3以上通过。

股东大会应当对所议事项的决定做成会议记录，主持人、出席会议的董事应当在会议记录上签名。会议记录应当与出席股东的签名册及代理出席的委托书一并保存。

(三)董事会

股份有限公司董事会是公司常设领导机构。

1. 董事会的组建。董事会一般由股东大会选举的董事组成，董事会成员中可以有公司职工代表。董事的人数为5至19人。董事会设董事长一人，可以设副董事长1至2人。董事长和副董事长由董事会以全体董事的过半数选举产生。董事长召集和主持董事会会议，检查董事会决议的实施情况。副董事长协助董事长工作，董事长不能履行职务或者不履行职务的，由副董事长履行职务；副董事长不能履行职务或者不履行职务的，由半数以上董事共同推举一名董事履行职务。关于董事任期的规定与有限责任公司的规定相同。

2. 董事会的职权和议事规则。董事会对股东大会负责，其法定职权与有限责任公司的规定相同。

董事会每年度至少召开两次会议，每次会议应当于会议召开 10 日前通知全体董事和监事。代表 1/10 以上表决权的股东、1/3 以上董事或者监事会，可以提议召开董事会临时会议。董事长应当自接到提议后 10 日内，召集和主持董事会会议。董事会召开临时会议，可以另定召集董事会的通知方式和通知时限。为保证董事会的决议真正体现多数董事的意见，法律特别规定董事会会议应有过半数的董事出席方可举行。董事会会议，应由董事本人出席；董事因故不能出席，可以书面委托其他董事代为出席。董事会作出决议，必须经全体董事的过半数通过。董事会决议的表决，实行一人一票制。

董事会应当对会议所议事项的决定做成会议记录，出席会议的董事应当在会议记录上签名。为防止董事滥用权力，法律规定，董事应当对董事会的决议承担责任。董事会的决议违反法律、行政法规或者公司章程、股东大会决议，致使公司遭受严重损失的，参与决议的董事对公司负赔偿责任。但经证明在表决时曾表明异议并记载于会议记录的，该董事可以免除责任。

（四）经理机构

经理机构是董事会领导下的常设业务执行机关。股份有限公司的经理，由董事会决定聘任或者解聘。经理对董事会负责，其法定职权与有限责任公司的规定相同。

公司董事会可以决定由董事会成员兼任经理。公司应当定期向股东披露董事、监事、高级管理人员从公司获得报酬的情况，不得直接或者通过子公司向董事、监事、高级管理人员提供借款。

（五）监事会

股份有限公司经营规模较大，依法必须设立监事会。

1. 监事会的组建。监事会由股东代表和适当比例的公司职工代表组成，其中职工代表的比例不得低于 1/3，具体比例由公司章程规定。监事会中的职工代表由公司职工通过职工代表大会、职工大会或者其他形式民主选举产生。董事、高级管理人员不得兼任监事。有限责任公司监事任期的规定，适用于股份有限公司监事。

监事会设主席一人，可以设副主席。监事会主席和副主席由全体监事过半数选举产生。监事会主席召集和主持监事会会议；监事会主席不能履行职务或者不履行职务的，由监事会副主席召集和主持监事会会议；监事会副主席不能履行职务或者不履行职务的，由半数以上监事共同推举一名监事召集和主持监事会会议。

2. 监事会的职权和议事规则。股份有限公司监事会的法定职权及行使职权所必需的费用的承担与有限责任公司的规定相同。

监事会每六个月至少召开一次会议。监事可以提议召开临时监事会会议。监事会的议事方式和表决程序，除《公司法》有规定的外，由公司章程规定。监事会应当对所议事项的决定做成会议记录，出席会议的监事应当在会议记录上签名。

（六）工会

公司应依法组建工会。我国《公司法》对股份有限公司工会的规定与有限责任公司相同。

(七) 上市公司法人治理的特别规定

上市公司，是指其股票在证券交易所上市交易的股份有限公司。股份有限公司申请其股票上市必须具备《证券法》规定的条件。上市公司有较多的社会公众持股人，为更好地保护中小投资者的利益，《公司法》对上市公司法人治理作出了特别规定。

1. 上市公司应设立董事会秘书和独立董事。董事会秘书负责公司股东大会和董事会会议的筹备、文件保管以及公司股权管理，办理信息披露事务等事宜。独立董事是指不在公司担任除董事外的其他职务，并与其所受聘的上市公司及其主要股东不存在可能妨碍其进行独立客观判断的关系的董事。独立董事的具体办法由国务院另行规定。

2. 一些重大事项的表决比例提高。上市公司在一年内购买、出售重大资产或者担保金额超过公司资产总额30%的，应当由股东大会作出决议，并经出席会议的股东所持表决权的2/3以上通过。

3. 对关联关系的交易采用特别的表决规则。所谓关联关系，是指公司控股股东、实际控制人、董事、监事、高级管理人员与其直接或者间接控制的企业之间的关系，以及可能导致公司利益转移的其他关系。但是，国家控股的企业之间不仅仅因为同受国家控股而具有关联关系。为防止上市公司的控股股东、董事、监事、高级管理人员和其他实际控制公司的人利用关联交易"掏空"公司，侵害公司、公司中小股东和银行等债权人的利益，我国《公司法》规定，上市公司董事与董事会会议决议事项所涉及的企业有关联关系的，不得对该项决议行使表决权，也不得代理其他董事行使表决权。该董事会会议由过半数的无关联关系董事出席即可举行，董事会会议所作决议须经无关联关系董事过半数通过。出席董事会的无关联关系董事人数不足三人的，应将该事项提交上市公司股东大会审议。

4. 上市公司必须依照法律、行政法规的规定，公开其财务状况、经营情况及重大诉讼，在每会计年度内半年公布一次财务会计报告。

参 考 阅 读

1. 相关法律文件。
2. 王东敏. 公司法审判实务与疑难问题案例解析. 北京：人民法院出版社，2017.

复 习 思 考

1. 简述股票和公司债券的主要区别。
2. 简述有限责任公司与有限合伙企业的主要区别。
3. 简述国有独资公司与一般有限责任公司的主要区别。
4. 简述一人有限责任公司与个人独资企业的主要区别。
5. 简述有限责任公司与股份有限公司在董事会方面的主要区别。
6. 简述有限责任公司与股份有限公司在监事会方面的主要区别。
7. 简述有限责任公司与股份有限公司在股东权利方面的主要区别。
8. 简述有限责任公司与股份有限公司在资本制度方面的主要区别。

案例分析

案情：2018年3月，甲、乙、丙、丁四人共同出资，组建一家生产和销售果汁饮料的有限责任公司。章程草案规定，公司注册资本400万元，其中，甲以货币100万元出资；乙以自有发明专利技术出资，自报价为100万元；丙以厂房出资，评估价为120万元；丁以已设定抵押的设备出资，四方协商折价80万元。公司拟设股东会，股东按认缴的出资比例分红并行使表决权。公司设董事会，由甲、乙、丙任董事，甲任董事长，丙任总经理兼法定代表人。公司不设监事会，由丁担任公司的监事。

假设公司章程中存在的问题在登记机关指导下发起人作出整改后，该公司依法成立，前两年经营状况良好，但第三年经营业绩开始下降，除功能型饮料外，其他产品均呈亏损状态。于是，董事长甲想将功能型饮料车间分立出去，另成立具有独立法人资格的功能型饮料厂。

问题：
1. 饮料公司章程规定的各股东的出资是否符合法律规定？
2. 章程中约定的分红和表决权行使方式是否合法？
3. 饮料公司内部治理机构设置和人员安排是否合法？
4. 如果甲想将功能型饮料车间分立出去，在公司内部应履行哪些程序？
5. 公司分立前的债务应由谁承担？

第五章 企业破产法

　　破产作为一种经济现象，是商品经济出现之后信用关系建立和发展的产物。只要存在商品生产和商品交换，就会有竞争，有优胜劣汰，就会出现破产现象。市场经济是竞争经济，企业在激烈的竞争中必须遵循优胜劣汰的规则，破产制度就是保证被淘汰的企业能够顺利地退出市场，从而维护公平的市场竞争秩序。它实际上是一种企业退出市场的法律机制，因此，国内外许多学者认为，一个国家破产制度的完善与否是衡量该国市场经济成熟程度的重要标志，破产法是市场经济的最基本的法律规范。目前我国调整企业破产关系的基本法是2006年8月27日第十届全国人民代表大会常务委员会第二十三次会议通过的《中华人民共和国企业破产法》(以下简称《破产法》)，该法自2007年6月1日起施行。

　　与本章有关的法律文件主要有：《破产法》(2006年)及最高人民法院相关司法解释。

　　本章共分六节，对我国企业破产法制度作了较为全面的介绍，内容涉及企业破产法概述、破产申请的提出与受理、管理人与债权人会议、债务人财产及有关费用、破产重整、和解与清算。其中破产制度的含义和特征、破产原因、人民法院受理债务人破产案件的法律后果、管理人的职责、债权人会议的职权和议事规则、债务人财产及有关费用、破产重整与和解的条件、破产宣告的法律效力、破产财产变价和分配是本章的重点。

第一节 企业破产法概述

一、破产制度的含义和特征

　　破产制度，是指在债务人不能清偿到期债务的情况下，法院以其全部财产对债权人进行公平清偿的制度。作为一种法律制度，其主要特征是：

　　(一)破产以债务人不能清偿到期债务为基本前提

　　不能清偿到期债务是指债务人以现金、资产、信用、能力等各方面因素都不能还债，而且是对债务整体性、长期性的不能清偿。虽然各国对破产原因或条件的规定不尽相同，但都将债务人不能清偿到期债务作为破产的基本前提，因为只有当债务人不能清偿到期债务时，才会严重影响债权人利益实现，妨碍财产流转的安全。应当指出的是，将债务人不能清偿到期债务作为破产的一般原因，并不意味着凡是符合该原因的债务人都必须实行破产清算。债务人和债权人可以在破产清算、和解、重整三种程序中进行选择。如果债权人认为通过和解得到的利益优于破产清算，债权人出于自身利益的考虑，也会同意和解。对符合产业政策或公共利益又有复苏希望的债务人，债权人或债务人也可以通过申请重整等手段，使其摆脱困境，免于破产清算。

(二)破产是将债务人的全部财产集中起来对债权人进行公平清偿

在现代市场经济条件下，一个债务人往往有多个债权人，当债务人的财产不足以清偿多个到期债权时，债权人分别行使权利则会使原本在法律上平等的多个债权人难以获得同等的受偿机会。通过破产制度，则可以将债务人的全部财产集中起来，按照法定顺序和债权比例分配给各债权人，不能清偿的部分也由各债权人共同分担损失，从而使债权人的债权得到较公平的清偿。

(三)破产是在法院的主持和监督下依法定程序实施的债务清理程序

破产是关系债权能否公平实现和债务人"生死存亡"的大事，因此，破产必须在法院的主持和监督下依法定程序进行。为规范债务人的破产行为，维护债权人和债务人的合法权益，实行债务人破产制度的国家都制定有专门的破产法，法院在受理、主持和监督债务人破产时必须严格执行破产法。破产程序优于一般民事执行程序。

二、我国企业破产法的立法情况

企业破产法，是国家为规范企业破产程序，公平清理债权债务，保护债权人和债务人的合法权益，维护社会主义市场经济秩序而制定的，调整因债务人不能清偿到期债务而通过和解、重整或者宣告破产等方式处理债务关系时所发生的社会关系的法律规范的总称。其内容主要包括破产程序规范、破产实体规范和法律责任三部分。破产法是法院处理破产案件以及破产关系人行使权利的客观标准。

我国的企业破产法律制度是随着经济体制改革的深入而逐步发展起来的。在计划经济时代，企业按国家计划设立和经营，企业之间缺乏有效竞争，因而也不会破产。在计划经济向社会主义市场经济转变的过程中，为促进国有企业法人自主经营，改善经营状况，提高经济效益，保护债权人、债务人的合法权益，全国人民代表大会于1986年12月发布了《破产法(试行)》，该法自1988年11月1日生效。由于该法只适用于全民所有制企业法人，而在实践中，非全民所有制企业也存在破产问题，于是在1991年修订《中华人民共和国民事诉讼法》(以下简称《民事诉讼法》)的时候，在其中第十九章专设了"企业法人破产还债程序"，对非全民所有制企业法人的破产问题作了规定。

《破产法(试行)》和《民事诉讼法》对破产的规定比较粗略，前者有43条，后者只有8条，操作性不强。为满足司法审判的需要，最高人民法院先后发布了一些司法解释，其中比较系统的是1991年11月和1992年7月发布的《关于贯彻执行〈破产法(试行)〉若干问题的意见》和《关于适用〈民事诉讼法〉若干问题的意见》。2002年7月，为进一步规范对企业破产案件的审理，最高人民法院结合司法实践中出现的新问题，在对以往发布的有关企业破产的司法解释进行清理的基础上，发布了《关于审理企业破产案件若干问题的规定》(以下简称《规定》)。该《规定》统一了最高人民法院以往有关企业破产的司法解释，对指导司法实践起到了积极作用。此外，由国务院及有关部门发布的政策性文件对国有企业破产发挥了重要的指导作用。其中，有代表性的文件是1994年国务院发布的《关于在若干城市试行国有企业破产有关问题的通知》和1997年国务院出台的《关于在若干城市试行国有企业兼并破产和职工再就业有关问题的补充通知》。但无论是司法解释还是政策性文件都不能解决《破产法（试行）》和《民事诉讼法》本身存在的根本性问题：一是适用范围过窄。破产法作为调整市场经济的基本法律，作为一种优胜劣汰的法律机制，它应当是一部统一的、普遍适用于各类市场经济主体的破产法。任何个人和企业只要进入市场，其权益应当受到平等保护，在其符合破产条件时，就应统一按照破产法的规定平等对待。但在我国，以往的破产制度只适用于法人企业，不包括合伙企业、独资企业。二是不同企业政策不统一，客观上形成了依法破产和依政策破产两套不同的实施制度，即有一部分破产案件是按照破产法的程序（包括《民事诉讼法》的程序）进行的，另外还有一部分国有企业的破产案件，是按照国务院有关国有企业试行破产的政策性文件进行的。三是缺乏许多基本的破产规则，如管理人、重整制度的规定等都很不完善，导致债权人利益难以维护。

《破产法》的起草工作自1994年就开始了，但由于破产涉及债权人、债务人及职工等多方面的利益，协调起来比较困难，所以破产法立法进程比较缓慢。近几年随着国有企业改革的深化，国有企业破产中的许多矛盾已经化解，极大地释放了破产风险。加上社会保障制度建设已经有较大进展，破产企业职工安置的压力也明显减轻，所以立法进程加快，最终于2006年8月《破产法》获得通过。该法将破产制度的适用范围从企业法人扩大到企业法人及"其他法律规定企业法人以外的组织的清算"，从而使其适用范围从封闭走向开放。《破产法》确立了要以市场经济原则、市场化的模式解决破产问题的基本原则，合理界定了破产原因，减少了行政对破产的干预，进一步理顺了债务人与债权人、职工的利益分配关系。为了指导人民法院正确适用《破产法》，结合审判实践，2011年8月，就人民法院依法受理企业破产案件适用法律问题，最高人民法院发布《关于适用〈破产法〉若干问题的规定（一）》（以下简称《破产法解释一》）。2013年7月，就人民法院审理企业破产案件中认定债务人财产相关的法律适用问题，最高人民法院发布《关于适用〈破产法〉若干问题的规定（二）》。2019年2月，就人民法院审理企业破产案件中有关债权人权利行使等相关法律适用问题，最高人民法院发布《关于适用〈破产法〉若干问题的规定（三）》。

三、破产原因

破产原因，也称为破产界限，是指债务人存在的，当事人能够据此提出破产申请，法院可以据此启动破产程序的法律事实。它既是当事人申请债务人破产的前提，也是法院判断破产申请能否受理以及能否作出破产宣告的重要根据。对破产原因规定得宽或者严，不仅涉及对债权人和债务人利益保护的平衡，而且还会涉及破产企业和社会失业职工数量的多少，影响到社会经济秩序，所以在我国企业破产立法中曾经是一个争议比较大的问题。

（一）国外对破产原因的规定

国外关于破产原因的立法，一般采用列举主义、概括主义或列举与概括共用的折中主义模式。

1. 列举主义。这是对债务人应受破产宣告的事实在法律中一一列举，并称之为"破产行为"，只要债务人具有任何一种破产行为，都可以提起破产申请。其优点是明确具体，易为法官和当事人掌握，但列举难以穷尽各种情形，涵盖面较窄。

英美法系国家过去主要采用此种方式，但自20世纪70年代以来，在立法上逐步向概括主义转化。美国1978年的新破产法废止了列举主义，将破产原因概括为停止尝还或不能偿还债务。

2. 概括主义。这是将债务人应受破产宣告的事实抽象为一个或几个法学范畴,对它们的具体表现则不作——列举。其优点是涵盖面较为广泛,赋予法官较多的自由裁量权和当事人较大的判断空间,但如果过于抽象,则不易为法官和当事人掌握和运用。

大陆法系国家主要采用此种方式,其典型代表是德国的破产法。该法将破产原因概括为三种情形:(1)支付不能,即债务人处于不能清偿到期债务的客观状态。它是债务人破产的根本原因。(2)支付停止,即债权人要求支付时,债务人不予支付,它是债务人破产的辅助原因,因为支付停止并不必然说明支付不能,但存在这种可能性。如果债务人不能证明自己并非陷入支付不能,则推定其支付不能。(3)债务超过。又称资不抵债,是指债务人的负债总额超过其资产总额的状态。它与不能清偿的主要区别在于债务超过只考虑财产因素,未考虑债务人的信用、劳务技能及债务期限等因素。德国法系一般把债务超过作为一个独立的破产原因适用于法人,并且强制性地适用于营利性的资合公司。

3. 列举与概括共用的折中主义。它以法国破产法为代表。根据法国破产法第一条的规定,停止支付的债务人应到法院申报并提交资产负债表等会计报表,然后据此申请实行整理程序,即可进行破产预防程序,但债务人有下列情形之一时,无权申报整理而应适用破产程序:违反法律规定而经营某种事业;制作虚假会计报表、隐匿财产之一部或全部;不按企业规模实行相应的会计制度。①

(二)我国对破产原因的规定

我国关于破产原因的立法,虽然不同的规范性文件对破产原因的表述不尽相同,但均采用概括主义立法模式。在《破产法》颁布之前,我国规范性文件对破产原因的表述主要有三种:(1)《破产法(试行)》第三条的规定是"因经营管理不善造成严重亏损,不能清偿到期债务"。所谓"不能清偿到期债务",《规定》第三十一条的解释是指:①债务的履行期限已届满;②债务人明显缺乏清偿债务的能力。债务人停止清偿到期债务并呈连续状态,如无相反证据,可推定为"不能清偿到期债务"。(2)《民事诉讼法》第一百九十九条的规定是"因严重亏损,无力清偿到期债务"。(3)《公司法》第一百八十八条规定,"清算组在清理公司财产、编制资产负债表和财产清单后,发现公司财产不足清偿债务的,应当立即向人民法院申请宣告破产。"

《破产法》第二条第一款规定,"企业法人不能清偿到期债务,并且资产不足以清偿全部债务或者明显缺乏清偿能力的,依照本法规定清理债务。"很明显,《破产法》把《破产法(试行)》在破产原因上规定的债务人必须是经营管理不善、造成严重亏损这些非市场因素删除了,因为在市场经济条件下,不管债务人是因为什么原因,只要是你到期还不起债务而且丧失清偿能力,都必须依破产程序解决问题。也就是说,破产原因和破产原因发生的原因没有关系,这两个必须得分开。

根据《破产法》的规定,债务人破产应同时具备以下两个条件:

1. 债务人不能清偿到期债务。这是破产原因中的主要依据。不能清偿到期债务是指,债务人以明示或默示的形式表示其不能支付到期债务,其强调的是债务人不能清偿债务的

---

① 范健. 商法. 第1版. 北京:高等教育出版社,2000:131-133.

外部客观行为，而不是债务人的财产客观状况。将不能清偿到期债务作为破产原因中的主要依据，尤其是作为债权人申请债务人破产清算时破产原因的推定依据，易于为债权人发现和举证证明，能够使债权人尽早启动破产程序，从而保护债权人的合法权益。我国《破产法解释一》规定，下列情形同时存在的，人民法院应当认定债务人不能清偿到期债务：(1)债权债务关系依法成立；(2)债务履行期限已经届满；(3)债务人未完全清偿债务。不论债务人的客观经济状况如何，只要其没有完全清偿到期债务的，均构成不能清偿到期债务。

2. 资产不足以清偿全部债务或者明显缺乏清偿能力。这是一个二选一的条件，即只要具备其中一个情形即可。其中，"资产不足以清偿全部债务"是指，债务人的实有资产不足以清偿全部债务，即通常所说的"资不抵债"或"债务超过"。资不抵债的着眼点是资债比例关系，考察债务人的偿还能力仅以实有财产为限，不考虑信用、能力等可能影响债务人清偿能力的因素，计算债务数额时，不考虑是否到期，均纳入债务总额之内。债务人的资产状况应根据债务人的资产负债表，或者审计报告、资产评估报告等确定。如果这些资料显示其全部资产不足以偿付全部负债的，人民法院应当认定债务人资产不足以清偿全部债务。但是，发生资不抵债，只能推定债务人不能清偿到期债务，如果债务人有相反证据足以证明债务人资产能够偿付全部负债，债权人的利益不会受到实际损害，就能够推翻对其不能清偿到期债务的推定。

对"明显缺乏清偿能力"的判断标准《破产法》本身未规定。为满足审判需要，《破产法解释一》规定，债务人账面资产虽大于负债，但存在下列情形之一的，人民法院应当认定其明显缺乏清偿能力：(1)因资金严重不足或者财产不能变现等原因，无法清偿债务；(2)法定代表人下落不明且无其他人员负责管理财产，无法清偿债务；(3)经人民法院强制执行，无法清偿债务；(4)长期亏损且经营扭亏困难，无法清偿债务；(5)导致债务人丧失清偿能力的其他情形。

债务人既不能清偿又资不抵债的情形，主要适用于债务人自己申请破产的情况，因为债务人对自己的资产负债情况比较了解，在申请破产的时候，可以提供一些关于自己资产、负债的情况证明。债务人既不能清偿又明显缺乏清偿能力的情形，主要适用于债权人申请债务人破产的情况，因为债权人很难举证证明债务人资不抵债，只能举证证明债务人停止支付。当然债权人以停止支付申请债务人破产时，债务人可以举反证加以推翻。

第二节 破产申请与受理

一、破产申请

破产申请，是指申请人向有管辖权的法院提出宣告债务人破产请求的行为。

(一)破产申请人

破产程序一般由债权人或债务人的申请开始，有些国家或地区也允许法院依据职权启动破产程序。我国《破产法》规定，在债务人具备破产原因的情况下，债务人可以向人民法院提出破产清算申请，债权人也可以向人民法院提出对债务人进行破产清算的申请。比外,企业法人已解散但未清算或者未清算完毕,资产不足以清偿债务的,依法负有清算责任的人应当向人民法院申请破产清算。在金融机构具备破产原因的情况下,国务院金融监督管理机构可以向人民法院提出对该金融机构进行破产清算的申请。可见,在我国,一般企业破产申请人可以是债务人自己、债权人、负有清算义务的人,金融机构的破产申请人可以是国务院金融监督管理机构,但人民法院不能直接宣告企业破产。

当事人向人民法院提出破产申请,应当提交破产申请书和有关证据。债务人自己提出申请的,还应当向人民法院提交财产状况说明、债务清册、债权清册、有关财务会计报告、职工安置预案以及职工工资的支付和社会保险费用的缴纳情况。债权人申请债务人破产的,应当提交债务人不能清偿到期债务的有关证据。

(二)破产案件的管辖

破产申请应向有管辖权的人民法院提出。为方便对债务人破产全过程的监督,破产案件依法应由债务人住所地人民法院管辖。

基层人民法院一般管辖县、县级市或区的工商行政管理机关核准登记企业的破产案件;中级人民法院一般管辖地区、地级市(含本级)以上工商行政管理机关核准登记企业的破产案件;纳入国家计划调整的企业破产案件,由中级人民法院管辖。

二、破产案件的受理

破产案件的受理,是法院对当事人提出的破产申请进行审查,对符合受理条件的案件予以立案的行为。

(一)审查

人民法院收到破产申请后,应当依法对申请人提交的材料进行审查。

对于债权人提出的破产申请,人民法院应当自收到申请之日起5日内通知债务人。债务人对申请有异议的,应当自收到人民法院的通知之日起7日内向人民法院提出。人民法院应当自异议期满之日起10日内裁定是否受理。

对于债务人及其他主体提出的破产申请,人民法院应当自收到破产申请之日起15日内裁定是否受理。有特殊情况需要延长裁定受理期限的,经上一级人民法院批准,可以延长15日。

在司法实践中,有的人民法院对当事人的申请不予审查,或者审查后既不及时做出受理裁定,也不做出不予受理裁定,使破产法规定的申请人对于不予受理裁定的上诉权形同虚设,损害了申请人的权利。为加强审判监督,《破产法司法解释一》规定,申请人向人民法院提出破产申请,人民法院未接收其申请,或者未在法定期间做出是否受理的裁定的,申请人可以向上一级人民法院提出破产申请。上一级人民法院收到破产申请后,应当责令下级法院依法审查并及时做出是否受理的裁定;下级法院仍不做出裁定的,上一级人民法院可以径行做出裁定。上一级人民法院裁定受理的,可同时指令下级人民法院审理该案件。

(二)通知当事人

1. 人民法院受理破产申请的,应当自裁定作出之日起5日内送达申请人。债权人提出申请的,人民法院应当自裁定作出之日起5日内送达债务人。债务人应当自裁定送达之日起 15 日内,向人民法院提交财产状况说明、债务清册、债权清册、有关财务会计报告以及职工工资的支付和社会保险费用的缴纳情况。

人民法院裁定受理破产申请的,应当同时指定管理人,并自裁定受理破产申请之日起 25 日内通知已知债权人,并予以公告。

2. 人民法院裁定不受理破产申请的,应当自裁定作出之日起 5 日内送达申请人并说明理由。申请人对裁定不服的,可以自裁定送达之日起 10 日内向上一级人民法院提起上诉。

(三)受理破产申请的法律后果

1. 管理人接管债务人,债权人开始申报债权。

2. 自人民法院受理破产申请的裁定送达债务人之日起至破产程序终结之日,债务人的有关人员承担下列义务:(1)妥善保管其占有和管理的财产、印章和账簿、文书等资料;(2)根据人民法院、管理人的要求进行工作,并如实回答询问;(3)列席债权人会议并如实回答债权人的询问;(4)未经人民法院许可,不得离开住所地;(5)不得新任其他企业的董事、监事、高级管理人员。

其中的有关人员,依法是指企业的法定代表人;经人民法院决定,可以包括企业的财务管理人员和其他经营管理人员。

3. 债务人对个别债权人的债务清偿无效。人民法院受理案件后,债务人的财产将由管理人接管。因此,债务人的债务人或者财产持有人应当向管理人清偿债务或者交付财产。债务人的债务人或者财产持有人故意违反规定向债务人清偿债务或者交付财产,使债权人受到损失的,不免除其清偿债务或者交付财产的义务。

4. 管理人对破产申请受理前成立而债务人和对方当事人均未履行完毕的合同有权决定解除或者继续履行,并通知对方当事人。管理人自破产申请受理之日起 2 个月内未通知对方当事人,或者自收到对方当事人催告之日起 30 日内未答复的,视为解除合同。管理人决定继续履行合同的,对方当事人应当履行;但是,对方当事人有权要求管理人提供担保。管理人不提供担保的,视为解除合同。

5. 有关债务人财产的保全措施应当解除,执行程序应当中止。已经开始而尚未终结的有关债务人的民事诉讼或者仲裁应当中止;在管理人接管债务人的财产后,该诉讼或者仲裁继续进行。有关债务人的民事诉讼,只能向受理破产申请的人民法院提起。

6. 依法开始的破产程序,对债务人在中华人民共和国领域外的财产发生效力。

第三节 管理人与债权人会议

一、管理人

管理人是破产程序中最为重要的一个机关。管理人概念本身有狭义和广义之分。所谓狭义的管理人是专指在破产宣告以后成立的全面接管破产企业,负责其清算分配的机构,其职责是专门负责破产清算,所以也被称为破产管理人。广义的管理人除了负责破产清算事务之外,还可能负责破产重整等工作,在企业的破产重整、和解程序方面发挥相应的职能。我国《破产法(试行)》中的清算组,属于狭义上的管理人,仅负责破产清算活动。《破产法》中的管理人概念是在广义上使用的。

(一) 管理人的确定

管理人的确定国际上有两种基本模式。一种是由法院指定,一种是由债权人会议指定,两者各有利弊。法院指定的好处是效率高,但是如果没有细化的规范,法官的自由决定权太大。由债权人会议指定虽然能够充分体现债权人的意志自由,但如果各个债权人都想指定自己推荐的管理人,则有可能相持不下,或是被大债权人操纵,出现不公正的现象。而且,债权人与管理人有时利益是对立的,给管理人的报酬多了,债权人就分得少,债权人之间也会有利益冲突。管理人的报酬交给债权人会议确定也可能出现争执不休的现象,不利于提高效率,不利于保障破产案件顺利进行。

我国《破产法》采用折中的做法,规定管理人由人民法院指定,管理人的报酬由人民法院确定。债权人会议认为管理人不能依法、公正执行职务或者有其他不能胜任职务情形的,可以申请人民法院予以更换。对管理人的报酬有异议的,债权人会议可以向人民法院提出。为使法院在具体指定管理人时有章可循,2007年4月,最高人民法院发布了《关于审理企业破产案件指定管理人的规定》和《关于审理企业破产案件确定管理人报酬的规定》,对人民法院指定管理人和确定管理人报酬的办法作出了具体规定。

(二) 管理人的任职资格

管理人应当具有一定的独立性和专业性。《破产法(试行)》的清算组主要由政府各有关部门派员组成。实践证明,这种做法是不妥当的,因为政府参与了清算,债权人会议对清算组根本无法行使监督权,从而使整个清算过程缺乏有效的制约机制。即使清算组行为不当,造成破产财产损失、破产成本过高或侵犯了有关权利人的权利,甚至出现了地方保护主义,债权人或投资者都很难追究清算组的责任。《破产法》对此做了调整,规定管理人可以由有关部门、机构的人员组成的清算组或者依法设立的律师事务所、会计师事务所、破产清算事务所等社会中介机构担任。从发展趋势上看,管理人应更多地由社会中介机构担任。为降低管理费用,对资产数额比较小的破产案件,人民法院可以在征询有关社会中介机构的意见后,指定中介机构中具备相关专业知识并取得执业资格的人员以个人名义担任管理人。以个人名义担任管理人的,依法应当参加执业责任保险。

有下列情形之一的,依法不得担任管理人:(1)因故意犯罪受过刑事处罚;(2)曾被吊销相关专业执业证书;(3)与本案有利害关系;(4)人民法院认为不宜担任管理人的其他情形。

(三) 管理人的职责

管理人依法执行职务,向人民法院报告工作,并接受债权人会议和债权人委员会的监督。管理人应当列席债权人会议,向债权人会议报告职务执行情况,并回答询问。管理人的法定职责主要包括:(1)接管债务人的财产、印章和账簿、文书等资料;(2)调查债务人财产状况,制作财产状况报告;(3)决定债务人的内部管理事务;(4)决定债务人的日常开支和其他必要开支;(5)在第一次债权人会议召开之前,决定继续或者停止债务人的营业;(6)管理和处分债务人的财产;(7)代表债务人参加诉讼、仲裁或者其他法律程序;(8)提议召开债权人会议;(9)人民法院认为管理人应当履行的其他职责。

管理人应当勤勉尽责，忠实执行职务。否则，人民法院可以依法处以罚款；给债权人、债务人或者第三人造成损失的，依法承担赔偿责任。为保证破产管理工作的连续性，管理人辞职必须具备正当理由并应当经人民法院许可。此外，经人民法院许可，管理人可以聘用必要的工作人员。

二、债权人会议

(一) 债权申报

人民法院受理破产申请后，应当确定债权人申报债权的期限。债权申报期限自人民法院发布受理破产申请公告之日起计算，最短不得少于 30 日，最长不得超过 3 个月。

根据《破产法》的规定，下列债权人有权向管理人申报债权：

1. 直接债权人。主要包括到期的债权、未到期的债权、附条件或附期限的债权、诉讼或仲裁未决的债权。管理人或者债务人依法解除合同的，对方当事人可以因合同解除所产生的损害赔偿请求权申报债权。

2. 连带债权人。可以由其中一人代表全体连带债权人申报债权，也可以共同申报债权，但申报时应当说明债权的连带情况。

3. 债务人的保证人或者其他连带债务人。已经代替债务人清偿债务的，以其对债务人的求偿权申报债权。尚未代替债务人清偿债务的，以其对债务人的将来求偿权申报债权。但是，债权人已经向管理人申报全部债权的除外，否则会导致重复申报。

4. 受托人。债务人是委托合同的委托人，被裁定破产，受托人不知该事实，继续处理委托事务的，受托人可以由此产生的请求权申报债权。

5. 票据的付款人。债务人是票据的出票人，被裁定破产，该票据的付款人继续付款或者承兑的，付款人以由此产生的请求权申报债权。

对债务人享有债权的债权人应在人民法院确定的债权申报期内向管理人申报债权。债权人未在申报期限内申报债权的，可以在破产财产最后分配前补充申报；但是，此前已进行的分配，不再对其补充分配。债权人申报债权时，应当书面说明债权的数额和有无财产担保，并提交有关证据。附利息的债权自破产申请受理时起停止计息。

职工债权依法不必申报。所谓职工债权，也称劳动债权，是指破产债务人的职工对债务人享有的财产请求权，包括债务人所欠职工的工资和医疗、伤残补助、抚恤费用，所欠的应当划入职工个人账户的基本养老保险、基本医疗保险费用，以及法律、行政法规规定应当支付给职工的补偿金。债务人对其职工的负债由管理人调查后列出清单并予以公示。职工对清单记载有异议的，可以要求管理人更正；管理人不予更正的，职工可以向人民法院提起诉讼。

管理人收到债权申报材料后，应当登记造册，对申报的债权进行审查，并编制债权表。债务人、债权人对债权表记载的债权无异议的，由人民法院裁定确认。

(二) 债权人会议的组成

债权人会议，是指在人民法院受理破产案件后，为保障债权人的合法权益，表达债权人的意志和统一债权人的意见而由已申报债权的债权人组成的临时性机构。债权人会议设主席一人，由人民法院从有表决权的债权人中指定。债权人会议主席负责主持债权人会议。

债权人会议由依法申报债权的债权人组成,他们有权参加债权人会议,享有表决权。但下列债权人的表决权依法受到一定的限制:(1)债权尚未确定的债权人,除人民法院能够为其行使表决权而临时确定债权额的外,不得行使表决权。(2)对债务人的特定财产享有担保权的债权人,未放弃优先受偿权利的,对于有关和解协议、破产财产的分配方案不享有表决权。因为此类债权人,自人民法院裁定和解之日起可以行使权利,在破产财产分配前享有优先受偿权。

债务人的职工和工会的代表依法有权参加债权人会议,对有关事项发表意见。

(三)债权人会议的职权和议事规则

1. 债权人会议的职权。在《破产法(试行)》中,债权人会议的职权只有三项,即:(1)审查有关债权的证明材料,确认债权有无财产担保及其数额;(2)讨论通过和解协议草案;(3)讨论通过破产财产的处理和分配方案。为更好地保障债权人利益,《破产法》对债权人会议的职权作了扩充,达到十一项:(1)核查债权;(2)申请人民法院更换管理人,审查管理人的费用和报酬;(3)监督管理人;(4)选任和更换债权人委员会成员;(5)决定继续或者停止债务人的营业;(6)通过重整计划;(7)通过和解协议;(8)通过债务人财产的管理方案;(9)通过破产财产的变价方案;(10)通过破产财产的分配方案;(11)人民法院认为应当由债权人会议行使的其他职权。

2. 债权人会议的议事规则。第一次债权人会议由人民法院召集,自债权申报期限届满之日起15日内召开。以后的债权人会议,在人民法院认为必要时,或者管理人、债权人委员会、占债权总额1/4以上的债权人向债权人会议主席提议时召开。召开债权人会议,管理人应当提前15日通知已知的债权人。

债权人会议的决议,一般应由出席会议的有表决权的债权人过半数通过,并且其所代表的债权额占无财产担保债权总额的1/2以上。对债务人财产的管理方案和破产财产的变价方案,经债权人会议一次表决未通过的,以及对破产财产的分配方案,经债权人会议两次表决仍未通过的,依法由人民法院裁定,这样可以避免久拖不决。

债权人会议的决议,对于全体债权人均有约束力。债权人认为债权人会议的决议违反法律规定,损害其利益的,可以自债权人会议作出决议之日起15日内,请求人民法院裁定撤销该决议,责令债权人会议依法重新作出决议。债权人对人民法院对于债务人财产的管理方案和破产财产的变价方案作出的裁定不服的,或者债权额占无财产担保债权总额1/2以上的债权人对人民法院对于破产财产的分配方案作出的裁定不服的,可以自裁定宣布之日或者收到通知之日起15日内向该人民法院申请复议。

(四)债权人委员会

为降低债权人的求偿成本,债权人会议只能在必要时才召开。但破产案件从受理到终结一般要经过较长时间,其间债权人很难对债务人及管理人的行为进行监督,为解决这一问题,《破产法》增设了债权人委员会,允许债权人会议根据需要设立债权人委员会,代表债权人会议对债务人行使部分监督权。

1. 债权人委员会的组建。债权人委员会成员依法不得超过9人,由债权人会议选任的债权人代表和一名债务人的职工代表或者工会代表组成。债权人委员会成员确定后,提交人民法院书面决定认可。

2. 债权人委员会的职权。债权人委员会行使下列职权：(1)监督债务人财产的管理和处分；(2)监督破产财产分配；(3)提议召开债权人会议；(4)债权人会议委托的其他职权。

债权人委员会执行职务时，有权要求管理人、债务人的有关人员对其职权范围内的事务作出说明或者提供有关文件。管理人、债务人的有关人员违反规定拒绝接受监督的，债权人委员会有权就监督事项请求人民法院作出决定；人民法院应当在 5 日内作出决定。

为确保债权人委员会及时了解管理人对债务人财产的处理情况，管理人实施下列行为时，应当及时报告债权人委员会：(1)涉及土地、房屋等不动产权益的转让；(2)探矿权、采矿权、知识产权等财产权的转让；(3)全部库存或者营业的转让；(4)借款；(5)设定财产担保；(6)债权和有价证券的转让；(7)履行债务人和对方当事人均未履行完毕的合同；(8)放弃权利；(9)担保物的取回；(10)对债权人利益有重大影响的其他财产处分行为。

未设立债权人委员会的，管理人实施上述行为应当及时报告人民法院。

第四节　债务人的财产及有关费用

一、债务人的财产

(一) 债务人财产的含义和特征

债务人的财产，是指破产申请受理时属于债务人的全部财产，以及破产申请受理后至破产程序终结前债务人取得的财产。其法律特征是：

1. 它是管理人可以支配的属于债务人的全部财产。它既可以是有形财产，也可以是无形财产或其他财产权利，但第三人拥有取回权的财产不属于债务人的财产。

2. 它是破产程序终结前债务人取得的财产。它既包括破产申请受理时属于债务人的全部财产，也包括破产申请受理后至破产程序终结前债务人取得的财产。人民法院受理破产申请后，债务人的出资人尚未完全履行出资义务的，管理人应当要求该出资人缴纳所认缴的出资，而不受出资期限的限制。管理人接管的财产通常不等同于债务人的财产，管理人接管的财产可能因为管理人行使否认权而增加，也可能因为利害关系人向管理人主张别除权、取回权或抵销权而减少。

(二) 否认权

否认权，是指对于债务人及其负责人实施的危害债权人利益的行为，管理人享有的请求人民法院撤销该行为或确认该行为无效，从而追回所转移财产的权利。否认权应由管理人行使并向法院提起，追回的财产并入债务人的财产。根据《破产法》，管理人可以行使否定权的情形有以下四种：

1. 人民法院受理破产申请前 1 年内，涉及债务人财产的下列行为，管理人有权请求人民法院予以撤销：(1)无偿转让财产的；(2)以明显不合理的价格进行交易的；(3)对没有财产担保的债务提供财产担保的；(4)对未到期的债务提前清偿的；(5)放弃债权的。

2. 人民法院受理破产申请前6个月内，债务人不能清偿到期债务，并且资产不足以清偿全部债务或者明显缺乏清偿能力，仍对个别债权人进行清偿的，管理人有权请求人民法院予以撤销。但是，个别清偿使债务人财产受益的除外。

3. 涉及债务人财产的下列行为无效：(1)为逃避债务而隐匿、转移财产的；(2)虚构债务或者承认不真实的债务的。

4. 债务人的董事、监事和高级管理人员利用职权从企业获取的非正常收入和侵占的企业财产，管理人应当追回。

债务人有前三种行为，损害债权人利益的，债务人的法定代表人和其他直接责任人员依法承担赔偿责任。

(三) 别除权

别除权，是指破产宣告前依法成立的对破产人的特定财产享有担保权的人享有的不依破产程序，就该特定财产优先受偿的权利。别除权将破产人的特定财产从债务人其他财产中区别出来，授予别除权人就该财产变卖所得价款优先其他债权人受偿的权利。这种权利从本质上讲，并不是破产法所创设的，而是担保物权在破产法上的转化形式，其基础是担保物权，其优先受偿权来自于担保物权的优先性和排他性。所谓别除权，是针对这种民事权利在破产程序中运用的特点而起的名称。

行使别除权依法应当具备两个条件：(1)有财产担保的权利应在破产宣告前依法成立并申报。(2)该权利的担保应为物权担保。我国担保法规定的物权担保形式有抵押、质押和留置三种，因此，以这三种方式担保的债权可以构成别除权。

有财产担保的债权人依法有权自主选择是否行使别除权。如果选择行使别除权，则权利人自人民法院裁定和解或破产清算之日起可以就该项担保财产行使优先受偿的权利；如果选择放弃别除权，则其债权成为普通债权，与其他债权人平等参加破产财产分配。人民法院受理破产申请后，管理人可以通过清偿债务或者另外提供为债权人接受的担保，取回质物、留置物。在质物或者留置物的价值低于被担保的债权额时，取回时以该质物或者留置物当时的市场价值为限。

这里应当特别说明的是，为解决职工在社会保障制度改革中的历史遗留问题，《破产法》第一百三十二条对别除权在一定期限内的行使作出了限制，即在《破产法》施行后，对破产人在《破产法》公布之日(即2006年8月27日)前形成的职工债权，按《破产法》规定的清偿顺序清偿后不足以清偿的部分，以已设定担保的特定财产优先于对该特定财产享有担保权的权利人受偿。也就是说，在《破产法》公布之日前形成的职工债权享有优先于担保物权受偿的效力。在此之后形成的不能偿还的职工债权，不再优先于担保物权受偿，职工权益主要通过完善相关法律和社会保障制度加以解决。

(四) 取回权

我国《破产法》规定的取回权分为一般取回权与出卖人取回权两种。

1. 一般取回权。这是指人民法院受理破产申请后，对于债务人占有的不属于债务人的财产，该财产的权利人享有的向管理人取回该财产的权利。管理人接管债务人的财产本应以债务人的财产范围为限，但为保护全体债权人和其他利害关系人的合法权益，法律规定管理人应概括接管债务人占有的一切财产。取回权人行使取回权，表面上会使债务人的财产减少，但在本质上取回权人只是在对自己的财产行使权利。

一般取回权人依法应通过管理人取回自己的财产。取回权的标的物一般为债务人占有的租赁物、借用物、寄存保管物、定做物、尚未售出的寄售物等。一般取回权行使的法定条件是：（1）人民法院受理破产申请后取回权的标的物已被管理人接管。取回权的行使，只限于取回原物。如原物在管理人接管前已被破产人卖出或毁损灭失的，财产权利人仅能以价款或损失额为限申报债权。例如委托寄售的商店破产时，权利人委托商店代为出售的财产如尚未售出，权利人可以行使取回权取回，如已经售出，权利人就只能作为破产债权人要求偿还了。（2）取回权人是该标的物的合法权利人。（3）权利人在取回财产时，应当根据原合同的约定，向管理人履行相应的义务，如交付保管费、劳务费等。

2. 出卖人取回权。这是指人民法院受理破产申请时，出卖人已将买卖标的物向作为买受人的债务人发运，债务人尚未收到且未付清全部价款时，出卖人享有的取回在运途中标的物的权利。出卖人取回权行使的条件是：（1）人民法院受理破产申请时，买方尚未付清货款。（2）买方尚未收到货物。

在买卖合同中，标的物的所有权一般自标的物交付时起转移，交付前所有权仍属卖方，所以，法律赋予卖方取回权，允许卖方在买方收到货物之前有取回的权利，以免遭受损失，因为在人民法院受理破产申请后，卖方未得到的货款只能作为债权申报，可能得不到完全的清偿。

如果管理人可以支付全部价款，则可以请求出卖人交付标的物。

（五）抵销权

抵销权，是指债务人在破产申请受理后，在立案前与债务人互负债务的债权人享有的不依破产程序，而以其对该债务人的债权和所欠债务在对等数额内相互抵销的权利。破产法上的抵销权是由民法中的抵销权转化而来的，虽然两者在法律效果上是相同的，但在行使要件上略有不同。民法中的法定抵销要求双方债务种类相同，而且均届清偿期。破产法上的抵销，对不同种类的债务可以折价抵销，对未到期的债务，可以扣除期限利益后抵销。

破产法上抵销权的行使依法应当具备三个条件：（1）债权人的债权已经依法申报并得到确认；（2）主张抵销的债权债务均发生在破产申请受理之前；（3）不属于法律禁止的情形。《破产法》禁止的情形包括：①债务人的债务人在破产申请受理后取得他人对债务人的债权的；②债权人已知债务人有不能清偿到期债务或者破产申请的事实，对债务人负担债务的；但是，债权人因为法律规定或者有破产申请一年前所发生的原因而负担债务的除外；③债务人的债务人已知债务人有不能清偿到期债务或者破产申请的事实，对债务人取得债权的；但是，债务人的债务人因为法律规定或者有破产申请一年前所发生的原因而取得债权的除外。

有抵销权的债权人可以向管理人主张抵销。破产法上的抵销权是对破产债权人利益的一种特别保护措施，其实质是给予对破产人负有债务的债权人一种优先权，避免在破产宣告后，债权人对破产人所享有的债权只能从破产人得到不完全清偿，而债权人对破产人的债务却必须完全清偿的不公平现象的发生。

二、破产费用和共益债务

(一)破产费用

破产费用,是人民法院在受理破产申请后在诉讼中所发生的费用及管理人管理财产过程中所产生的费用的总称。其法定范围包括:(1)破产案件的诉讼费用。包括破产案件本身的诉讼费和其他诉讼费;管理人为全体债权人的利益而对他人起诉或应诉、申请仲裁及进行其他法律程序所支付的费用。(2)管理、变价和分配债务人财产的费用。(3)管理人执行职务的费用、报酬和聘用工作人员的费用。

(二)共益债务

共益债务,是人民法院受理破产申请后,为全体债权人利益或为程序进行之必需而对破产债务人产生的一切请求权的统称。它是破产费用以外的应由债务人承担的债务,主要包括:(1)因管理人或者债务人请求对方当事人履行双方均未履行完毕的合同所产生的债务;(2)债务人财产受无因管理所产生的债务;(3)因债务人不当得利所产生的债务;(4)为债务人继续营业而应支付的劳动报酬和社会保险费用以及由此产生的其他债务;(5)管理人或者相关人员执行职务致人损害所产生的债务;(6)债务人财产致人损害所产生的债务。

破产费用和共益债务的支付范围决定了其拨付与清偿应适用特殊规则。根据《破产法》,破产费用和共益债务的拨付与清偿应遵循以下原则:(1)优先拨付与清偿原则,即破产费用和共益债务应优先于其他债权得到清偿,因为该费用与债务的满足是破产程序顺利进行的前提条件。(2)随时拨付和清偿原则,即破产费用和共益债务可以根据破产案件处理的需要随时清偿。不论破产程序进行到哪个阶段,均应随时清偿该费用和债务。在程序进行中,管理人应对破产费用和共益债务及时进行调查、核实和确认,并及时做出处理。(3)足额清偿原则,即对破产费用和共益债务应全额清偿,债务人财产不足以清偿所有破产费用和共益债务的,先行清偿破产费用。债务人财产不足以清偿所有破产费用或者共益债务的,按照比例清偿。债务人财产不足以清偿破产费用的,管理人应当提请人民法院终结破产程序。人民法院应当自收到请求之日起15日内裁定终结破产程序,并予以公告。

第五节 破产重整与和解

在《破产法》中,破产程序分为三种,第一种是清算程序,第二种是重整程序,第三种是和解程序。《破产法(试行)》中除规定有清算程序外,也规定了整顿和和解程序,但其整顿与和解程序是联动的,只要达成和解,自动进入整顿程序;而和解程序的启动是以行政权力为中心的,申请进行和解整顿是由债务人的上级主管部门提出,整顿也由上级主管部门主持,所以它实际上不是破产法上的重整制度,而是行政整顿。《破产法》取消了行政整顿制度,创设了市场化的重整制度与和解制度。

一、重整

重整是在企业无力偿债但有复苏希望的情况下,经债权人同意,允许企业继续经营,实现债务调整和企业重组，使企业摆脱困境，走向复兴的一项制度。在重整保护期内，债务人在管理人的监督下可以继续经营，以经营所得逐步偿还债务，最终使债权人获得最大利益，从而避免在实行破产清算的情况下的财产损失及其他消极后果。实行重整，债权人必须作出某种让步，按照重整计划的安排接受清偿。在重整期内，对所有债权实行冻结，甚至享有担保物权的债权人也不能优先受偿，而必须按照重整计划实现债权。

（一）重整程序的开始

1. 提出重整申请

从国际上看，规定重整制度的目的在于挽救债务人。因此，重整制度的启动条件与清算程序相比一般要低一些，而且申请主体更加多元化，我国《破产法》的规定也体现了这一精神。根据该法，具备下列条件之一的，有关当事人可以向人民法院申请重整：（1）债务人达到破产界限时，债务人或者债权人可以申请重整；（2）债务人有明显丧失清偿能力可能时，债务人或者债权人可以申请重整；（3）债权人申请对债务人进行破产清算的，在人民法院受理破产申请后、宣告债务人破产前，债务人或者出资额占债务人注册资本1/10以上的出资人可以申请重整；（4）金融机构达到破产界限或有明显丧失清偿能力可能时，国务院金融监督管理机构可以向人民法院提出对该金融机构进行重整或者破产清算的申请。

2. 人民法院审查确认

人民法院经审查认为重整申请符合法定条件的，应当裁定债务人重整，并予以公告。重整期间自人民法院裁定债务人重整之日起至重整程序终止。重整期间的主要任务是确定重整计划。

债务人对企业情况最了解，由债务人自行管理企业财产和营业事务，有利于及早提出切实可行的重整计划并使计划得到实施。因此，法律规定，在重整期间，经债务人申请，人民法院批准，债务人可以在管理人的监督下自行管理财产和营业事务。在此种情况下，管理人应当向债务人移交财产和营业事务，管理人的职权同时由债务人行使。如果债务人未提出自营申请，或其申请未获人民法院批准，则管理人应继续负责管理财产和营业事务，可以聘任债务人的经营管理人员负责营业事务。

（二）重整计划的提出和审批

1. 提出重整计划

债务人或者管理人应当自人民法院裁定债务人重整之日起6个月内，同时向人民法院和债权人会议提交重整计划草案。经债务人或者管理人请求，有正当理由的，人民法院可以裁定延期3个月。重整计划草案应当包括下列内容：（1）债务人的经营方案；（2）债权分类；（3）债权调整方案；（4）债权受偿方案；（5）重整计划的执行期限；（6）重整计划执行的监督期限；（7）有利于债务人重整的其他方案。重整计划不得规定减免债务人欠缴的对债务人的特定财产享有担保权的债权，以及职工债权以外的社会保险费用。

债务人或者管理人未按期提出重整计划草案的，人民法院应当裁定终止重整程序，并宣告债务人破产。

2. 利害关系人表决

人民法院应当自收到重整计划草案之日起30日内召开债权人会议，对重整计划草案进行表决。重整计划的实施可能对所有债权人的利益产生较大的影响，并且不同种类的债权人可能存在着此消彼长的利益冲突，所以，对重整计划草案有必要采取分类表决的方式。《破产法》根据债权性质将债权分为四类：(1)对债务人的特定财产享有担保权的债权；(2)职工债权；(3)国家债权，即债务人所欠税款；(4)普通债权。债权人在对重整计划草案进行表决时，应按法定债权类别分组进行。出席会议的同一表决组的债权人过半数同意重整计划草案，并且其所代表的债权额占该组债权总额的2/3以上的，即为该组通过重整计划草案。

重整债务人的出资人代表可以列席讨论重整计划草案的债权人会议。重整计划草案涉及出资人权益调整事项的，应当设出资人组，对该事项进行表决。

各表决组均通过重整计划草案时，计划即为通过。部分表决组未通过重整计划草案的，债务人或者管理人可以同未通过重整计划草案的表决组协商。该表决组可以在协商后再表决一次。

在实际操作中各组都同意的难度可能比较大，为降低重整计划通过的难度，使更多的债务人获得挽救重生的机会，法律规定重整计划草案符合下列条件的，债务人或者管理人可以申请人民法院批准重整计划草案：(1)按照重整计划草案，对债务人的特定财产享有担保权的债权就该特定财产将获得全额清偿，其因延期清偿所受的损失将得到公平补偿，并且其担保权未受到实质性损害，或者该表决组已经通过重整计划草案；(2)按照重整计划草案，职工债权、债务人所欠税款将获得全额清偿，或者相应表决组已经通过重整计划草案；(3)按照重整计划草案，普通债权所获得的清偿比例，不低于其在重整计划草案被提请批准时依照破产清算程序所能获得的清偿比例，或者该表决组已经通过重整计划草案；(4)重整计划草案对出资人权益的调整公平、公正，或者出资人组已经通过重整计划草案；(5)重整计划草案公平对待同一表决组的成员，并且所规定的债权清偿顺序合法；(6)债务人的经营方案具有可行性。

3. 人民法院审查确认

自重整计划通过之日起10日内，债务人或者管理人应当向人民法院提出批准重整计划的申请。人民法院经审查认为符合法律规定的，应当自收到申请之日起30日内裁定批准，终止重整程序，并予以公告。

未通过重整计划草案的表决组拒绝再次表决或者再次表决仍未通过重整计划草案，债务人或者管理人向人民法院申请批准的，人民法院经审查认为重整计划草案符合法律规定，所有拒绝重整计划的当事人依照重整计划所得到的清偿都不会少于即时清算时得到的清偿，则应当自收到申请之日起30日内裁定批准，终止重整程序，并予以公告。

经人民法院裁定批准的重整计划，对债务人和全体债权人均有约束力。重整计划草案未获得通过且未获得人民法院的批准，或者已通过的重整计划未获得批准的，人民法院应当裁定终止重整程序，并宣告债务人破产。

(三)重整期间有关当事人的权利和义务

1. 担保权人对债务人的特定财产享有的担保权暂停行使。但是，担保物有损坏或者价值明显减少的可能，足以危害担保权人权利的，担保权人可以向人民法院请求恢复行使担保权。

2. 债务人或者管理人为继续营业而借款的,可以为该借款设定担保。

3. 债务人的出资人不得请求投资收益分配。

4. 债务人合法占有的他人财产,该财产的权利人要求取回的,应当符合事先约定的条件。

5. 债务人的董事、监事、高级管理人员不得向第三人转让其持有的债务人的股权。但是,经人民法院同意的除外。

6. 重整计划的利害关系人有权查阅管理人向人民法院提交的监督报告。

在重整期间,有下列情形之一的,经管理人或者利害关系人请求,人民法院应当裁定终止重整程序,并宣告债务人破产:(1)债务人的经营状况和财产状况继续恶化,缺乏挽救的可能性;(2)债务人有欺诈、恶意减少债务人财产或者其他显著不利于债权人的行为;(3)由于债务人的行为致使管理人无法执行职务。

(四)重整计划的执行

1. 负责人。重整计划由债务人负责执行。人民法院裁定批准重整计划后,管理人应当向债务人移交财产和营业事务。

2. 监督人。自人民法院裁定批准重整计划之日起,在重整计划规定的监督期内,由管理人监督重整计划的执行。债务人应当向管理人报告重整计划执行情况和债务人财务状况。监督期届满时,管理人应当向人民法院提交监督报告。自监督报告提交之日起,管理人的监督职责终止。经管理人申请,人民法院可以裁定延长重整计划执行的监督期限。

3. 执行的法律后果。(1)按照重整计划减免的债务,自重整计划执行完毕时起,债务人不再承担清偿责任。(2)债务人不能执行或者不执行重整计划的,人民法院经管理人或者利害关系人请求,应当裁定终止重整计划的执行,并宣告债务人破产。此时,债权人在重整计划中作出的债权调整的承诺失去效力。为重整计划的执行提供的担保和债权人因执行重整计划所受的清偿继续有效。债权未受清偿的部分作为破产债权,但只有在其他同顺位债权人同自己所受的清偿达到同一比例时,才能继续接受分配。

二、和解

破产和解,是指人民法院受理和解申请或破产申请后、宣告债务人破产前,债务人和债权人会议就债务人延期清偿债务、减少债务数额等事项达成和解协议,经人民法院认定后,终止破产程序的一种制度。和解的目的在于预防和避免债务人破产,并使债权人有可能从债务人处获得比通过破产程序更多的清偿。

(一)和解程序的开始

1. 债务人提出申请

根据《破产法》,具备破产原因的债务人依法可以直接向人民法院申请和解;也可以在人民法院受理破产申请后、宣告债务人破产前,向人民法院申请和解。债务人申请和解,应当提出和解协议草案。债务人在拟定和解协议草案时要注意与有财产担保的债权人进行沟通,因为有财产担保的债权人,自人民法院裁定和解之日起可以行使权利,一旦其行使权利,有可能影响和解协议的执行。

人民法院受理破产申请后，债务人与全体债权人就债权债务的处理自行达成协议的，可以请求人民法院裁定认可，并终结破产程序。

2. 人民法院审查确认

人民法院经审查认为和解申请符合法定条件的，应当裁定和解，予以公告，并召集债权人会议讨论和解协议草案。

（二）债权人会议表决

和解协议草案应提交到债权人会议进行表决，通过决议依法需要由出席会议的有表决权的债权人过半数同意，并且其所代表的债权额占无财产担保债权总额的 2/3 以上。

（三）和解程序的终止

1. 债权人会议通过和解协议的，由人民法院裁定认可，终止和解程序，并予以公告。管理人应当向债务人移交财产和营业事务，并向人民法院提交执行职务的报告。经人民法院裁定认可的和解协议，对债务人和全体和解债权人均有约束力。所谓和解债权人，是指人民法院受理破产申请时对债务人享有无财产担保债权的人。按照和解协议减免的债务，自和解协议执行完毕时起，债务人不再承担清偿责任。

2. 和解协议草案经债权人会议表决未获得通过，或者已经债权人会议通过的和解协议未获得人民法院认可的，人民法院应当裁定终止和解程序，并宣告债务人破产。

3. 因债务人的欺诈或者其他违法行为而成立的和解协议，人民法院应当裁定无效，并宣告债务人破产。和解债权人因执行和解协议所受的清偿，在其他债权人所受清偿同等比例的范围内，不予返还。

4. 债务人不能执行或者不执行和解协议的，人民法院经和解债权人请求，应当裁定终止和解协议的执行，并宣告债务人破产。和解债权人在和解协议中作出的债权调整的承诺失去效力，但为和解协议的执行提供的担保继续有效。

第六节　破　产　清　算

一、破产宣告

破产宣告，是指人民法院对符合破产条件的债务人，依法作出裁定，宣告债务人破产实施清算的行为。破产宣告，标志着债务人的破产进入破产清算阶段。人民法院宣告债务人破产的，应当自裁定作出之日起 5 日内送达债务人和管理人，自裁定作出之日起 10 日内通知已知债权人，并予以公告。

破产宣告前，有下列情形之一的，人民法院应当裁定终结破产程序，并予以公告：（1）第三人为债务人提供足额担保或者为债务人清偿全部到期债务的；（2）债务人已清偿全部到期债务的。

（一）破产宣告对债务人的效力

1. 债务人被宣告破产后，债务人称为破产人，其财产称为破产财产。破产人仅在清算意义上存续。

2. 债务人与其职工订立的劳动合同即告解除，职工依法有权领取失业救济金，但债务人留守人员作为管理人聘用的工作人员，其在留守期间的工资、社会保险费用等列入破产费用。

(二)破产宣告对债权人的效力

1. 人民法院受理破产申请时对债务人享有的债权称为破产债权。在《破产法(试行)》中，破产债权只包括破产宣告前成立的无财产担保的债权和放弃优先受偿权利的有财产担保的债权。《破产法》将破产债权的内涵作了调整，一是将债权的形成时间规定为人民法院受理破产申请时；二是将债权的范围扩大到对债务人享有的所有债权。

2. 对破产人的特定财产享有担保权的权利人，对该特定财产享有优先受偿的权利。受偿不足的部分作为普通债权；放弃优先受偿权利的，其债权作为普通债权。

二、破产财产的变价和分配

(一)破产财产的含义

在《破产法(试行)》中，已作为担保物的财产不属于破产财产；担保物的价款超过其所担保的债务数额的，超过部分属于破产财产。但在《破产法》中，破产财产是指被宣告破产后债务人的财产，未扣除已作为担保物的财产，从而将破产债务人的财产等同于破产财产。这一改变只是对破产财产概念的理解上有一定影响，在实际分配中不影响别除权人优先权的行使。

(二)破产财产的变价

破产财产的分配一般应当以货币分配方式进行。因此，人民法院宣告债务人破产后，管理人应当及时拟订破产财产变价方案，提交债权人会议讨论。破产财产变价方案经债权人会议通过或者人民法院依法裁定确认后，管理人应当适时变价出售破产财产。除债权人会议另有决议外，变价出售破产财产应当通过拍卖进行。但是，按照国家规定不能拍卖或者限制转让的财产，应当按照国家规定的方式处理。

(三)破产财产的分配

1. 确定破产财产分配方案。破产财产变价处理后，管理人应当及时拟订破产财产分配方案，提交债权人会议讨论。破产财产分配方案应当载明下列事项：(1)参加破产财产分配的债权人名称或者姓名、住所；(2)参加破产财产分配的债权额；(3)可供分配的破产财产数额；(4)破产财产分配的顺序、比例及数额；(5)实施破产财产分配的方法。

债权人会议通过破产财产分配方案后，由管理人将该方案提请人民法院裁定认可。经人民法院裁定认可后，由管理人执行。

2. 按法定顺序分配。破产财产在优先清偿破产费用和共益债务后，应按下列顺序清偿：(1)职工债权，包括破产人所欠职工的工资和医疗、伤残补助、抚恤费用，所欠的应当划入职工个人账户的基本养老保险、基本医疗保险费用，以及法律、行政法规规定应当支付给职工的补偿金。其中，破产企业的董事、监事和高级管理人员的工资按照该企业职工的平均工资计算。(2)国家债权，包括破产人欠缴的除前项规定以外的社会保险费用和破产人所欠税款。(3)普通债权。

破产财产不足以清偿同一顺序的清偿要求的，按照比例分配。对于附生效条件或者解除条件的债权,管理人应当将其分配额提存。对于诉讼或者仲裁未决的债权,管理人应当将其分配额提存。自破产程序终结之日起满两年仍不能受领分配的,人民法院应当将提存的分配额分配给其他债权人。

三、破产程序的终结

(一)宣告后应终结破产程序的法定情形

1. 破产人无财产可供分配的,管理人应当请求人民法院裁定终结破产程序。
2. 管理人在最后分配完结后,应当及时向人民法院提交破产财产分配报告,并提请人民法院裁定终结破产程序。人民法院裁定终结的,应当予以公告。

(二)办理债务人注销登记

管理人持人民法院终结破产程序的裁定,向破产人的原登记机关办理注销登记。管理人于办理注销登记完毕的次日终止执行职务。但是,存在诉讼或者仲裁未决情况的除外。

破产程序自因无财产可供分配而终结之日起两年内,有下列情形之一的,债权人可以请求人民法院按照破产财产分配方案进行追加分配:(1)发现有依法可以行使否认权而应当追回的财产的;(2)发现破产人有应当供分配的其他财产的。但财产数量不足以支付分配费用的,不再进行追加分配,由人民法院将其上交国库。

破产人的保证人和其他连带债务人,在破产程序终结后,对债权人依照破产清算程序未受清偿的债权,依法继续承担清偿责任。

参 考 阅 读

1. 相关法律文件。
2. 李飞. 当代外国破产法. 北京:中国法制出版社,2006.
3. 尹正友,张兴祥. 中美破产法律制度比较研究. 北京:法律出版社,2009.

复 习 思 考

1. 简述破产的含义和法律特征。
2. 破产立案与破产宣告的主要区别。
3. 简述破产重整与和解的主要区别。
4. 简述破产重整与破产清算的主要区别。
5. 简述我国新旧破产法对破产原因规定上的不同。
6. 简述债务人财产的含义和影响债务人财产数额的主要因素。

案 例 分 析

案情:兴隆商贸有限公司(以下简称兴隆公司)是1996年成立的一家注册资本为人民

币 2 000 万元的有限责任公司，因经营管理不善，对近 3 年到期和逾期的债务本息均无力偿还，并呈连续状态。兴隆公司股东会作出破产决议，并于 2018 年 6 月 10 日向人民法院申请破产。2018 年 6 月 27 日，人民法院裁定受理破产申请，指定某会计师事务所作为管理人，并公告通知债权人自公告之日起 20 日内申报债权。

管理人对公司的资产负债情况进行了清理，情况如下：

"公司现有房产变价 800 万元，对外长期投资作价 100 万元，设备作价 250 万元，未收回的债权 250 万元(破产终结时未收回)，尚未售出的本公司生产的产品价值 100 万元。

兴隆公司欠甲公司逾期货款 400 万元，欠乙银行逾期贷款 1 000 万元，公司与甲乙两单位分别于 2017 年 4 月 22 日和 5 月 9 日补签了房产抵押合同，并且依法办理了抵押物登记手续。欠丙公司货款 600 万元，以丁银行承兑汇票方式结算，丁银行在汇票 2018 年 3 月 10 日到期时已经付款给丙公司，但兴隆公司还欠丁银行 100 万元未还。欠戊公司逾期货款 100 万元，但已过诉讼时效。欠其他公司未到期货款 300 万元。欠职工债权 200 万元。欠税款 150 万元。破产费用和共益债务 50 万元。

问题：

1. 受案法院在受理兴隆公司破产申请前后在程序上是否合法？
2. 兴隆公司是否达到破产界限？
3. 兴隆公司可供普通债权人分配的财产有多少？
4. 兴隆公司的普通债权额有多少？
5. 乙银行可以获得多少偿付？

第六章 工业产权法

专利权和商标权,是知识产权中的重要部分,统称工业产权,它是基于人的智力劳动并依照法律产生的一种无形财产,是企业竞争优势的集中体现。当前全球范围的竞争已经推进到了专利和商标的竞争,一些国外的公司纷纷在我国进行专利和商标的"圈地运动",而我国的许多公司则处于被动状态,不能充分运用工业产权法来保护自己、占领市场,这是我们应当给予充分关注的。

1978年7月,为适应中国改革开放的需要,中共中央作出了建立专利制度的重大决策。1984年3月12日,第六届全国人大常委会第四次会议审议通过了《中华人民共和国专利法》(以下简称《专利法》),该法自1985年4月1日起实施。《专利法》颁布后,先后作了三次修改,目前实施的是2008年文本。1992年国务院公布了《中华人民共和国专利法实施细则》(以下简称《专利法实施细则》)。《专利法实施细则》修改了两次,目前实施的是2010年文本。2009年最高人民法院发布《关于审理侵犯专利权纠纷案件应用法律若干问题的解释》,2016年最高人民法院发布《关于审理侵犯专利权纠纷案件应用法律若干问题的解释(二)》。

为了加强商标管理,保护商标专用权,促使生产、经营者保证商品和服务质量,维护商标信誉,以保障消费者和生产、经营者的利益,促进社会主义市场经济的发展,1982年8月23日第五届全国人民代表大会常务委员会第二十四次会议通过《中华人民共和国商标法》(以下简称《商标法》),该法1983年3月1日起施行。《商标法》颁布后,先后作了四次修改,目前实施的是2019年文本。《中华人民共和国商标法实施条例》(以下简称《商标法实施条例》)于2002年8月由国务院公布,2014年4月作了一次修改,目前实施的是2014年文本。2014年原工商行政管理总局发布《驰名商标认定和保护规定》,2016年《最高人民法院关于审理商标授权确权行政案件若干问题的规定》对《商标法》关于商标显著性的认定作了细化说明。

与本章有关的法律文件主要有:《专利法》(2008年)、《专利法实施细则》(2010年)、《商标法》(2019年)、《商标法实施条例》(2014年)、《集体商标、证明商标注册和管理办法》(2003年)、《驰名商标认定和保护规定》(2014年)等。

本章共分三节,主要论述了工业产权的含义及其法律特征、专利法及其作用、专利保护的对象、专利权的内容、专利授予的条件和程序、专利的实施、侵犯专利权的行为及专利的保护。此外,还论述了商标及其作用、商标专用权及商标专用权的取得、申请原则和程序、商标专用权的转让、侵犯商标专用权的行为、商标专用权的保护等。本章的重点是工业产权的法律特征、专利权的内容和保护对象、专利实施及专利侵权行为、商标的作用及保护商标的重要性、商标申请的原则、侵犯商标专用权的行为、驰名商标和地理标志的保护。

第一节 工业产权法概述

一、工业产权的含义及法律特征

工业产权，亦称工业所有权，是指基于人的智力性创造劳动，依照法律产生的权利，主要包括专利权和商标权。工业产权是一种无形财产，是知识产权中的重要组成部分。工业产权具有以下法律特征：

(一)双重性

工业产权既有人身权又有财产权，重点保护的是财产权，但人身权又和财产权相联系，所以又要保护人身权。

(二)法律确认性

工业产权需要经过专门的法律程序确认才能获得，同时也只有经过专门的法律确认才能得到保护，这和一般民事权利的取得是不同的。

(三)专有性

专有性也称独占性，是法律赋予工业产权人的合理垄断权。专利权人可以依法独占地行使其权利，权利人以外的任何人未经权利人同意，不能享有和使用该权利，否则即为侵权。另外，同样的智力成果只能有一个成为保护对象，只能为一人完全拥有。

(四)地域性

工业产权只能在授予国的范围内发生法律效力，得到法律的保护，其他国家没有保护的义务。要在他国得到保护就得在他国进行申请。

(五)时间性

工业产权是一种有限的权利，不是世代所有。期满后就要成为人类的共同财富，任何人都可以无偿使用。法律规定的这种时间性，主要目的是鼓励创新，淘汰落后。

二、保护工业产权的有关公约

(一)《保护工业产权巴黎公约》(以下简称《巴黎公约》)

《巴黎公约》是保护知识产权的第一个公约，也是最重要的一个公约。该公约于1383年3月20日签订，1884年7月7日生效，目前已有100多个国家参加，我国于1985年3月19日正式参加。这个公约从订立到现在已进行过多次修改，我国参加时适用的是1967年斯德哥尔摩文本。

《巴黎公约》主要提出了一些基本的原则，如国民待遇原则、优先权原则、独立性原则等。

(二)《专利合作条约》

该条约于1970年6月19日在华盛顿签订，1978年1月24日生效。我国在1993年9月15日递交加入书，1994年1月1日成为成员国。这个条约主要规定了国际专利申请程序。我国专利行政主管部门是专利合作条约的国际受理局、国际专利检索单位和国际专利初步审查单位。

(三)《商标国际注册马德里协定》(以下简称《马德里协定》)

《马德里协定》于1891年缔约，我国1989年10月成为协定国。该协定是对《巴黎公约》的补充，主要解决商标的国际注册问题。按照这个协定的规定，缔约国的商标所有人在本国内办理商标注册后，如果要在成员国得到保护，可以向国际局申请，然后再由国际局通知那些注册人要求保护的缔约国。

(四) WTO《与贸易有关的知识产权协议》

这是 WTO 一系列协议中的重要组成部分。1986年关贸总协定的乌拉圭回合第一次将知识产权列入谈判日程，1991年达成一项初步协议，1993年对协议作了实质性的修改，1994年签署最后文本。该协议扩大了对知识产权保护的范围，提高了保护水准。其主要特点是：

1. 引入有形商品贸易的原则和规定，如最惠国待遇、国民待遇、透明原则等。
2. 适用于 WTO 争端解决机制。
3. 提高了知识产权保护的范围。如将计算机程序、地域标志列为保护范围；专利保护的范围扩大，强调对公开信息的保护；对许可合同中的限制竞争行为进行控制等。
4. 规定了执行措施及过渡协议。

(五)《关于驰名商标保护的联合建议》

该建议于1999年9月由世界知识产权保护组织和保护工业产权的巴黎大会通过。该建议对驰名商标的保护范围和力度有了重大突破，给出了认定驰名商标的基本原则和所应考虑的信息要素。主要是：明确了将要求保护国作为驰名商标发生地；将驰名商标的范围明确限定在公众的知晓领域；认定驰名商标可考虑与商标有关的价值等。

第二节 专 利 法

一、专利及专利权

(一) 专利的含义

专利一词源于英文 Patent，即垄断和公开的意思。通常从一般的意义上理解，专利有三种含义：一是指专利权；二是指取得专利的发明创造本身；三是指记载发明内容的专利文献。这里所讲的专利是指专利权，即法律上的权利。这种权利不能自动产生，需要经过法定的程序而生成，是发明创造的申请人在法定期间内所享有的一种专有的权利，是一种无形财产权。

(二) 专利权与技术秘密的区别

1. 公开性不同。专利技术的内容是公开的，专利权人以公开的形式享有垄断权，这是专利制度决定的。而技术秘密则不公开，所有人以保密的形式享有垄断权。

2. 有效期不同。专利技术的期限是有限的，在有效的期限内享有垄断权，而技术秘密的保密期限则依其保密状况或权利人的主观意志而决定。

3. 排他性不同。专利权具有排他性，同样的专利内容只能有一人享有专利权，而对专利权以外的人则具有排他性。而技术秘密则不具有排他性，同样的技术秘密可以为多个人所有。

二、专利法的含义及作用

（一）专利法的含义

专利法，是国家制定的用以调整因确认发明创造的权利归属和发明创造的利用而产生的社会关系的法律规范的总称。其主要内容是：规定专利的种类、授予专利的条件、专利申请的程序、专利的期限和终止、专利权人的权利及义务、专利的实施和强制许可、专利的保护等。

（二）专利法的作用

专利法的产生是从1623年英国制定的垄断法开始的，此后各国都制定了专利法，并先后签订了有关公约。专利法的产生已有近400年的历史，它有消极的一面，但积极的一面是主要的。其主要作用表现在：

1. 鼓励发明创造的积极性，推动技术进步和经济发展。专利权具有独占性，这种独占性不但可以保证专利权人从自己实施专利权中得到经济收益，而且还可以从许可他人实施中得到收益，从而为进行新的发明创造提供了资金来源。职务发明人可以从单位得到奖励和报酬，还可以从单位的实施中得到经济收益，这样就更激励了发明创造的积极性。

2. 避免重复性劳动，使技术成果迅速转化为生产力。专利的取得是以将特定的技术公开为前提的，发明人申请专利时，必须将其发明创造的内容详细地写进申请专利的文件中，由专利主管部门予以公布。因此，任何人想使用新的技术，可以通过查阅专利文献及时获得有关信息，进而与专利权人进行洽谈，通过签订许可合同而获得技术的使用权，这样对于技术的推广和应用是十分有益的。另外，任何从事专利发明创造的人，可以通过查阅专利文献，受到启发，从而避免重复性劳动。

3. 有利于技术的引进与利用，促进知识产权贸易的发展。当今技术贸易在整个贸易中所占的份额越来越大，但技术贸易的顺利进行，是以专利权的保护为前提的。一个国家要在技术贸易中引进和利用他国的先进技术，就必须对专利权进行很好的保护，因此专利法能通过对专利权的保护，获得和利用先进技术。

4. 能够使贸易绕过各种壁垒，有利于竞争和占领市场。现在的竞争已经由产品的竞争进入到竞争的前沿，即工业产权的竞争。一些发达国家及一些大跨国公司通过技术贸易成功地绕过其他国家的各种壁垒，占领了竞争地域的市场。而最近的情况和趋势是，一些大跨国公司不仅通过技术贸易这种方式进入另一国家，而且更多地通过在另一个国家申请专利的方式，获得专利权的保护，并通过行使禁止使用权而进行"技术圈地运动"。这是我们要给予充分注意的。

三、专利法保护的对象

（一）专利的客体

专利的客体，是指依法授予专利并依法保护的技术成果，我国专利法将保护的客体统称为"发明创造"。《专利法》第二条规定："本法所称的发明创造是指发明、实用新型和外观设计。"因此我国专利的客体为发明、实用新型、外观设计。

1. 发明。发明通俗地讲是设计和制造出前所未有的东西,而不是发现自然界本身就存在的东西。在法律上讲,发明是对产品、方法或其改进所提出的新的技术方案。我国《专利法》保护的发明有产品发明、方法发明和改进发明三种。

产品发明是指具有特定质地、有形的、人工制造的各种制成品或产品,产品可以是一种独立的产品,也可以是一种产品的一个部件。产品发明的效力及于产品。产品不但包括一般意义上的产品,也包括药品、化学物质、食品、饮料和调味品等。

方法发明是指把一个对象或物品改变成另一种对象或物品所用的方法,方法发明的效力除及于方法外,还可以延伸到由该方法制成的产品上。

改进发明是对已知产品或方法的改进,是在保持原有产品或方法的独特性质的条件下,改善已知的产品的特性,得到新的特性。

可见,发明不是利用自然规律的非技术方案,也不是抽象的技术方案,发明必须是具体的技术方案。

2. 实用新型。这是指对产品的形状、构造、组合提出的适于实用的新的技术方案。实用新型强调作为保护客体的产品形状、结构或其结合方面必须具有的功能作用,即是实用的、可以实施的、可以用工业的方法再现的,否则就不是实用新型中的产品。

3. 外观设计。这是指对产品的形状、图案、色彩或其结合以及色彩与形状、图案的结合作出的富于美感并适于工业应用的新的设计(它不是一项技术方案)。外观设计要以产品为依托,还要能应用于产业上并形成批量生产,而美感是核心,具有美感的产品可以提高竞争力,因此,是具有重要经济价值的无形财产。

(二)专利的主体

1. 发明人或设计人。发明人或设计人是指对发明创造的实质性特点作出创造性贡献的人。在完成发明创造过程中,只负责组织工作的人、为物质技术条件的利用提供方便的人或者从事其他辅助工作的人,不是发明人或者设计人。发明人或设计人只能是自然人,发明申请被批准后,其权利为发明人或设计人所有,其人身权既不能转让也不能继承。

2. 合法受让人。通常情况下,专利的发明人或设计人会提出专利申请,成为专利申请人,但是,专利的发明人或设计人是否申请专利由其自己决定,若自己不申请专利,则可依《专利法》的规定将专利申请权转让他人。但是,转让专利申请权的,当事人应当订立书面合同,并向国务院专利行政部门登记,由国务院专利行政部门予以公告。专利申请权的转让自登记之日起生效。专利申请权经合法程序转让后,受让人就成为了合法受让人。

3. 职务发明人。《专利法》第六条规定:职务发明是"执行本单位的任务或者主要是利用本单位的物质条件所完成的发明创造为职务发明创造,职务发明创造申请专利的权利属于该单位;申请被批准后,该单位为专利权人。"执行本单位的任务所完成的发明创造主要是指:在本职工作中作出的;履行本单位交付的本职工作之外的任务所作出的;退职、退休或调动工作一年内作出的,与其在原单位承担的本职工作或分配的任务有关的发明创造。本单位的物质条件,是指本单位的资金、设备、零部件、原材料或不向外公开的技术资料。

但是，利用本单位的物质技术条件所完成的发明创造，单位与发明人或者设计人订有合同，对申请专利的权利和专利权的归属作出约定的，从其约定。

为了鼓励科技创新，鼓励职务发明的发明人或设计人，修改后的《专利法》强调单位应对职务发明的发明人或设计人以奖励和报酬。《专利法》第十六条规定："被授予专利权的单位应当对职务发明创造的发明人或者设计人给予奖励；发明创造专利实施后，根据其推广应用的范围和取得的经济效益，对发明人或者设计人给予合理的报酬。"《专利法实施细则》第七十七、七十八条进一步规定，被授予专利权的单位未与发明人、设计人约定也未在其依法制定的规章制度中规定专利法第十六条规定的奖励的方式和数额的，应当自专利权公告之日起3个月内发给发明人或者设计人奖金。一项发明专利的奖金最低不少于3 000元；一项实用新型专利或者外观设计专利的奖金最低不少于1 000元。被授予专利权的单位未与发明人、设计人约定也未在其依法制定的规章制度中规定专利法第十六条规定的报酬的方式和数额的，在专利权有效期限内，实施发明创造专利后，每年应当从实施该项发明或者实用新型专利的营业利润中提取不低于2%或者从实施该项外观设计专利的营业利润中提取不低于0.2%，作为报酬给予发明人或者设计人，或者参照上述比例，给予发明人或者设计人一次性报酬；被授予专利权的单位许可其他单位或者个人实施其专利的，应当从收取的使用费中提取不低于10%，作为报酬给予发明人或者设计人。

对于由两个以上的单位或个人完成的发明创造，谁为专利权人？对此，《专利法》第八条作了明确的规定，即"两个以上单位或者个人合作完成的发明创造、一个单位或者个人接受其他单位或者个人委托所完成的发明创造，除另有协议的以外，申请专利的权利属于完成或者共同完成的单位或者个人；申请被批准后，申请的单位或者个人为专利权人。"

4. 外国人。我国专利法遵循国际惯例和参加的国际公约的有关规定，承认外国人、外国企业或其他经济组织有权在我国申请专利并取得专利权。主要有两种情况：一是在我国有经常居住地或营业场所的，与我国公民在专利的申请和保护方面享有同样的权利；二是在我国没有经常居住地或营业场所的，依其所属国同中国签订的协议或共同参加的国际公约或依照互惠原则，依《专利法》进行办理。但是应当委托依法设立的专利代理机构办理。

四、专利权的授予

(一) 专利授予的条件

1. 新颖性。新颖性，实际上是讲专利申请技术与现有技术即已经公开的技术相比不相同。修改后的《专利法》采取了绝对新颖性标准，从而提高了专利权授予的标准。对于发明或实用新型的新颖性，新法第二十二条规定："新颖性，是指该发明或者实用新型不属于现有技术；也没有任何单位或者个人就同样的发明或者实用新型在申请日以前向国务院专利行政部门提出过申请，并记载在申请日以后公布的专利申请文件或者公告的专利文件中。"其中，现有技术，是指申请日以前在国内外为公众所知的技术，也就是说，在申请日以前已经为国内外公众所知的技术丧失了新颖性。

对于外观设计的新颖性，新法第二十三条规定："授予专利权的外观设计，应当不属于现有设计;也没有任何单位或者个人就同样的外观设计在申请日以前向国务院专利行政部门提出过申请,并记载在申请日以后公告的专利文件中。授予专利权的外观设计与现有设计或者现有设计特征的组合相比,应当具有明显区别。授予专利权的外观设计不得与他人在申请日以前已经取得的合法权利相冲突。"其中,现有设计,是指申请日以前在国内外为公众所知的设计。可见,修改后的《专利法》提高了授予外观设计专利权的条件。

值得注意的是,新颖性是法定的概念,根据《专利法》第二十四条的规定,"申请专利的发明创造在申请日以前6个月内,有下列情形之一的,不丧失新颖性:(1)在中国政府主办或者承认的国际展览会上首次展出的;(2)在规定的学术会议或者技术会议上首次发表的;(3)他人未经申请人同意而泄露其内容的。"

2. 创造性。一项技术同现有的技术相比,应该有实质性的特点和进步。这是创造性必须具备的两个因素。实质性特点,是指发明创造应该具有技术特征,应该是发明人创造性的构思,而不是现有技术简单的拼合。进步是指与最接近的技术相比有所进步。

《专利法》对发明和实用新型的创造性要求是不一样的。发明要求"有突出的实质性特点和显著的进步",而实用新型则要求"有实质性特点和进步"。而对于外观设计,由于它不是技术性方案,所以不要求有创造性。

3. 实用性。这是指发明或实用新型能够制造或者使用并且能产生积极效果。也就是说其客体要可实施和再现,即根据所提供的技术方案可以用工业的方法实施和利用,并且可以反复多次制造和使用。

以上专利的三性,由于客体不同要求也是不同的。发明和实用新型必须三性都具备,而外观设计则要具备一性即新颖性,但外观设计在具备新颖性的时候要防止与他人在先取得的合法权利相冲突。

(二)不授予专利权的情况

修改后的《专利法》对于不授予专利权的情况进行了较大的修改,根据《专利法》第五条、第二十五条的规定,以下情况不授予专利权:

1. 违反法律、社会公德或者妨害公共利益的发明创造。

2. 违反法律、行政法规的规定获取或者利用遗传资源,并依赖该遗传资源完成的发明创造。依赖遗传资源完成的发明创造,申请人申请专利权不能违反国家法律、法规的规定,申请人应当依法在专利申请文件中说明该遗传资源的直接来源和原始来源;申请人无法说明原始来源的,应当陈述理由。否则,不授予专利权。

3. 科学发现。科学发现不是技术,而是发现自然原来就存在的东西,因此科学发现不授予专利权。

4. 智力活动的规则和方法。智力活动的规则和方法不是一个技术方案,所以也不授予专利权。

5. 疾病的诊断和治疗方法。疾病诊断和治疗方法,不授予专利权,主要是为了满足人体健康的需要。

6. 动物和植物品种。动物和植物品种不授予专利权,但是其生产方法可以授予专利权。

7. 用原子核变换方法获得的物质。用原子核变换方法获得的物质不授予专利权,主要是由于国家安全的需要。

8. 对平面印刷品的图案、色彩或者二者的结合作出的主要起标识作用的设计。平面印刷品的设计，主要是起到一个标识的作用，而不是对产品外观做的改进。如果这样的设计数量过多，就不利于促进国内设计人对产品的外观设计水平的提高。另外，仅仅起标识作用的设计，也将会增大与商标权、著作权不必要的交叉和重叠。为了让设计者把注意力更多地放在产品本身的设计上，因此修改后的《专利法》对外观设计申请专利权的范围要做一些限制，对平面印刷品的图形、色彩或者相结合的仅仅起标识作用的设计不授予外观设计专利权。

(三) 专利申请的原则

1. 先申请原则。两个或两个以上的人分别就同样的发明创造申请专利，专利权授予最先申请的人。

2. 优先权原则。这一原则主要表现为国际优先和国内优先。

国际优先：申请人自发明或者实用新型在外国第一次提出专利申请之日起 12 个月内，或者外观设计在外国第一次提出专利申请之日起 6 个月内，又在中国就相同主题提出专利申请的，依照该外国同中国签订的协议或者共同参加的国际公约，或者依照相互承认优先权的原则，可以享有优先权。

国内优先：申请人自发明或者实用新型在中国第一次提出专利申请之日起 12 个月内，又向国务院专利行政部门就相同主题提出专利申请的，可以享有优先权。

行使优先权要满足一定的条件：一是要在申请时提出书面声明；二是要在 3 个月内提交第一次提出的专利申请文件的副本，否则视为未要求优先权。

3. 一发明一专利原则。这一原则是说，一件专利申请的内容只能包含一项发明创造。《专利法》第三十一条规定："一件发明或者实用新型专利申请应当限于一项发明或者实用新型。属于一个总的发明构思的两项以上的发明或者实用新型，可以作为一件申请提出。一件外观设计专利申请应当限于一项外观设计，或者用于同一类别并且成套出售或者使用的产品的两项以上外观设计，可以作为一件申请提出。"

4. 充分公开原则。这一原则是说，发明和实用新型的说明书应该具有清楚、完整的内容，即专利申请人对信息的披露要以清晰、完整的方式公开，以便本专业领域的技术人员能按专利文件实施专利。这一原则是 WTO《与贸易有关的知识产权协议》的要求之一。

(四) 专利申请的审查和批准

各国对专利的申请都有一定的程序规定，在我国发明、实用新型和外观设计申请的程序是不同的。

1. 发明专利的审查和批准。我国对发明专利采用"早期公开、延期审查制度"，主要经过初步审查和实质性审查两个阶段。

国务院专利行政部门在收到发明专利申请人的各种申请文件后，即确定申请日，发受理书；然后进入初步审查阶段，经初步审查认为符合《专利法》的要求，自申请日起满 18 个月，即行公布，申请人也可以提出请求早日公布；公布后发明专利进入实质性审查阶段，发明专利申请自申请日起 3 年内，国务院专利行政部门可依据申请人随时提出的请求对其申请进行实质性的审查，专利行政部门认为必要的时候也可以自行进行实质性审查，申请人无正当理由逾期不请求实质性审查的,该申请即被视为撤销。在经过实质性审查后,国务院专利行政部门认为不符合《专利法》规定的,则通知当事人,要其在指定的时间内陈述或对申请提出修改,逾期不答复的,视为申请撤回。经陈述和修改后,国务院专利行政部门仍认为不符合《专利法》规定的,则作出驳回决定。若符合《专利法》的规定,则作出授予专利权的决定,发给专利证书,并予以登记和公告,发明专利权自公告之日起生效。

2. 实用新型和外观设计专利的审查和批准。我国《专利法》规定,对实用新型和外观设计实行初步审查制度。实用新型和外观设计专利申请被受理后,即进行初步审查,没有发现驳回的理由的,即作出授予专利权的决定,发给相应的专利证书,同时予以登记和公告,实用新型和外观设计专利权自公告之日起生效。

在申请取得专利权的程序中,专利申请人对国务院专利行政部门驳回申请的决定不服的,可以自收到通知之日起3个月内,向专利复审委员会请求复审,对于复审决定仍不服的,可以自收到通知之日起3个月内,向人民法院起诉。

(五)专利权的异议

自国务院专利行政部门公告授予专利权之日起,任何单位或者个人认为该专利权的授予不符合《专利法》有关规定的,依法可以请求专利复审委员会宣告该专利权无效。专利复审委员会对宣告专利权无效的请求应当及时审查和作出决定,并通知请求人和专利权人。宣告专利权无效的决定,依法由国务院专利行政部门登记和公告。当事人对专利复审委员会宣告专利权无效或者维持专利权的决定不服的,可以自收到通知之日起3个月内向人民法院起诉。人民法院应当通知无效宣告请求程序的对方当事人作为第三人参加诉讼。

(六)国际专利申请

国际专利申请,是指向中国以外的国家、地区和国际(地区)组织提出的专利申请。根据地域性原则,当事人若想在他国得到保护,还必须向所希望得到保护的国家和地区提出专利申请。我国参加了专利合作条约组织,我国是专利合作组织的国际受理局、国际检索单位和国际初步审查单位,因此我国申请人可以用中文向我国知识产权组织递交一份国际专利申请,只要在专利申请上写明希望得到保护的国家,便可以在许多国家得到专利保护。但是中国的单位或个人申请国际专利需具备《专利法》第二十条规定的条件,即"任何单位或者个人将在中国完成的发明或者实用新型向外国申请专利的,应当事先报经国务院专利行政部门进行保密审查。保密审查的程序、期限等按照国务院的规定执行。"

五、专利权的内容

(一)独占权

专利权人对其专利享有占有、使用、收益和处分权,有自己制造、使用、许诺销售和销售专利产品或使用专利方法的权利,有自己在专利产品或产品的包装上标明专利记号或专利号的权利,他人未经许可不得支配其专利权。

(二)许可权

专利权人有许可他人实施其专利并收取使用费的权利。如果专利权为两个以上的人共有,专利共有人对专利权的行使有约定的,从其约定,没有约定的,共有人可以单独实施或者以普通许可方式许可他人实施该专利;许可他人实施该专利的,收取的使用费应当在共有人之间分配。

(三)转让权

专利权人有将自己的专利依照法定的程序转让给他人的权利。共有人转让专利,应取得全体共有人的同意。

(四)进口权

专利权人在专利的有效期内享有自己进口或禁止他人未经许可以制造、销售、使用等生产经营为目的而进口其专利产品或者进口依其专利方法直接获得的产品的权利。

(五)禁止许诺销售权

发明专利和实用新型专利的专利权人有权禁止任何单位和个人未经其许可"许诺销售"其专利产品或者依照专利方法直接获得的产品的权利。许诺销售是一个意愿销售,这种意愿销售是一种"即发侵权"行为,专利权人有权对一个即发侵权行为进行禁止。禁止许诺销售权是《专利法》赋予专利权人的一项新权利,这在立法上是一个重大的突破。我们要注意利用这一权利,制止即发的侵权行为,保护自身的权益。

六、专利的实施

专利的实施,即专利的推广、应用。专利的实施可分为专利权人的实施和专利权人许可他人实施。

(一)专利实施许可及实施许可合同

专利的实施许可,是指经专利权人同意而实施其专利。专利实施许可是通过专利实施许可合同进行的。专利实施许可合同,是专利权人在法定的期间和范围内许可他人即被许可人实施其专利,而由被许可人支付使用费的合同。

专利实施许可合同主要有:普通实施许可、独家实施许可、独占实施许可等。签订何种合同依当事人的情况和合意而定。

专利实施许可合同的主要内容有:(1)序言,包括当事人的法律地位及法定地址、专利批准日期及专利批准号等;(2)定义,主要是确定许可合同中所使用的有关名词术语及解释,一般关键词语,如专利、诀窍、改进、产品、工艺、实施条件、技术服务、销售额、投产日期等;(3)相关情报及技术资料的提供;(4)许可使用的范围;(5)许可方对专利有效性的保证;(6)专利未获批准或专利失效的处理;(7)再转让的约定;(8)保密条款;(9)技术的改进与发展;(10)费用及支付;(11)技术诀窍的提供;(12)争议的解决及其他商业条款。

(二)专利实施的强制许可

强制许可,是指依据法定的条件,不经专利权人同意,国务院专利行政部门作出准许其他单位或个人实施其专利。这是从社会利益和公众利益出发,防止专利权人滥用权利的一种措施,这种措施只适用于发明和实用新型。

可以给予实施发明专利或者实用新型专利的强制许可的情形和条件是:

1. 未获专利权人许可的强制许可。应满足的条件是:专利权人自专利权被授予之日起满3年,且自提出专利申请之日起满4年,无正当理由未实施或者未充分实施其专利;

申请强制许可的单位或者个人应当提供证据,证明其以合理的条件请求专利权人许可其实施专利,但未能在合理的时间内获得许可。

2. 专利权人行使专利权的行为被依法认定为垄断行为,为消除或者减少该行为对竞争产生的不利影响的强制许可。应满足的条件是:强制许可的实施应当主要为了供应国内市场。

3. 根据公共利益的强制许可。应满足的条件是:在国家出现紧急状态或者非常情况时,或者为了公共利益的目的。

4. 为了公共健康的强制许可。应满足的条件是已取得专利权的药品。国务院专利行政部门对于已取利专利权的药品可以给予制造并将其出口到符合中华人民共和国参加的有关国际条约规定的国家或者地区的强制许可。

5. 从属专利的强制许可。应满足的条件是:一项取得专利权的发明或者实用新型比前一已经取得专利权的发明或者实用新型具有显著经济意义的重大技术进步;其实施又有赖于前一发明或者实用新型的实施。满足以上条件,国务院专利行政部门根据后一专利权人的申请,可以给予实施前一发明或者实用新型的强制许可,也可以根据前一专利权人的申请,给予实施后一发明或者实用新型的强制许可。

取得实施强制许可的单位或者个人不享有独占的实施权,并且无权允许他人实施。取得实施强制许可的单位或者个人应当付给专利权人合理的使用费,或者依照中华人民共和国参加的有关国际条约的规定处理使用费问题。付给使用费的,其数额由双方协商,双方不能达成协议的,由国务院专利行政部门裁决。

七、专利权的保护

专利权是一种财产权,只有保护专利权才能确保专利权人的合法利益。专利权的保护主要涉及专利保护的期限、侵权行为及保护的措施。

(一)保护期限

专利权是一种有期限的权利,只有在期限内才能得到保护。发明专利的保护期限是20年,实用新型和外观设计的保护期限是10年,均自申请日起计算。超过保护期限就进入公共领域,任何人都可以使用。

(二)侵权行为

侵权行为,是指未经专利权人许可,实施其专利的行为。但根据《专利法》第六十九条规定有下列情形之一的,不视为侵犯专利权:

(1)专利产品或者依照专利方法直接获得的产品,由专利权人或者经其许可的单位、个人售出后,使用、许诺销售、销售、进口该产品的;

(2)在专利申请日前已经制造相同产品、使用相同方法或者已经作好制造、使用的必要准备,并且仅在原有范围内继续制造、使用的;

(3)临时通过中国领陆、领水、领空的外国运输工具,依照其所属国同中国签订的协议或者共同参加的国际条约,或者依照互惠原则,为运输工具自身需要而在其装置和设备中使用有关专利的;

(4)专为科学研究和实验而使用有关专利的;

(5) 为提供行政审批所需要的信息，制造、使用、进口专利药品或者专利医疗器械的，以及专门为其制造、进口专利药品或者专利医疗器械的。

此外，《专利法》第七十条规定，为生产经营目的使用、许诺销售或者销售不知道是未经专利权人许可而制造并售出的专利侵权产品，能证明该产品合法来源的，不承担赔偿责任。《专利法》第六十二条规定，在专利侵权纠纷中，被控侵权人有证据证明其实施的技术或者设计属于现有技术或者现有设计的，不构成侵犯专利权。

(三) 保护措施和方式

1. 保护措施。专利权人可以用以下措施保护自己的专利权：

(1) 诉前保全。专利权人或者利害关系人有证据证明他人正在实施或者即将实施侵犯其专利权的行为，如不及时制止将会使合法权益受到难以弥补的损害的，可以在起诉前向人民法院申请采取责令停止有关行为的措施。比如在起诉前请求法院制止任何侵权行为的发生，制止侵权商品进入商业渠道，包括制止刚由海关放行的进口侵权商品进入国内商业渠道，在起诉前请求法院封存被指控为侵权的相关证据等。诉前保全是修改后的《专利法》新加的一种保全措施。

(2) 赔偿损失。侵犯专利权的赔偿数额，按专利人因被侵权所受到的损失或者侵权人因侵权获得的利益确定，难以确定的，参照该专利许可使用费的倍数合理确定。

2. 保护方式。保护的方式是当事人协商、请求专利行政管理部门处理、向法院提起诉讼。

侵犯专利权引起的纠纷，首先由当事人协商解决，不愿意协议或协商不成的，专利权人或利害关系人可以请求管理专利工作的部门处理，也可以向人民法院起诉。当事人请求专利工作部门处理的，专利工作部门认定侵权行为成立的，可以责令侵权人立即停止侵权行为，当事人不服的，可以自收到处理通知书之日起15日内依照《中华人民共和国行政诉讼法》向人民法院提起诉讼。期满不起诉又不停止侵权行为的，专利工作部门可以申请人民法院强制执行。进行处理的专利工作部门应当事人的请求，可以就侵权的赔偿数额进行调解，调解不成的，当事人可以依照《中华人民共和国民事诉讼法》向人民法院起诉。

3. 诉讼的时效。侵犯专利权的诉讼时效为2年，自专利权人或者利害关系人得知或者应当得知侵权行为之日起计算。发明专利申请公布后至专利权授予前使用该发明专利未支付适当使用费的，专利权人要求支付使用费的诉讼时效为2年，自专利权人得知或者应当得知他人使用其发明之日起计算，但是，专利权人于专利权授予之日前已得知或者应当得知的，自专利权授予之日起计算。

(四) 违反《专利法》应承担的法律责任

主要承担的责任是民事责任、行政责任和刑事责任。

1. 假冒他人专利，除承担民事责任外，由管理专利工作的部门责令改正并予公告，没收违法所得，可以并处违法所得4倍以下的罚款；没有违法所得的，可以处20万元以下罚款，构成犯罪的，依法追究刑事责任。

2. 侵犯专利权应承担民事赔偿责任，侵犯专利权的赔偿数额按照权利人因被侵权所受到的实际损失确定；实际损失难以确定的，可以按照侵权人因侵权所获得的利益确定。

权利人的损失或者侵权人获得的利益难以确定的,参照该专利许可使用费的倍数合理确定。赔偿数额还应当包括权利人为制止侵权行为所支付的合理开支。权利人的损失、侵权人获得的利益和专利许可使用费均难以确定的,人民法院可以根据专利权的类型、侵权行为的性质和情节等因素,确定给予1万元以上100万元以下的赔偿。

3. 向外国申请专利,泄露国家秘密的,由所在单位或者上级主管机关给予行政处分,构成犯罪的,依法追究刑事责任。

4. 侵夺发明人或者设计人的非职务发明创造专利申请权和《专利法》规定的其他权益的,由所在单位或者上级主管机关给予行政处分。

5. 专利工作部门参与向社会推荐专利产品等经营活动的,由其上级机关或者监察机关责令改正,消除影响,有违法收入的予以没收;情节严重的,对直接负责的主管人员和其他直接责任人员依法给予行政处分。

6. 从事专利管理工作的国家机关工作人员以及其他有关国家机关工作人员玩忽职守、滥用职权、徇私舞弊,构成犯罪的,依法追究刑事责任,尚不构成犯罪的,依法给予行政处分。

第三节 商 标 法

一、商标法概述

(一)商标和商标法的含义

商标是一种标记。世界知识产权组织对商标的定义是:"将一企业的产品或服务区别开来的标记",即区别同类产品或服务的标记。《商标法》第八条规定:"任何能够将自然人、法人或者其他组织的商品与他人的商品区别开来的标志,包括文字、图形、字母、数字、三维标志、颜色组合和声音等,以及上述要素的组合,均可以作为商标申请注册。"可见,商标是具有显著性特征的标志,它是附于商品上的人为标志,这种人为标志象征着商品的质量和信誉,是企业的无形财产。

商标法,是指规定商标的组成、注册、使用、管理、商标专用权的保护等法律规范的总称。调整我国商标法律关系的主要法律除了国内有关商标的法律规定之外,还有我国参加的国际公约,如《保护工业产权巴黎公约》《商标国际注册马德里协定》等。

(二)商标的分类

1. 按商标的结构可以分为:

文字商标,即以文字组成的商标。此类商标含义明确,便于记忆。

图形商标,即以图形、图画、图像构成的商标。此类商标通常以一种艺术作品或工艺美术作品的形式出现,不受语言限制,便于人们懂得其含义。但由于称呼困难以及不易设计,因此,人们越来越少选择单纯的图形作商标。

字母商标,即以字母组成的商标。此类商标简单、便于记忆、便于称呼。现在广泛为人们选择。

数字商标,即以数字组成的商标。此类商标具有字母商标的特点,因此也多为人们选择。

三维标志，即以三维图形、标志组成商标。此类商标近些年来为人们选择使用。

组合商标，即由文字、图形、字母、数字等组合成的商标。此类商标图文并茂，形象生动，现在被广泛使用。

记号商标，即以简单、明了的图形、符号、特定的记号构成的商标。但由于受图形商标同一因素的影响，现在单纯选择以记号作商标的比较少。

2. 按商标的用途可以分为：

证明商标，是指由对某种商品或者服务具有监督能力的组织所控制，而由该组织以外的单位或者个人使用于其商品或者服务，用以证明该商品或者服务的原产地、原料、制造方法、质量或者其他特定品质的标志。如我国"绿色食品"标志、地理标志等属于证明商标。证明商标不能随意使用。

等级商标，是指同一企业为区别质量、规格不一的同一产品而使用的商标。此类商标主要是标明同一企业的同一种商品的质量、规格的等级和档次，以便使消费者鉴别和选购。

3. 按商标使用者可以分为：

制造商标，是表示商品制造者的商标，是商品的生产者或制作者将自己企业的名称作为商标。制造商标主要是与销售商标相对而言的。

销售商标，又称商业商标，是商品的经销者使用的商标，说明商标的使用者是经销商。

集体商标，是指以团体、协会或者其他组织名义注册，供该组织成员在商事活动中使用，以表明使用者在该组织中的成员资格的标志。集体商标可以表示商品来源于由若干厂家组成的集体组织，也可以表示来源于特定的地区，如在我国地理标志就可以作为集体商标注册，表示某种商品的特定质量、信誉及其他特征，它主要是由某地区的自然因素或人文因素决定。

4. 按照向消费者提供的标的性质可以分为：

商品商标，是专门在商品上使用的商标。

服务商标，是服务的提供者使用的商标。商标法有关商品商标的规定，适用于服务商标。

5. 按照商标使用者的目的可以分为以下几类：

联合商标，是指在相同或同类商品上使用的相近似的商标。它是相对于正商标而言的，它的作用是防止他人假冒，保护正商标不受侵害。

防御商标，是在非同类但性质相同或近似的商品上使用的同一商标。它的作用与联合商标的作用是一样的，主要是为了保护正商标。

我国《商标法》没有明确规定以上两类商标，但在实践中，商标权人就两个以上近似商标取得注册，或者就同一商标在他类商品上取得注册都是允许的。

6. 按商标的信誉可以分为以下几类：

普通商标，是指经过法定的程序，就可以获得商标权的商标。普通商标是针对驰名商标而言的。

驰名商标，是具备驰名商标的因素，在具体商标案件中进行认定并只适用于具体案件的商标。根据《商标法》第十四条的规定"驰名商标应当根据当事人的请求，作为处理涉及商标案件需要认定的事实进行认定。"

当事人可以在商标案件中提出保护其驰名商标申请，由商标局或商标评审委员会或人民法院根据驰名商标的因素进行认定。

我国商标法保护的商标是：商品商标、服务商标、集体商标、证明商标、驰名商标。

（三）商标的作用

1. 区别同一类或同一种商品的不同生产者。这是商标最基本的作用。

2. 促使生产者和经营者明确责任，保证商品质量和维护商标信誉。商标经过长期使用，就会成为一定质量的象征，企业要保持商标的质量，就要不断改进和提高产品质量。商标与生产者相联系，可以增加消费者的安全感，并便于消费者对商品质量进行监督。

3. 便于进行广告宣传，推销商品。现实中人们习惯认牌购货，所以通过商品宣传，人们就可以获得商品信息。

4. 增强商品竞争力，开展正当竞争。在竞争中商标的作用很大，可以先声夺人。今天的市场竞争前沿已经由产品竞争推进到了商标竞争阶段，商品竞争的最直接体现和表现是商标竞争，在竞争中谁失去了商标，就意味着谁失去了竞争中最有利的武器。

二、商标专用权

（一）商标专用权的含义

商标专用权，是指商标所有人对其注册商标所享有的权利，它由国家商标管理机关依法授予并由国家的强制力保护。商标专用权是法律赋予商标权人的一种合法垄断权，它是一种工业产权，是商标所有权人的一种无形财产权。

（二）商标专用权的内容

商标专用权主要包含以下内容：(1)独立的所有权；(2)续展权；(3)转让权；(4)许可权；(5)禁止权；(6)请求保护权。

三、商标专用权的取得

（一）商标专用权的申请主体

《商标法》规定：自然人、法人或者其他组织在生产经营活动中，对其商品或者服务需要取得商标专用权的，应当向商标局申请商标注册。两个以上的自然人、法人或者其他组织可以共同向商标局申请注册同一商标，共同享有和行使该商标专用权。

可见，申请商标权的主体是自然人、法人、其他经济组织，而且两个以上的自然人、法人或者其他组织可以共同注册、享有和使用同一个商标。

（二）商标专用权的客体

商标专用权的客体是注册商标。根据《商标法》第十一条的规定，作为商标专用权的客体，应具备一定的法定条件：

1. 应具有显著特征。因为商标的重要作用是区别同类商品，所以要具有显著特征。下列标识由于不具有显著性特征，因此不得作为商标注册：仅有本商品的通用名称、图形、型号的；仅直接表示商品的质量、主要原料、功能、用途、重量、数量及其他特征的。此类标志只有在经过使用取得显著特征，并便于识别的，才可以作为商标注册；三维标志虽然可以作为商标标志，但是三维标志仅由商品自身的性质产生的形状、为获得技术效果而需有的商品形状或者使商品具有实质性价值的形状，不得注册。其他缺乏显著特征的。以上所列标志经过使用取得显著特征，并便于识别的，可以作为商标注册。

2. 不能违反禁用商标的规定。我国《商标法》第十条规定，商标专用权的客体不得使用下列标志：同中华人民共和国的国家名称、国旗、国徽、国歌、军旗、军歌、勋章相同或者近似的，以及同中央国家机关所在地特定地点的名称或者标志性建筑物的名称、图形相同的；同外国的国家名称、国旗、国徽、军旗相同或者近似的，但该国政府同意的除外；同政府间国际组织的名称、旗帜、徽记相同或者近似的，但经该组织同意或者不易误导公众的除外；与表明实施控制、予以保证的官方标志、检验印记相同或者近似的，但经授权的除外；同"红十字""红新月"的名称、标志相同或者近似的；带有民族歧视性的；带有欺骗性，容易使公众对商品的质量等特点或产地产生误认的；有害于社会主义道德风尚或者有其他不良影响的；县级以上行政区划的地名或者公众知晓的外国地名，不得作为商标，但是地名具有其他含义或者作为集体商标、证明商标组成部分的除外，已经注册使用地名的商标继续有效。

3. 商标中不能有商品的地理标志。地理标志，是指标示某商品来源于某地区，该商品的特定质量、信誉或者其他特征，主要由该地区的自然因素或者人文因素所决定的标志。《商标法》规定，商标中有商品的地理标志，而该商品并非来源于该标志所标示的地区，误导公众的，不予注册并禁止使用；但是，已经善意取得注册的继续有效。

为了保护地理标志这种无形资产，并使其得到合理、充分的使用，限制对地理标志使用权的垄断。《商标法实施条例》规定，地理标志可以作为证明商标使用受保护。以地理标志作为证明商标的，其商标符合使用该地理标志条件的自然人、法人或其他经济组织可以要求使用该证明商标，控制该证明商标的组织应当允许。

以地理标志作为集体商标注册的，其商标符合使用该地理标志条件的自然人、法人或其他经济组织，可以要求参加以该地理标志作为集体商标注册的团体、协会或者其他组织，并应当被接纳为会员；不要求参加这些团体、协会或者其他组织的，也可正当使用该地理标志，该团体、协会或者其他经济组织无权禁止。

(三) 商标注册的原则

《商标法》规定商标注册应遵循以下原则：

1. 自愿注册与强制注册相结合原则。自愿注册是指商标使用人可根据自己的意志自行决定是否注册。强制注册是指法律、行政法规规定必须在商品上使用注册商标，未经核准注册的，不得在市场销售。目前实行强制注册的主要是烟草制品。根据《中华人民共和国烟草专卖法》第十九条的规定，卷烟、雪茄烟和有包装的烟丝必须申请商标注册，未经核准注册的，不得生产、销售。

2. 申请在先辅之以使用在先原则。申请在先原则，是指商标权授予先申请的人，发生商标权冲突也以谁先申请来确定商标权的归属。使用在先，是指当两个以上的人同时申请时，则授予最先使用的人。《商标法》第二十九条规定："两个或两个以上的商标注册申请人,在同一种商品或类似商品上,以相同或近似的商标申请注册的,初步审定并公告申请在先的商标。同一天申请的,初步审定并公告使用在先的商标。"

但是,如果两个或两个以上的当事人同时申请一个商标并且同时使用或同时未使用的,那么应如何确定商标的授予权呢?《商标法实施条例》第十九条规定,如果两个或两个以上的申请人,在同一种商品上或者类似的商品上,在同一天分别申请注册相同或者近似的商标时,各申请人应当在收到商标局通知之日起30日内提交其申请注册前在使用该商标的证据。同时使用的,或者均未使用的,各申请人可以自收到商标局通知之日起30日内自行协商;不愿协商或者协商不成的,商标局通知各申请人以抽签的方式确定一个申请人,驳回其他人的注册申请。商标局已经通知但申请人未参加抽签的,视为放弃申请,商标局应当书面通知未参加抽签的申请人。

3. 诚实信用原则。《商标法》规定,申请商标注册不得损害他人现有的在先权利,也不得以不正当手段抢先注册他人已经使用并有一定影响的商标。未经授权,代理人或者代表人以自己的名义将被代理人或者被代表人的商标进行注册,被代理人或者被代表人提出异议的,不予注册并禁止使用。就同一种商品或者类似商品申请注册的商标与他人在先使用的未注册商标相同或者近似,申请人与该他人具有前款规定以外的合同、业务往来关系或者其他关系而明知该他人商标存在,该他人提出异议的,不予注册。2019年修订的《商标法》增加了"不以使用为目的的恶意商标注册申请,应当予以驳回"和"对恶意申请商标注册的,根据情节给予警告、罚款等行政处罚;对恶意提起商标诉讼的,由人民法院依法给予处罚"的规定,有利于减少恶意抢注。

4. 优先权原则。优先权原则,是指商标注册申请人在外国第一次提出商标注册之日起6个月内又在中国就相同商品以同一商标提出商标注册申请的,依照该外国同中国签订的协议或者共同参加的国际公约,或者按照相互承认的优先权的原则,可以享受优先权。申请人主张优先权的,应当在申请商标的同时,提交书面声明,并在3个月内提交在巴黎公约成员国中第一次提出商标注册申请文件副本,未提出书面声明或者逾期未提交商标注册申请文件副本的,视为未要求优先权。

商标在中国政府主办的或者承认的国际展览会展出的商品上首次使用的,自该商品展出之日起6个月内,该商标的注册申请人享有优先权。但商标注册申请人请求优先权的,应当提出书面声明,并在3个月内提交有关证明文件,否则视为放弃优先权。

5. 扩大使用范围和改变其标志应重新申请注册原则。

(四)商标注册的程序

商标注册的一般程序是:申请、审查、公告、决定、异议、核准注册。

1. 申请。根据《商标法》和《商标法实施条例》的规定,商标注册申请人可以用书面的方式或数据电子的方式向商标局提交申请。

申请商标注册,应当按照公布的商品和服务分类表填报。每一件商标注册申请应当向商标局提交《商标注册申请书》1份、商标图样1份;以颜色组合或者着色图样申请商标注册的,应当提交着色图样,并提交黑白稿1份;不指定颜色的,应当提交黑白图样。以三维标志申请商标注册的,应当在申请书中予以声明,说明商标的使用方式,并提交能够确定三维形状的图样,提交的商标图样应当至少包含三面视图。以颜色组合申请商标注册的，应当在申请书中予以声明，说明商标的使用方式。以声音标志申请商标注册的，应当在申请书中予以声明，提交符合要求的声音样本，对申请注册的声音商标进行描述，说明商标的使用方式。对声音商标进行描述，应当以五线谱或者简谱对申请用作商标的声音加以描述并附加文字说明；无法以五线谱或者简谱描述的，应当以文字加以描述；商标描述与声音样本应当一致。申请注册集体商标、证明商标的，应当在申请书中予以声明，并提交主体资格证明文件和使用管理规则。对于药品和烟草等则要提交有关部门的生产许可证或生产的其他证明文件；要求优先权的在申请时要提交书面申请并在 3 个月内提交第一次申请文件副本或者展会的名称、在展出的商品上使用该商标的证据及展出日期等文件。所申报的事项和所提供的材料应当真实、准确。

《商标法》规定了商标申请分割制度，即商标注册申请人可以通过一份申请就多个类别的商品申请注册同一商标。

《商标法实施条例》规定，申请注册商标或者办理其他商标事宜，应当使用中文。如果提交的各种证件、证明文件和证据材料是外文的，应当附送中文译文；未附送的，视为未提交该证明文件或者证据材料。

《商标法实施条例》第十八条规定：注册商标的申请日期以商标局收到申请文件的日期为准。商标注册申请手续齐备、按照规定填写申请文件并缴纳费用的，商标局予以受理并书面通知申请人；申请手续不齐备、未按照规定填写申请文件或者未缴纳费用的，商标局不予受理，书面通知申请人并说明理由。申请手续基本齐备或者申请文件基本符合规定，但是需要补正的，商标局通知申请人予以补正，限其自收到通知之日起 30 日内，按照指定内容补正并交回商标局。在规定期限内补正并交回商标局的，保留申请日期；期满未补正的或者不按照要求进行补正的，商标局不予受理并书面通知申请人。

2. 审查。针对过去商标审查时间过长的问题，修改后的《商标法》增加了商标审查时限的规定。对申请注册的商标，商标局应当自收到商标注册申请文件之日起 9 个月内审查完毕，符合《商标法》规定的，予以初步审定公告，进入异议期，不符合商标法规定的则驳回申请不予公告。对于驳回申请的，商标局应当书面通知申请人，申请人不服的，可以自收到通知之日起 15 日内向商标评审委员会申请复审，对于商标评审委员会作出的裁定不服的，可以自收到通知之日起 30 日内向人民法院起诉。对商标局认为异议成立而不予注册决定复审的时限为 12 个月；有特殊情况需要延长的，经国务院工商行政管理部门批准，可以分别延长 3 个月或者 6 个月。同时，对商标无效宣告、撤销的审查时限等也作了相应规定。对于商标局做出宣告注册商标无效的决定，当事人对决定不服的，可以自收到通知之日起 15 日内向商标评审委员会申请复审。商标评审委员会应当自收到申请之日起 9 个月内做出决定，并书面通知当事人。有特殊情况需要延长的，经国务院工商行政管理部门批准，可以延长 3 个月。当事人对商标评审委员会的决定不服的，可以自收到通知之日起 30 日内向人民法院起诉。

3. 公告。对于符合商标法规定的申请予以公告，进入异议期。

4. 异议。对初步审定公告的商标，自公告之日起 3 个月内，在先权利人、利害关系人、认为违反《商标法》第十三条第二款和第三款、第十五条、第十六条第一款、第三十条、第三十一条、第三十二条规定的，或者任何人认为违反《商标法》第四条、第十条、

第十一条、第十二条、第十九条第四款规定的,可以向商标局提出异议。对于异议不服的,可以在收到裁定书之日起15日内申请复审,对于复审不服的可以在收到通知之日起30日内向人民法院起诉。公告期满无异议的,予以核准注册,发给商标注册证,并予以公告。

5. 核准注册。对初步审定公告的商标,自公告之日起3个月内,在先权利人、利害关系人认为违反《商标法》第十三条第二款和第三款、第十五条、第十六条第一款、第三十条、第三十一条、第三十二条规定的,或者任何人认为违反《商标法》第四条、第十条、第十一条、第十二条、第十九条第四款规定的,可以向商标局提出异议。异议期限满,没有人提出异议,或经裁定异议不能成立的,予以核准注册。商标注册申请人自公告期满3个月之日起取得商标专用权。

四、注册商标的续展、转让和使用

(一)注册商标的续展

注册商标经核准后就取得了注册商标专用权,但是这一权利是有期限的,我国注册商标的有效期是10年,自核准注册之日起算。在期满后需要继续使用的可以申请续展。即商标所有人为了继续享有商标专用权,在规定的期间内,提出申请,使商标专用权的有效期得以延续。其具体程序是,在商标期满前的12个月内提出申请,若未在此期间内提出申请,则可以给予6个月的宽展期,宽展期满后未提出申请的,注销其注册商标。续展经核准后予以公告。每次续展期为10年。实际上,商标专用权经续展可以无限期使用,这主要取决于当事人的意愿。

(二)商标的转让

商标的转让实际就是商标专用权的转让,商标专用权的转让与商标专用权的许可在法律性质及法律程序上是不同的。

1. 注册商标转让的含义和方式。商标专用权转让,是指注册商标所有权人在注册商标有效期内,依法定的程序,将商标专用权转让给另一人的行为。转让发生后原商标所有权人不再享有专用权。注册商标转让主要通过合同转让和继承转让两种形式实现。

2. 注册商标转让的程序。第一,转让人和受让人应当签订转让协议,受让人应当保证该注册商标商品的质量;第二,转让人和受让人共同向商标局提出申请,转让经核准后予以公告,受让人自公告之日起享有商标权,自行转让注册商标的由商标局责令改正或撤销注册商标;第三,转让注册商标的,注册人对其在同一种或类似商品上注册的相同、近似的商标须一并办理;第四,转让药品及烟草商标,受让人应当提供主管部门的证明文件;第五,注册人在转让之前,如果已经许可他人使用注册商标,必须经过被许可人的同意,否则不得申请转让注册商标。

3. 受让人必须具备商标注册申请人的资格。

(三)注册商标的使用许可

使用许可是注册人根据自愿的原则,在一定的条件下,以订立书面合同的形式允许他人使用其注册商标的行为。在这种行为中,商标的所有权并未发生变化。我国实行使用许可制度,因此《商标法》对商标的使用许可作了规定:

1. 当事人要签订商标使用许可合同，商标使用许可合同可以分为：独占使用许可，即商标注册人在约定的期间、地域和以约定的方式，将该注册商标仅许可一个被许可人使用，商标注册人依约定不得使用该注册商标；排他使用许可，即商标注册人在约定的期间、地域和以约定的方式，将该注册商标仅许可一个被许可人使用，商标注册人依约定可以使用该注册商标但不得另行许可他人使用该注册商标；普通使用许可，即商标注册人在约定的期间、地域和以约定的方式，许可他人使用其注册商标，并可自行使用该注册商标和许可他人使用其注册商标。无论签订何种类型的商标使用许可合同，都应约定许可人和被许可人应当彼此承担义务。许可人的义务是：监督被许可人使用其注册商标的商品的质量，未经被许可人同意不得将其注册商标转让给第三人，不得放弃续展，不得自行申请注销；被许可人的义务是保证使用该注册商标的商品的质量，在该注册商标的商品上标明被许可人的名称和商品产地，未经被许可人同意不得将商标使用权转让第三人。

2. 商标使用许可合同应当报商标局备案。根据修改后的《商标法》第四十三条以及《商标法实施条例》第六十九条的规定，许可他人使用其注册商标的，许可人应当在许可合同有效期内将其商标使用许可向商标局备案由商标局公告。在报商标局备案的同时报送备案材料，备案材料应当说明注册商标使用许可人、被许可人、许可期限、许可使用的商品或者服务范围等事项。商标使用许可未经备案不得对抗善意第三人。

五、注册商标专用权的保护

（一）侵犯商标专用权的行为

注册商标的专用权，以核准注册的商标和核定使用的商品为限。根据《商标法》第五十七条的规定，以下行为属于侵犯商标专用权的行为：(1)未经商标注册人的许可，在同一种商品上使用与其注册商标相同的商标的；(2)未经商标注册人的许可，在同一种商品上使用与其注册商标近似的商标，或者在类似商品上使用与其注册商标相同或者近似的商标，容易导致混淆的；(3)销售侵犯注册商标专用权的商品的；(4)伪造、擅自制造他人注册商标标识或者销售伪造、擅自制造的注册商标标识的；(5)未经商标注册人同意更换其注册商标并将该更换商标的商品又投入市场的；(6)故意为侵犯他人商标专用权行为提供便利条件，帮助他人实施侵犯商标专用权行为的；(7)给他人的注册商标专用权造成其他损害的。

根据《商标实施条例》第七十五条、第七十六条和《最高人民法院关于审理商标民事纠纷案件适用法律若干问题的解释》(2002年)的规定，有下列行为之一的，属于《商标法》第五十二条所规定的"给他人注册商标专用权造成其他损害的"行为：(1)在同一种或者类似商品上，将与他人注册商标相同或者近似的标志作为商品名称或者商品装潢使用，误导公众的；(2)为侵犯他人注册商标专用权提供仓储、运输、邮寄、印制、隐匿、经营场所、网络商品交易平台等便利条件的。(3)将与他人注册商标相同或者相近似的文字作为企业的字号在相同或者类似商品上突出使用，容易使相关公众产生误认的；(4)复制、摹仿、翻译他人注册的驰名商标或其主要部分在不相同或者不相类似商品上作为商标使用，误导公众，致使该驰名商标注册人的利益可能受到损害的；(5)将与他人注册商标相同或者相似的文字注册为域名，并且通过该域名进行相关商品交易的电子商务，容易使相关公众产生误认的。

将他人注册商标、未注册的驰名商标作为企业名称中的字号使用，误导公众，构成不正当竞争行为的，依照《中华人民共和国反不正当竞争法》处理。

(二) 对注册商标的保护措施

1. 临时措施。临时措施，是商标注册人或利害关系人在诉讼前为了保护其权利而向人民法院申请保护的措施。这主要是财产保全和证据保全。商标注册人或利害关系人有证据证明他人正在实施或即将实施侵犯注册商标专用权的行为，如不及时制止，将会使其合法利益受到难以弥补的损害的，可以在诉讼前向人民法院申请采取责令停止有关行为和财产保全措施。为制止侵权行为，在证据可能灭失或以后难以取得的情况下，商标注册人或利害关系人可以在起诉前向人民法院申请保全证据。法院收到申请后在 48 小时内作出裁定，裁定作出后立即执行。法院可以要求申请人提供担保，申请人不提供担保的，驳回申请。在采取保全措施后，申请人 15 天不起诉的，法院解除保全措施。

2. 申请撤销或制止。以欺骗手段或其他不正当手段取得商标注册的，权利人或利害关系当事人可以向商标评审委员会提出撤销申请，时间是自注册之日起 5 年，但驰名商标的保护不受此时间的限制。注册商标成为其核定使用的商品的通用名称或者没有正当理由连续 3 年不使用的，任何单位或者个人可以向商标局申请撤销该注册商标。商标局应当自收到申请之日起 9 个月内做出决定。特殊情况经国务院批准，可以延长 3 个月。

3. 赔偿损失。《商标法》第六十三条规定，侵犯商标专用权的赔偿数额，按照权利人因被侵权所受到的实际损失确定；实际损失难以确定的，可以按照侵权人因侵权所获得的利益确定；权利人的损失或者侵权人获得的利益难以确定的，参照该商标许可使用费的倍数合理确定。对恶意侵犯商标专用权，情节严重的，可以在按照上述方法确定数额的 1 倍以上 5 倍以下确定赔偿数额。赔偿数额应当包括权利人为制止侵权行为所支付的合理开支。人民法院为确定赔偿数额，在权利人已经尽力举证，而与侵权行为相关的账簿、资料主要由侵权人掌握的情况下，可以责令侵权人提供与侵权行为相关的账簿、资料；侵权人不提供或者提供虚假的账簿、资料的，人民法院可以参考权利人的主张和提供的证据判定赔偿数额。

权利人因被侵权所受到的实际损失、侵权人因侵权所获得的利益、注册商标许可使用费难以确定的，由人民法院根据侵权行为的情节判决给予 500 万元以下的赔偿。

4. 责令销毁假冒注册商标的商品及主要用于制造假冒注册商标的商品的材料、工具。《商标法》规定，人民法院审理商标纠纷案件，应权利人请求，对属于假冒注册商标的商品，除特殊情况外，责令销毁；对主要用于制造假冒注册商标的商品的材料、工具，责令销毁，且不予补偿；或者在特殊情况下，责令禁止前述材料、工具进入商业渠道，且不予补偿。假冒注册商标的商品不得在仅去除假冒注册商标后进入商业渠道。

5. 行政处罚。行政处罚是保护注册商标专用权的措施之一。根据《商标法》第六十条第二款的规定，市场监督管理部门处理时，认定侵权行为成立的，责令立即停止侵权行为，没收、销毁侵权商品和主要用于制造侵权商品、伪造注册商标标识的工具，违法经营额 5 万元以上的，可以处违法经营额 5 倍以下的罚款，没有违法经营额或者违法经营额不足 5 万元的，可以处 25 万元以下的罚款。对 5 年内实施两次以上商标侵权行为或者有其他严重情节的，应当从重处罚。销售不知道是侵犯注册商标专用权的商品，能证明该商品是自己合法取得并说明提供者的，由市场监督管理部门责令停止销售。

对侵犯商标专用权的赔偿数额的争议，当事人可以请求进行处理的市场监督管理部门调解，也可以向人民法院起诉。经市场监督管理部门调解，当事人未达成协议或者调解书生效后不履行的，当事人可以向人民法院起诉。

6. 刑事责任。根据《中华人民共和国刑法》的规定，可能触犯刑法的行为主要有：未经注册商标所有人许可，在同一种商品上使用与其注册商标相同的商标，情节严重的；销售明知是假冒注册商标的商品，销售金额数额较大的；伪造、擅自制造他人注册商标标识或者销售伪造、擅自制造的注册商标标识，情节严重的。

另外，应特别注意的是，《商标法实施条例》规定，伪造、变造《商标注册证》的，依照刑法有关伪造、变造国家机关证件罪或者其他罪的规定，依法追究刑事责任。

六、对驰名商标的保护

驰名商标是指在中国境内为相关公众广为知晓的商标。商标是企业的无形资产，驰名商标更是企业的宝贵财富，当今的竞争已经进入了品牌竞争的阶段，为保护知名度高的商标持有人的合法权益，防止他人傍名牌，对驰名商标作了高于普通注册商标的保护规定。

(一) 对驰名商标的保护内容

1. 对未在中国注册的驰名商标的保护。《商标法》第十三条第一款规定，就相同或者类似商品申请注册的商标是复制、摹仿或者翻译他人未在中国注册的驰名商标，容易导致混淆的，不予注册并禁止使用。

2. 对已在中国注册的驰名商标的保护。《商标法》第十三条第二款规定，就不相同或者不相类似商品申请注册的商标是复制、摹仿或者翻译他人已经在中国注册的驰名商标，误导公众，致使该驰名商标注册人的利益可能受到损害的，不予注册并禁止使用。

《商标法》的规定将保护的范围扩大到不相同或不相类似商品上，不但超越了《巴黎公约》的要求，而且也实现了我国对 WTO《与贸易有关的知识产权协议》的承诺。

申请商标注册与申请驰名认定的目的是不同的，申请商标注册是为了取得商标专用权。申请驰名认定则是为了适用《商标法》对驰名商标的特别保护规定，以弥补一般保护的不足。根据《商标法》第十三条的规定，为相关公众所熟知的商标，持有人认为其权利受到侵害时，可以依法向商标评审委员会或人民法院请求认定按驰名商标给予保护。

(二) 认定商标驰名的因素

根据《商标法》第十四条的规定，认定驰名商标应当考虑下列因素：(1) 相关公众对该商标的知晓程度；(2) 该商标使用的持续时间；(3) 该商标的任何宣传工作的持续时间、程度和地理范围；(4) 该商标作为驰名商标受保护的记录；(5) 该商标驰名的其他因素。

从上述因素可以看出，驰名商标认定时考虑的重点是商标的知名度，与相关产品的质量无关。为防止企业将驰名商标与质量挂钩，误导客户，《商标法》规定，生产、经营者不得将"驰名商标"字样用于商品、商品包装或者容器上，或者用于广告宣传、展览以及其他商业活动中。违规使用的，地方市场监督管理部门依法有权责令改正，处 10 万元罚款。

(三)认定商标驰名的机构

1. 商标评审委员会。在商标争议处理过程中,当事人依照《商标法》第十三条规定主张权利的,商标评审委员会根据处理案件的需要,可以对商标驰名情况作出认定。

2. 最高人民法院指定的人民法院。在商标民事、行政案件审理过程中,当事人依照《商标法》第十三条规定主张权利的,最高人民法院指定的人民法院根据审理案件的需要,可以对商标驰名情况作出认定。《最高人民法院关于涉及驰名商标认定的民事纠纷案件管辖问题的通知》(法〔2009〕1号)规定,涉及驰名商标认定的民事纠纷案件,由省、自治区人民政府所在地的市、计划单列市中级人民法院,以及直辖市辖区内的中级人民法院管辖。其他中级人民法院管辖此类民事纠纷案件,需报经最高人民法院批准;未经批准的中级人民法院不再受理此类案件。《最高人民法院关于审理涉及驰名商标保护的民事纠纷案件应用法律若干问题的解释》(法释〔2009〕3号)第十三条规定,在涉及驰名商标保护的民事纠纷案件中,人民法院对于商标驰名的认定,仅作为案件事实和判决理由,不写入判决主文;以调解方式审结的,在调解书中对商标驰名的事实不予认定。

参 考 阅 读

1. 相关法律文件。
2. 曹阳.商标实务指南与司法审查.北京:法律出版社,2019.

复 习 思 考

1. 简述工业产权的含义及其法律特征。
2. 简述专利与技术秘密的主要区别。
3. 简述专利授予的条件和专利申请的原则。
4. 简述发明专利与实用新型专利的主要区别。
5. 简述专利实施许可与专利实施强制许可的主要区别。
6. 简述商标专用权取得的原则。
7. 简述商标使用许可应注意的问题。
8. 简述证明商标与集体商标的主要区别。
9. 简述驰名商标与普通注册商标的主要区别。
10. 侵犯商标专用权的行为有哪些?商标专用权的保护方法与措施有哪些?

案 例 分 析

案情:"红苹果"是国外甲公司某产品的商标,其产品自2014起年向中国出口,在中国广东地区有一定的市场。2018年3月15日,甲公司将"红苹果"作为产品商标向中国商标管理部门提出商标注册。中国长春的乙公司多年来一直生产与甲公司相同的产品,乙公司生产的产品于2018年1月1日在中国政府主办的国际展览会上首次使用"红苹果"商标。

乙公司为了扩大市场、提高产品的知名度，于2018年4月10日将"红苹果"商标作为产品商标，向中国商标管理部门提出商标注册申请。

问题：

1. 乙公司能否获得商标注册？依据的原则是什么？

2. 若甲公司"红苹果"是一驰名商标，但未在中国注册，乙公司能否获得注册？在什么情况下可以获得注册？

3. 若甲公司的"红苹果"驰名商标已在中国注册，乙公司能否获得注册，为什么？

4. 若乙公司不用"红苹果"申请注册，但在申请注册的商标中有外国"红苹具"产品的地理标识，乙公司是否可以获得商标注册？

第七章 合 同 法

市场经济离不开商品交易，合同法则是规范市场交易的基本法。为了保护合同当事人的合法权益，维护社会经济秩序，我国于1999年3月15日由第九届全国人民代表大会第二次会议通过了《中华人民共和国合同法》（以下简称《合同法》），该法于1999年10月1日起施行。1999年12月1日最高人民法院审判委员会通过了《最高人民法院关于适用〈合同法〉若干问题的解释（一）》（以下简称《合同法解释一》），自1999年12月29日起施行。该司法解释涉及《合同法》的法律适用范围、诉讼时效、合同效力、代位权、撤销权、合同转让中的第三人、请求权竞合七个方面的内容。2009年2月9日，最高人民法院审判委员会通过了《最高人民法院关于适用〈合同法〉若干问题的解释（二）》（以下简称《合同法解释二》，自2009年5月13日起施行。该司法解释涉及合同的订立、效力、履行、权利义务终止及违约责任5方面内容。2012年5月10日，最高人民法院印发《关于审理买卖合同纠纷案件适用法律问题的解释》（以下简称《买卖合同解释》）。该解释对买卖合同的成立及效力、标的物交付和所有权转移、标的物风险负担、标的物检验、违约责任、所有权保留、特种买卖等做出了细化规定。该解释自2012年7月1日起施行。2014年2月24日，最高人民法院发布《关于审理融资租赁合同纠纷案件适用法律问题的解释》，对融资租赁合同的认定及效力、合同的履行和租赁物的公示、合同的解除和违约责任等做出细化规定，该解释自2014年3月1日起施行。

2017年3月通过的《民法总则》有关民事法律行为的制度设计与《合同法》中有关合同成立、合同效力的规定之间具有极大的同质性。由于《民法总则》是《合同法》的上位法，根据新法优于旧法的原则，自2017年10月1日《民法总则》实施起，《合同法》与《民法总则》规定不一致之处，应当适用《民法总则》的规定。

与本章有关的法律文件主要有：《合同法》（1999年）、《民法总则》《合同法解释》和《买卖合同解释》（2012年）、《中华人民共和国消费者权益保护法》（2013年）、《中华人民共和国食品安全法》（2018年）等。

本章共分七节，对《合同法》作了较为全面的介绍，内容涉及合同的含义、特征、分类、合同法的含义和特征、合同法的基本原则、合同的订立、合同的效力、合同的履行、合同的变更和转让、合同权利和义务的终止和当事人的违约责任。其中，合同订立的程序、合同效力的认定、合同约定不明的履行、合同变更和转让的条件与程序、合同解除的条件与程序、违约责任的归责原则、违约责任的一般构成要件和违约责任形式是本章的重点。

第一节　合同和合同法概述

一、合同的含义和特征

合同一词在我国两千年以前即已存在，但并未被普遍运用。当时应用广泛的是"契约"一词。近代以来，合同一词逐渐流行，并最终取代了"契约"一词。现在虽然仍有一些学者认为契约与合同各有其确切的含义，即认为，合同是指两个或两个以上的具有并行性或同向性的意思表示的一致；契约则是指两个或两个以上具有对应性或对向性的意思表示的一致。① 但由于契约与合同均是当事人的合意，对于同向性与对向性的区分可在具体合同制度中加以区别，所以现在人们普遍将合同与契约当做同一概念。我国目前的立法、司法实践及法学著述中依据习惯一般均用合同一词概括这两种合意。

根据《合同法》第二条的规定："合同是平等主体的自然人、法人、其他组织之间设立、变更、终止民事权利和义务关系的协议。婚姻、收养、监护等有关身份关系的协议，适用其他法律的规定。"由此可以看出，我国《合同法》调整的合同具有下列四个基本特征：

（一）合同是平等主体之间的协议

合同当事人在法律上地位平等，即一方当事人与他方当事人人格平等，地位对等。民事合同注重意思自治，契约自由，其基础就在于缔约各方法律地位平等，当事人之间不存在一方可以凌驾于他方之上的情形，更不存在命令与服从的关系。

（二）合同的主体具有多方性和广泛性

合同是当事人之间的一种合意，至少要有两个当事人参加才能构成。合同的主体具有广泛性，可以是自然人，也可以是法人或其他组织；可以是中国人，也可以是外国人。只要当事人具有合同能力，都可以成为合同的主体。

（三）合同的内容是设立、变更、终止当事人之间的债权债务关系

合同规范的民事权利和义务在《民法通则》中是作为债的关系来规定的。婚姻、收养、监护等有关身份的协议虽然也属于民事法律关系，但其处理的原则与债的关系的处理原则完全不同，因此，此类协议不能适用《合同法》。

（四）合同是一种协议，反映了当事人的共同意志

合同是当事人的意思表示一致的产物。合同依法成立后就受到法律保护，对所有当事人均有约束力。

二、合同的分类

合同可以从不同角度作多种分类，常用的分类主要有：

（一）按照合同标的的不同划分为转移财产的合同、完成工作的合同和提供服务的合同

转移财产的合同，是指一方将一定的财产所有权或用益权转移给对方，由对方支付相

---

① 李宗锷. 香港合同法与公司法. 香港：商务印书馆香港分馆，1986：25-27.

应报酬的合同，如买卖合同、赠与合同、租赁合同、借款合同等。完成工作的合同是指一方完成另一方交给的工作任务，另一方根据数量和质量给付一定报酬的合同，如承揽合同、建设工程合同等。提供服务的合同是指一方按照约定条件，使用自己的工具，为对方提供服务，由对方支付一定报酬的合同，如运输合同、保管合同等。

此种区分的法律意义在于，不同合同的标的、履行要求和违约责任不同，比如买卖合同可以提供种类物，而承揽合同只能提供特定物。

(二)按照合同名称的不同划分为有名合同和无名合同

有名合同也称典型合同，是指法律对其名称和内容作了专门规定的合同。如我国《合同法》规定的买卖合同等 15 种合同。无名合同也称非典型合同，是指法律没有对其名称和内容作专门规定的合同。

此种区分的法律意义在于，对于有名合同，由于专门法律对其有较详细的规定，因而应首先适用这些规定；没有具体规定的，才适用一般的原则性规定。对于无名合同，只能在适用我国《合同法》总则的同时，根据合同的性质比照适用近似的有名合同的规定。

(三)按照合同条款产生方式的不同划分为格式合同和非格式合同

格式条款是一方当事人为了重复使用而预先拟定，并在订立合同时未与对方协商的条款。采用格式条款订立的合同就是格式合同，如保险合同。非格式合同是指合同条款全部由双方当事人在订立合同时协商确定的合同。

对于格式合同，对方当事人只能对格式条款表示愿意或不愿意接受，一般不能对其进行修改，因此，对方当事人在签订此类合同时处于不利地位。有鉴于此，为维护当事人之间的公平，我国《合同法》第三十九条至第四十一条规定：(1)采用格式条款订立合同的，提供格式条款的一方应当遵循公平原则确定当事人之间的权利和义务，并采取合理的方式提请对方注意免除或者限制其责任的条款，按照对方的要求，对该条款予以说明。提供格式条款一方对已尽合理提示及说明义务承担举证责任。(2)格式条款具有本法第五十二条和第五十三条规定情形的，或者提供格式条款一方免除其责任、加重对方责任、排除对方主要权利的，该条款无效。(3)对格式条款理解发生争议的，应当按照通常理解予以解释。对格式条款有两种以上解释的，应当作出不利于提供格式条款一方的解释。格式条款与非格式条款不一致的，应当采用非格式条款。

《合同法解释二》第九条规定，提供格式条款的一方当事人违反合同法第三十九条第一款关于提示和说明义务的规定，导致对方没有注意免除或者限制其责任的条款，对方当事人申请撤销该格式条款的，人民法院应当支持。第十条规定，提供格式条款的一方当事人违反合同法第三十九条第一款的规定，并具有合同法第四十条规定的情形之一的，人民法院应当认定该格式条款无效。

三、合同法的含义和特征

合同法是国家制定的调整平等主体之间交易关系的法律规范的总称。我国调整合同关系的基本法是《合同法》，它由总则、分则及附则三部分构成，共二十三章四百二十八条。

合同法是调整平等主体之间的交易关系的法，其基本特征是：

(一)合同法是以任意性规范为主的法

在市场经济条件下,要求交易主体能够享有较多的自由,以充分发挥交易主体的活力和创造力。合同法为适应这一要求,尽可能为交易主体留下广阔的活动空间,将政府对合同的干预限制在合理的范围内。表现在立法上便是以任意性规范为主,合同中可以由当事人自行约定的任意性条款较多,强制性条款较少。

(二)合同法是规范交易行为的法

合同法旨在调整动态的财产流转关系,维护财产的交易安全。如果说侵权行为法旨在对遭受侵权损害的人提供事后补救,那么,合同法则是为市场经济提供预定的交易规则,通过规范交易行为,保障当事人的订约目的和期待利益得以实现。

四、合同法的基本原则

合同法的基本原则是制定、执行、解释合同法的最高准则。根据我国《合同法》及有关规定,我国合同法的基本原则主要有:平等原则、自愿原则、公平原则、诚实信用原则、守法原则和公序良俗原则。

(一)平等原则

平等原则,是指合同当事人的法律地位平等,一方不得将自己的意志强加给另一方。在市场经济条件下,合同双方当事人都是独立核算的经济实体,尽管双方经济实力可能不同,但在订立合同时依法具有平等的法律地位,因此,双方应平等协商,使合同内容对双方都有利。

(二)自愿原则

自愿原则,是指合同当事人在法律许可的范围内有权根据自己的真实愿望,自由地进行合同的设立、变更和终止的活动,任何单位和个人不得非法干预。自愿原则主要表现在合同当事人在法律允许的范围内有权自主决定是否订立、变更或者终止合同,有权依法选择合同的相对人、合同的形式等。

(三)公平原则

公平原则,是指因合同所确立的当事人之间权利的享有与义务的分担应当公平合理,对双方都有利。公平是在一定社会的经济、政治、文化和意识形态基础上形成的社会道德行为准则、价值观念。道德和法律虽属两种不同的社会规范,但两者相互联系、相互渗透,法律一般都以道德价值准则作为自己的内容,重要的道德规范往往以法律作为自己的载体。由于公平是交易道德的重要规范之一,所以,调整交易行为的合同法必然要将公平原则作为其最基本的原则之一。

(四)诚实信用原则

诚实信用原则,是指合同当事人从事合同行为时,应当向对方当事人承担善意、真实、守信的责任,保证不向对方实施欺诈、蒙骗、损害对方合法利益的行为。诚实信用原则既是道德原则,也是法律原则。作为一项法律原则,它还具有弹性规定的特点,即司法机关在适用法律时,如果没有相应的具体法律规定,可以根据这一原则作出司法解释,从而解决法律的适用问题。

(五) 守法原则

守法原则,是指合同当事人订立、履行合同,应当遵守全国人民代表大会及其常务委员会制定的法律和国务院制定的行政法规。此外,省、自治区、直辖市的人民代表大会及其常务委员会、较大的市依法制定的地方性法规,以及国务院各部、委员会、中国人民银行、审计署和具有行政管理职能的直属机构,以及省、自治区、直辖市、较大的市的人民政府依法制定的规章,当事人也应当遵守。但如果地方性法规及规章与国家的法律、行政法规相抵触,则不能作为当事人行为合法的依据。人民法院在处理合同纠纷时,所依据的法律规范应当是国家的法律和行政法规,而地方性法规及规章只能作为处理案件的参考。

守法原则,是指合同当事人订立、履行合同,应当遵守全国人民代表大会及其常委会制定的法律和国务院制定的行政法规。此外,省、自治区、直辖市的人民代表大会及其常委会、较大的市依法制定的地方性法规,以及国务院各部、委员会、中国人民银行、审计署和具有行政管理职能的直属机构,以及省、自治区、直辖市、较大的市的人民政府依法制定的规章,当事人也应当遵守。但如果地方性法规及规章与国家的法律、行政法规相抵触,则不能作为当事人行为合法的依据。人民法院在处理合同纠纷时,所依据的法律规范应当是国家的法律和行政法规,而地方性法规及规章只能作为处理案件的参考。

(六) 尊重公序良俗原则

公共秩序是指社会、政治、经济秩序;善良风俗是指社会成员普遍认可和遵循的道德准则。尊重公序良俗原则,是指合同当事人订立、履行合同,应当尊重社会善良风俗,不得扰乱社会、政治、经济秩序,损害社会公共利益。

第二节 合同的订立

一、合同订立的程序

合同的订立一般要经过要约和承诺两个阶段。

(一) 要约

1. 要约的含义及构成要件。要约,也称订约提议,是当事人一方向他方提出的,希望和他方订立合同的意思表示。其构成要件为:(1)应当是由特定的要约人发出的意思表示。(2)内容应当十分确定。何谓十分确定,我国合同法未对此具体说明。《联合国国际货物销售合同公约》(以下简称《公约》)认为:"一个建议如果写明货物并且明示或暗示地规定数量和价格,或规定如何确定数量和价格,即为十分确定。"这是对要约内容确定的最低要求。(3)应表明经受要约人承诺,要约人即受该意思表示约束。(4)必须传达到受要约人。

要约是具有法律意义的行为。生效的要约对要约人具有法律效力,其效力主要表现在两个方面:(1)要约人在要约有效期内不得随意撤销或变更要约,否则给受要约人造成损失应当赔偿。(2)如果受要约人依法作出承诺,在没有特别规定的情况下,合同即成立。要约人如要反悔,应当承担违约责任。要约对受要约人一般没有约束力,只在法律上取得了承诺的权利,除法律有特殊规定外,并不因此承担必须回复的义务。

要约一般应向特定的人发出。除非当事人有明示相反的规定，否则为了邀请对方向自己订货而发出的商品目录单、报价单等，因为是向不特定的人发出，所以不是要约，而是要约邀请。要约邀请是希望他人向自己发出要约的一种意思表示。该提议对发出要约邀请的人一般不具有法律约束力。

对于向不特定人发出普通商业广告和在柜台上标价出售商品的行为是否构成要约，各国规定不同。北欧各国及《公约》认为，普通商业广告是要约邀请；英美法则认为是要约。我国《合同法》规定，寄送的价目表、拍卖公告、招标公告、招股说明书、商业广告等为要约邀请。但商业广告内容符合要约规定的，视为要约。对于在柜台上标价出售商品的行为的性质，法国及一些大陆法系国家的法认为是要约，英美普通法则将其视为要约邀请。[1] 我国《合同法》和《公约》对此未作明确规定。

2. 要约的生效、撤回与撤销。要约可以采用口头或书面形式。《合同法》第十六条规定，要约到达受要约人时生效。采用数据电文形式订立合同，收件人指定特定系统接收数据电文的，该数据电文进入该特定系统的时间，视为到达时间；未指定特定系统的，该数据电文进入收件人的任何系统的首次时间，视为到达时间。

《民法总则》对此作了细化和部分调整，规定以对话方式作出的意思表示，相对人知道其内容时生效。以非对话方式作出的意思表示，到达相对人时生效。以非对话方式作出的采用数据电文形式的意思表示，相对人指定特定系统接收数据电文的，该数据电文进入该特定系统时生效；未指定特定系统的，相对人知道或者应当知道该数据电文进入其系统时生效。当事人对采用数据电文形式的意思表示的生效时间另有约定的，按照其约定。该条规定严格区分了以对话方式和非对话方式作出意思表示的生效时间，并对相对人未指定特定系统的规定进行修改，这样对于接收意思表示的一方而言，更加公平，更能体现公平原则；同时又许可当事人约定以数据电文方式订立合同的成立时间，彰显了契约自由精神。

要约的撤回，是指在要约生效前，要约人使其不发生法律效力的意思表示。要约在尚未到达对方时对要约人没有约束力，要约人可将其撤回。要约的撤回一般只发生在书面形式的要约中。为阻止已发出的要约生效，撤回要约的通知应当采取比原要约更迅速的通知方式，在原要约到达受要约人之前或同时到达。

要约的撤销，是指要约生效后，要约人使其要约丧失法律效力的意思表示。要约能否撤销，各国对此有不同规定。传统英美法认为，要约原则上对要约人无拘束力。无论要约人是否规定有有效期限，要约人在受要约人对要约作出承诺前随时可以撤销或更改要约。这一原则对受要约人缺乏应有的保障。现代英美法已作了适当变通，如美国《统一商法典》规定，在货物买卖中，在要约有效期内，要约对要约人有拘束力，不能随意撤销。如要撤销，须符合三个条件：一是要约人必须是商人；二是要约中所规定的期限不超过三个月；三是要约须以书面形式作成，并由要约人签字。

大陆法认为，要约原则上对要约人有约束力，但在具体规定上也有不同。德国法认

---

[1] 姚梅镇主编，余劲松主持修订 国际经济法概论. 修订版. 武汉：武汉大学出版社，1999：105.

为，如果要约规定了有效期限，则在有效期限内不得撤销或变更其要约。如果要约没有规定有效期限，则依通常情形，在可望得到答复以前，不得撤销或变更其要约。法国法认为，要约被受要约人承诺之前，可以撤销，但若因此发生损失，则要约人应负损害赔偿责任。

《公约》第十六条规定，要约被受要约人承诺之前，原则上可以撤销，但有下列情形之一者不能撤销：一是要约写明承诺期限或以其他方式表明要约是不可撤销的；二是受要约人有理由信赖该项要约是不可撤销的，并已本着对该项要约的信赖行事。如买方发出要约称："能否供应，请尽快答复，未获贵方答复前，我将不另询价。"

我国《合同法》的规定与《公约》相近，即除法定情形外，要约可以撤销。我国《合同法》第十九条规定的不得撤销的要约有两种：一是要约人确定了承诺期限或者以其他形式明示要约不可撤销；二是受要约人有理由认为要约是不可撤销的，并已经为履行合同作了准备工作。撤销要约的通知应当在受要约人发出承诺之前到达受要约人。

3. 要约的失效。我国《合同法》第二十条规定在下列四种情形下要约失效：(1)受要约人拒绝承诺。(2)期限届满未承诺。承诺的起算期限，根据我国《合同法》的规定，要约以信件或者电报作出的，承诺期限自信件载明的日期或者电报交发之日开始计算。信件未载明日期的，自投寄该信件的邮戳日期开始计算。要约以电话、传真等快速通信方式作出的，承诺期限自要约到达受要约人时开始计算。(3)要约人依法撤销。(4)受约人提出新要约。

(二) 承诺

1. 承诺的含义及有效要件。承诺，是指受要约人收到要约后按照要约所规定的时间与方式，用诺言或行动对要约表示完全同意的一种法律行为。受要约人表示承诺后，就对自己产生约束力。承诺是具有法律意义的行为，有效的承诺应具备以下三个条件：

第一，承诺必须由受要约人作出，并传达给要约人。承诺应由受要约人本人或其法定代表人、代理人作出。承诺的方式依法可采取通知或以行为表示的方式。承诺的通知可以是口头形式，也可以是书面形式，但一般应与要约的形式一致或符合要约的要求。以行为表示，是指根据交易习惯或者在要约表明可以通过行为承诺时，以具体行为表示承诺。《公约》规定的承诺方式与我国的规定相似。法国法认为基于交易习惯，沉默可以构成承诺；日本法规定，经常交易的人之间，沉默可以构成承诺。英美法规定沉默在三种情况下有效：(1)要约有明确相反的规定；(2)受要约人以行为履行了要约的要求；(3)基于交易习惯。

第二，承诺应当在要约的有效期内传达到要约人。承诺期限的确定有两种方式：一是要约中确定的期限；二是法定的期限。我国《合同法》第二十三条规定，要约以对话方式作出的，应当即时作出承诺，但当事人另有约定的除外。要约以非对话方式作出的，承诺应当在合理期限内到达。国外的法律也有类似的规定。对于"合理期限"的认定，各国法律均未作规定，一般根据实际需要确定。

超过要约有效期的承诺，称为迟到或逾期承诺。除要约人及时通知受要约人该承诺有效的以外，应视为新要约或称反要约。如果受要约人在承诺期限内发出承诺，按照通常情形能够及时到达要约人，但因其他原因导致承诺到达要约人时超过承诺期限的，除要约人及时通知受要约人因承诺超过期限不接受该承诺的以外，该承诺有效。《公约》的规定与我国的规定类似。

第三，承诺的内容应与要约的内容基本一致。承诺的内容与要约的内容一致，表明要约人与承诺人意思表示一致，双方达成了合意。是否允许承诺人对要约作适当变更，各国规定不一。我国法律规定，受要约人对要约内容作出实质性变更的，应视为新要约。所谓实质性变更，是指有关合同标的、数量、质量、价款或者报酬、履行期限、履行地点和方式、违约责任和解决争议的方法等的变更。在具体判断时还应考虑当事人提出有关条款的目的。承诺对要约的内容作出非实质性变更的，除要约人及时表示反对或者要约表示承诺不得对要约的内容作出任何变更以外，该承诺有效，合同内容以承诺的内容为准。

传统英美法认为，承诺不能对要约有任何改变。但现代美国《统一商法典》则较灵活，规定商人之间如果受要约人在承诺中附加了某些条款，承诺仍可有效。这些附加条件应视为合同的一个组成部分，除非：(1)要约中已明确规定承诺时不得附加任何条件；(2)承诺中的附加条件对要约作出了重大修改；(3)要约人在接到承诺后已在合理时间内作出拒绝这些附加条件的通知。只要符合上述三者之一，则承诺无效。

《公约》第十九条对附加条件的承诺的效力认定分为两种情况：(1)对要约所作的承诺如载有附加、限制或其他更改，应视为对要约的拒绝，并构成反要约；(2)若承诺所载的附加或不同条件在实质上并不变更该项要约的条件，则除要约人及时提出反对外，仍可构成承诺。若要约人不提出异议，合同条件即以要约的条件及承诺中所载的更改为准。所谓实质上变更要约的条件，是指承诺中载有关于价格、付款、货物的质量和数量、交货地点和时间、当事人一方对他方的赔偿责任范围或解决争议等方面的更改或提出的附加条件。

2. 承诺的生效与撤回。承诺的生效时间目前国际上主要有两种规定方式，即"投邮生效"和"到达生效"。英美法系一般采取"投邮生效"，承诺发出后即不能撤回；大陆法系国家一般采用"到达生效"。承诺到达相对人之前可以撤回。我国的规定与《公约》的规定相同，即在原则上采取"到达生效"的原则，但也有例外。根据我国《合同法》第二十六条的规定，承诺自通知到达要约人时生效。承诺不需要通知的，根据交易习惯或者要约的要求作出承诺的行为时生效。

承诺的撤回，是指在承诺生效前，承诺人阻止其发生法律效力的意思表示。由于我国采取"到达生效"的原则，因此，在承诺到达要约人之前，承诺人可以将其承诺撤回。撤回的通知应当在承诺通知到达要约人之前或者与承诺通知同时到达要约人。

二、合同的内容与形式

(一)合同的内容

合同的内容主要是规定合同当事人的权利与义务。除少数由法律直接规定外，绝大多数合同内容由当事人根据意思自治原则自行协商确定，只要当事人的约定不违背国家法律的禁止性规定，国家不作干涉。为了保证当事人在协商过程中充分表达自己的意愿，避免在以后的合同履行中出现纠纷，我国《合同法》规定，合同一般应包括以下内容：

1. 当事人的名称或者姓名住所。约定的目的在于明确合同当事人。
2. 标的。即合同当事人权利和义务所指向的对象，它可以是财物、劳务、工作成果、知识产权。

3. 数量。即用计量单位和数字来衡量标的的尺度，它决定当事人权利与义务的大小。数量的计量标准应符合我国《计量法》及其实施细则的规定。此外，定量包装的商品，还应符合《定量包装商品计量监督管理办法》。

4. 质量。即合同标的的具体特征，它是标的内在素质和外观形态的综合。

5. 价款或者报酬。即当事人一方向交付标的的另一方支付的货币。价款通常指转移财产时支付的货币，报酬通常指提供劳务或工作成果的酬金。价款或者报酬的约定一般应包括单价、总价、计算标准、结算方式、运费、保险费、保管费、检验费及其他费用等。

6. 履行期限、地点和方式。即当事人全面完成自己的合同义务的时间、地点和方式。

7. 违约责任。即当事人不履行或者不完全履行合同时应承担的责任。

8. 解决争议的方法。

当事人在签订合同时除了可以参考上述条款外，还可以参考国家有关机关制作的合同示范文本。这些示范文本虽然不具有法律约束力，但对于提示当事人在订立合同时更好地明确各自的权利与义务，防止或减少合同纠纷有重要作用。

(二)合同的形式

合同的形式是当事人意思表示一致、达成协议的外部表现形式。我国《合同法》第十条规定，当事人订立合同，有书面形式、口头形式和其他形式。

口头形式，是指当事人以对话方式达成协议的合同形式。其优点是简便易行、快捷，有利于加快民事流转速度，是即时清结的合同普遍采用的合同形式。其缺点是举证比较困难。书面形式，是指当事人以合同书、信件以及数据电文(包括电报、电传、传真、电子数据交换和电子邮件)等可以有形地表现所载内容的方式订立合同的形式。其优点是权利与义务明确，有利于防止和处理合同纠纷。非即时清结的合同一般应采用书面形式。

法律、行政法规规定或当事人约定采用书面形式的，应当采用书面形式。当事人应当采用书面形式但未采用的，或当事人虽采用了书面形式但未签字或盖章的，属于形式有欠缺的合同，对这类合同，只要当事人一方已履行了主要义务，对方接受的，合同应被推定为成立。采用书面形式合同的当事人应在书面合同上签名或盖章。

其他形式是指除口头和书面之外的合同形式，如以实际行为承诺的形式。

三、合同的成立

(一)合同成立的含义和构成要件

合同的成立，是指当事人经协商达成一致而建立了合同关系。合同成立依法应当具备两个要件：

1. 订约主体应当是有权订立合同的当事人或其合法代理人。

2. 订约双方对合同的实质性条款达成一致。其中，当事人名称或者姓名、标的和数量是最重要的条款。这是合同成立的核心要件。

合同的成立应经过要约和承诺阶段。

《合同法解释二》第一条规定，当事人对合同是否成立存在争议，人民法院能够确定当事人名称或者姓名、标的和数量的，一般应当认定合同成立。但法律另有规定或者当事人另有约定的除外。

(二) 合同成立的时间与地点

一般合同自承诺生效时成立，承诺生效的地点为合同成立的地点。当事人采用书面形式订立合同的，自双方当事人签字或者盖章时合同成立。当事人采用信件、数据电文等形式订立合同的，可以在合同成立之前要求签订确认书。签订确认书时合同成立。

法律、行政法规规定或者当事人约定采用书面形式订立合同，当事人未采用书面形式但一方已经履行主要义务，对方接受的，该合同成立。采用合同书形式订立合同，在签字或者盖章之前，当事人一方已经履行主要义务，对方接受的，该合同成立。

四、缔约过失责任

(一) 缔约过失责任的含义及构成要件

缔约过失责任，是指缔约人在订立合同的过程中，因故意或过失违背诚实信用原则，给对方当事人的利益造成损失所应承担的责任。缔约过失责任是一种"先合同义务"，即在要约生效后、合同成立以前，基于诚实信用的原则而由当事人必须承担的义务。这种义务主要包括互相协助、及时通知、相互保护等诚信义务。

缔约过失责任的构成包括四个要件：(1) 缔约人实施了与诚实信用原则相违背的行为；(2) 缔约人在实施与诚实信用原则相违背的行为时主观上有过错；(3) 对方当事人遭受损失；(4) 损失与缔约人的过错存在因果关系。

缔约过失责任作为一种违反先合同义务的行为，它与违约责任是不同的，两者的区别主要表现在以下几个方面：

1. 性质不同。违约责任是因一方违反有效合同约定的义务而产生的责任，它是以有效合同关系的存在为前提的；而缔约过失责任的当事人之间并不存在合同关系，它是以违反合同法上的义务为前提的，是一种合同法上的责任。

2. 发生时间不同。违约责任发生于合同成立生效之后；缔约过失责任发生在合同订立过程中。

3. 归责原则不同。违约责任一般适用严格责任原则，除法定免责情形外，只要当事人违约就应当承担违约责任，而不必证明这种违约是由于当事人的主观过错造成的；缔约过失责任适用过错责任原则，即由于当事人主观上的故意或过失，造成缔约过程中对方的损失时，才承担损害赔偿责任。

4. 承担责任的方式不同。违约责任形式多样；缔约过失责任只有一种方式，即赔偿损失。

(二) 缔约过失的表现形式

根据我国《合同法》第四十二条、第四十三条的规定，当事人承担缔约过失责任的情形主要有以下四种：

1. 假借订立合同，恶意进行磋商。如以订立合同为名，参观生产基地，或故意拖延谈判时间以争取更好的交易机会、条件等。

2. 故意隐瞒与订立合同有关的重要事实或者提供虚假情况。如出具虚假资信证明，夸大自己的生产能力等。

3. 泄露或不正当使用在订立合同时知悉的对方的商业秘密。在订立合同时，有时相互告知一些商业秘密是达成合同所必须的。但无论合同是否成立，都不得泄露对方的秘密，否则，要赔偿因此而给对方造成的损失。

4. 其他违背诚实信用原则的行为。

第三节 合同的效力

一、合同效力的含义和表现

(一) 合同效力的含义

合同效力，是指已经成立的合同在当事人之间产生的法律约束力，即通常所说的合同的法律效力。合同的本质在于合意。从严格意义上讲，如果没有相应的法律借以援引，纯粹的合同仅为某种事实行为。只有合同法律的存在，才使得当事人的意志呈现法律上的效果。

合同具有法律上的效力并不是说合同等于法律。合同的效力来自于法律的赋予，只有当事人的意志符合国家的意志，它才能得到作为国家意志体现的法律的认可和保护。

(二) 合同效力的表现

一般而言，合同的效力主要指其内部效力，即合同仅能约束其当事人。但随着社会经济的发展，市场主体的外部经济关系日益复杂，当事人之间的合同关系往往会影响到其他人的合法权益。因此，各国法律逐步赋予合同一定的外部效力。具体而言，合同的效力表现在以下两个方面：

1. 合同对当事人的效力。合同对当事人的效力具体体现在权利和义务两个方面。就合同权利而言，主要包括请求并接受债务人履行债务的权利、抗辩权以及各种请求救济权，当事人通过行使这些权利而实现其利益。就义务而言，全面履行义务具有法律上的强制性。如果当事人违反合同义务，则应承担违约责任。法律责任是合同义务的保障，如果失去责任制度，合同效力也难以有效发挥。

2. 合同对第三人的效力。合同对第三人的效力目前主要表现在两个方面：一是依法成立的合同具有排斥第三人非法干预和侵害的效力；二是为保全合同利益，法律允许债权人在特定情况下向第三人行使代位权和撤销权。

二、有效的合同

(一) 合同有效的要件

有效的合同，是指具备法定条件，受到国家承认和保护的、具有法律效力的合同。合同有效的要件是判断合同是否发生法律效力的标准。根据我国《民法总则》和《合同法》的规定，合同有效的基本要件是：

1. 主体合格。即当事人应具有相应的民事行为能力，并在自己的经营范围内订立合同。当事人超越经营范围订立的合同是否有效？根据《合同法解释一》的规定，当事人超越经营范围订立合同，人民法院不因此认定该合同无效。但违反国家限制经营、特许经营以及法律、行政法规禁止经营规定的除外。

2. 当事人意思表示真实。意思表示，是指行为人将其意欲发生法律行为效果的内心意思，表示于外的行为。当事人意思表示真实，是指其外在意思表示与内心想法是一致的，不存在欺诈、胁迫或重大误解等违背当事人意愿的情形。意思表示可以对话方式作出，也可以非对话方式作出。无相对人的意思表示，比如立遗嘱，于表示完成时生效。法律另有规定的，依照其规定。行为人可以明示或者默示作出意思表示。但沉默只有在有法律规定、当事人约定或者符合当事人之间的交易习惯时，才可以视为意思表示。

3. 内容合法，不违反法律、行政法规的强制性规定，不违背公序良俗。我国《合同法》第五十二条规定，"违反法律、行政法规的强制性规定"的合同无效。《民法总则》增设了"但书"条款，即"但是该强制性规定不导致该民事法律行为无效的除外"，授权法官根据被违反的强制性规范的规范目的来判断是否一定要将违反该强制性规范的民事法律行为确认为无效。

法律上的强制性规定分为两种：效力性强制规定和管理性强制规定。一般认为，效力性强制性规定的侧重点在于禁止违反强制性规定的法律行为上，以否认其法律效力为目的；管理性强制性规定的侧重点在于禁止违反强制性规定的事实行为，以禁止其行为为立法目的。因此，区分二者，可以考虑从法律、行政法规是否对效力有明确规定、是否涉及对公序良俗的侵害、是针对一方当事人行为还是针对双方当事人的行为方式、是否存在例外情形的规定等方面进行判断。《合同法解释二》指出，此处的"强制性规定"，是指效力性强制性规定。违反效力性强制规定的，人民法院应当认定合同无效；违反管理性强制规定的，人民法院应当根据具体情形认定其效力。

如何识别效力性强制性规定与管理性强制性规定目前是司法实践中的难题，时常引发争议。《合同法解释二》规定，人民法院应当综合法律法规的意旨，权衡相互冲突的权益，诸如权益的种类、交易安全以及其所规制的对象等，综合认定强制性规定的类型。如果强制性规范规制的是合同行为本身即只要该合同行为发生即绝对地损害国家利益或者社会公共利益的，人民法院应当认定合同无效。如果强制性规定规制的是当事人的"市场准入"资格而非某种类型的合同行为，或者规制的是某种合同的履行行为而非某类合同行为，人民法院对于此类合同效力的认定，应当慎重把握，必要时应当征求相关立法部门的意见或者请示上级人民法院。

(二) 合同有效与合同成立的区别

1. 合同成立是合同有效的前提条件。合同没有成立，自然不可能发生效力。合同成立是指合同订立过程的完成。它解决的是合同自身有无的问题；而合同有效则指已经成立的合同因为具备有效条件而在当事人之间具有法律拘束力。它解决的是已经成立的合同有无法律拘束力的问题。因此，考察合同是否有效，首先必须考察合同是否成立。

2. 合同成立侧重于合同当事人订约时的意思表示一致，只要具备要约与承诺，双方在实质条款上意思表示一致，合同即告成立；而合同的有效则侧重于合同是否违背法律规定，只有符合法律规定，已成立的合同才能有效，违法合同虽已成立但不受法律保护。进一步地说，合同成立制度主要表现了当事人的意志，体现了合同自由的原则，而合同有效制度则体现了国家对合同关系的肯定或否定评价,反映了国家对合同关系的干预。

3. 合同的成立侧重于考虑承诺与要约是否一致,只要在形式上达成一致,合同即告成立;而合同有效则侧重于考虑要约与承诺是否体现了当事人的真实意思,如果意思表示不真实,则该合同不能产生法律效力。

(三)合同生效

合同生效,是指符合有效要件的合同发生法律效力的具体时间点。依法成立的合同,一般自成立时生效。依据法律、行政法规规定应当办理批准、登记等手续生效的,则在履行完相应手续时合同生效。但未规定登记后生效的,当事人未办理登记手续不影响合同的效力,但可能影响某些权利的取得。比如以房产抵押的合同,未办理抵押权登记,抵押权不设立。当事人对合同生效约定附条件的,所附生效条件成立时,合同生效。当事人对合同生效约定附期限的,所附生效期限届至时,合同生效。

《合同法解释二》第八条规定,依照法律、行政法规的规定经批准或者登记才能生效的合同成立后,有义务办理申请批准或者申请登记等手续的一方当事人未按照法律规定或者合同约定办理申请批准或者未申请登记的,人民法院可以根据案件的具体情况和相对人的请求,判决相对人自己办理有关手续;对方当事人对由此产生的费用和给相对人造成的实际损失,应当承担损害赔偿责任。

三、效力待定的合同

(一)效力待定合同的含义和种类

效力待定的合同,是指虽已成立,但因其主体有瑕疵,不完全满足生效要件的规定,致使其效力不确定的合同。其特点是:(1)合同主体有瑕疵;(2)合同虽已成立,但须经合格主体予以追认才能生效;(3)该合同经补正后自始生效。效力待定的合同主要有四种:一是限制行为能力人订立的合同;二是代理权有瑕疵的合同;三是代表人越权订立的合同;四是无处分权人订立的合同。

(二)限制行为能力人订立的合同

限制行为能力人订立的合同,是指由限制行为能力人作为合同主体一方或双方所订立的合同。由于限制行为能力人不能完全判断自己行为的后果,为保障其利益,我国《民法总则》及《合同法》规定,限制行为能力人只能与他人订立与其年龄、智力、精神健康状况相适应的合同,以及自己纯获利益的合同。限制行为能力人要从事超越其能力的行为时,应由其法定代理人代理或经其法定代理人追认才能生效。法定代理人的追认是单方的意思表示,无需相对人的同意即可发生效力。法定代理人的追认一般应以明示通知方式作出,但法定代理人以行动自愿履行合同的行为,也可视为对合同的追认。

由于限制行为能力人订立的合同效力不确定,为防止相对人的利益受到损害,《合同法》第四十七条第二款规定相对人享有催告权和撤销权。即相对人可以催告法定代理人在一个月内予以追认。法定代理人未作表示的,视为拒绝追认。合同被追认之前,善意相对人有撤销的权利,但撤销应以通知方式作出。所谓善意,一般是指在签订合同时不知道或者不可能知道对方是限制行为能力人。

（三）代理权有瑕疵的人订立的合同

1. 无权代理人订立的合同

无权代理人订立的合同，是指无代理权的人代理他人与相对人订立的合同。根据《合同法》第四十八条的规定，行为人没有代理权、超越代理权或者代理权终止后以被代理人名义订立的合同，属于无权代理人订立的合同。此类合同，除表见代理情形外，未经被代理人追认的，对被代理人不发生法律效力。相应的合同责任由无权代理行为人承担。

对此类合同，合同相对人享有催告权和撤销权。即相对人可以催告被代理人在一个月内予以追认。被代理人未作表示的，视为拒绝追认。合同被追认之前，善意相对人有撤销的权利。撤销应以通知方式作出。

2. 表见代理订立的合同

表见代理，是指代理人虽无代理权，但善意第三人在客观上有充分的理由相信其有代理权，并因此与无权代理人发生民事法律行为，并使该项法律行为的后果直接由被代理人承担的法律制度。表见代理制度实质上是依法将无权代理作为有权代理来认定的法律制度。其目的是为了既维护交易安全，又支持交易的效率；既保证被代理人的利益不受损害，又维护相对人的交易安全。

表见代理的成立有三个要件：（1）行为人没有代理权；（2）客观上存在使相对人确信行为人有代理权的事实；（3）相对人在主观上须为善意、无过错。

根据《合同法》第四十九条，表见代理应视同有权代理。因此，如果行为人与相对人之间订立的合同具备合同的其他有效要件，则因表见代理行为订立的合同所设定的权利与义务，由被代理人承担。被代理人由此受到损失的，被代理人有权向代理人请求赔偿。

（四）相对人知道或者应当知道法定代表人、负责人越权订立的合同

法人的法定代表人或其他组织负责人的权限依法或依其组织章程都是受限制的。如果按照"越权行为无效"的原则来处理法定代表人、负责人的行为，相对人的合法利益将难以保证。因为在法定代表人、负责人的越权行为中，有不少是直接为公司或企业利益而实施的。如果采用"越权行为无效"的原则来处理这一行为，有可能出现两种情况：一是当该行为的确能使公司或企业产生利益时，公司或企业可以通过追认方式使该行为产生法律效力，使越权行为合法化；二是为公司或企业利益而实施的越权行为在后来变得对公司或企业不利时，公司或企业可以利用"越权行为无效"原则使合同无效。这样，法定代表人、负责人完全可以利用这一原则使合同成为自己手中的玩物，相对人的利益则将在这场游戏中受到损害。

此外，相对人对法定代表人、负责人的越权行为难以判断，无法有效地保护自己。如果法律要求相对人对法定代表人、负责人的每一个行为都进行审查，必将影响交易效率。

为平衡公司或企业与相对人的利益关系，目前我国及世界上大多数国家均在一定条件下采用"越权行为有效"的原则，即法定代表人、负责人的越权行为，除非相对人知道或者应当知道他们的行为超越权限的以外，他们的越权行为有效。

（五）无处分权人订立的合同

无处分权人订立的合同，是指无处分权人处分他人财产而与第三人订立的合同。《合同法》第五十一条规定，无处分权的人处分他人的财产，经权利人追认或者无处分权的人在签订合同后取得处分权的，该合同有效。一般认为其适用范围仅限于恶意或者误认出卖他人财产的合同，不包括共有人未经其他共有人同意处分共有财产、抵押人未经抵押权人同意出卖抵押财产等处分自己财产的行为。

对《合同法》第五十一条的规定，目前在理论界和实务界中有一些分歧，一种观点对该条持肯定态度，但也有观点认为，这一条款片面保护财产静态的安全对买受人不利，应当确认此类合同有效。

持否定观点的主要依据是《买卖合同解释》第三条的规定，即"当事人一方以出卖人在缔约时对标的物没有所有权或者处分权为由主张合同无效的，人民法院不予支持。出卖人因未取得所有权或者处分权致使标的物所有权不能转移，买受人要求出卖人承担违约责任或者要求解除合同并主张损害赔偿的，人民法院应予支持。"

参与立法的中国社会科学院学部委员梁慧星教授认为，"无权处分他人财产的合同，因权利人不追认，处分人事后也未取得处分权而致合同无效情形，买受人如属于善意，依《物权法》第一百零六条关于善意取得制度的规定，仍可获得标的物所有权；买受人非属于善意，则依合同法第五十八条关于合同无效的效果之规定，可要求出卖人如数返还买卖价金，如果因此受到损失，还可以要求有过错的出卖人予以赔偿。可见，《合同法》第五十一条无权处分合同规则，并非对买受人不利。所谓片面保护财产静态的安全、对买受人不利的批评，难谓公允。"①

按照梁慧星教授的说法，《买卖合同解释》第三条的规定是针对《合同法》第一百三十二条"出卖的标的物，应当属于出卖人所有或者出卖人有权处分。法律、行政法规禁止或者限制转让的标的物，依照其规定。"所作的解释，针对的是合同当事人，并不是对《合同法》第五十一条的否定。《合同法》第五十一条重点在于赋予合同当事人以外的对财产有处分权的人对合同效力行使认定权。

本书作者赞同此观点。如果将无权处分他人财产的合同直接认定为有效，一方面，非善意人在不能取得标的物所有权时也可以要求出卖人承担违约责任，难谓合理。另一方面，善意人在不能取得标的物所有权时，出卖人承担的违约责任也是赔偿给买受人造成的损失，并不会比认定合同无效时承担更多责任。

无处分权人订立的合同与无权代理人订立的合同的区别在于：(1)前者是无处分权人以自己的名义签订合同；后者是无权代理人以被代理人名义签订合同。(2)前者如果被财产权利人追认的，合同当事人将发生变更，即由财产权利人作为合同的当事人；后者合同当事人不变。

---

① 买卖合同特别效力解释规则之创设——买卖合同解释（法释〔2012〕7号）第3条解读. 法学在线-北大法律信息网，http://article.chinalawinfo.com/ArticleHtml/Article_71811.shtml.

四、可撤销合同

(一)可撤销合同的含义和种类

可撤销合同,是指合同订立后,因意思表示不真实,表意不真实的当事人可以行使撤销权使合同归于无效。其主要特点是:(1)订立合同时存在意思表示不真实的情况;(2)在提出撤销前,合同已成立,但因未体现当事人的真实意愿,如果意思表示不真实的一方未提出异议,则可正常履行,视为有效合同;(3)只有意思表示不真实的一方才享有撤销权;(4)此种合同被撤销的,合同从订立时起即丧失法律效力。有关民事责任按无效合同的责任处理。

对于可撤销合同,《合同法》规定了五种,分别是重大误解的合同、显失公平的合同、乘人之危的合同,以及受欺诈或受胁迫但未损害国家利益的合同。对这五种合同,意思表示不真实一方可以要求变更或撤销。《民法总则》将《合同法》中的"可变更可撤销合同"修正为"可撤销民事法律行为",即当发生欺诈、胁迫等情势致损害表意人的意思自由时,人民法院或者仲裁机构不能"变更"合同,仅能根据当事人的申请撤销合同。此外,《民法总则》将乘人之危吸收归并到显失公平之中。

根据我国《民法总则》的规定,可撤销合同可分为以下四种:

1. 因重大误解订立的合同。这是指当事人对合同的重要内容发生重大误解后,违背其真实意思而订立的合同。重大误解的构成要件是:(1)当事人因自己的误解而作出了意思表示;(2)对方当事人无误导他人的主观上的故意;(3)在重要内容上有重大误解。比如对合同或合同标的物性质有误解、对合同标的物质量的认识有错误等。

2. 在订立合同时显失公平的合同。这是指在订立合同时明显违反公平原则的合同。《民法总则》第一百五十一条规定,"一方利用对方处于危困状态、缺乏判断能力等情形,致使民事法律行为成立时显失公平的,受损害方有权请求人民法院或者仲裁机构予以撤销。"显失公平合同的构成要件是:(1)属于双务有偿合同。(2)合同内容在订立时明显背离公平原则,一方获得的利益超过了法律所允许的限度;如果显失公平不是在订立合同时出现的,而是在合同签订后,因经营风险等原因导致合同显失公平的,则不适用。(3)该不公平系一方利用对方处于危困状态、缺乏判断能力等情形所致。

3. 以欺诈手段订立的合同。包括两种情形。一是当事人一方以欺诈手段,使对方在违背真实意思的情况下签订的合同;二是当事人以外的第三人实施欺诈行为,一方知道或者应当知道该欺诈行为,另一方在违背真实意思的情况下签订合同。

欺诈是一方当事人故意实施的欺骗他人的行为,其目的是使他人陷入错误而作出不真实的意思表示。最高人民法院《关于贯彻执行〈民法通则〉若干问题的意见(试行)》第六十八条规定:"一方当事人故意告知对方虚假情况,或者故意隐瞒真实情况,诱使对方当事人作出错误意思表示的,可以认定为欺诈行为。"

因欺诈而订立的合同的构成要件有四个:(1)欺诈方具有欺诈的故意;(2)欺诈方实施了欺诈行为;(3)被欺诈方因欺诈方的欺诈行为而陷入对合同内容的错误理解;(4)被欺诈方因被欺诈而错误地作出了订立合同的意思表示。

表意人的相对人之外的第三人实施欺诈的情形,《合同法》没有规定。《民法总则》第一百四十九条规定：第三人实施欺诈行为，使一方在违背真实意思的情况下实施的民事法律行为，对方知道或者应当知道该欺诈行为的，受欺诈方有权请求人民法院或者仲裁机构予以撤销。

4. 因胁迫手段订立的合同。包括两种情形。一是当事人一方以胁迫手段，使对方在违背真实意思的情况下签订的合同；二是当事人以外的第三人实施胁迫行为，受胁迫方在违背真实意思的情况下签订合同。

胁迫是以将来要发生的损害或以直接施加损害相威胁，使对方产生恐惧的行为。因胁迫而订立的合同的构成要件有三个：（1）胁迫方具有胁迫的故意；（2）胁迫方实施了胁迫行为；（3）受胁迫方因被胁迫而订立了合同。

表意人的相对人之外的第三人实施胁迫的情形，《合同法》没有规定。《民法总则》第一百五十条规定：一方或者第三人以胁迫手段，使对方在违背真实意思的情况下实施的民事法律行为，受胁迫方有权请求人民法院或者仲裁机构予以撤销。

在《民法总则》做出规定前，表意人只能针对相对方的欺诈和胁迫行为寻求救济，而对于表意人之外的第三人的欺诈和胁迫行为，表意人没有直接的法律依据去寻求法律救济。《民法总则》关于第三人欺诈和胁迫的规定，给表意人提供了更加直接便捷的救济方式，更有利于维护表意人的自由意志。此外，《民法总则》对胁迫受害人的保护程度优于欺诈受害人，没有要求对方知道或者应当知道该胁迫行为，因为通常胁迫比欺诈对受害人的损害更大。

（二）撤销权的行使

当事人申请撤销的权利必须在法定期间内行使。对于撤销权的行使期间，《民法总则》与《合同法》的规定有不同。根据《合同法》第五十五条的规定，具有撤销权的当事人应当在其知道或应当知道撤销事由之日起一年内行使撤销权，超过期限，撤销权消灭。具有撤销权的当事人知道撤销事由后明确表示或者以自己的行为放弃撤销权的，当事人的撤销权消灭。

《民法总则》则区分不同情况规定了不同的行使期间。即有下列情形之一的，撤销权消灭：（1）当事人自知道或者应当知道撤销事由之日起一年内、重大误解的当事人自知道或者应当知道撤销事由之日起三个月内没有行使撤销权；（2）当事人受胁迫，自胁迫行为终止之日起一年内没有行使撤销权；（3）当事人知道撤销事由后明确表示或者以自己的行为表明放弃撤销权；当事人自民事法律行为发生之日起五年内没有行使撤销权的，撤销权消灭。

相较于《合同法》的规定而言，《民法总则》的规定更加具体详尽。它不仅规定了重大误解的当事人行使撤销权的时间，而且具体规定了胁迫情形的起算点。除此之外，《民法总则》还规定了撤销权行使的五年的最长除斥期间。

五、无效合同

（一）无效合同的含义和种类

无效合同，是指已经成立的合同因违反法律、行政法规或社会公共利益，从而自始就没有法律约束力的合同。《合同法》规定了五种情形，《民法总则》删除了以合法形式掩盖非法目的情形，并对其中的一些情形做了调整，归纳为以下四种情形：

1. 无民事行为能力人签订的合同。《合同法》未对无民事行为能力人订立的合同的效力进行规定，《民法总则》对此作了补充。

2. 基于通谋虚伪表示签订的合同。通谋虚伪表示是指行为人与相对人合意形成的虚假的意思表示。《民法总则》删除了《合同法》中以合法形式掩盖非法目的无效情形，改为规定行为人与相对人以虚假的意思表示实施的民事法律行为无效。其构成要件：（1）当事人意思表示虚伪；（2）当事人相互明知意思表示虚伪；（3）当事人就虚伪表示达成合意。

通谋虚伪意思表示存在两个行为，即表示行为和隐藏行为，或者阴合同和阳合同。表示行为或者阳合同并非当事人的真实意思，不论目的是否合法，均应认定为无效；隐藏行为即阴合同，如果符合法律行为生效条件的，则发生法律效力。所以，法律仅规定通谋虚伪表示本身无效，但以虚假的意思表示隐藏的民事法律行为的效力，依照有关法律规定处理。通谋虚伪表示的无效不得对抗善意第三人。

3. 行为人与相对人恶意串通，签订的损害他人合法权益的合同。恶意串通，是指当事人为实现自己的目的而相互串通在一起侵害他人权益的行为。《合同法》第五十二条第二项规定，"恶意串通，损害国家、集体或者第三人利益的"合同无效。《民法总则》第一百五十四条改为"行为人与相对人恶意串通，损害他人合法权益的民事法律行为无效。""他人"代表的范围更广。

因恶意串通而订立的合同的构成要件有三个：（1）当事人存在主观恶意，即明知某种行为将造成对他人合法权益的损害，而故意为之；（2）当事人实施了相互意思联络的行为；（3）合同的内容损害了他人的合法权益。

4. 违反法律、行政法规的强制性规定的合同。但是，该强制性规定不导致该合同无效的除外。

5. 违背公序良俗的合同。

（二）无效合同的确认及处理

无效合同的确认权依法由人民法院和仲裁机构行使。合同被确认无效后，视为自始没有法律效力；如果部分无效且不影响其他条款效力的，其他部分仍有效。比如在合同中如果约定有"在履行合同过程中造成对方人身伤害、因故意或者重大过失造成对方财产损失可免责"的条款，则该条款依《合同法》第五十三条的规定就是无效的，但此种无效不影响合同其他部分的效力。对无效合同引起的财产后果，一般根据无效合同的性质、损害程度和当事人的过错情况进行处理，具体处理方法有：

1. 返还财产。合同被确认无效后，当事人依据该合同所取得的财产应当予以返还。返还财产的目的是使当事人的财产关系恢复到合同签订以前的状态。当事人恶意串通，损害集体或者第三人利益的，当事人应将因此取得的财产返还给集体或者第三人。

2. 折价补偿。合同被确认无效后，当事人依据该合同所取得的财产如果不能返还或者没有必要返还，应当折价赔偿。

3. 赔偿损失。合同被确认无效后，有过错的一方应当赔偿对方因此所受到的损失。双方都有过错的，应当各自承担相应的责任。

4. 收归国有。适用于当事人恶意串通，损害国家利益的情形。

第四节 合同的履行

一、合同履行的含义及原则

合同履行,是指合同生效后,当事人按照法律规定或者合同约定,全面、适当地履行合同义务的行为。当事人全部完成自己应尽的义务,称为全部履行;当事人部分完成自己应尽的义务,称为部分履行;当事人完全未履行自己应尽的义务,称为不履行。在正常情况下,合同因双方当事人全部履行各自的义务而终止。

合同的履行以合同有效为前提和依据,合同当事人应重合同、守信用,严格地、全面地履行合同。

合同履行的原则,是指当事人在履行合同义务的过程中,应当共同遵守的原则。合同履行应遵循下面两个原则:

(一) 全面履行原则

全面履行,是指当事人按照合同规定的标的、质量、数量等,由适当的主体在适当的履行时间、地点,并以适当的履行方式,全面完成合同义务。全面履行原则要求当事人严格按合同约定的各项条款履行。比如合同约定必须由义务人本人履行的,当事人必须亲自履行。合同约定由第三人履行的,义务人应对第三人的履行行为负责。履行期限合同有约定时,应按约定履行。债权人依法可以拒绝债务人提前履行债务,但提前履行不损害债权人利益的除外。债务人提前履行债务给债权人增加的费用,由债务人负担。债务人应全部履行合同义务,债务人部分履行债务的,债权人依法可以拒绝,但部分履行不损害债权人利益的除外。债务人部分履行债务给债权人增加的费用,依法由债务人负担。规定全面履行原则的目的,在于指导和督促当事人全面完成合同规定的各项义务,达到签订合同时预期的目的。全面履行原则是判定合同是否履行和违约的法律标准,是衡量合同履行程度的尺度。

(二) 诚实信用原则

诚实信用原则是合同法的基本原则,也是合同履行的原则。根据这一原则,当事人在履行合同时,应做到:一是应以对待自己事务的注意来对待对方的事务,保证对方当事人能得到自己应得的利益。二是应根据合同的性质、目的和交易习惯,履行保证合同约定的权利和义务实现的各种相关的附随义务。这些附随义务主要包括:相互协助和照顾的义务、瑕疵告知的义务、使用方法和重要事项告知的义务、忠实和保密的义务等。三是在法律和合同规定的义务内容不明确或有欠缺时,应及时与对方协商,依据诚实信用原则履行义务。

二、合同约定不明的履行

为保证合同全面履行,合同当事人应当将合同条款订清写明。但在实践中,仍有许多合同条款有遗漏或规定不清,使履行发生困难。如何解决这一问题?我国《合同法》对此规定了比较明确的处理原则和解决方法。

从原则上看，《合同法》第六十一条规定，合同生效后，当事人就质量、价款或报酬、履行地点等内容没有约定或者约定不明确的，可以协议补充；不能达成补充协议的，按照合同有关条款或交易习惯确定。可见，当事人如果就合同的标的、数量没有约定时，会使合同不能成立和生效，而就其他条款约定不明时，可以根据协议原则、按照合同有关条款原则或按照交易习惯原则确定。

从方法上看，如果按上述原则仍不能确定合同内容，则应适用《合同法》第六十二条的规定，即：(1)质量要求不明确的，按照国家标准、行业标准履行；没有国家标准、行业标准的，按照通常标准或者符合合同目的的特定标准履行。(2)价款或者报酬不明确的，按照订立合同时履行地的市场价格履行；依法应当执行政府定价或者政府指导价的，按照规定执行。(3)履行地点不明确的，给付货币的，在接受货币一方所在地履行；交付不动产的，在不动产所在地履行；其他标的，在履行义务一方所在地履行。(4)履行期限不明确的，债务人随时履行，债权人也可以随时要求履行，但应当给对方必要的准备时间。(5)履行方式不明确的，按照有利于实现合同目的的方式履行。(6)履行费用的负担不明确的，由履行义务一方负担。

此外，我国《合同法》第六十三条规定，执行政府定价或者政府指导价的，在合同约定的交付期限内政府价格调整时，按交付时的价格计价。逾期交付标的物的，遇价格上涨时，按照原价格执行；价格下降时，按照新价格执行。逾期提取标的物或者逾期付款的，遇价格上涨时，按照新价格执行；价格下降时，按照原价格执行。

三、对合同条款的解释

在履行合同过程中，当事人对合同条款的理解有时会存在争议。为解决理解上的分歧，我国《合同法》第一百二十五条规定，当事人对合同条款的理解有争议，应当采用以下五种方式来确定合同条款的真实意思：(1)根据合同所使用的词语来确定双方的真实意思，在分析时要注意结合特定的语言环境。(2)对合同某一条款的理解，应当根据合同的其他有关条款的含义来确定。(3)根据当事人通常的交易习惯来理解。(4)根据诚实信用原则来确定双方的真实意思。(5)根据合同的目的来确定合同条款的真实意思。

作为解决合同条款争议的基本方法，上述五种方式可以同时使用，也可以根据情况选择使用。如果合同为格式合同，应按《合同法》中关于格式合同的处理原则处理。

四、合同履行中当事人的特别权利

(一)抗辩权

抗辩权是指阻止对方当事人行使请求权的对抗权。《合同法》规定的抗辩权主要有三种，即同时履行抗辩权、不安抗辩权和后履行抗辩权。

1. 同时履行抗辩权。这是指在没有规定履行顺序的双务合同中，当事人一方在对方当事人未为对待给付之前，或者履行不适当时，有拒绝先履行自己债务的权利。同时履行抗辩权反映了双务合同中权利与义务的关联性。

同时履行抗辩权的行使条件有：(1)同一合同双方互负债务，且债务履行没有先后顺序。(2)合同债务已届履行期限。(3)对方当事人未履行债务，或者未提出履行债务，或履行债务不符合约定条件。一方向对方要求履行债务时，须自己已为履行或提出履行，否则对方也可行使同时履行抗辩权，拒绝履行自己的债务。(4)对方当事人履行债务是可能的。如果履行不能，且没有法定免责的情形时，当事人可以提出解除合同，并追究对方的违约责任。

同时履行抗辩权是一种延期的抗辩权，只能暂时阻止对方当事人请求履行权的行使，并非永久的抗辩权。如果对方当事人完全履行了合同义务或作好了履行准备，当事人的同时履行抗辩权即消灭，当事人应及时履行自己的义务。

2. 不安抗辩权。这是指先履行债务人在有证据证明后履行债务人有可能不履行或不能履行约定的债务时，有中止履行自己义务的权利。规定不安抗辩权，不仅公平地权衡了双方当事人的利益，避免了对先履行一方的明显不利，而且进一步证明了合同履行是当事人的整个行为过程，并不限于当事人的最终交付行为。它对于先行给付一方来说，不失为一种自我保护的良策；对于促使合同的正常履行，也具有积极的意义。

行使不安抗辩权的条件有：(1)同一合同双方互负债务，且债务履行有先后顺序。(2)在合同订立后，后履行一方的履行能力明显降低，有不能履行的现实危险。如后履行一方有经营状况严重恶化，转移财产，抽逃资金，以逃避债务，丧失商业信誉等情形。当事人没有确切证据而中止履行的，属于违约行为。(3)后履行一方未能对这种危险提供适当担保。

当事人因行使不安抗辩权而中止合同时，应及时通知对方。对方提供适当担保的，应当恢复履行。中止履行后，对方在合理期限内未恢复履行能力并未提供适当担保的，中止履行一方可以解除合同。

3. 后履行抗辩权。这是指在双务合同中约定了债务履行的先后顺序，先履行一方履行债务不符合约定，后履行一方有权拒绝其相应的履行要求。

行使后履行抗辩权的条件有：(1)同一合同双方互负债务，且债务履行有先后顺序；(2)先履行一方履行债务不符合约定。

(二)债权人的代位权

债权人的代位权，是指因债务人怠于行使其到期债权，对债权人造成损害时，债权人以自己的名义向人民法院请求代位行使债务人的债权的权利。它是合同履行中的一种债权保全措施，目的在于保证债权人合法权益的实现。

1. 债权人代位权行使的条件。债权人的代位权是法定的权利，不需要合同当事人在合同中专门约定。债权人行使代位权应具备以下条件：(1)债权人对债务人的债权合法。(2)债务人怠于行使其到期债权，对债权人造成损害，即债务人不履行其对债权人的到期债务，又不以诉讼方式或者仲裁方式向其债务人主张其享有的具有金钱给付内容的到期债权，致使债权人的到期债权未能实现。(3)债务履行已到期。如果债务还未到履行期限，债权人的权利是否能够实现还难以预料，此时允许债权人行使代位权有可能损害债务人的利益，这对债务人显失公平。因此，只有在债务履行已到期限，债权人才可行使代位权。(4)债务人的债权不是专属于债务人自身的债权。所谓"专属于债务人自身的债权"，是指基于扶养关系、抚养关系、赡养关系、继承关系产生的给付请求权和劳动报酬、退休金、养老金、抚恤金、安置费、人寿保险、人身伤害赔偿请求权等权利。

2. 债权人代位权的行使。债权人在行使代位权时,应注意以下问题:(1)代位权是债权人所享有的一项权利,只能由债权人行使。如果债权人有多个,原则上各个债权人都可以行使,但如果一个债权人已就其项债权足额行使了代位权,则其他债权人不得再就该项债权再行使代位权。(2)债权人应以自己的名义向次债务人(即债务人的债务人)所在地人民法院提出申请。债权人以次债务人为被告向人民法院提起代位权诉讼,未将债务人列为第三人的,人民法院可以追加债务人为第三人。(3)代位权的行使范围以债权人的债权为限。债权人行使代位权的必要费用,由债务人负担。

3. 债权人行使代位权的效力。我国《合同法》未明确规定。《合同法解释一》规定,债权人向次债务人提起的代位权诉讼经人民法院审理后认定代位权成立的,由次债务人向债权人履行清偿义务,债权人与债务人、债务人与次债务人之间相应的债权债务关系即予消灭。

(三)债权人的撤销权

债权人的撤销权,是指当债务人放弃对第三人的债权、实施无偿或低价处分财产的行为而有害于债权人的债权时,债权人可以依法请求法院撤销债务人所实施行为的权利。它是一种债的保全制度。

1. 债权人行使撤销权的条件。债权人的撤销权是法定的权利,不需要合同当事人在合同中专门约定。债权人行使撤销权应具备以下条件:(1)债权人对债务人的债权合法。(2)债务人在债权成立后实施了一定的法律行为。如果是债权成立前已经存在的行为,不作为撤销权的标的。(3)债务人实施了严重降低债务人自身偿付能力的行为。这些行为包括:债务人放弃其到期债权;债务人无偿转让财产;债务人以明显不合理的低价转让财产,对债权人造成损害,并且受让人知道该情形的。如果债务人出现放弃或者无偿转让的可能性时,债权人可以通过诉讼保全措施予以保全。(4)债务人实施的上述行为,危及债权人债权的实现。

考虑到债务人以明显不合理的高价收购他人财产也会侵害债权人利益,《合同法解释二》规定,债务人发生此类行为时,人民法院可以根据债权人的申请,参照合同法第七十四条的规定予以撤销。此外,《合同法解释二》对价格合理性规定了认定标准,即转让价格达不到交易时交易地的指导价或者市场交易价70%的,一般可以视为明显不合理的低价;对转让价格高于当地指导价或者市场交易价30%的,一般可以视为明显不合理的高价。

2. 债权人撤销权的行使。债权人在行使撤销权时,应注意以下问题:(1)撤销权是债权人所享有的一项权利,只能由债权人行使。(2)债权人提起撤销权诉讼时应以债务人为被告,并将受益人或者受让人列为第三人。(3)撤销权行使的范围以债权人的债权为限。债权人行使撤销权所支付的律师代理费、差旅费等必要费用,由债务人负担;第三人有过错的,应当适当分担。

由于撤销权的行使涉及第三人的利益和交易安全,为督促债权人及早行使自己的权利,维护第三人的合法权益,我国《合同法》规定,撤销权自债权人知道或应当知道撤销事由之日起一年内行使。如果债权人无法知道撤销事由,债权人应自债务人行为发生之日起5年内行使撤销权,否则,其撤销权消灭。

3. 债权人行使撤销权的效力。对债权人行使撤销权的效力,我国《合同法》未明确规定。在理论上学者们普遍认为,撤销权生效后,被撤销的债务人的行为应视为自始无效;第三人因该行为取得的财产,返还给债务人。通过撤销债务人行为取得的财产,应加入债务人的一般财产,作为全体一般债权人的共同担保,行使撤销权的债权人并无优先受偿权。① 但本书作者认为,从我国《合同法》的规定看,行使撤销权的债权人应有优先受偿权,因为《合同法》规定,撤销权的行使范围以债权人的债权为限,而不是全体债权为限。如果行使撤销权的债权人没有优先受偿权,该债权人债权就不可能得到足额偿付,此外,债权人享有优先受偿权,有利于鼓励债权人积极行使代位权。

如果债权人行使撤销权而被人民法院判决败诉的,其他债权人不得就同一行为再行诉讼。

第五节 合同的变更和转让

一、合同的变更

(一)合同变更的含义

合同的变更有广义和狭义之分。广义的合同变更,是指合同依法成立生效后,合同法律关系的主体、客体和内容的改变。也就是说,合同法律关系三要素中的任何一个要素的改变,都构成合同的变更。狭义的合同变更仅指改变合同法律关系的客体和内容的行为,即指对合同当事人以外的各项条款的修改。这里的合同变更仅指狭义的合同变更。变更前的合同合法有效。这是其与可变更合同的主要区别。

(二)合同变更的种类和条件

合同依法成立生效后,对双方当事人都有法律约束力,双方当事人都不得擅自变更合同。否则就要承担违反合同的法律责任。但是现实经济活动的复杂性和多变性决定了合同成立后,必然要受到主客观因素的影响。为保障当事人的合法权益,法律规定当事人可以通过依法协商一致或在具备情势变更条件时申请法院判决变更合同。

1. 协商变更的条件。根据我国《合同法》,当事人变更合同应具备以下三个条件:(1)当事人对变更合同协商一致。单方无权变更合同。(2)变更后的合同内容应当符合法律规定。不得损害国家利益和社会公共利益。(3)当事人对合同变更的内容约定应确定。当事人对合同变更的内容约定不明确的,推定为未变更。

2. 情势变更的条件。《合同法解释二》第二十六条规定,合同成立以后客观情况发生了当事人在订立合同时无法预见的、非不可抗力造成的不属于商业风险的重大变化,继续履行合同对于一方当事人明显不公平或者不能实现合同目的,当事人请求人民法院变更或者解除合同的,人民法院应当根据公平原则,并结合案件的实际情况确定是否变更或者解除。这一规定确认了合同履行中可以适用情势变更原则。情势变更原则主要针对经济形势、经济政策的巨大变化,与国家对经济生活的干预有直接关系,如价格调整、经济危机、通货膨胀等。以下情形一般可以认定为情势变更:(1)物价超预期暴涨;(2)合同基

---

① 余能斌,马俊驹. 现代民法学. 武汉:武汉大学出版社,1995:451.

础丧失(如合同标的物灭失);(3)汇率大幅度变化;(4)国际经济贸易政策变化等。

情势变更情形涉及当事人切身利益,认定难度较大。最高人民法院在适用情势变更原则时坚持谨慎的态度,并且规定了较为严格的审核程序。最高人民法院在《关于正确适用〈合同法〉若干问题的解释(二)服务党和国家的工作大局的通知》(法〔2009〕165号)第二条特别规定,"对于上述解释条文,各级人民法院务必正确理解、慎重适用。如果根据案件的特殊情况,确需在个案中适用的,应当由高级人民法院审核。必要时应提请最高人民法院审核。"

(三)合同变更的效力

合同变更原则上只对将来发生效力,对已按原合同履行的部分无溯及力。而且合同变更仅对约定变更的部分发生效力,未变更的部分的权利义务应继续有效。因合同变更而给对方造成损失的,除法定可以免责的情形外,受害方有权在变更合同时要求对方给予赔偿。法律、行政法规规定变更合同应当办理批准、登记等手续的,应依照其规定办理相应手续。

二、合同的转让

(一)合同转让的概念

合同的转让,是指在合同依法成立后,改变合同主体的法律行为,即合同当事人一方依法将其合同的权利和义务的全部或部分转让给第三人的行为。它与合同变更的区别主要在于,合同的转让是合同主体的变更,合同的内容并未发生改变。合同转让根据其转让的内容可以分为权利转让、义务转让、权利和义务一并转让三种。

当事人转让合同的基本要求有:(1)转让的合同必须合法有效;(2)符合法律规定的转让程序;(3)转让内容合法,且不损害社会公共利益;(4)合同转让人与受让人之间达成协议。

(二)债权人转让权利

债权人权利的转让,是指债权人通过协议将其债权全部或部分转让给第三人的行为。债权人转让权利的,除应当与受让第三人达成转让协议外,还应当通知债务人。债务人受到债权转让通知时,债权转让合同生效。

1. 权利转让的限制。一般情况下,债权人可以根据自己的意愿转让自己的权利,但根据我国《合同法》第七十九条的规定,有三种合同债权不得转让:(1)根据合同性质不得转让的。如根据个人信誉关系而发生的债权、以特定的债权人行为为内容的债权、合同内容中包括了针对特定当事人的不作为义务(如禁止某人在转让其某项权利后再将该权利转让他人)、合同债权中的从权利。(2)按照当事人约定不得转让的。(3)依照法律规定不得转让的。如以特定身份为基础的债权(如抚养费请求权)、公法上债权(如退休金债权)、因人身权受损害而产生的损害赔偿请求权等。

2. 债权转让的效力。其效力可分为对内效力和对外效力两个方面。

所谓对内效力,是指合同权利让与在转让双方即让与人(债权人)和受让人(第三人)

之间发生的效力。具体表现为：(1)合同权利由让与人转让给受让人。如果是全部转让，则受让人取代原债权人在合同中的地位；如果是部分权利转让，则受让人加入原合同关系，成为债权人之一。(2)在转让合同权利时从属于主债权的从权利，除专属于债权人自身的权利之外，一般由受让人取得。所谓专属于债权人自身的权利，是指与债权人的人身或人格不可分离的权利。(3)债权人转让权利的通知不得撤销，但经受让人同意的除外。

所谓对外效力，是指合同权利转让对债务人所具有的法律效力。具体表现为：(1)债务人应向受让人履行合同义务。债务人不得再向让与人履行债务。(2)凡债务人得以对抗让与人的抗辩权，亦可对抗受让人。(3)债务人接到债权转让通知时，债务人对让与人享有债权，并且债务人的债权先于转让的债权到期或者同时到期的，债务人可以向受让人主张抵销。

(三)债务转移

债务转移，是指债务人将合同的义务全部或者部分转移给第三人的行为。债务人转移义务的，除应当与受让第三人达成转让协议外，还应当经债权人同意，否则，债务转移合同不能生效。因为合同义务的履行直接关系到债权人权利的实现，债权人对受让债务人的资信等情况需要有充分的了解和信任。

债务转移协议自债权人同意时生效。其效力表现在以下三个方面：(1)债务全部转移时，债务的受让人将取代原债务人的地位而成为合同当事人。(2)从属于主债务的从债务，一般将随主债务一同转移给第三人。但专属于原债务人自身的债务、当事人特约不转让的债务或法律规定不能自动转让的债务除外。比如我国《担保法》规定，原债务人向主债务人所提供的保证担保，在债务转移时，若保证人未以书面形式表示继续承担保证责任，则保证人的保证责任将随债务的转移而消灭。(3)新债务人可以主张原债务人对债权人的抗辩。

(四)合同权利和义务一并转让

合同权利和义务一并转让，也称为概括转让，它分为因协议概括转让、因合并概括转让和因分立概括转让三种情况：

1. 因协议概括转让。这是指当事人一方经对方同意，将自己在合同中的权利和义务一并转让给第三人的行为。该转让协议自合同对方当事人同意时生效。《合同法》关于债权转让和债务转移的效力规定均适用于协议概括转让。

2. 因合并概括转让。这是指法人或其他组织订立合同后，因一方当事人合并而引起的权利和义务的一并转让。当事人合并后，合同的权利和义务依法应由合并后的法人或者其他组织享有和承担。

3. 因分立概括转让。这是指法人或其他组织订立合同后，因一方当事人分立而引起的权利和义务的一并转让。当事人分立后，合同的权利和义务依法由分立后的法人或其他组织承担。在承担方式上有两种情况：一是约定承担，即由合同当事人约定债权债务由分立后成立的某个主体承担。二是法定承担，即合同当事人在没有约定或约定不清时，依法由分立的法人或者其他组织对合同的权利和义务享有连带债权，承担连带债务。

第六节 合同权利和义务的终止

一、合同终止的法定情形

合同权利和义务的终止,又称合同的终止,是指当事人之间依法确立的合同关系的消灭。合同终止后,当事人之间的合同关系随即解除,但根据诚实信用原则,当事人仍应当根据交易习惯履行通知、协助、保密等义务。合同终止不同于合同中止。前者是合同关系的消灭,不能恢复;后者是合同关系的暂时停止,可以恢复。

合同依法成立,也应依法终止。根据我国《合同法》第九十一条的规定,有下列情形之一的,合同的权利和义务终止:(1)债务已经按照约定履行;(2)合同解除;(3)债务相互抵销;(4)债务人依法将标的物提存;(5)债权人免除债务;(6)债权债务同归于一人;(7)法律规定或者当事人约定终止的其他情形。其中,债务履行,是指当事人已全部依约履行使合同正常终止;免除,是指债权人免除债务人的全部债务使合同终止;债权债务同归一人,也称为混同,是指当事人合为一体使合同终止。合同解除、抵销、提存的条件比较复杂,下面分别介绍。

二、合同的解除

(一)合同解除的含义和特征

合同解除,是指合同在没有履行或没有全部履行完毕之前,当事人提前结束合同权利和义务关系的法律制度。其基本特征是:(1)解除的原因是在合同依法成立后才发生的,因而不同于合同的撤销;(2)合同解除是债的提前终止,即债的目的尚未达到时的终止,因而是一种非正常终止。

(二)合同解除的方式

合同解除的方式根据其解除原因的不同可以分为协商解除和通知解除两种。

1. 协商解除。这是指当事人经过要约和承诺,达成一致而解除合同的方式。它适用于当事人约定或法定解除原因以外的合同解除。

2. 通知解除。这是指由当事人一方通知对方即可解除合同的方式。它适用于两种情形:(1)约定解除。即当事人在合同中约定有解除合同的条件,当该条件成立时,解除权人可以以通知方式解除合同;(2)法定解除。即具备法定解除情形的,当事人可以以通知方式解除合同。根据我国《合同法》第九十四条的规定,有下列情形之一的,当事人可以解除合同:①因不可抗力致使不能实现合同目的;②在履行期限届满之前,当事人一方明确表示或者以自己的行为表明不履行主要债务;③当事人一方迟延履行主要债务,经催告后在合理期限内仍未履行;④当事人一方迟延履行债务或者有其他违约行为致使不能实现合同目的;⑤法律规定的其他情形。

以通知方式解除合同是单方当事人的行为,有可能损害对方的合法权益,因此,法律规定,如果对方有异议的,可以请求人民法院或者仲裁机构确认解除合同的效力。

3. 因情势变更由法院判决解除。

(三)合同解除的法律后果

合同解除后,尚未履行的,终止履行;已经履行的,根据履行情况和合同性质,当事人可以要求恢复原状、采取其他补救措施,并有权要求赔偿损失。如果是一方当事人违约而引起另一方解除合同的,除法定免责情形外,另一方在解除合同的同时,可要求违约方承担违约责任。法律、行政法规规定解除合同应当办理批准、登记等手续的,依照其规定。合同的权利和义务终止,不影响合同中结算和清理条款的效力。

在协议解除合同的情况下,当事人在协议中免除了对方损害赔偿责任的,协议生效后,不得再请求赔偿。

三、合同债务的相互抵销

(一)合同债务抵销的含义和种类

合同债务抵销,是指合同双方当事人互负债务时,各自用其债权来充抵债务的清偿,从而使其债务与对方的债务在对等数额内相互消灭。我国《合同法》规定的抵销有法定抵销和约定抵销两种。

法定抵销,是指合同当事人双方互负到期债务,并且该债务的标的物种类、品质相同,任何一方当事人作出的使相互间相当数额的债务归于消灭的意思表示。

约定抵销,是指经互负债务的双方当事人协商一致而发生的抵销。

(二)合同债务抵销的条件

1. 法定抵销的条件。根据我国《合同法》第九十九条的规定,法定抵销应符合以下条件:(1)合同当事人互负到期债务,且债权债务关系均合法。(2)债务的标的物种类、品质相同。(3)债务属于按照合同性质或者法律规定可以抵销的范围。其中,按照合同性质不得抵销的债务主要包括两种:一是必须履行的债务,如应支付的下岗人员生活保障金;二是有着特定人身性质或者依赖特别技能完成的债务,如特邀授课义务。法律规定不得抵销的债务主要有三种:一是禁止强制执行的债务;二是因侵权行为所产生的债务;三是约定应向第三人履行的债务。

2. 约定抵销的条件。根据我国《合同法》第一百条的规定,约定抵销应符合以下条件:(1)合同当事人互负债务,且债权债务关系均合法;(2)债务属于按照合同性质或者法律规定可以抵销的范围。

(三)合同债务抵销的程序

法定抵销根据合同当事人单方的意思表示即可发生法律效力。因此,当事人主张抵销的,只需通知对方即可。抵销通知自到达对方时生效。抵销不得附条件和期限,因为它会使抵销的效力不确定。

约定抵销经双方意思表示一致才能发生法律效力,因此,约定抵销要经过要约和承诺的过程,抵销合同自承诺生效时成立。

(四)合同债务抵销的效力

在双方互负等额债务时,合同因抵销而消灭,抵销自成立后依法不得撤回。在双方互负的债务数额不等时,对尚未抵销的部分,债权人仍有要求清偿的权利。

四、合同标的物的提存

(一)提存的含义及条件

提存,是指债务人将到期后因债权人原因,无法清偿的标的物交有关部门保存,以消灭合同关系的行为。提存的目的在于使已经成立的合同关系归于消灭,从而保护债务人的利益。

提存应具备以下两个条件:

1. 因债权人原因导致债务人难以履行债务。根据我国《合同法》第一百零一条的规定,有下列情形之一,难以履行债务的,债务人可以将标的物提存:(1)债权人无正当理由拒绝受领;(2)债权人下落不明;(3)债权人死亡未确定继承人或者丧失民事行为能力未确定监护人;(4)法律规定的其他情形。

2. 提存的标的物必须是依合同的规定应当给付的,并且适宜提存的物。不适宜提存的物,债务人可以依法将标的物拍卖或者变卖,提存所得价款。不宜提存的物通常有三种:一是容易变质或者毁损之物;二是容积、数量过大、过多之物;三是提存费用过高之物。

债务人以提存方式履行债务的,应在法定机关办理。我国目前负责办理提存事务的法定机构为公证机关。提存费用由债权人负担。

(二)提存的效力

1. 债务人依法将标的物提存后,债务人对债权人的履行义务免除。除债权人下落不明的以外,债务人有义务及时通知有关债权人。标的物提存后,提存物毁损、灭失的风险由债权人承担。提存期间,标的物的孳息归债权人所有。

2. 债权人可以随时领取提存物,但债权人对债务人负有到期债务的,在债权人未履行债务或者未提供担保之前,提存部门根据债务人的要求应当拒绝其领取提存物。债权人提取提存物的权利,自提存之日起5年内不行使而消灭,提存物扣除提存费用后归国家所有。

第七节 当事人的违约责任

一、违约责任的含义及特征

违反合同的责任,又称违约责任,是指合同当事人违反有效合同的约定,不履行或不完全履行合同义务所应承担的法律责任。规定违约责任的目的在于,用法律强制力促使当事人严肃认真地对待合同的订立与履行,避免或减少违约行为的发生,维护当事人的合法权益。

违约责任的基本特征表现在以下几个方面:

(一)违约责任须以有效合同的存在为前提

当事人承担违约责任的前提是违反了合法有效的合同。无效合同自订立时起就不具有法律效力,不应该按约履行,当然也不应追究违约责任。

(二) 违约责任以当事人违反约定义务为要件

当事人必须有不履行或不完全履行合同义务的行为。如果合同当事人全面履行了约定的义务，就不存在违约责任。

(三) 违约责任主要是一种损失补偿责任

违约责任主要是违约方因违约行为给守约方造成损失时的一种经济赔偿或补救，除法律另有规定外，一般不具有惩罚性。违约责任应以订立合同时当事人能预见到，或者应当预见到的因违约可能造成的损失为依据。其具体数额和承担违约责任的方式可以由当事人在法定范围内在合同中协商约定。

法律另有规定的情形主要有：《中华人民共和国消费者权益保护法》第五十五条规定，经营者提供商品或者服务有欺诈行为的，应当按照消费者的要求增加赔偿其受到的损失，增加赔偿的金额为消费者购买商品的价款或者接受服务的费用的 3 倍；增加赔偿的金额不足 500 元的，为 500 元。法律另有规定的，依照其规定。经营者明知商品或者服务存在缺陷，仍然向消费者提供，造成消费者或者其他受害人死亡或者健康严重损害的，受害人除有权要求经营者依法赔偿损失外，还有权要求所受损失 2 倍以下的惩罚性赔偿。《最高人民法院关于审理商品房买卖合同纠纷案件适用法律若干问题的解释》第九条规定，出卖人订立商品房买卖合同时，具有下列情形之一，导致合同无效或者被撤销、解除的，买受人可以请求返还已付购房款及利息、赔偿损失，并可以请求出卖人承担不超过已付购房款一倍的赔偿责任：(1) 故意隐瞒没有取得商品房预售许可证明的事实或者提供虚假商品房预售许可证明；(2) 故意隐瞒所售房屋已经抵押的事实；(3) 故意隐瞒所售房屋已经出卖给第三人或者为拆迁补偿安置房屋的事实。《中华人民共和国食品安全法》第九十六条第二款规定，生产不符合食品安全标准的食品或者销售明知是不符合食品安全标准的食品，消费者除要求赔偿损失外，还可以向生产者或者销售者要求支付价款 10 倍的赔偿金。

二、违约责任的归责原则

违约责任的归责原则，是指合同当事人违约时，确定其承担民事责任的根据和标准。各国合同法规定的违约责任的归责原则主要有严格责任原则、过错责任原则和过错推定原则三种。归责原则是违约责任制度的核心，决定着违约责任的构成要件、举证责任、赔偿范围等诸多方面。我国《合同法》采用的是以严格责任原则为主、以过错责任原则和过错推定原则为辅的归责原则。

(一) 严格责任原则

严格责任原则，又称无过错责任原则，是指不论违约方主观上是否有过错，只要其有不履行或不完全履行合同义务的行为，就应当承担违约责任。它以违约行为与违约后果之间的因果关系作为承担违约责任的要件，违约方只有在具备法定抗辩理由时，才能免除违约责任。我国《合同法》对违约责任主要适用严格责任原则。

(二) 过错责任原则

过错责任原则，是指一方违约不履行或者不完全履行合同时，应当以主观上存在过错作为承担违约责任的要件和确定责任大小的依据。根据这一原则，确定违约责任，当事人不仅要有违约行为，而且主观上还要有过错。我国《合同法》对于缔约过失、无效合同、可以撤销合同以及少数合同适用过错责任原则。如《合同法》第三百零三条规定，在运输过程中旅客自带物品毁损、灭失，承运人有过错的，应当承担损害赔偿责任；第三百二十条规定，因托运人托运货物时的过错造成多式联运经营人损失的，即使托运人已经转让多式联运单据，托运人仍然应当承担损害赔偿责任。

(三) 过错推定责任原则

过错推定责任原则，是指在发生了违约行为之后，法律直接推定违约行为人在主观上有过错，从而应承担违约责任的一种归责原则。根据这一原则，违约人只有证明自己没有过错，才能免除责任。我国《合同法》在少数合同中规定了过错推定责任。如《合同法》第三百七十四条规定，保管期间，因保管人保管不善造成保管物毁损、灭失的，保管人应当承担损害赔偿责任，但保管是无偿的，保管人证明自己没有重大过失的，不承担损害赔偿责任。

三、违约责任的一般构成要件

当事人承担违约责任的条件是归责原则的具体化。违约责任的具体形式很多，每一种责任形式都有自己的构成要件。违约责任的一般构成要件是指所有的违约责任形式都必须具备的要件。根据我国《合同法》确定的严格责任归责原则，违约责任的一般构成要件有两个：

(一) 当事人有违约行为

即当事人有不履行或不完全履行合同义务的行为。其表现形式主要有当事人在客观上已不能履行、迟延履行、不完全履行、拒绝履行等。

(二) 抗辩免责事由不成立

即违约方的违约行为发生的原因既不属于当事人依法约定的免责条款规定的事由，也不属于法定的抗辩免责事由。法定的抗辩免责事由主要有三种情形：(1) 不可抗力。这是指不能预见、不能避免并不能克服的客观情况。我国《合同法》第一百一十七条规定，因不可抗力不能履行合同的，根据不可抗力的影响，部分或者全部免除责任，但法律另有规定的除外。当事人迟延履行后发生不可抗力的，不能免除责任。(2) 依法行使抗辩权。即当事人因依法行使同时履行抗辩权、不安抗辩权、后履行抗辩权而没有履行合同义务的，不承担违约责任。(3) 符合可变更、可撤销合同要件的合同，当事人一方在向对方提出协商，或已向法院或仲裁机构请求变更或撤销的情况下没有履约的，不承担违约责任。

四、承担违约责任的方式

(一) 继续履行

继续履行，又称强制实际履行，是指在一方违约时，对方当事人可以要求违约方继续履行义务。其构成要件是：(1) 合同标的一般为非金钱债务。(2) 有违约行为。(3) 守约方在合理期限内提出继续履行合同的要求。(4) 违约方能够继续履行。如果违约方在法律上或事实上出现了不能履行的事由，或债务的标的不适于继续履行，或者继续履行费用过高，权利人不能再向债务人提出继续履行合同。(5) 违约方不具有合法的抗辩事由。

（二）采取补救措施

采取补救措施，是指在合同一方当事人违约的情况下，为了减少损失和保证债权人的权益，使合同尽量圆满履行所采取的一切积极行为。从广义上理解，合同违约方承担的一切违约责任方式，均可认为是保护受害人利益的补救措施。从狭义上理解，采取补救措施主要适用于当事人提供的合同标的物的质量不符合约定的违约行为。此处应从狭义上理解。

根据我国《合同法》，合同当事人对出现质量问题的违约责任事先没有约定，或者约定不明确且事发后协商不成的，受损害方可以根据标的的性质以及损失的大小，合理选择并要求对方承担修理、更换、重作、退货、减少价款或者报酬等采取补救措施的违约责任。当事人一方不履行合同义务或者履行合同义务不符合约定的，在履行义务或者采取补救措施后，对方还有其他损失的，应当赔偿损失。

（三）赔偿损失

赔偿损失，是指违约方给守约方造成损失，依照法律规定或者合同的约定应当承担的赔偿责任。其构成要件是：（1）有违约行为。（2）守约方受到损失。其损失范围应当是在订立合同时，当事人可以预见的直接损失和间接损失。直接损失，是指既存利益的减少。间接损失，是指可得利益的损失。当事人一方违约后，对方应当采取措施防止损失扩大；没有采取适当措施致使损失扩大的，不能就扩大的损失要求赔偿。人民法院在计算和认定可得利益损失时，会综合运用可预见规则、减损规则、损益相抵规则以及过失相抵规则等，从非违约方主张的可得利益赔偿总额中扣除违约方不可预见的损失、非违约方不当扩大的损失、非违约方因违约获得的利益、非违约方亦有过失所造成的损失以及必要的交易成本。（3）违约行为与损失的发生有因果关系，即损失是由违约行为造成的。（4）违约方不具有合法的抗辩事由。

（四）支付违约金

违约金，是指由当事人约定的，在一方违约后应向对方支付的一定数额的货币。其构成要件是：（1）当事人有违约行为；（2）合同中有违约金责任的约定；（3）违约方不具有合法的抗辩事由。

我国《合同法》规定的违约金，是当事人对事后发生的损失的预先估算，因此，如果当事人在合同中约定了违约金条款，一方违约时，另一方可以直接要求违约方支付违约金以补偿自己的损失。由于我国《合同法》规定的违约金在性质上具有补偿性，约定的违约金数额过分低于或高于所造成的损失的，当事人可以请求人民法院或仲裁机构予以增加或适当减少。《合同法解释二》第二十九条规定，当事人主张约定的违约金过高请求予以适当减少的，人民法院应当以实际损失为基础，兼顾合同的履行情况、当事人的过错程度以及预期利益等综合因素，根据公平原则和诚实信用原则予以衡量，并作出裁决。当事人约定的违约金超过造成损失的30%的，一般可以认定为合同法第一百一十四条第二款规定的"过分高于造成的损失。"

当事人既约定违约金，又约定定金的，一方违约时，对方可以选择适用违约金或者定金条款，但违约金与定金不能并用。

参 考 阅 读

1. 相关法律文件。
2. 国务院法制办公室. 中华人民共和国合同法. 实用版. 第7版. 北京：中国法制出版社，2017.
3. 法律出版社法规中心. 中华人民共和国合同法（注释本）. 第4版. 北京：法律出版社，2017.

复 习 思 考

1. 简述合同成立与合同有效的区别。
2. 简述要约与要约邀请的主要区别。
3. 简述使用格式合同条款应注意的问题。
4. 简述缔约过失责任和违约责任的主要区别。
5. 简述合同单方解除的法定条件及应注意的问题。
6. 简述承担违约责任的一般构成要件及主要责任形式。
7. 简述不安抗辩权的构成要件及行使该权应注意的问题。

案 例 分 析

案情：张某是天津人，在北京工作五年，按当时北京市的购房政策，他享有按35%的首付款比例购房的资格，2017年3月15日，王某通过中介与李某签订了一份二手房买卖合同。合同约定陈某将自己的一套房子卖给张某，房款总价300万元。张某自合同签订时向陈某支付定金20万元，向中介支付中介费13万元。合同约定："如果遇到不可抗力，导致合同无法执行，由买卖双方协商解决。"合同签订后，张某按约定足额支付了定金和中介费。

2017年3月17日，北京市住房和城乡建设委员会等四部门联合发布《关于完善商品住房销售和差别化信贷政策的通知》（以下简称"3.17"新政），规定"居民家庭名下在本市无住房但有商业性住房贷款记录或公积金住房贷款记录的，购买普通自住房的首付款比例不低于60%。"

北京"3.17"新政使张某陷入了窘境，由于张某在天津有过贷款记录，首付比例被迫提高到了60%。正在张某为增加的首付款犯愁时，3月22日北京市地方税务局、北京市住房和城乡建设委员会发布关于《关于进一步严格购房资格审核中个人所得税政策执行标准的公告》的政策解读，根据该解读，公告中的非京籍购房者需"连续5年（含）以上在本市缴纳个人所得税"，是指按"工资、薪金所得缴税的纳税人，从申请月的上一个月开始往前推算60个月在本市连续缴纳个人所得税。而原来只要求每年至少有一次纳税记录即可，并不要求按月连续纳税。张某因不满足这个条件被彻底剥夺了购房资格。

问题：
1. 本案限贷和限购政策是否属于不可抗力？
2. 限贷和限购政策是否属于情势变更？
3. 张某是否有权单方解除合同？
4. 如果购房合同解除，卖方和中介是否应当返还定金或中介费？
5. 购房人在签订购房合同时应如何约定合同内容以防范政策风险？

第八章 担 保 法

在经济活动中经常发生债权与债务关系，但由于我国目前还未建立起完善的市场信用体系，因此在许多情况下由于当事人不履行或不能履行债务，债权人的债权不能得到实现。为了促进资金融通和商品流通，保证债权的实现，保证经济活动能正常进行，就需要对债权设定一定的担保，并通过立法对担保行为进行规范。我国于1995年颁布了《中华人民共和国担保法》(以下简称《担保法》)，为了正确适用《担保法》，2000年最高人民法院发布《关于适用〈中华人民共和国担保法〉若干问题的解释》(以下简称《担保法解释》)，2007年3月通过的《物权法》对担保物权作出了新的规定，根据新法优于旧法的原则，在担保物权实务中应适用《物权法》。

与本章有关的法律文件主要有：《担保法》(1995年)、《担保法解释》(2000年)、《物权法》(2007年)。

本章共分五节，对我国《担保法》作了较为全面的介绍。主要内容包括：担保和担保法的含义及适用范围、担保合同的法律性质，保证的含义及特征、保证人的要求、保证合同以及主合同的变更或主债务的转让对保证的影响，抵押及抵押权、抵押合同及抵押物的登记制度，质押及特征、主要的质押种类及登记制度、留置及特征、留置权的行使条件，定金及定金的数额及定金的执行等。其中，担保的形式及区别，保证的有关要求和保证的效力，抵押物和抵押物的登记制度，质押的种类及登记制度，行使留置权的条件等是本章的重点内容。

第一节 担保法概述

一、担保的含义和分类

(一)担保的含义

担保是在民商事法律关系中发生的、保证债务人清偿债务，债权人实现债权的法律制度。其实质是对债权人债权的保证。我国《担保法》规定了五种形式的担保，即保证、抵押、质押、留置和定金。

(二)担保的分类

《担保法》规定的担保方式可以从不同的角度，作出如下分类：

1. 根据担保主体的不同，担保可以分为债务人担保和第三人担保。债务人担保，是指自然人或法人以其自身的财产提供的担保；第三人担保，是指自然人或法人以其自身的财产和信誉为他人债务提供的担保。

2. 根据担保方式的不同,担保可以分为人的担保和物的担保。人的担保是第三人以自己的信用作担保以确保债权的实现,这种担保方式实际上把债务主体由债务人扩大到第三人。物的担保是以债务人或第三人的特定财产确保债权人债权的实现,这种担保方式实际上是对债务人或第三人对其特定的财产的权利行使进行限制,以保证债权的实现。

(三)反担保

反担保是与担保有关的一个概念,它是指第三人为债务人向债权人担供担保时,债务人应第三人的要求而为第三人所提供的担保。《担保法》第四条规定,第三人为债务人向债权人担保时,可以要求债务人提供反担保。在现实中,第三人为债务人提供担保后,存在着因债务人无力清偿债务,第三人为债务人履行了债务,而第三人的追偿权有不能得到实现的风险。在这种情况下第三人为了规避追偿权不能实现的风险,可以要求债务人为自己的担保提供反担保,当债务人不向担保人履行追偿关系中的债务时,担保人可以基于反担保而主张追偿权利的实现。

二、担保法的含义及适用范围

(一)担保法的含义

担保法是调整债务人、担保人与债权人之间所发生的民商事关系的法律规范总称,是对担保制度的规范化和法律化。我国狭义上的担保法是指《担保法》,广义的担保法还包括其他法律、法规和司法解释中关于担保的法律规范,如《民法通则》第八十九条关于债权担保的有关规定;《海商法》中关于船舶优先权、船舶抵押权、船舶留置权的有关规定;《合同法》中第一百一十五条关于债务履行的有关规定;《物权法》中关于担保物权的有关规定;《最高人民法院关于适用〈担保法〉若干问题的解释》(以下简称《担保法解释》)。

在当前社会主义市场经济的形成过程中,在自然人和法人日益成为市场经济主体的情况下,特别是在社会信用体系还未完全建立的情况下,为了确保债权人的债权能顺利实现,社会市场机制能够正常运行,通过《担保法》对担保进行规范就是十分必要的了。

(二)《担保法》的适用范围

根据《担保法》第二条的规定,《担保法》的适用范围是:"在借款、买卖、货物运输、加工承揽等经济活动中,债权人需要以担保方式保障其债权实现的,可以依照本法规定设定担保。"根据《物权法》第一百七十一条规定,"债权人在借贷、买卖等民事活动中,为保障实现其债权,需要担保的,可以依照本法和其他法律的规定设立担保物权。"可见,在经济活动中发生的债权债务关系,可以适用《担保法》和《物权法》,而因侵权发生的债、因国家和国家机关管理行为而发生的权利义务关系、因身份关系而产生的权利义务关系不适用《担保法》和《物权法》。

《担保法》与《物权法》的规定不一致的,依法应适用《物权法》。

三、担保合同的法律性质

(一)担保合同的法律性质

担保合同,是债权人与担保人约定的,以《担保法》规定的担保方式,担保债权实现的合同。担保合同的法律性质主要表现在两个方面：

1. 担保合同的当事人是债权人与担保人，而不是债务人与债权人；

2. 担保合同是从合同，它以主合同的存在为其前提，并且主合同的效力约束从合同的效力。一般而言，主合同无效从合同也无效。《物权法》规定："担保合同是主债权债务合同的从合同。主债权债务合同无效，担保合同无效，但法律另有规定的除外。"

(二) 在理解担保合同的法律性质时应注意的问题

1. 在实践和惯例中，有些担保合同，经双方当事人约定担保合同是独立于主合同的、不可撤销的，因此在主合同无效后，担保合同仍然有效，担保人要承担因担保合同所形成的法律责任。如在经济贸易合同的担保中，有凭要求即付担保、见索即付担保（当然订立这种担保合同要特别谨慎），这已逐步形成了国际贸易的惯例。因此，《担保法》第五条规定"当事人另有约定的，按照约定。"

2. 主合同有效，担保合同无效情况下的责任。根据《担保法解释》，债权人无过错的，担保人与债务人对主合同债权人的经济损失，承担连带赔偿责任。债权人、担保人有过错的，担保人承担民事责任的部分，但不应超过债务人不能清偿部分的二分之一。

3. 主合同无效，而导致担保合同无效情况下的责任。《担保法解释》规定，担保人无过错的，担保人不承担民事责任，担保人有过错的，担保人承担民事责任的部分，不应超过债务人不能清偿部分的三分之一。

四、《物权法》关于担保物权的一般规定

1. 担保物权担保的范围。它包括主债权及其利息、违约金、损害赔偿金、保管担保财产和实现担保物权的费用。当事人另有约定的，按照约定。

2. 担保期间，担保财产毁损、灭失或者被征收等，担保物权人可以就获得的保险金、赔偿金或者补偿金等优先受偿。被担保债权的履行期未届满的，也可以提存该保险金、赔偿金或者补偿金等。

3. 第三人提供担保，主债务转让担保人的责任。当担保人为第三人时，债权人允许债务人转移全部或者部分债务，经担保人书面同意，担保人在原担保范围内承担担保责任，债权人允许债务人转移全部或者部分债务，未经担保人书面同意，担保人不再承担相应的担保责任。

4. 物的担保与人的担保并存的关系。当被担保的债权既有物的担保又有人的担保时，债务人不履行到期债务或者发生当事人约定的实现担保物权的情形，债权人应当按照约定实现债权；没有约定或者约定不明确，债务人自己提供物的担保的，债权人应当先就该物的担保实现债权；第三人提供物的担保的，债权人可以就物的担保实现债权，也可以要求保证人承担保证责任。提供担保的第三人承担担保责任后，有权向债务人追偿。

5. 担保物权消灭。有下列情形之一的，担保物权消灭：主债权消灭；担保物权实现；债权人放弃担保物权；法律规定担保物权消灭的其他情形。

第二节 保 证

一、保证的含义及特征

(一) 保证的概念

保证,是指保证人和债权人约定,当债务人不履行债务时,保证人按约定向债权人履行债务或承担责任的行为,即当事人以外的第三人向债权人承诺,当债务人不履行债务时,由其履行责任的担保。保证实际上是以保证人的全部和不特定财产作为对主债务人财产的补充,并以此作为履行责任的后盾,以增强债权的可实现性。从这个意义上讲,保证人所要承担的是一种无限责任。

(二) 保证的特征

与其他担保形式相比,保证具有以下特征:

1. 人身性。保证是人担保,其建立同自然人或法人的人身密不可分,是保证人以自身的信誉和不特定的财产为他人提供担保,客观上不能完全离开人身属性而单独存在于财产之上,主债务人和保证人之间相互信任的关系是保证担保存在的主要基础。

2. 债权性(从债性)。保证从属于主债,因此当保证合同发生纠纷时,债权人不能直接处分保证人的财产,其债权的实现只能借助于债权方法来处理保证合同的纠纷。

3. 相对独立性。法律允许就主债务的一部分成立保证,或限定担保的范围,如限额保证或损害赔偿保证,对无条件之主债设定附条件保证;保证合同无效、撤销或者解除其效力不及于主债;债权人免除保证债务,主债务并不因此消灭等。另外,法律还赋予保证人具有一般债务人的抗辩权和保证人特有的抗辩权,如先诉抗辩权。

二、保证人

(一) 保证人的资格

保证人是担保法律关系中的重要主体,是保证合同中的当事人。因此,对保证人的资格法律有一定的要求,《担保法》第七条规定:"具有代为清偿能力的法人、其他组织或者公民,可以作为保证人。"可见,作为保证人首先最重要的是要具有清偿能力。因为保证人是以其信用和不特定的财产来担保债务履行,因此必须有足以承担保证责任的财产,从而有代为清偿能力。但是,为了保证债权人的利益,《担保法解释》第十四条规定,"不具有完全代偿能力的法人、其他组织或者自然人,以保证人身份订立保证合同后,又以自己没有代偿能力要求免除保证责任的,人民法院不予支持。"

对保证人资格的规定主要是为了保护债权人的利益,并使保证人确实能够承担担保责任,以避免因保证人能力的原因,当债务人不能履行债务时,保证人根本无法承担保证责任的情况。另外,公民作为保证人除了具有足以承担责任的财产外,还应具有完全民事行为能力。

(二) 不能成为保证人的主体

根据《担保法》的规定,下列主体不能作保证人:

1. 国家机关。国家机关的职责是依法进行公共事务管理，国家机关的经费是国家财政划拨的，主要是保障国家机关履行其职责，而不是从事民事活动。国家机关作为保证人就会出现两难的境况：当债权人请求履行保证债务时，如果履行债务，则可能会损害国家机关工作人员的切身利益，影响其职责的行使；当不履行债务时则可能破坏了经济活动秩序，不利于经济运行的安全。所以，国家机关不能作为保证人。但经国务院批准为使用外国政府或国际经济组织贷款进行的担保除外，因为这种情况是国家在履行其对外经济职能，国家的这种保证是以国库作后盾的。

2. 学校、幼儿园、医院等以公益为目的的事业单位、社会团体。这类主体一旦作了保证人，就违背了其设立的目的，在保护特定债权人的同时，影响了社会的整体利益。但是，据《担保法解释》第十六条规定，"从事经营活动的事业单位、社会团体为保证人的，如无其他导致保证合同无效的情况，其所签订的保证合同应当认定为有效。"

3. 法人的分支机构、职能部门。因为分支机构和职能部门没有独立的法人资格，也没有独立的财产，所以不能独立地承担民事法律责任，只能在法人的授权范围内以法人的名义进行活动，为他人提供保证，在这种情况下视为企业法人愿意以自己的财产承担保证责任。分支机构、职能部门不能在无法人授权的情况下以自己的名义为他人的债务提供保证。否则，担保合同无效，其相应的民事责任由法人承担。

4. 有些主体虽然可作保证人，但须根据自愿的原则，自愿地决定是否为他人提供保证。法律禁止强令性保证。《合同法》第十一条规定："任何单位和个人不得强令银行等金融机构或者企业为他人提供保证，银行等金融机构或者企业对强令其为他人提供保证的行为，有权拒绝。"在现实中政府的有关部门或某些个人借助行政手段，要求其为他人提供保证，一旦这种保证关系形成，在债务人无法履行债务时，被强制的银行或企业就得承担保证责任，这是对企业合法权益的侵犯。被强令的担保，担保合同可判无效。

三、保证合同

(一)保证合同的含义和分类

1. 保证合同。保证合同，是债权人与保证人签订的确立双方权利义务关系的书面协议。保证合同应以书面形式订立，保证合同可以是单独的合同，也可以是主合同中的担保条款。根据《担保法解释》第二十二条规定，"主合同中虽然没有保证条款，但是，保证人在主合同上以保证人的身份签字或者盖章的，保证合同成立。"保证人与债权人可以就单个主合同分别订立保证合同，也可协议在最高债权限度内就一定期间连续发生的借款合同或某项商品交易订立一个保证合同。

2. 保证合同的种类。根据保证责任的不同，保证合同可以分为两种：一般保证合同与连带保证合同。

一般保证合同，是指当事人合同约定，只有在债务人不履行债务时，才由保证人承担保证责任。因此，在这种合同中保证人享有先诉抗辩权，即在主合同纠纷未解决，并就债务人财产依法强制执行仍不能清偿债务前，保证人可以拒绝承担保证责任，但以下几种情况除外：债务人消失，致使债权人履行债务发生重大困难的；人民法院受理债务人破产案件，中止执行程序的；保证人以书面形式放弃先诉抗辩权的。

连带责任保证合同，是指当事人在合同中约定保证人对债务人的债务承担连带责任。在这种合同中只要债务人到期未履行债务，债权人就可以要求保证人在其保证的范围内承担保证责任。这种合同给了债权人选择的余地，有利于保护债权人的利益，但保证人承担的责任较大。订立什么样的保证合同，一方面，当事人可根据情况自愿进行选择，另一方面，当事人要在合同中明确约定，没有约定或约定不明确的，则视为连带责任合同。

(二)保证合同的内容

保证合同的主要内容一般包括以下几个方面：

1. 被保证的主债权的种类和数额。
2. 债务人履行债务的期限。
3. 保证责任的范围。一般是主债权及利息、违约金、损害赔偿、实现债权的费用等。在保证范围中，主债权是最重要的，因为其他都是在主债权之上派生出来的，这些内容当事人要在合同中约定，没有约定或约定不明确的，保证人则要承担以上全部责任，但无论如何保证人都只承担法定范围内的或约定的责任。
4. 保证期间。当事人应在合同中明确约定；当事人未约定的，若是一般保证，则为主债务履行期限届满之日起六个月。在保证期间，如果债权人对债务人提起诉讼或仲裁，保证期间中断，此前经过的保证期间归于无效，保证期间重新计算。若是连带责任保证，未约定保证期间的，债权人有权自主债务履行期限届满之日起六个月内要求保证人承担保证责任。在保证期间内，债权人未要求保证人承担保证责任的，保证人免除责任。若是连续发生的债权保证，或某项交易订立一个保证合同，未约定保证期间的，保证人可以随时书面通知债权人终止保证合同，但保证人对通知到达债权人前所发生的债权承担保证责任。
5. 双方认为需要约定的其他事项。

(三)主债权债务的转让、主合同的变更对保证责任的影响

1. 主债权债务的转让对保证责任的影响。《担保法》第二十二条规定："保证期间，债权人依法将主债权转让给第三人的，保证人在原保证担保的范围内继续承担保证责任，保证合同另有约定的，按照约定。"《担保法解释》第二十八条规定，"保证期间，债权人依法将主债权转让给第三人的，保证债权同时转让，保证人在原保证担保的范围内对受让人承担保证责任。但是，保证人与债权人事先约定仅对特定的债权人承担保证责任或者禁止债权转让的，保证人不再承担保证责任。"

因为保证的法律效力是担保主债权实现，而并非主要是为了哪一个特定的主债权人作担保，主债权人将债权转让给第三人，原主债权人的法律地位由第三人取代，此时并不影响主债务人履行原有债务，保证人的保证责任也未加重。但要注意的是债权的转让必须是在保证期限内作出，保证人也不得以债权的转让为由主张改变保证范围。但合同另有约定的，从其约定。

《担保法》第二十三条规定："保证期间债权人许可债务人转让债务的，应当取得保证人书面同意，保证人对未经其同意转让的债务，不再承担保证责任。"《担保法解释》第二

十九条规定,"保证期间,债权人许可债务人转让部分债务未经保证人书面同意的,保证人对未经其同意转让部分的债务,不再承担保证责任。但是,保证人仍应当对未转让部分的债务承担保证责任。"

可见,债务的转让与债权的转让不同,债务的转让要取得保证人的书面许可。因为保证人是为主合同的债务人而向债权人提供的保证,保证人之所以为债务人提供保证担保,主要是出于信用,一般认为债务人具有一定的履行债务的能力,能够按期履行债务,从而免除保证人的保证责任,或者是出于相互之间的需要,因此仅由债权人和债务人协商,不经保证人同意就转让债务,对保证人是不公平的。另外,新的债务人是否有履行债务的能力对于保证人来说处于一种不知或不确定的状态,是否为新的债务人提供保证,要保证人自己作出决定。

2. 主合同的变更对保证合同的影响。《担保法》第二十四条规定:"债权人与债务人协商变更主合同的,应当取得保证人的书面同意,未经保证人书面同意的,保证人不再承担保证责任。保证合同另有约定的,按照约定。"因为主合同的内容变更了,保证责任的范围也相应地发生变化,所以要取得保证人的同意。但是,在现实中,主合同的变更可能加重债务人的负担,也可能减轻债务人的负担,而且还可能主合同的变更并未实际履行,对此保证人是否应当承担责任?《担保法解释》第三十条作了具体的规定,"保证期间,债权人与债务人对主合同数量、价款、币种、利率等内容作了变动,未经保证人同意的,如果减轻债务人的债务的,保证人仍应当对变更后的合同承担保证责任;如果加重债务人的债务的,保证人对加重的部分不承担保证责任。""债权人与债务人协议变动主合同内容,但并未实际履行的,保证人仍应承担保证责任。"

3. 债权人与债务人对主合同履行期限作了变动,未经保证人书面同意的,保证期间为原合同约定的或者法律规定的期间。

(四) 对保证人承担民事责任的限制及保证人的追偿权

1. 对保证人承担民事责任的限制。保证人按照合同约定或法律规定承担民事责任,但不是在任何情况下都承担民事责任。《担保法》第三十条规定:"有下列情况之一的,保证人不承担民事责任:(1) 主合同当事人双方串通,骗取保证人提供保证的;(2) 主合同债权人采取欺诈、胁迫等手段,使保证人在违背真实意思的情况下提供保证的。"因为在这几类情况下订立的保证合同违反了真实、自愿、平等的原则,若还要保证人承担民事责任,显然是不公正的。

2. 保证人的追偿权。保证人按照合同约定或法律规定承担了保证责任后,就获得了向债务人的追偿权。债务履行期限届满债务人不能承担债务时,由保证人代主债务人履行债务或承担责任后,在保证人承担保证责任的限度内,原主债权人对于主债务人的债权以及该债权的附属权利就当然转移给保证人。人民法院受理债务人破产案件后,债权人未申报债权的,保证人可以申报债权,参加破产财产分配,预先行使追偿权,因为如果债务人发生破产,债权人又不能向法院申请债权,主张破产财产分配的权利,那么保证人承担了保证责任后,保证人的利益就会因债权人的消极行为而遭受损害。

第三节 抵 押

一、抵押及抵押权

(一) 抵押的含义

抵押,是指债务人或者第三人不转移对自己特定财产的占有,约定将该财产作为债权的担保,当债务人不履行债务时,或者发生当事人约定的实现抵押权的情形,债权人有权依法将该财产折价变卖或拍卖,并就所得价款优先受偿。其中,提供财产的一方当事人为抵押人,他既可以是债务人也可以是第三人;另一方当事人为抵押权人,也是债权人;提供担保的财产为抵押物。

(二) 抵押权

因抵押关系产生的权利为抵押权,按传统立法,抵押权一般是在不动产之上设定的一种担保物权,因此抵押物是不动产,但现在已有所变化。我国《担保法》及《物权法》规定,抵押物既可以是不动产,也可以是动产。

我国《物权法》增加了新型抵押权,即动产浮动抵押权。《物权法》第一百八十一条规定:"经当事人书面协议,企业、个体工商户、农业生产经营者可以将现有的以及将有的生产设备、原材料、半成品、产品抵押,债务人不履行到期债务或者发生当事人约定的实现抵押权的情形,债权人有权就实现抵押权时的动产优先受偿。"这是《物权法》借鉴国外立法体例而新规定的浮动抵押权。

浮动抵押制度在我国设立具有重要的现实意义。首先,有利于促进企业融资,尤其是拓宽了广大中小企业的融资渠道。其次,浮动抵押有效地简化了抵押手续,降低了抵押成本。在设定浮动抵押的时候,当事人只是需要制定浮动抵押的书面文件并进行登记,不需要制作公司财产的目录表,也不需要对公司财产分别进行公示。在浮动抵押期间,抵押人新取得的动产,不需要任何手续就可以当然成为浮动抵押的标的物。最后,浮动抵押有利于提供抵押的民事主体进行正常的商业活动,因为该制度最大的优点就是,如果没有出现法定或者约定的事由,抵押人在日常经营管理活动中,可以对其设定抵押的财产进行处分,抵押权人不得干预。

抵押权具有的法律特征主要表现在以下几个方面:(1)抵押权是不转移标的物占有权的物权。(2)抵押权是担保物权。在法律效力上物权优于债权。(3)抵押权人有权就抵押物卖得价金优先受偿。(4)抵押权是债务人或第三人就其财产所设定的物权,因此只能对自己所有的或依法有权处分的财产设定抵押。

由于以上法律特征,因此对于保障债权人的利益来说,物权的担保方式更为可靠。原因是:债务人就抵押物有占有权、使用权和收益权。这样不但不会导致生产资料的浪费,还可以提高债务人清偿债务的能力;债权人不需自己保管抵押物,减轻了债权人的负担,同时债权也不会落空;债务人若是企业,用其资产作抵押,还可以增强其资金融通能力。

(三) 最高限额抵押权

最高限额抵押权是抵押权的一种特殊形式。所谓最高限额抵押,是指抵押人与抵押权人协议，在最高债权限额内，以抵押物对一定期间内连续发生的债权作担保，债务人不履行到期债务或者发生当事人约定的实现抵押权的情形，抵押权人有权在最高债权额限度内就该担保财产优先受偿。

根据我国《担保法》和《担保法解释》的规定，最高限额抵押主要适用于借款合同或债权人与债务人就某项商品在一定期间内连续发生交易而签订的合同。附加最高额抵押的主合同债权不得转让。最高限额抵押权所担保的债权范围，不包括抵押物因财产保全或者执行程序被查封后或债权人、抵押人破产后发生的债权。由此可以推断，其所担保的债权不包括实现抵押权的费用。实现抵押权的费用，应当从抵押物拍卖价金中扣除，不应算入最高额内。

《物权法》进一步规定，最高限额抵押权设立前已经存在的债权，经当事人同意，可以转入最高限额抵押担保的债权范围。在最高限额抵押担保的债权确定前，部分债权转让的，最高限额抵押权不得转让，但当事人另有约定的除外。最高限额抵押担保的债权确定前，抵押权人与抵押人可以通过协议变更债权确定的期间、债权范围以及最高债权额，但变更的内容不得对其他抵押权人产生不利影响。

综上所述，最高限额抵押具有以下特点：

1. 最高限额抵押所担保的债权额是确定的，但实际发生的债权额是不确定的。设定最高额抵押时，债权尚未发生，为保证将来债权的实现，抵押权人与抵押人协议商定担保的最高债权额度，抵押人以其抵押财产在此额度内对债权作担保。

2. 最高限额抵押是对一定期间内连续发生的债权作担保。

3. 最高限额抵押只适用于贷款合同以及债权人与债务人就某项商品在一定期间内连续发生交易而签订的合同。

4. 被担保的债权的最高限额应当明确规定。如果没有约定最高限额，则应当认为最高限额抵押合同不成立。

二、抵押物

（一）抵押物及特征

抵押物，是指提供抵押担保的财产。抵押物必须合法，抵押权实现的方式决定其特征是：（1）依法可以流通转让，具有可执行、可拍卖性；（2）是独立之物，若是物的整体，则至少有一部分有独立的交换价值；（3）是现存的或未来肯定可以取得的物；（4）应是经使用不毁坏价值的物；（5）属于抵押人所有或经营管理的可以处分的财产。

（二）可以作抵押物的财产

哪些物可以设定抵押，即关于抵押物的范围的问题，《物权法》采取了与《担保法》相同的模式，即一方面规定哪些财产可以抵押，另一方面规定哪些财产禁止抵押。但是，《物权法》极大地扩大了抵押财产的范围。

根据《物权法》的规定，债务人或者第三人有权处分的下列财产可以抵押：

1. 建筑物和其他土地附着物。以建筑物抵押的，该建筑物占用范围内的建设用地使用权一并抵押。

2. 建设用地使用权。以建设用地使用权抵押的，该土地上的建筑物一并抵押。乡镇、村企业的建设用地使用权不得单独抵押。以乡镇、村企业的厂房等建筑物抵押的，其占用范围内的建设用地使用权一并抵押。

3. 以招标、拍卖、公开协商等方式取得的荒地等土地承包经营权。

4. 生产设备、原材料、半成品、产品。经当事人书面协议，企业、个体工商户、农业生产经营者可以将现有的以及将有的生产设备、原材料、半成品、产品抵押，债务人不履行到期债务或者发生当事人约定的实现抵押权的情形，债权人有权就实现抵押权时的动产优先受偿。

5. 正在建造的建筑物、船舶、航空器。

6. 交通运输工具。

7. 法律、行政法规未禁止抵押的其他财产。

抵押人可以将上述财产一并抵押。

(三)不能作为抵押物的财产

综合《物权法》和《担保法》的规定，下列财产不得抵押：

1. 土地所有权。

2. 耕地、宅基地、自留地、自留山等集体所有的土地使用权，但法律规定可以抵押的除外。

3. 乡镇、村企业的建设用地使用权不得单独抵押。

4. 学校、幼儿园、医院等以公益为目的的事业单位、社会团体的教育设施、医疗卫生设施和其他社会公益设施。但是，用以上设施之外的财产为自身债务设定抵押的，其抵押有效。

5. 所有权、使用权不明或者有争议的财产；但是要注意共有财产设定抵押的情况，共同共有人将共同财产设定抵押，未经其他共有人同意，抵押无效。也就是说，未经其他共有人同意，共有财产不能抵押，但是其他共有人知道或应当知道而未提出异议的视为同意，抵押有效；而按份共有人只能以其共有财产中自己的份额设定抵押。

6. 依法被查封、扣押、监管的财产。但是已经设定抵押的财产被采取查封、扣押等财产保全或者执行措施的，不影响抵押权的效力。

7. 依法不得抵押的其他财产。

三、抵押合同及抵押物的登记

(一)抵押合同

抵押合同是债权人与抵押人之间订立的确定双方权利义务的书面协议。主要内容是：被担保的主债权种类、数额；债务人履行债务的期限；抵押物的名称、数量、质量、状况、所在地、所有权及使用权权属；抵押物的担保范围；其他的约定事项。

在订立抵押合同时要注意的是：抵押合同应当以书面形式；抵押权人和抵押人在合同中不得约定在债务履行期届满抵押权人未受清偿时，抵押物的所有权转移为债权人所有，因为这会违背公平原则。

(二)抵押物的登记

建立抵押物登记制度的目的是使抵押物特定，减少恶意重复抵押，更好地保护债权人的利益。根据我国《物权法》的规定，当事人以下列财产设定抵押必须进行登记，抵押权自登记时设立：

1. 以建筑物和其他土地附着物；
2. 建设用地使用权；
3. 以招标、拍卖、公开协商等方式取得的荒地等土地承包经营权；
4. 正在建造的建筑物。

《物权法》中规定，以生产设备、原材料、半成品、产品；正在建造的船舶、航空器；交通运输工具等作为抵押物，抵押权自抵押合同生效时设立。当事人可根据自愿的原则决定是否登记，如未登记的只在当事人之间有效，不得对抗善意第三人。另外，抵押人将以上物设定抵押，不得对抗正常经营活动中已支付合理价款并取得抵押财产的买受人。

抵押物登记机构是：(1)以无地上定着物的土地使用权抵押的，为核发土地使用权证书的土地管理部门；(2)以城市房地产或者乡(镇)、村企业的厂房等建筑物抵押的，为县级以上地方人民政府规定的部门；(3)以林木抵押的，为县级以上林木主管部门；(4)以航空器、船舶、车辆抵押的，为运输工具的登记部门；(5)企业、个体工商户、农业生产经营者将现有的以及将有的生产设备、原材料、半成品、产品抵押的，登记部门为抵押人住所地的工商行政管理部门。当事人以其他财产作抵押合同标的的，可根据自愿原则决定是否办理登记，未办理登记的，只在当事人之间有效，不得对抗第三人。当事人办理抵押物登记的，登记部门为抵押人所在地的公证部门。

四、抵押权的效力

抵押权的效力，是指作为一种担保物权应有的效力及担保范围。抵押的效力主要表现在以下几个方面：

(一)抵押权担保债权及抵押权标的物的范围

抵押物担保的债权的范围一般是，债权本身及利息、违约金、损害赔偿、实现债权的费用。抵押标的物的范围是主物、从物、从债权及孳息。债务履行期届满，债务人不履行债务致使抵押物被人民法院扣押，自扣押之日起，债权人有权收取由抵押物产生的天然孳息及法定孳息，但前提是债权人应当将扣押的事实通知应当清偿法定孳息的义务人，否则抵押的效力不涉及该孳息。

(二)抵押权对租赁的影响

租赁关系在先的，根据"买卖不破租赁"的原则，即使租赁标的物让与第三人所有，但设定在抵押物上的租赁关系对第三人仍然存在。租赁关系在后的，根据物权优于债权的原则，债权人主张抵押权时，租赁关系应当解除。但是，据《物权法》的规定，抵押权设立后抵押财产出租的，该租赁关系不得对抗已登记的抵押权。

(三)抵押权对抵押物处分权的影响

抵押权只是就抵押物的交换价值优先受偿，所以抵押人可以处分即转让抵押物。但是抵押权对处分权的影响《担保法》与《物权法》的规定有所不同。根据《担保法》，抵押期间抵押人转让已办理登记的抵押物，应当通知抵押权人并告知受让人，未通知抵押权人或者未告知受让人的，转让无效；根据《物权法》，抵押期间，抵押人未经抵押权人同意，不得转让抵押财产,但受让人代为清偿债务消灭抵押权的除外。二者相比,可以发现前者抵押人转让抵押财产时只需要通知抵押权人,但后者则要求取得抵押权人同意。

转让抵押物的价款不能明显低于其价值,否则抵押权人可以要求抵押人提供担保,抵押人不提供担保的,不得转让抵押物;抵押人转让抵押物所得的价款,应当提前清偿担保债权或者提存。转让的价款超过债权数额的部分归抵押人所有,不足部分由债务人清偿。

(四)抵押权对抵押物的用益权的影响

一般抵押人有用益权,但因用益而对抵押物减少或损害的,应当恢复抵押物的价值或对抵押物进行赔偿,或提供担保。对此《物权法》第一百九十三条作了规定:"抵押人的行为足以使抵押财产价值减少的,抵押权人有权要求抵押人停止其行为。抵押财产价值减少的,抵押权人有权要求恢复抵押财产的价值,或者提供与减少的价值相应的担保。抵押人不恢复抵押财产的价值也不提供担保的,抵押权人有权要求债务人提前清偿债务。"

(五)抵押权不得与债权分离而单独转让或者作为其他债权的担保

抵押权不得与债权分离而单独转让,是指抵押权人不得将抵押权单独让与他人而自己保留债权。对此《物权法》第一百九十二条规定:"抵押权不得与债权分离而单独转让或者作为其他债权的担保。债权转让的,担保该债权的抵押权一并转让,但法律另有规定或者当事人另有约定的除外。"

抵押权不得作为其他债权的担保,是指抵押权人不能以自己的抵押权为他人的债权担保,因为抵押权是为特定债权人而设定的,如果将其作为担保,就会违背设定抵押权的目的。这一限定主要是由抵押权与债权的关系决定的,抵押权与其担保的债权同时存在,债权消灭,抵押权也消灭。

(六)抵押权设定后可因抵押合同当事人行为而发生变化

由于抵押权的设定是以抵押合同为前提,因此抵押权可因抵押合同当事人的放弃或变更行为而发生变化。《物权法》第一百九十四条第一款规定:"抵押权人可以放弃抵押权或者抵押权的顺位。抵押权人与抵押人可以协议变更抵押权顺位以及被担保的债权数额等内容,但抵押权的变更,未经其他抵押权人书面同意,不得对其他抵押权人产生不利影响。"

第二款规定"债务人以自己的财产设定抵押,抵押权人放弃该抵押权、抵押权顺位或者变更抵押权的,其他担保人在抵押权人丧失优先受偿权益的范围内免除担保责任,但其他担保人承诺仍然提供担保的除外。"

五、抵押权的实现

(一)抵押权实现的事由

关于抵押权实现的事由,《物权法》改变了《担保法》中关于抵押权实现的情形。依据《担保法》,只有当债务人不履行债务时,即债务履行期届满而抵押权人未受清偿,债权人才有权依法实现抵押权。这种规定不利于实现私法领域中的意思自治,不利于满足抵押权人的多种需求,也不利于保护债权人的合法权益。《物权法》则从意思自治原则出发,明确规定,在债务人不履行到期债务或发生当事人约定的实现抵押权的情形,债权人可以依法实现抵押权。

（二）法律保护抵押权的期间

为了敦促抵押权人行使抵押权，《物权法》明确地规定了抵押权人行使抵押权法律保护的期间。债务人债务履行期满后未履行债务或发生当事人约定的实现抵押权的情形，抵押权人应当在主债权诉讼时效期间行使抵押权，否则人民法院不予保护。

（三）抵押权实现的方式

关于抵押权实现的方式，《担保法》规定，当债务履行期届满而抵押权人未受清偿时，抵押权人可以与抵押人协议以抵押物折价或者以拍卖、变卖该抵押物所得的价款受偿。抵押权人在实现抵押权时，如果与抵押人达不成协议，抵押权人只能向人民法院提起诉讼，即先通过诉讼程序获得确定的胜诉判决，然后再向法院申请强制执行。《担保法》的这种规定增加了抵押权人实现抵押权的成本。

《物权法》改变了《担保法》的规定。规定如果债务人不履行到期债务或者发生当事人约定的实现抵押权的情形，抵押权人可以与抵押人协议以抵押财产折价或者以拍卖、变卖该抵押财产所得的价款优先受偿。若双方没有就抵押权实现方式达成协议，则抵押权人可以直接请求人民法院拍卖、变卖抵押财产。也就是说，抵押权人无须通过诉讼程序来实现抵押权，而是可以在初步证明抵押权和主债权存在之后，直接申请法院拍卖、变卖抵押财产。由于是非诉讼，法院对当事人的申请仅进行形式上的审查后，就可以作出强制执行的裁定，该裁定就是执行依据。如果债务人或者抵押人对于抵押权以及被担保的债权是否存在等实体法律关系有异议，那么应当由债务人或抵押人提起诉讼，并支付相应的诉讼费用。

可见，据《物权法》的规定，抵押权人实现抵押权的方式是：

1. 协商。抵押权人在实现抵押权时，可以与抵押人协议以抵押财产折价或者以拍卖、变卖该抵押财产所得的价款优先受偿。协议损害其他债权人利益的，其他债权人可以在知道或者应当知道撤销事由之日起一年内请求人民法院撤销该协议。

2. 申请法院作出强制执行的裁决。抵押权人与抵押人未就抵押权实现方式达成协议的，抵押权人可以请求人民法院拍卖、变卖抵押财产。抵押财产折价或者变卖的，应当参照市场价格。

（四）同一抵押物上设定多个抵押时抵押权实现的顺序

若在同一抵押物上设定多个抵押，拍卖、变卖抵押财产所得的价款依照下列规定清偿：

1. 抵押权已登记的，按照登记的先后顺序清偿；顺序相同的，按照债权比例清偿；抵押权已登记的先于未登记的受偿；抵押权未登记的，按照债权比例清偿。

2. 抵押财产折价或者拍卖、变卖后，其价款超过债权数额的部分归抵押人所有，不足部分由债务人清偿。

（五）抵押权实现的其他情况

1. 城市房地产抵押合同签订后，新增的房屋不属于抵押物，抵押权人无优先受偿权；建设用地使用权抵押后，该土地上新增的建筑物不属于抵押财产。该建设用地使用权实现抵押权时，应当将该土地上新增的建筑物与建设用地使用权一并处分，但新增建筑物所得的价款，抵押权人无权优先受偿。

2. 土地承包经营权或以乡(镇)村企业厂房等建筑物占用范围内的建设用地使用权一并抵押的,实现抵押权后,未经法定程序,不得改变土地所有权的性质和土地用途。

3. 债务人或者第三人对一定期间内将要连续发生的债权提供担保财产的,债务人不履行到期债务或者发生当事人约定的实现抵押权的情形,抵押权人有权在最高债权额限度内就该担保财产优先受偿。

4. 划拨的国有土地使用权拍卖后,在交纳土地使用权出让金后,抵押权人有优先受偿权;为债务人抵押担保的第三人,在抵押权人实现抵押权后,有权向债务人追偿。

第四节 质 押

一、质押的含义和特征

(一)质押的含义

质押,是指为担保债务的履行债务人或者第三人将其财产出质给债权人占有,将该财产作为担保。在债务人不履行到期债务或者发生当事人约定的实现质权的情形,债权人有权就该财产折价或拍卖、变卖,并就其卖得价款优先受偿的担保制度。在这一制度中债务人或第三人是出质人,移交的动产是质物,债权人为质权人。

(二)质押的特征

与其他担保形式相比,质押具有以下主要特征:

1. 转移质物的占有。质押合同成立以后,出质人将质物交债权人占有。这样既可以起到公示的作用,又方便债权人实现质权。

2. 质押是就动产和财产权利而设定的。根据质物性质的不同,质押可以分为动产质押和权利质押。

二、动产质押

(一)动产质押合同的内容、生效条件

动产质押是以动产为标的设定的抵押,因此其标的必须有让与性。质押合同应当采用书面形式,主要内容包括:被担保的主债权的种类、数额;债务人履行债务的期限;质物的名称、数量、质量、状况;质物担保的范围;质物移交的时间;其他需要约定的事项。但是,出质人和质权人不得在合同中约定在债务履行期届满质权人未受清偿时,质物的所有权转移为质权人。这主要是出于对出质人公平的考虑。

《物权法》第二百一十二条规定,质权自出质人交付质押财产时设立。这一规定有利于保障交易的安全和债权人的利益,避免出质人任意对质物进行处分。

(二)动产质押担保的范围、质权人的权利和义务

1. 动产质押担保的范围。动产质押担保的范围是:主债权及利息、违约金、损害赔偿金、质物保管费用和实现质权的费用。合同另有约定的从其约定。

2. 质权人的权利和义务。在质押期间,质权人的权利是:(1)质权人有收取质物所生

孳息的权利，合同另有约定的从其约定。收取的孳息应当先充抵收取孳息的费用。(2)因不能归责于质权人的事由可能使质押财产毁损或者价值明显减少，足以危害质权人权利的，质权人有权要求出质人提供相应的担保；出质人不提供的，质权人可以拍卖、变卖质押财产，并与出质人通过协议将拍卖、变卖所得的价款提前清偿债务或者提存。(3)质期期满后，出质人不履行债务，质权人可以与出质人协议，参照市场价格以质押财产折价，也可以将拍卖、变卖所得款而受清偿，所得价款受偿后有余额的，余额归出质人，所得价款不足抵偿的，不足部分由债务人清偿。(4)质权人可以放弃质权。债务人以自己的财产出质，质权人放弃该质权的，其他担保人在质权人丧失优先受偿权益的范围内免除担保责任，但其他担保人承诺仍然提供担保的除外。

质权人的义务是：(1)妥善保管质物，因保管不善致使质押财产毁损、灭失的，应当承担赔偿责任。质权人的行为可能使质押财产毁损、灭失的，出质人可以要求质权人将质押财产提存，或者要求提前清偿债务并返还质押财产。(2)不得擅自使用、处分质押财产。质权人在质权存续期间，未经出质人同意，擅自使用、处分质押财产，给出质人造成损害的，应当承担赔偿责任。(3)质押期限届满，质权人受清偿后，将质物返还出质人。

出质人的权利是：(1)可以请求质权人在债务履行期届满后及时行使质权；质权人不行使的，出质人可以请求人民法院拍卖、变卖质押财产。(2)特定情形下的损害赔偿请求权。出质人请求质权人及时行使质权，因质权人怠于行使权利造成损害的；质权人在质权存续期间，未经出质人同意转质，造成质押财产毁损、灭失的，出质人有权要求质权人承担赔偿责任。

三、权利质押

权利质押，是以动产之外的以财产权为标的的质押权，即物权、债权、无形财产等可以用金钱估价的权利。权利质押的标的是权利，主要表现在质权人对出质人行使已出质的权利的控制上。

《担保法》规定了可经设定质押的权利，《物权法》在《担保法》的基础上，对可以设定质押的权利作了扩大并作了细化。可以设定质押的权利是：

1. 汇票、支票、本票、债券、存款单、仓单、提单。以此类权利作质押当事人应当订立书面合同，并且应在合同约定的期限内将权利凭证交付质权人，合同在权利凭证交付之日起生效，无权利凭证自有关部门登记时设立。若权利凭证所记载或提货日期早于债务履行期，质权人可以在债务期满前提前兑现或提货，并与出质人协议将兑现的价款或者提取的货物提前清偿债务或者提存。这主要是由有关权利凭证的法律规定决定的。

2. 依法可以转让的基金份额、股权。股份出质要订立书面合同，并向证券登记机构办理出质登记，质押合同自登记之日起生效。股票出质后，不得转让，但当事人协商同意转让的除外。出质人转让股票所得价款应提前向质权人清偿债权或向约定的第三人提存。股份出质适用于公司法的有关规定，出质合同自股份记于股东名册之日起生效。

3. 依法可以转让的注册商标专用权、专利权、著作权等知识产权中的财产权。此类权利出质当事人应订立书面合同，并向有关部门办理出质登记，合同自登记之日起生效。出质后，出质人不得转让或许可他人使用该权利，但经当事人协商同意的除外。出质人转让或者许可他人使用出质的知识产权中的财产权所得的价款，应当向质权人提前清偿债务或者提存。

4. 应收账款。以应收账款出质的，当事人应当订立书面合同。质权自信贷征信机构办理出质登记时设立。应收账款出质后，不得转让，但经出质人与质权人协商同意的除外。出质人转让应收账款所得的价款，应当向质权人提前清偿债务或者提存。

5. 法律、行政法规规定可以出质的其他财产权利。

第五节 留　　置

一、留置权的含义

留置，是指债务人不履行到期债务，债权人留置已经合法占有的债务人的动产的行为。留置权是指债权人已合法占有债务人的动产，当债务人不履行到期债务时，债权人留置该动产，并就该动产优先受偿的权利。

留置权是一种法定担保物权，其成立的条件由法律直接规定。不需要当事人事先约定。

二、留置权成立的条件

根据《物权法》的规定，留置权的成立必须具备以下条件：

(一) 债权人合法占有债务人的动产

债权人留置的财产应当是以合法方式占有的动产，不是基于侵权行为。法律规定或者当事人约定不得留置的动产，不得留置。

留置权人对留置财产丧失占有或者留置权人接受债务人另行提供担保的，留置权消灭。

(二) 债权人留置的动产，应当与债权属于同一法律关系，但企业之间留置的除外

留置财产为可分物的，留置财产的价值应当相当于债务的金额。

(三) 债权已届期满而未得到足额清偿

债权已到受偿期，债权人才可以行使留置权。

三、留置权的行使

(一) 留置权行使的时间

留置权人与债务人应当约定留置财产后的债务履行期间；没有约定或者约定不明确的，留置权人应当给债务人两个月以上履行债务的期间，但鲜活易腐等不易保管的动产除外。

在留置期间，留置权人负有妥善保管留置财产的义务；因保管不善致使留置财产毁

损、灭失的，应当承担赔偿责任。

（二）留置权行使的方式

债务人逾期未履行的，留置权人可以与债务人协议以留置财产折价，也可以就拍卖、变卖留置财产所得的价款优先受偿。留置财产折价或者变卖的，应当参照市场价格。

留置财产折价或者拍卖、变卖后，其价款超过债权数额的部分归债务人所有，不足部分由债务人清偿。

为防止留置权人长期留置财产，《物权法》规定，债务人可以请求留置权人在债务履行期届满后行使留置权；留置权人不行使的，债务人可以请求人民法院拍卖、变卖留置财产。

（三）同一动产上已设立抵押权或者质权，该动产又被留置的，留置权人优先受偿

第六节 定 金

一、定金的含义和分类

（一）定金的含义

定金，是合同当事的一方预先交付给另一方作为债权担保的货币。债务人履行债务后，定金应当抵作价款或者收回。给付定金的一方不履行约定的债务的，无权要求返还定金；收受定金的一方不履行约定的债务的，应当双倍返还定金。定金作为债的一种担保方式，定金作为债的一种担保方式，兼具金钱性质与合同担保的性质，这一性质决定了定金合同具有实践性。

（二）定金的分类

根据《担保法解释》，定金依其目的和作用不同，可以分为订约定金、成约定金、解约定金、违约定金和证约定金。

1. 订约定金。订约定金即立约定金，是指在合同订立前交付，目的在于保证正式订立合同的定金。签订合同一般要经过要约、新的要约、再要约，直到承诺的过程。有时候这个过程比较短，但是在有些情况下，这个过程可能需要持续较长的时间，尤其是在一些标的额比较大的民事交易中。当事人为订立合同已经作了必要的准备，相互间对于合同的内容已经基本取得了一致，但因为存在一些未定情形，合同一直未能订立，当事人又不愿意许诺成立合同，于是采用立约定金来实现当事人间的相互信任，以求最终成立合同，完成交易。

其设立是为了担保主合同的签订，凡在意向书一类的协议中设定了订约定金，其法律效力自当事人实际交付定金时就存在，在其所担保的订约行为没有发生时，对拒绝订立主合同的当事人就要实施定金处罚。交付定金的一方当事人拒绝订立合同的，将丧失定金；如果接受定金的一方当事人拒绝订立合同的，应当双倍返还定金。所以，订约定金的目的在于确保当事人能够最终订立合同。立约定金也可以防止当事人利用订立合同的机会恶意磋商。在某些情况下，一方当事人可能违背诚实信用原则，在订立合同的过程中隐瞒重要信息，或者编造信息，误导对方当事人，使对方当事人以为

与其订立合同比较有利,而该方当事人却始终不与其订立合同,因而会给对方当事人造成损失。在约定了立约定金的情况下,如果当事人一方最终放弃了订立主合同的机会,不论其主观上是恶意还是过失,都将适用定金罚则,这样就可以促使当事人更加谨慎地、更加积极地进行交易。

2. 成约定金。作为主合同成立或生效要件而约定的定金,称为成约定金。当事人在合同中约定有成约定金的,定金未交付,则合同不成立或不生效。若当事人约定定金并明确表示定金的交付构成合同的成立或生效要件的,该定金具有成约定金的性质。但是,为了鼓励交易,如果主合同已经履行或者履行了主要部分,即使给付定金的一方当事人未按约实际交付定金,仍应当承认主合同的成立或生效。

3. 解约定金。解约定金是指以定金作为保留合同解除权的代价,即支付定金的一方当事人可以放弃定金以解除合同,接受定金的一方当事人也可以双倍返还定金以解除合同。需要注意的是,当事人一方虽然以承担定金损失解除了合同,但在守约的当事人因合同解除受到的损失大于定金收益的情况下,解约方仍然应承担损害赔偿的责任。

4. 违约定金。违约定金,是指以定金的放弃或者双倍返还作为违反合同的补救方法而约定的定金。《担保法》规定以当事人一方不履行约定的债务作为适用定金罚则的条件,《担保法解释》进一步对"不履行"分不同情况作了不同规定。

一是明确规定违约定金处罚的条件不但要有迟延履行等违约行为,还要有因该违约行为致使合同目的落空的结果,这两个条件缺一不可。

二是主合同部分得到履行,部分没有履行,一方当事人因此受到了损失,但是合同的目的没有完全落空,这时,既要对不完全履行合同的当事人进行定金处罚,又不能使定金全部被罚。

三是因不可抗力、意外事件或第三人过错致使主合同不能履行,能否适用定金罚则的规定。对于因不可抗力、意外事件致使主合同不能履行的,不适用定金罚则。

四是因合同关系以外第三人的过错,致使主合同不能履行的,适用定金罚则。当事人一方受定金处罚后,可以依法向第三人追偿。

5. 证约定金。证约定金是指以交付事实作为当事人之间存在合同关系的证明的定金。订立合同时,当事人一方为防止对方毁约而给付定金,以此证明和维护合同关系。在当事人没有订立书面合同的情况下,只要一方收取了另一方的定金,即可证明他们之间的合同已经成立。证约定金不是合同成立的必备要件,仅具有证明当事人之间已经成立合同的证据意义,合同是否成立与定金的交付没有关系,因此《担保法》及《担保法解释》没有对证约定金作出专门规定,但是司法实践认可交付定金的书面证明为主合同业已经成立的证据。

事实上,证约定金是一般定金都具有的共性,大多数情况下,定金的证约性质不因当事人专门约定而产生和独立存在,而是由违约定金、解约定金和成约定金所派生的。

二、定金合同的订立

定金合同应当以书面形式订立,它可以单独订立,即单独的定金合同,也可以作为主合同中的担保条款。在许多情况下,定金往往是通过主合同中的担保条款表现出来。定金合同的成立不但要当事人达成合意，而且要有交付定金的实际行为，因为定金合同是实践性合同，所以定金合同从交付定金时生效。

三、定金的数额

《担保法》第九十一条规定："定金的数额由当事人约定，但不得超过主合同标的额的20%。"《担保法解释》规定，当事人约定的定金数额超过主合同标的额 20% 的，超过的部分，人民法院不予支持。这主要是从保护当事人的利益出发，定金太低了起不到担保合同履行的效果，定金太高了，由于在执行中用的是定金罚则，因此有可能使守约方获得多于损害的赔偿。

参 考 阅 读

1. 相关法律文件。
2. 法律出版社法规中心. 中华人民共和国物权法注释本. 北京：法律出版社，2017.

复 习 思 考

1. 简述担保与反担保的主要区别。
2. 简述使用保证方式应注意的问题。
3. 简述动产抵押与动产质押的主要区别。
4. 简述抵押物登记制度。
5. 简述留置权行使及实现的条件。
6. 简述定金与违约金的主要区别。

案 例 分 析

2018年3月，甲公司与乙公司签订了一份汽车买卖合同，合同约定：乙公司供给甲公司10辆车，货款总价值500万元，甲公司先付车款的20%，即100万元，余下车款400万元在交货后一年内付清，并以所购的10辆汽车抵押，且办理了抵押权登记手续。合同签订后，乙公司担心甲公司私自将汽车转卖，便要求甲公司找一个公司担保。甲公司找到了丙公司，由丙公司为甲公司的400万元货款提供担保，但丙公司只同意承担一般保证责任。

乙公司交货后，甲公司因经营不善，连续亏损，还款无望，但甲公司对丁公司享有400万元债权，乙公司见丁公司的经营状况比甲公司好一些，于是经三方协商，甲公司将400万元债务转移给丁公司。丙公司对上述债务转让事实毫不知情。一年期满，乙公司要求丁公司偿还400万元，但此时丁公司却已被人民法院宣告破产。于是，乙公司找到丙公司，要求其承担保证责任。丙公司知道债务已经转移给了丁公司后，拒绝承担保证责任。

问题：

1. 甲公司将债务转移给丁公司的行为是否有效？
2. 甲公司的债务转移给丁公司，对丙公司的担保有无影响？
3. 甲公司的债务转移给丁公司，对甲公司享有的抵押权有无影响？
4. 如果甲公司未转移债务，但债务到期甲公司无力偿还。乙公司应如何维护自己的合法权益？

第九章 证券法

建立和发展健康有序、运行安全的证券市场,对我国优化资源配置,调整经济结构,筹集更多的社会资金,加快国民经济的发展具有重要作用。证券市场是高风险市场,为了规范证券发行和交易行为,保护投资者的合法权益,维护社会经济秩序和社会公共利益,促进社会主义市场经济的发展,我国制定了《中华人民共和国证券法》(以下简称《证券法》),该法于1998年12月29日由中华人民共和国第九届全国人民代表大会常务委员会第六次会议通过,自1999年7月1日起施行。此后,全国人民代表大会常务委员会分别在2004年8月28日、2005年10月27日、2013年6月29日和2014年8月31日、2019年12月28日对该法进行修正或修订,2019年修订的文本自2020年3月1日起施行。

与本章有关的法律文件主要有:《证券法》(2019年),《中华人民共和国证券投资基金法》(以下简称《证券投资基金法》)(2012年),《上市公司证券发行管理办法》(2006年),《股票发行与交易管理暂行条例》(1993),《企业债券管理条例》(2011年),《科创板首次公开发行股票注册管理办法(试行)》(2019年)和《科创板上市公司持续监管办法(试行)》(2019年),《证券发行与承销管理办法》(2018年),《上市公司收购管理办法》(2014年),《期货交易管理条例》(2016年),《证券交易所管理办法》(2017年),最高人民法院《关于办理内幕交易、泄露内幕信息刑事案件具体应用法律若干问题的解释》(2012年),最高人民法院、最高人民检察院《关于办理利用未公开信息交易刑事案件适用法律若干问题的解释》(2019年),最高人民法院、最高人民检察院《关于办理操纵证券、期货市场刑事案件适用法律若干问题的解释》(2019年)等。

本章共分七节,对我国《证券法》作了较全面的介绍,内容涉及证券和证券法的含义、证券法的调整对象、证券法的基本原则、证券发行、证券交易、上市公司的收购、信息披露与投资者保护、证券交易所与证券公司、证券监督管理体制等。其中,《证券法》的调整对象、证券发行的条件、证券交易、上市公司的收购、信息披露与投资者保护、证券监督管理体制是本章的重点。

第一节 证券法概述

一、证券和证券法的含义

(一)证券的含义和分类

证券,是指发行人依法发行的表示持券人享有的某种特定权利的凭证。它一般有广义和狭义之分。

广义的证券包括有价证券和无价证券两种形式。无价证券，又称权利凭证，是指券面上载明的权利不直接与法律上的财产权利相对应，只证明持券人由此拥有的某种资格。如我国在计划经济时代发行的粮票、布票等。有价证券，是指发行人依法发行的表示一定财产权利的凭证。

狭义的证券仅指有价证券，一般可以分为货币证券、货物证券和资本证券。货币证券是指与货币功能近似，并在一定范围内可以代替货币使用的证券，如汇票、支票等。货物证券，是指能代表一定的货物提取权的凭证，如仓单、提单等。资本证券，是指能在资本市场上流通和转让，持券人有权依其面额按期收取一定收益的证券，如股票、债券等。目前在上海和深圳两个证券交易所上市交易的证券品种主要是：股票、公司债券、国库券、投资基金份额等。

(二) 证券法的含义

证券法，是指调整证券的发行、交易、服务、证券市场监管以及其他相关活动而产生的经济关系的法律规范的总称。广义的证券法泛指一切与证券有关的法律规范的总称。狭义的证券法仅指专门调整证券关系的法律规范的总称。《证券法》是我国调整证券关系的基本法。

二、我国《证券法》的调整对象

我国《证券法》所调整的证券属于资本证券，具体包括股票、公司债券、存托凭证和国务院认定的其他证券。此外，政府债券、证券投资基金份额的上市交易，适用《证券法》；其他法律、行政法规有特别规定的，适用其规定。证券衍生品种发行、交易的管理办法，由国务院依照《证券法》的原则规定。本书在公司法一章中已对股票和公司债券的含义和特征做了分析，下面仅就政府债券、证券投资基金份额、存托凭证和衍生证券的含义和特征加以分析。

1. 政府债券。它是指中央政府或地方政府为筹措财政资金，凭借其信誉按照一定程序向投资者出具的、承诺到期偿还本息的格式化债权债务凭证。政府债券与公司债券相比，具有以下特征：(1)安全性高。政府债券由政府发行并承担还本付息的责任，是国家信用的体现。在各类债券中，政府债券的信用等级是最高的，所以被称为是金边债券。投资者购买政府债券，是一种较安全的投资选择。(2)流通性强。政府债券的发行量大、信用好，所以，许多国家一般不仅允许政府债券在证券交易所上市交易，还允许在场外市场进行买卖。发达的二级市场为政府债券的转让提供了方便，使其流通性大大增强。(3)收益稳定。政府债券的利率一般高于银行同期存款利率，而且付息由政府保证。对于投资者来说，投资政府债券的收益是比较稳定的。此外，由于政府债券的本息大多数是固定且有保障的，所以交易价格一般不会出现大的波动，二级市场的交易风险小。(4)免税待遇。政府债券是政府自己的债务，为了鼓励人们投资政府债券，大多数国家规定，对于购买政府债券所获得的收益，可以享受免税待遇。我国法律也规定，国债和国家发行的金融债券的利息收入可免交个人所得税。因此，在政府与其他证券名义收益率相等的情况下，如果考虑税收因素，持有政府债券的投资者可以获得更多的实际投资收益。

政府债券根据发行主体的不同，可以分为中央政府债券和地方政府债券。政府债券的上市交易由证券交易所根据国务院授权部门的决定安排。

2. 证券投资基金份额。也称为证券投资基金券，是指依法设立的证券投资基金组织为募集资金以投资于证券市场、实现证券投资目的而向社会公开或者非公开发行的、证明持有人按其持有份额享有资产所有权、收益分配权和剩余资产分配权及其他权益的一种证券类凭证。证券投资基金由基金管理人管理，基金托管人托管，为基金份额持有人的利益，以资产组合方式进行证券投资活动。根据《中华人民共和国证券投资基金法》的规定，基金运作方式可以采用封闭式、开放式或者其他方式。所谓采用封闭式基金，是指经核准的基金份额总额在基金合同期限内固定不变，基金份额可以在依法设立的证券交易场所交易，但基金份额持有人不得申请赎回的基金。采用开放式基金，是指基金份额总额不固定，基金份额可以在基金合同约定的时间和场所申购或者赎回的基金。

证券投资基金份额与股票、债券相比，具有以下特征：(1)证券投资基金份额是代表信托关系的凭证。它以持有人的信托权益为核心；股票是股权凭证，以股东权益为核心；债券是债权凭证，以债权债务为核心。(2)证券投资基金主要投资于股票、债券等证券。股票来源于商业性投资关系；债券来源于商业性借款关系。(3)基金财产具有独立性。基金财产独立于基金管理人、基金托管人的财产。基金份额持有人以其出资为限对基金财产的债务承担责任。股票、债券对应的资产直接投入实体企业，与企业资产融为一体。见表9-1。

表9-1 证券投资基金、股票和债券比较

	证券投资基金	股票	债券
法律关系	信托关系	股权关系	债权关系
资金投向	证券	实体企业	实体企业
风险收益	风险和收益居中	风险大、收益可能较高	风险小、收益较低

3. 存托凭证。这是指在一国证券市场流通的代表外国公司有价证券的可转让凭证，属公司融资业务范畴的金融衍生工具。存托凭证一般代表公司股票，但有时也代表债券。根据中国证监会《关于开展创新企业境内发行股票或存托凭证试点的若干意见》(2018)，在我国，存托凭证是指由存托人签发、以境外证券为基础在中国境内发行、代表境外基础证券权益的证券。在权利行使上，股票存托凭证持有人虽然可以实质上享受基础股票的分红、投票等基本权利，但因为不是在册股东，所以其股东权利必须通过存托人代为行使。

4. 衍生证券。这是指以股票、债券和投资基金凭证等基本证券为基础而创设的新的证券形态，它以杠杆或信用交易为特征，如果失去基本证券，衍生证券将不复存在。目前我国在证券交易所交易的证券衍生品主要包括证券型(如权证)和契约型(如股指期权、期货)两大类。具体品种随着证券市场发展将会不断增加，由于证券衍生品在发行、交易及信息披露等方面有其特殊性，所以法律授权国务院依照证券法的原则另行制定管理办法。

三、证券法的基本原则

(一)公开、公平、公正原则

1. 公开原则。又称信息披露原则,是指证券市场的信息应公开化。证券信息的披露通常包括初期披露和持续披露两方面。初期披露,是指证券发行人在首次公开发行证券时应当依法如实披露有可能影响投资者作出决策的所有信息。信息持续披露,是指证券发行后,发行人应当依法定期向社会提供经营与财务状况的信息,以及不定期公告有可能影响公司经营的重大事项等。公开的信息应符合真实、完整、及时、易得的要求。

2. 公平原则。这是指证券发行、交易活动中的当事人具有平等的法律地位,各自的合法权益能够得到公平的保护。这里的公平主要是指机会均等,各参与主体应在同等条件下平等竞争。任何人不得超越证券法规定的范围而享有特权。

3. 公正原则。这是指证券监督管理机构应在公开、公平的基础上,对一切证券市场参与者给以公正待遇。公正原则是实现公开、公平原则的保障。根据这一原则,立法机关应当制定体现公平精神的法律、法规,证券监督管理部门应当依法公正地履行职责,不偏袒任何人。

(二)自愿、有偿、诚实信用原则

1. 自愿原则。这是指当事人有权按照自己的意愿自主地参与证券发行与交易活动,他人不得非法干涉。

2. 有偿原则。这是指当事人在证券发行与交易活动中应按照价值规律的要求进行等价交换,当事人任何一方不得无偿占有、剥夺他人财产,损害他人合法权益。

3. 诚实信用原则。这是指当事人在证券发行与交易活动中不欺诈,遵守诺言。诚实信用原则是商业道德法律化的具体体现。

(三)守法原则

证券的发行、交易活动,必须遵守法律、行政法规;禁止欺诈、内幕交易和操纵证券市场的行为。

(四)分业经营管理原则

证券业和银行业、信托业、保险业实行分业经营、分业管理,证券公司与银行、信托、保险业务机构分别设立。国家另有规定的除外。

(五)政府统一监管与参与主体自律性管理相结合原则

证券市场参与者多、各参与主体利益冲突大、投机性强、敏感度高,是一个充满矛盾和风险的市场,而且证券市场的风险又具有突发性强、影响面广、传导速度快的特点。因此,法律在要求证券市场参与主体自律的同时,还在国务院建立了专门的证券监督管理机构依法对全国证券市场实行集中统一监督管理,以便及时发现和处理异常情况,有效防范和化解市场风险。

四、证券市场概述

(一)证券市场的含义和特征

证券市场是指证券发行和交易的场所。它是股票、债券、商品期货、股票期货、期权、利率期货等证券产品发行和交易的场所。其主要特征是：

1. 参与主体具有广泛性。参与主体包括证券发行人、证券投资者、证券交易所、证券公司、证券登记结算机构、证券交易服务机构、证券业协会、证券监督管理机构等。其中，证券投资者是证券市场的资金供给者，也是金融工具的购买者。证券投资者分为机构投资者和个人投资者两大类。机构投资者是指拥有资金、信息、人力等优势的组织，主要包括企业、商业银行、非银行金融机构（如养老基金、保险基金、证券投资基金）等。个人投资者是指从事证券投资的自然人。根据我国法律规定，证券投资者包括中国公民、法人、合伙企业，以及符合规定的外国人及法律、行政法规、中国证监会规章规定的其他投资者。

2. 交易具有投机性。证券市场上的证券交易价格受多种因素影响，价格波动较大，具有很强的不确定性。

3. 信息披露具有强制性。这在证券发行与交易中具有极为重要的意义。信息披露是投资者决定是否投资的基本依据。无论从发行前的情况来看，还是从发行后的运行来看，信息披露都是最重要的内容，也是最为核心的要素。信息披露不真实、不准确、不及时、不完整，会影响整个市场的健康运行，影响投资者的判断和选择，影响上市公司的形象，影响上市公司与投资者的关系。因此，证券法要求发行人应保证披露的信息真实、准确、及时、完整。监管部门将信息披露作为一项系统工程来抓，贯穿于从企业上市到上市以后的全过程、贯穿于从企业到中介机构再到监管机构的全环节、贯穿于从行为到结果的全过程。

（二）证券市场的功能

证券市场是市场经济发展到一定阶段的产物，其主要功能在于：

1. 实现融资需求与投资需求的对接。市场上的融资需求与投资需求原本是分离的，证券市场通过证券发行和交易的方式，有效地化解了资本的供求矛盾。

2. 为资本定价。证券是资本的存在形式，证券的价格代表的是资本的价格。证券的价格是证券市场上证券供求双方博弈的结果。这种竞争的结果是：能产生高投资回报的资本，市场的需求就大，相应的证券价格就高；反之，证券的价格就低。因此，证券市场是资本的合理定价机制。

3. 合理配置资本。通过证券价格可以引导资本的流动，实现资本的合理配置。在证券市场上，证券价格的高低是由该证券所能提供的预期报酬率的高低来决定的。投资者为了谋求投资的保值与增值，即获得高的预期报酬率，就要对证券发行人经营、财务和财政状况进行分析，然后就会把资金投向经济效益高的证券，从而使得社会资金流向高效的产业部门。这样，证券市场就引导资本流向其能产生高报酬率的企业或行业，从而使资本产生尽可能高的效率，进而实现资本的合理配置，有助于解决资本结构调整的难题。

（三）证券市场的种类

根据证券市场目的的不同分为发行市场和交易市场。发行市场，也称为一级市场，是证券市场的起点，主要用于公司筹集资金，吸收社会闲散资金。交易市场，也称为二级市场，主要用于资本定价和资本配置。

交易市场可以细分为场内和场外两种。场内市场是指在证券交易所交易，适用于上市公司的证券交易。我国主要有上海和深圳两个场内证券交易市场。

场外交易，是指在证券交易所之外交易。美国纳斯达克(NASDAQ)属于场外交易场所，创立于1971年，全称为美国全国证券交易商协会自动报价表(National Association of Securities Dealers Automated Quotations)，它是由美国纳斯达克股票市场公司所拥有与管理的电子证券交易机构。其特点是收集和发布场外交易非上市公司股票的证券商报价，是世界最大的股票市场之一。

目前我国的场外交易系统主要有全国中小企业股份转让系统(新三板)和区域性股权市场(四板)等。全国中小企业股份转让系统是经国务院批准的全国性证券交易场所，主要针对的是中小微型企业。开有新三板账户的个人投资者可以通过证券公司申请参与新三板挂牌公司股票买卖。

区域性股权市场(一般称为"股权交易中心"或"股权交易所")是按照国务院规定设立的私募证券的发行、转让场所，受所在地省级人民政府和中国证监会的协同监管，个人投资者可在各省、自治区、直辖市、计划单列市四板市场开户买卖其挂牌公司或展示企业股票。目前全国共设立34家区域性股权市场，比如北京股权交易中心、天津滨海柜台交易市场、石家庄股权交易所、山西股权交易中心等。

第二节 证券发行

一、证券发行的含义与种类

(一)证券发行的含义

证券发行，是指发行人依照法定条件和程序向社会公众或特定的人出售证券的法律行为。证券发行人是证券发行的主体，主要包括为筹措资金而发行债券、股票等证券的政府及其机构、金融机构、公司。证券发行所形成的市场称为证券发行市场，又称为一级市场。证券发行市场主体由证券发行人、证券投资人和中介人组成。

(二)证券发行的种类

1. 证券发行根据其发行范围的不同，可以分为公开发行与非公开发行两种。

公开发行，又称公募发行，是指发行人向社会公众广泛地发售证券。其具体形式包括三种：(1)向不特定对象发行证券；(2)向累计超过200人的特定对象发行证券，但依法实施员工持股计划的员工人数不计算在内；(3)法律、行政法规规定的其他发行行为。

非公开发行，又称私募发行或内部发行，是指向200人以下特定的投资人发行证券。非公开发行证券，依法不得采用广告、公开劝诱和变相公开方式。

2. 按照证券的类型，证券发行主要分为股票发行、公司债券发行和国务院认定的其他证券的发行。作出上述区分，在法律适用及识别证券权利差异方面，具有重要法律意义。

股票发行根据发行目的的不同，可以进一步分为设立发行和增资发行。(1)设立发行，是指发行人以筹集资金和设立股份有限公司为目的而发行股票。在我国，设立发行的主体应当是经批准拟设立的股份有限公司。设立发行不仅包括向社会投资者发行股票，也包括向股份有限公司发起人分派股票的行为。(2)增资发行,指已设立并合法存续的股份有限公司为增加公司股本,向原股东配售或向社会投资者发行股票的行为,包括配股、分派红利股票、公积金转增股份和发行新股等多种具体形式。

公司债券的发行根据发行时间的不同,可以分为首次发行与再次发行两种情况,分别适用不同的发行条件。

二、证券发行的条件

证券发行的条件因公司发行证券的种类、发行目的、发行对象、证券是否上市交易等因素的不同而有所区别。

(一)非公开发行股票的条件

1. 设立发行条件。发起人采用发起方式设立公司的,应当符合《公司法》规定的股份有限公司设立的条件,并由发起人认购公司发行的全部股票。

2. 增资发行条件。股份有限公司成立后采用非公开方式发行新股的,应由公司股东大会依法作出决议,股东自行认购。上市公司以非公开方式发行新股,还应当符合《上市公司证券发行管理办法》规定的条件。

(二)公开发行股票的条件

1. 设立发行的条件。发起人采用募集方式公开发行股票设立公司的,除了应当符合《公司法》规定的设立条件外,还应当具备《股票发行与交易管理暂行条例》第8条规定的条件,即:(1)其生产经营符合国家产业政策;(2)其发行的普通股限于一种,同股同权;(3)发起人认购的股本数额不少于公司拟发行的股本总额的35%;(4)在公司拟发行的股本总额中,发起人认购的部分不少于人民币3000万元,但是国家另有规定的除外;(5)向社会公众发行的部分不少于公司拟发行的股本总额的25%,其中公司职工认购的股本数额不得超过拟向社会公众发行的股本总额的10%;公司拟发行的股本总额超过人民币4亿元的,证监会按照规定可以酌情降低向社会公众发行的部分的比例,但是最低不少于公司拟发行的股本总额的10%;(6)发起人在近3年内没有重大违法行为;(7)证券会规定的其他条件。

2. 首次公开发行新股的条件。根据《证券法》第十二条的规定,公司首次公开发行新股,应当符合下列条件:(1)具备健全且运行良好的组织机构;(2)具有持续经营能力;(3)最近三年财务会计报告被出具无保留意见审计报告;(4)发行人及其控股股东、实际控制人最近三年不存在贪污、贿赂、侵占财产、挪用财产或者破坏社会主义市场经济秩序的刑事犯罪;(5)经国务院批准的国务院证券监督管理机构规定的其他条件。

上市公司发行新股,应当符合经国务院批准的国务院证券监督管理机构规定的条件,具体管理办法由国务院证券监督管理机构规定。

公司对公开发行股票所募集资金,必须按照招股说明书或者其他公开发行募集文件所列资金用途使用。改变资金用途,必须经股东大会作出决议。擅自改变用途而未作纠正的,或者未经股东大会认可的,不得公开发行新股,上市公司也不得非公开发行新股。

(三)公开发行存托凭证

公司公开发行存托凭证的,应当符合首次公开发行新股的条件以及国务院证券监督管理机构规定的其他条件。

符合国家战略、掌握核心技术、市场认可度高，属于互联网、大数据、云计算、人工智能、软件和集成电路、高端装备制造、生物医药等高新技术产业和战略性新兴产业，且达到相当规模的创新企业，申请在境内发行股票或存托凭证并上市的，应符合证监会《关于开展创新企业境内发行股票或存托凭证试点若干意见的通知》《关于在上海证券交易所设立科创板并试点注册制的实施意见》和上交所《关于在上海证券交易所设立科创板并试点注册制的实施意见》规定的条件。

（四）公司债券发行的条件

1. 非公开发行债券的条件。公司以非公开方式发行债券，适用《企业债券管理条例》。

2. 公开发行债券的条件。债券首次发行与再次发行的条件有所不同。根据《证券法》第十五条规定，公开发行公司债券，应当符合下列条件：（1）具备健全且运行良好的组织机构；（2）最近三年平均可分配利润足以支付公司债券一年的利息；（3）国务院规定的其他条件。与以前的法律相比，2019年新法取消了净资产、资金投向领域、债券余额占比、利率限制等要求，降低了公司发债的门槛。

3. 再次公开发行债券的条件。已发行债券的公司再次公开发行债券，除要具备前述条件外，不得具有下列情形之一：（1）对已公开发行的公司债券或者其他债务有违约或者延迟支付本息的事实，仍处于继续状态；（2）违反《证券法》规定，改变公开发行公司债券所募资金的用途。

4. 可转换公司债券的发行条件。除应当符合前述一般公司债券的发行条件和上市公司公开发行新股的条件外，还应当符合经国务院批准的国务院证券监督管理机构规定的条件。但是，按照公司债券募集办法，上市公司通过收购本公司股份的方式进行公司债券转换的除外。

公开发行公司债券筹集的资金，必须按照公司债券募集办法所列资金用途使用；改变资金用途，必须经债券持有人会议作出决议。公开发行公司债券筹集的资金，不得用于弥补亏损和非生产性支出。

三、证券发行的审核与程序

（一）证券发行审核制度

目前国际上对证券发行的审核主要采取注册制或核准制方式。所谓注册制，又叫申报制，或者形式审查制，是指法律对发行证券的企业的经营业绩和资质不作规定，只要企业符合基本要求，提供信息真实，便可注册上市，定价也由市场自主决定。注册制的核心是信息披露，发行人在发行证券之前，需要将依法应当公开的与所发行证券有关的一切信息和资料全面、准确地向证券监管机关申报，证券监管机关对申报文件的全面性、真实性、准确性和及时性作出形式审查，若证券监管机关在一定时期以内无异议，申请自动生效，发行人即可发行证券。投资者根据发行人公开的信息作出选择，风险自负。此种方式以美国、日本和韩国等国为代表。其特点：一是以信息披露为核心，强调让市场决定股票的价值，尽量减少行政干预。监管机构只负责审查证券发行申请人对信息披露义务的履行情况。二是上市成本低。从申报到具体发行的时间间隔较短，具有较高的市场效率，充分发挥市场优胜劣汰的机制和融资功能。但注册制优势的发挥一方面要求投资者有一个比较成熟理性的投资理念，能够对市场作出正确的判断；另一方面要求证券市场发育比较成熟；应有较为健全的法规制度作为保障；监管层市场化的监管手段比较完善，监管能力较强；发行人、承销商和其他证券中介机构应有较强的行业自律能力，严格遵守法律，恪守职业道德。

所谓核准制，也称准则制，或者实质审查制，是指法律不仅规定了发行人应当公开的信息的范围，而且还规定了发行人应具备的实质性条件。发行人发行证券时不仅要公开本公司的全部情况，而且还要符合证券发行的实质性条件，证券主管机关依法有权对发行人提出的申请以及有关材料，进行实质性审查，发行人得到批准以后，才可以发行证券。证券监督管理机关有权否决不符合条件的申请。此种方式被欧洲大陆法系国家、美国部分州和大多数发展中国家和地区所采用，其特点是注重实质管理。监管机构提前对要求上市的企业进行价值判断，保证证券市场上均为优质上市公司。核准制确立和施行的理论基础是，证券市场是一个高风险的市场，并非每个投资者都有足够的能力根据发行人披露的信息作出准确的判断和选择，政府进行实质性审查，尽可能排除缺乏投资价值的证券进入市场，可以弥补公众投资者在认识和理解能力上的欠缺，从而减少市场风险。核准制有利于新兴市场的健康发展，主要适用于准入和退出机制不健全，投资服务机构的道德水准、业务水平不高，投资人缺乏经验与业务水平、缺少对信息判断的能力的地区。

我国的证券发行审批制度经历了从计划指标审批制到市场化核准制的一个发展过程。自1990年我国证券市场建立，直至2001年初，我国证券发行实行的是全国范围的计划指标控制与实质审查制度。1996年以前，主要是实行"额度管理"，即由国务院行政部门先确定股票发行的总额度，然后将发行指标分配给省级政府及中央企业的主管部门，省级政府或者中央主管部门在自己的管辖区内，或者行业内，对申请上市的企业进行筛选，经过实质审查合格后，报中国证监会批准。在执行中，省级政府或者中央主管部门尽量将有限的股票发行规模，分配给更多的企业，造成了发行公司规模小，公司质量差的情况。1996年以后，开始实行"综合指标管理"。即实行"总量控制，集中掌握，限报家数"的办法。国务院行政部门根据计划发行的总额度，确定发行企业的家数，省级政府或者中央主管部门根据中国证监会下达的家数指标，向中国证监会推荐。中国证监会对上报的企业的预选资料进行审核，合格以后，由省级政府或者中央主管部门根据分配的发行指标，下达发行额度。企业得到发行额度以后，将正式材料上报中国证监会，由中国证监会最后审定是否批准企业发行证券。这两种制度都是属于计划发行模式，其核心是实行"额度控制"。其缺点是：从企业的选择到发行上市的整个过程透明度不高，争额度、跑指标成为一种时尚。能够发行股票的公司都是与政府关系密切的公司，不仅无法保证上市公司质量，而且容易滋生股票发行过程中的腐败。

1999年7月实施的《证券法》，将股票的发行审批制度改为核准制，债券的发行仍采用计划审批制。核准制废除了股票发行的额度计划，原则上只要是符合上市标准的公司都可以按照规定的程序实现发行上市的目标，由中国证监会组织专门的人员对拟发行股票的公司材料进行审核。

但是股票发行的核准制在实际操作中并未实施。为配合证券发行核准制的推行，2001

年3月29日，中国证券业协会从行业自律角度出发，发布了《关于证券公司推荐发行申请有关工作方案的通知》，提出了证券公司推荐企业发行股票实行"证券公司自行排队，限报家数"（简称"通道制"）的方案。其具体运作程序是：由证券监管部门根据各家券商的实力和业绩，直接确定其拥有的发股通道数量；各家券商根据其拥有的通道数量遴选发股公司，协助拟发股公司进行改制、上市辅导和制作发股申报材料，然后，将发股申报材料上报券商内部设立的"股票发行内部审核小组"审核，如果审核通过，则由该券商向中国证监会推荐该家拟发股公司；中国证监会接收拟发股公司的发股申请后，进行合规性审核，经股票发行审核委员会审核通过，再由中国证监会根据股票市场的走势情况，下达股票发行通知书；拟发股公司在接到发股通知书后，与券商配合，实施股票发行工作。虽然通道制并未从根本上取消名额限制，但改变了由行政机构遴选的做法，确立了主承销商推荐企业，证监会进行合规性初审，发行审核委员会独立审核表决的规范化市场原则。从此，以市场供求调节为主的股票发行制度开始真正实施。

但是，随着市场的发展，"通道制"的弊端也逐步显现：一是投行业务竞争受限。券商的通道数量最多只有9个，按照发行1家再上报1家的程序来推荐发股公司的模式，大型券商可用的通道数量明显低于其市场开拓能力。当通道不足时，被迫放弃许多质量不错但规模比较小的承销项目，或通过其他途径将项目转移到通道剩余的券商名下，造成项目资源的流失。此外，出于成本考虑，大投行因业务无法做大，被迫精简机构、裁撤人员，影响了国内大券商投行业务的发展，优胜劣汰难以实现。二是通道成为紧俏资源，上市公司质量难以保障。在通道制下，券商主要负责证券发行前的督导推荐，为尽快通过审核，加快通道的周转，券商有可能帮助发行人弄虚作假。此外，通道不够用或周转较慢的券商被迫将前期准备工作已经基本完成的项目转让给暂时有空出通道的新券商。一些发行人由于不愿长时间排队等候，也会主动寻找其他券商的通道，导致上市公司的名义发行主承销商、上市推荐人与实际不一致。由于名义券商没有进行辅导等详细的前期准备工作，对发行人的质量把握就可能存在一定的偏差，从而构成相当大的潜在风险和重大隐患。

为进一步深化证券发行上市制度的市场化改革，从制度上调动市场的力量共同努力提高上市公司质量和证券经营机构执业水平，2003年12月28日，证监会发布《证券发行上市保荐制度暂行办法》，决定自2004年2月1日起，股份有限公司首次公开发行股票和上市公司发行新股、可转换公司债券实行保荐制。在保荐制下，企业股票发行上市不但需要有保荐机构进行保荐，还需要有两名具有保荐代表人资格的从业人员具体负责保荐工作。保荐职责包括尽职推荐和持续督导两个方面。首次公开发行股票的，持续督导的期间为证券上市当年剩余时间及其后两个完整会计年度；上市公司发行新股、可转换公司债券的，持续督导的期间为证券上市当年剩余时间及其后一个完整会计年度。持续督导期届满，如有尚未完结的保荐工作，保荐机构应当继续完成。

为避免出现保荐代表人数量少的公司推荐的项目无人具体负责保荐的情况，中国证监会最初准许一个保荐代表人同时推荐多个项目。但从实践情况看，保荐代表人作为具体负责保荐工作的主要人员，在一个项目的培育、辅导、调查、推荐等流程中，需要付出大量的努力和艰辛工作，同时操作多个项目，难以保持尽职调查和持续督导的质量，最终会影响上市公司的质量。2004年12月31日，中国证监会发布《关于进一步做好〈证券发行上市保荐制度暂行办法〉实施工作的通知》，在放宽保荐代表人资格维持条件和新进保荐代表人注册登记条件的同时，明确规定，自 2005 年 1 月 1 日起，一个保荐代表人同时只能推荐一个项目。

在保荐制实行初期，"通道制"并未废止。2004 年 12 月 30 日中国证券业协会发布通知，决定自 2005 年 1 月 1 日起废止《关于证券公司推荐发行申请有关工作方案的通知》。"通道制"自此终结。

2005 年颁布的《证券法》对公开发行股票和债券均采用核准制。该法第十条明确规定，"公开发行证券，必须符合法律、行政法规规定的条件，并依法报经国务院证券监督管理机构或者国务院授权的部门核准；未经依法核准，任何单位和个人不得公开发行证券。"第十三条规定，"上市公司非公开发行新股，应当符合经国务院批准的国务院证券监督管理机构规定的条件，并报国务院证券监督管理机构核准。"此外，该法还确认了保荐人制度，规定"发行人申请公开发行股票、可转换为股票的公司债券，依法采取承销方式的，或者公开发行法律、行政法规规定实行保荐制度的其他证券的，应当聘请具有保荐资格的机构担任保荐人。"

核准制的出发点是通过发行审批部门对拟发行新股的上市公司递交的资料进行严格审核，把不合格的公司拦在股票市场之外，把优秀的公司选拔出来并推荐给市场投资者。该制度隐含着监管者负责对上市公司进行投资价值的判断。但市场实践表明，我国实施多年的发行核准制并没有把不好的公司拦在股票市场之外，相反，很多公司在发行股票之后经营业绩就每况愈下，也就是说，监管者无法替代投资者对股票进行价值判断。此外，发行部门手握新股审批大权，除了滋生寻租行为之外，还会扭曲股票价格的形成机制，带来一系列妨碍股票市场功能发挥的后果：大量的垃圾股价值被严重高估，这些股票对新股的发行数量相当敏感，为了维护这些被高估的股价，就必然要控制新股发行的数量和节奏。结果是大量的公司无法通过股票市场来融资，而大量的储蓄没有合适的投资渠道，股市无法发挥它应有的配置资源功能。

2013 年 11 月，中共十八届三中全会《中共中央关于全面深化改革若干重大问题的决定》将推进股票发行注册制改革作为资本市场的改革任务之一。随后，中国证监会发布了《关于进一步推进新股发行体制改革的意见》，迈开了股票发行从审批制向注册制过渡的步伐。股票发行注册制改革总的目标是，建立市场主导、责任到位、披露为本、预期明确、监管有力的股票发行上市制度。要坚持市场导向，放管结合。尊重市场规律，最大限度减少和简化行政审批，明确和稳定市场预期，强化市场内在约束，建立以市场机制为主导的新股发行制度安排。

为配合股票发行注册制改革，根据国务院提出的议案，十二届全国人大常委会第一八次会议于 2015 年 12 月通过了授权国务院在实施股票发行注册制改革中调整适用证券法有关规定的决定；2018 年 2 月，十二届全国人大常委会第三十三次会议又作出决定，将上述授权期限延长至 2020 年 2 月 29 日。2019 年 1 月，证监会发布《关于在上海证券交易所设立科创板并试点注册制的实施意见》，2019 年 3 月，证监会发布《科创板首次公开发行股票注册管理办法（试行）》和《科创板上市公司持续监管办法（试行）》。随后，上海证券交易所发布《上海证券交易所科创板股票发行上市审核规则》《上海证券交易所科创板股票上市委员会管理办法》等配套规则。2019年7月22日上海证券交易所举行科创板首批公司上市仪式。25家公司通过注册制审核成为科创板首批挂牌上市公司。

2019年修订的《证券法》取消了核准制，全面实施注册制。该法第九条规定，公开发行证券，必须符合法律、行政法规规定的条件，并依法报经国务院证券监督管理机构或者国务院授权的部门注册。未经依法注册，任何单位和个人不得公开发行证券。证券发行注册制的具体范围、实施步骤，由国务院规定。

(二) 注册制下公开发行证券的程序

1. 申请。发行人申请公开发行证券，应当依法向国务院证券监督管理机构或者国务院授权的部门报送法定申请材料。其中，申请公司公开发行新股的，应当报送的材料有募股申请和公司营业执照、公司章程、股东大会决议、招股说明书或者其他公开发行募集文件、财务会计报告和代收股款银行的名称及地址。依法聘请保荐人的，还应当报送保荐人出具的发行保荐书。依法实行承销的，还应当报送承销机构名称及有关的协议等。申请公开发行公司债券，应当报送公司营业执照、公司章程、公司债券募集办法、国务院授权的部门或者国务院证券监督管理机构规定的其他文件。依法聘请保荐人的，还应当报送保荐人出具的发行保荐书等。

发行人报送这些文件，应当充分披露投资者作出价值判断和投资决策所必需的信息，内容应当真实、准确、完整。为证券发行出具有关文件的证券服务机构和人员，必须严格履行法定职责，保证所出具文件的真实性、准确性和完整性。

2. 注册。国务院证券监督管理机构或者国务院授权的部门依照法定条件负责证券发行申请的注册。按照国务院的规定，证券交易所等可以审核公开发行证券申请，判断发行人是否符合发行条件、信息披露要求，督促发行人完善信息披露内容。

国务院证券监督管理机构或者国务院授权的部门应当自受理证券发行申请文件之日起3个月内，依照法定条件和法定程序作出予以注册或者不予注册的决定，发行人根据要求补充、修改发行申请文件的时间不计算在内。不予注册的，应当说明理由。

3. 公告。证券发行申请经注册后，发行人应当依照法律、行政法规的规定，在证券公开发行前公告公开发行募集文件，并将该文件置备于指定场所供公众查阅。

发行证券的信息依法公开前，任何知情人不得公开或者泄露该信息。发行人不得在公告公开发行募集文件前发行证券。

4. 不当注册的处理。国务院证券监督管理机构或者国务院授权的部门对已作出的证券发行注册的决定，发现不符合法定条件或者法定程序，尚未发行证券的，应当予以撤销，停止发行。已经发行尚未上市的，撤销发行注册决定，发行人应当按照发行价并加算银行同期存款利息返还证券持有人；发行人的控股股东、实际控制人以及保荐人，应当与发行人承担连带责任，但是能够证明自己没有过错的除外。

股票的发行人在招股说明书等证券发行文件中隐瞒重要事实或者编造重大虚假内容，已经发行并上市的，国务院证券监督管理机构可以责令发行人回购证券，或者责令负有责任的控股股东、实际控制人买回证券。

股票依法发行后，发行人经营与收益的变化，由发行人自行负责；由此变化引致的投资风险，由投资者自行负责。

四、证券承销

证券承销,是指证券公司根据与发行人达成的协议,依法为证券发行人销售证券的行为。公开发行股票,承销期限届满,发行人应当在规定的期限内将股票发行情况报国务院证券监督管理机构备案。

(一)证券承销的方式

1. 根据责任与风险的不同,证券承销可以分为代销和包销两种方式。

代销,是指证券公司代发行人发售证券,在承销期结束时,将未售出的证券全部退还给发行人的承销方式。在证券代销中,证券承销人与发行人是代理关系,承销人所负的风险较小。

包销,是指证券公司将发行人的证券按照协议全部购入或者在承销期结束时将售后剩余证券全部自行购入的承销方式。在证券包销中,证券承销人与发行人是买卖关系,承销人所负的风险较大。

发行人向不特定对象公开发行的证券,法律、行政法规规定应当由证券公司承销的,发行人有权依法自主选择证券公司和承销方式。发行人选定证券公司后,应当同证券公司签订承销协议,明确约定双方的权利、义务和承销方式。

上市公司非公开发行股票未采用自行销售方式或者上市公司配股的,应当采用代销方式。股票发行采用代销方式,代销期限届满,向投资者出售的股票数量未达到拟公开发行股票数量70%的,为发行失败。发行人依法应当按照发行价并加算银行同期存款利息返还股票认购人。

2. 根据承销人数的不同,证券承销可以分为单独承销和承销团承销两种方式。

单独承销,是指由一名证券承销商承销发行人发行的证券的承销。

承销团承销,是指由两个或两个以上的承销人组成的承销团承销发行人发行的证券的承销。向不特定对象发行证券聘请承销团承销的,承销团应由主承销和参与承销的证券公司组成。《证券发行与承销管理办法》规定,证券发行由两家以上证券公司联合主承销的,所有担任主承销商的证券公司应当共同承担主承销责任,履行相关义务。承销团由3家以上承销商组成的,可以设副主承销商,协助主承销商组织承销活动。

(二)证券承销的基本规则

1. 证券公司承销证券,应当对公开发行募集文件的真实性、准确性、完整性进行核查。发现有虚假记载、误导性陈述或者重大遗漏的,不得进行销售活动;已经销售的,必须立即停止销售活动,并采取纠正措施。证券公司承销证券,不得有下列行为:(1)进行虚假的或者误导投资者的广告宣传或者其他宣传推介活动;(2)以不正当竞争手段招揽承销业务;(3)其他违反证券承销业务规定的行为。证券公司有前述行为,给其他证券承销机构或者投资者造成损失的,应当依法承担赔偿责任。

2. 证券的承销期限最长不得超过90日。证券公司在承销期内,对所承销的证券应当保证先行出售给认购人,不得为本公司事先预留所代销的证券和预先购入并留存所包销的证券。

3. 股票发行采取溢价发行的,其发行价格由发行人与承销的证券公司协商确定。

第三节 证券上市与交易

一、证券的上市与终止

(一)证券上市

证券上市,是证券发行人与证券交易所之间的协议行为。签署上市协议,即表明证券发行人愿意接受证券交易所制订的各项规则,证券交易所也愿意在此前提下接受证券发行人的证券上市申请,具有商业性行为的性质。申请证券上市交易,应当向证券交易所提出申请,由证券交易所依法审核同意,并由双方签订上市协议。

(二)证券上市的条件

对于证券上市的条件,过去一直采取由《证券法》直接规定的方式。2019年《证券法》做出重大改变,该法第四十七条规定,"申请证券上市交易,应当符合证券交易所上市规则规定的上市条件。证券交易所上市规则规定的上市条件,应当对发行人的经营年限、财务状况、最低公开发行比例和公司治理、诚信记录等提出要求。"这一规定,赋予了证券交易所更大的自主权。即证券上市交易的条件,由证券交易所依法自行决定。

(三)证券上市终止

终止上市,又称退市,是证券交易所依法对上市证券作出的取消上市交易资格的措施。在终止上市交易情况下,证券发行人丧失上市公司资格,其发行证券也不再是上市证券。法定原因消除后,证券发行人需依证券上市程序重新申请上市。

证券上市后,上市公司经营情况可能发生重大变化,如果经营情况恶化不再符合上市条件,应当终止证券上市交易。为了保护投资者利益和公共利益,《证券法》规定,上市交易的证券,有证券交易所规定的终止上市情形的,由证券交易所按照业务规则终止其上市交易。证券交易所决定终止证券上市交易的,应当及时公告,并报国务院证券监督管理机构备案。

对证券交易所作出的不予上市交易、终止上市交易决定不服的,可以向证券交易所设立的复核机构申请复核。

二、证券交易的一般规则

证券交易,是指证券持有人依照交易规则,将证券转让给其他投资者的行为。证券交易除应遵循《证券法》规定的证券交易规则外,还应同时遵守《公司法》及《合同法》规则。因证券交易而形成的市场称为证券交易市场,也称二级市场或证券流通市场。证券交易应依法进行,证券交易的一般规则主要有:

(一)上市交易的证券是依法发行、交付并可以转让的证券

《证券法》规定,证券交易当事人依法买卖的证券,必须是依法发行并交付的证券。依法发行的股票、公司债券及其他证券,公司法和其他法律对其转让期限有限制性规定的,在限定的期限内,不得转让。

上市公司持有5%以上股份的股东、实际控制人、董事、监事、高级管理人员,以及

其他持有发行人首次公开发行前发行的股份或者上市公司向特定对象发行的股份的股东，转让其持有的本公司股份的，不得违反法律、行政法规和国务院证券监督管理机构关于持有期限、卖出时间、卖出数量、卖出方式、信息披露等规定，并应当遵守证券交易所的业务规则。

（二）证券交易应在法定的场所，并以法定方式进行

公开发行的证券，应当在依法设立的证券交易所上市交易或者在国务院批准的其他全国性证券交易场所交易。证券在证券交易所上市交易，应当采用公开的集中交易方式或者国务院证券监督管理机构批准的其他方式。

目前采用的公开的集中交易方式主要是公开的集中竞价交易。竞价交易是指多个买主与卖主之间，出价最低的卖主与进价最高的买主达成交易。公开的集中竞价，是指所有有关买卖该证券的买主与卖主集中在一个市场内公开申报自己的买价或卖价、竞价交易，当买卖双方出价相吻合时就成交。公开的集中竞价具有过程公开性、时间连续性、价格合理性和对快速变化的适应性等特点。

证券交易的集中竞价实行价格优先、时间优先的原则。所谓价格优先，是指买方出价高的优于出价低的，卖方出价低的优于出价高的，卖方中出价最低的与买方中出价最高的优先成交。以此类推，连续竞价。所谓时间优先，是指出价相同时，以最先出价者优先成交。

证券交易的方式按交易的对象与交割时间可以分为现货交易、期货交易两种。现货交易，是指证券交易达成后，按当时的价格进行实物交割的交易方式。期货交易，根据《期货交易管理条例》的规定，是指采用公开的集中交易方式或者国务院期货监督管理机构批准的其他方式进行的以期货合约或者期权合约为交易标的的交易活动。期货合约，是指期货交易场所统一制定的、规定在将来某一特定的时间和地点交割一定数量标的物的标准化合约。期货合约包括商品期货合约和金融期货合约及其他期货合约。证券期货交易的对象不是证券本身，而是期货合约，即未来购买或出卖证券并交割的合约。与现货交易相比，期货交易具有更强的投机性。

非公开发行的证券，可以在证券交易所、国务院批准的其他全国性证券交易场所、按照国务院规定设立的区域性股权市场转让。

（三）特殊主体交易行为的法定限制

为保证证券交易公平，我国《证券法》对下列机构和人员的证券交易行为作出了一定限制：

1. 严格禁止进行股票交易的人员。证券交易场所、证券公司和证券登记结算机构的从业人员，证券监督管理机构的工作人员以及法律、行政法规规定禁止参与股票交易的其他人员，在任期或者法定期限内，不得直接或者以化名、借他人名义持有、买卖股票或者其他具有股权性质的证券，也不得收受他人赠送的股票或者其他具有股权性质的证券。任何人在成为前述所列人员时，其原已持有的股票或者其他具有股权性质的证券，必须依法转让。

实施股权激励计划或者员工持股计划的证券公司的从业人员，可以按照国务院证券监督管理机构的规定持有、卖出本公司股票或者其他具有股权性质的证券。

2. 对证券服务机构和人员买卖证券行为的限制。为证券发行出具审计报告或者法律意见书等文件的证券服务机构和人员，在该证券承销期内和期满后 6 个月内，不得买卖该证券。此外，为发行人及其控股股东、实际控制人，或者收购人、重大资产交易方出具审计报告或者法律意见书等文件的证券服务机构和人员，自接受委托之日起至上述文件公开后 5 日内，不得买卖该证券。实际开展上述有关工作之日早于接受委托之日的，自实际开展上述有关工作之日起至上述文件公开后 5 日内，不得买卖该证券。

3. 对上市公司董事、监事、高级管理人员和大股东在法定期限内进行反向操作的限制。上市公司、股票在国务院批准的其他全国性证券交易场所交易的公司持有 5% 以上股份的股东、董事、监事、高级管理人员，将其持有的该公司的股票或者其他具有股权性质的证券在买入后 6 个月内卖出，或者在卖出后 6 个月内又买入，由此所得收益归该公司所有，公司董事会应当收回其所得收益。但是，证券公司因购入包销售后剩余股票而持有 5% 以上股份，以及有国务院证券监督管理机构规定的其他情形的除外。董事、监事、高级管理人员、自然人股东持有的股票或者其他具有股权性质的证券，包括其配偶、父母、子女持有的及利用他人账户持有的股票或者其他具有股权性质的证券。

公司董事会不按照前述规定执行的，股东有权要求董事会在 30 日内执行。公司董事会未在法定期限内执行的，股东有权为了公司的利益以自己的名义直接向人民法院提起诉讼，并有权要求负有责任的董事依法承担连带责任。

三、禁止的交易行为

我国《证券法》规定的禁止交易行为主要包括内幕交易、操纵市场和欺诈客户等。为加强监督，证券交易所、证券公司、证券登记结算机构、证券服务机构及其从业人员对证券交易中发现的禁止交易行为，应当及时向证券监督管理机构报告。因实施禁止交易行为给投资者或客户造成损失的，行为人应当依法承担赔偿责任。构成犯罪的，依法追究刑事责任。

（一）内幕交易行为

内幕交易行为，又称知情交易行为，是指内幕信息的知情人利用内幕信息从事的证券交易活动。证券市场的各种信息，是投资者进行投资决策的依据。少数人利用其特殊地位或机会取得内部消息先行一步对市场作出反应，就有更多的获利机会。为保障证券市场的公平与诚实信用，法律禁止证券交易内幕信息的知情人利用内幕信息从事证券交易活动。

1. 内幕交易行为的构成要件：(1)行为人是内幕信息的知情人，包括合法知情人和非法获取内幕信息的人；(2)在内幕信息公开前，利用内幕信息买卖该公司的证券，或者泄露该信息，或者建议他人买卖该证券。

2. 合法知情人，是指从正当途径了解并掌握内幕信息的人员。对于其范围，各国界定不一。《证券法》将下列人员列为证券交易内幕信息的合法知情人：(1)发行人及其董事、监事、高级管理人员；(2)持有公司 5% 以上股份的股东及其董事、监事、高级管理人员，公司的实际控制人及其董事、监事、高级管理人员；(3)发行人控股或者实际控制的公司及其董事、监事、高级管理人员；(4)由于所任公司职务或者因与公司业务往来可以获取公司有关内幕信息的人员；(5)上市公司收购人或者重大资产交易方及其控股股东、实际控制人、董事、监事和高级管理人员;(6)因职务、工作可以获取内幕信息的证券交易场所、证券公司、证券登记结算机构、证券服务机构的有关人员;(7)因职责、工作可以获取内幕信息的证券监督管理机构工作人员;(8)因法定职责对证券的发行、交易或者对上市公司及其收购、重大资产交易进行管理可以获取内幕信息的有关主管部门、监管机构的工作人员;(9)国务院证券监督管理机构规定的可以获取内幕信息的其他人员。

3. 非法获取内幕信息的人。这是指以不正当手段获取内幕信息的人员。比如以欺骗、盗窃、窃听等非法手段获取内幕信息,或以私下交易等不正当途径获取内幕信息等。

4. 内幕信息。这是指证券交易活动中,涉及发行人的经营、财务或者对该发行人证券的市场价格有重大影响的尚未公开的信息。具体包括《证券法》第八十条第二款、第八十一条第二款所列重大事件。

《证券法》第五十三条规定,证券交易内幕信息的知情人和非法获取内幕信息的人,在内幕信息公开前,不得买卖该公司的证券,或者泄露该信息,或者建议他人买卖该证券。持有或者通过协议、其他安排与他人共同持有公司5%以上股份的自然人、法人、非法人组织收购上市公司的股份,证券法另有规定的,适用其规定。

内幕交易行为给投资者造成损失的,应当依法承担赔偿责任。

《证券法》第一百九十一条规定,证券交易内幕信息的知情人或者非法获取内幕信息的人违反《证券法》第五十三条的规定从事内幕交易的,责令依法处理非法持有的证券,没收违法所得,并处以违法所得1倍以上10倍以下的罚款;没有违法所得或者违法所得不足50万元的,处以50万元以上500万元以下的罚款。单位从事内幕交易的,还应当对直接负责的主管人员和其他直接责任人员给予警告,并处以20万元以上200万元以下的罚款。国务院证券监督管理机构工作人员从事内幕交易的,从重处罚。

关于内幕信息知情人员、非法获取内幕信息人员、内幕信息敏感期、内幕交易、泄露内幕信息定罪处罚标准等法律适用问题,《最高人民法院最高人民检察院关于办理内幕交易、泄露内幕信息刑事案件具体应用法律若干问题的解释》《最高人民法院关于办理利用未公开信息交易刑事案件适用法律若干问题的解释》中做了比较全面系统的规定。

(二)操纵证券市场行为

操纵证券市场行为,是指在证券市场上,行为人通过不正当手段,人为影响证券交易价格或者证券交易量,引诱他人参与证券交易并从中谋取不正当利益的行为。操纵证券市场的行为实质上是一种对不特定人的欺诈行为,其目的是造成投资者决策失误,以便操纵者从中获取不正当利益或者转嫁风险。为了保障投资者的利益,法律严格禁止操纵证券市场。

根据《证券法》第五十五条的规定,禁止任何人以下列手段操纵证券市场,影响或者意图影响证券交易价格或者证券交易量:(1)单独或者通过合谋,集中资金优势、持股优势或者利用信息优势联合或者连续买卖;(2)与他人串通,以事先约定的时间、价格和方式相互进行证券交易;(3)在自己实际控制的账户之间进行证券交易;(4)不以成交为目的,频繁或者大量申报并撤销申报;(5)利用虚假或者不确定的重大信息,诱导投资者进行证券交易;(6)对证券、发行人公开作出评价、预测或者投资建议,并进行反向证券交易;(7)利用在其他相关市场的活动操纵证券市场;(8)操纵证券市场的其他手段。比如,证券从业人员利用手中掌握的接受委托、报价等职务便利,人为地以打时间差、索取或强行买卖证券等手段故意抬高或者压低证券交易价格等。

操纵证券市场行为给投资者造成损失的,应当依法承担赔偿责任。

对操纵证券市场行为的细化认定,可以参考最高人民法院、最高人民检察院《关于办理操纵证券、期货市场刑事案件适用法律若干问题的解释》(2019年7月1日实施)。

(三)损害客户利益行为

损害客户利益行为,是指证券公司及其从业人员在接受客户委托从事证券交易及相关活动中,违背客户真实意思表示,损害客户利益的行为。

《证券法》禁止的损害客户利益行为有:(1)违背客户的委托为其买卖证券;(2)不在规定时间内向客户提供交易的书面确认文件;(3)未经客户的委托,擅自为客户买卖证券,或者假借客户的名义买卖证券;(4)为牟取佣金收入,诱使客户进行不必要的证券买卖;(5)其他违背客户真实意思表示,损害客户利益的行为。

违反前述规定给客户造成损失的,应当依法承担赔偿责任。

(四)其他禁止行为

1. 信息误导行为。主要表现在两个方面:(1)编造并传播虚假或者误导性信息。法律禁止任何单位和个人编造并传播虚假信息或者误导性信息,扰乱证券市场。(2)虚假陈述或者信息误导。法律禁止证券交易所、证券公司、证券登记结算机构、证券服务机构及其从业人员,证券业协会、证券监督管理机构及其工作人员,在证券交易活动中作出虚假陈述或者信息误导。各种传播媒介传播证券交易信息必须真实、客观,禁止误导。传播媒介及其从事证券市场信息报道的工作人员不得从事与其工作职责发生利益冲突的证券买卖。

编造、传播虚假信息或者误导性信息,扰乱证券市场,给投资者造成损失的,应当依法承担赔偿责任。

2. 违规出借或者借用证券账户交易行为。禁止任何单位和个人违反规定,出借自己的证券账户或者借用他人的证券账户从事证券交易。因为这种行为既违反财务管理制度的要求,也为非法挪用公款炒股提供了方便。

3. 违规利用财政资金、银行信贷资金交易行为。禁止投资者违规利用财政资金、银行信贷资金买卖证券。

4. 国有独资企业、国有独资公司、国有资本控股公司买卖上市交易的股票,必须遵守国家有关规定,法律禁止资金违规流入股市。

第四节 上市公司的收购

一、上市公司收购概述

(一)上市公司收购的含义

上市公司的收购,是指投资者通过购买上市目标公司股票,以取得对目标公司的管理权或者控制权,进而实现对目标公司的兼并或实现其他产权性交易的行为。股票是股份的表现形式,购买或拥有目标公司股票即意味着介入公司管理事务,甚至形成对公司事务的管理和控制,故称为"公司收购"。上市公司收购的客体是上市公司发行在外的股票,即公司发行在外已被投资者持有的公司股票，不包括公司在发行股票过程中预留或未出售的库存股票和公司以自己名义直接持有的本公司发行在外的股票，比如公司购买本公司股票后尚未注销的部分。我国上市公司收购的股票不限于流通股股票。

目前我国调整上市公司收购关系的主要规范性文件，除了《证券法》和《公司法》外，还有《上市公司收购管理办法》。本节主要介绍《证券法》的基本规定，进一步细化的规定参见《上市公司收购管理办法》。

(二) 上市公司收购的分类

上市公司的收购，根据被收购股份数量的多少，可以分为全面收购和部分收购；以收购方与被收购方的关系为标准，可以分为善意收购和敌意收购；以收购是否为法定义务为标准，可以分为自愿收购和强制收购；以收购价款支付方式的不同，可以分为现款收购和换股收购等。《证券法》根据收购手段的不同，将收购分为要约收购、协议收购及其他合法方式收购。

二、权益披露制度

权益披露制度，是指依照法律规定，当投资者在一个上市公司中拥有的权益达到法定比例时，应向证券监督管理机构报告并公告的制度。建立该制度的目的主要是使投资者能在充分掌握同等信息的基础上及时作出投资决策，而不至于让大股东利用其在公司中的特殊地位或资金优势而形成事实上的消息垄断和操纵股份。根据《上市公司收购管理办法》的规定，投资者在一个上市公司中拥有的权益，包括登记在其名下的股份和虽未登记在其名下但该投资者可以实际支配表决权的股份。投资者及其一致行动人在一个上市公司中拥有的权益应当合并计算。

(一) 需要披露的情形

《证券法》规定了三种情形：(1) 通过证券交易所的证券交易，投资者持有或者通过协议、其他安排与他人共同持有一个上市公司已发行的有表决权股份达到5%时；(2) 投资者持有或者通过协议、其他安排与他人共同持有一个上市公司已发行的有表决权股份达到5%后，其所持该上市公司已发行的有表决权股份比例每增加或者减少5%时；(3) 投资者持有或者通过协议、其他安排与他人共同持有一个上市公司已发行的有表决权股份达到5%后，其所持该上市公司已发行的有表决权股份比例每增加或者减少1%时。

(二) 披露的期限与对象

达到前两种法定情形时，投资者应当在该事实发生之日起3日内，向国务院证券监督管理机构、证券交易所作出书面报告，通知该上市公司，并予公告。达到第三种情形时，应当在该事实发生的次日通知该上市公司，并予公告。

(三) 披露期间禁止的行为

除国务院证券监督管理机构另有规定外，首次达到已发行的有表决权股份的5%时，投资者在该事实发生之日起3日内，不得再行买卖该上市公司的股票。以后每次增加或者减少达到已发行的有表决权股份的5%时，在该事实发生之日起至公告后3日内，投资者不得再行买卖该上市公司的股票。投资者违反规定买入上市公司有表决权的股份的，在买入后的36个月内，对该超过规定比例部分的股份不得行使表决权。

对第三种情形只披露，可以交易。

三、要约收购

要约收购，是指收购人通过向目标公司的管理层和目标公司的股东发出购买其所持该公司股份的书面意思表示，并按照其依法公告的收购要约所规定的收购条件、收购价格、收购期限以及其他规定事项，收购目标公司股份的收购方式。要约收购不需要事先征得目标公司股东和管理层的同意。

(一) 要约收购的条件

投资者自愿选择以要约方式收购上市公司股份的，可以向被收购公司所有股东发出收购其所持有的全部股份的要约，也可以向被收购公司所有股东发出收购其所持有的部分股份的要约。通过证券交易所的证券交易，投资者持有或者通过协议、其他安排与他人共同持有一个上市公司已发行的有表决权股份达到30%时，继续进行收购的，应当依法向该上市公司所有股东发出收购上市公司全部或者部分股份的要约。收购上市公司部分股份的要约应当约定，被收购公司股东承诺出售的股份数额超过预定收购的股份数额的，收购人按比例进行收购。

投资者持有或者通过协议、其他安排与他人共同持有一个上市公司已发行的有表决权股份达到30%时，继续收购的方式要求因具有强制性，所以也被称为强制要约收购。之所以要采取强制方式，是因为在持股比较分散的情况下，持有一个上市公司30%股权的股东，已基本上取得了该公司的控制权。该股东不仅可以依据公司章程自由选派高级管理人员，参与公司的决策及管理，而且在市场上进一步购买该公司的股票以达到控股地位也不是一件难事，小股东因此被剥夺了应享有的权利，实际上处于任人支配的地位。从公平角度说，小股东应有将其持有的股票以合理的价格卖给大股东的权利。

(二) 要约收购的程序和基本规则

通过证券交易所的证券交易，投资者持有或者通过协议、其他安排与他人共同持有一个上市公司已发行的有表决权股份达到30%时，继续进行收购的，依法应履行必要的报告、公告等手续。根据《证券法》的有关规定，收购的主要程序和规则是：

1. 收购人公告上市公司收购报告书。报告书内规定的收购要约的期限不得少于30日，并不得超过60日。

2. 在收购要约的有效期限内，收购人不得撤回其收购要约。在收购要约的有效期限内，收购人需要变更收购要约的，应当及时公告，载明具体变更事项，且不得存在下列情形：(1)降低收购价格；(2)减少预定收购股份数额；(3)缩短收购期限；(4)国务院证券监督管理机构规定的其他情形。

3. 收购要约中提出的各项收购条件，适用于被收购公司所有的股东。收购人在要约收购期限内，不得卖出被收购公司的股票，也不得采取要约规定以外的形式和超出要约的条件买入被收购公司的股票。

4. 报告与公告。收购上市公司的行为结束后，收购人应当在15日内将收购情况报告国务院证券监督管理机构和证券交易所，并予公告。

四、协议收购

协议收购,是指收购人与被收购的目标公司股东依照法律、行政法规的规定,以协议方式进行股份转让的收购方式。协议收购必须事先与目标公司股东达成书面的转让股份的协议。

(一)协议收购的特点

协议收购与要约收购相比,有以下几个特点:(1)协议收购的收购人可以与目标公司股东私下协商。要约收购必须公开进行。(2)协议收购可以对目标公司的股东实行区别待遇,收购人与不同股东约定的收购条件可以不同。在要约收购中,收购要约中提出的各项收购条件依法适用于目标公司的所有股东。(3)协议收购的期间法律未作明确限定,要约收购的期间法律作了明确限定。(4)协议收购期间,收购人仍可在证券交易所通过集中竞价的方式进行交易,买卖目标公司的股份。要约收购期间,收购人不得采取要约规定以外的形式和超出要约的条件买卖目标公司的股票。

采取协议收购方式的,收购人收购或者通过协议、其他安排与他人共同收购一个上市公司已发行的有表决权股份达到30%时,继续进行收购的,应当依法向该上市公司所有股东发出收购上市公司全部或者部分股份的要约。但是,按照国务院证券监督管理机构的规定免除发出要约的除外。

(二)协议收购的程序和基本规则

根据《证券法》的规定,协议收购股票的主要程序和规则是:

1. 收购人与目标公司股东达成股票转让协议。
2. 达成协议后,收购人必须在3日内将该收购协议向国务院证券监督管理机构及证券交易所作出书面报告,并予公告。在公告前不得履行收购协议。
3. 履行收购协议。
4. 收购行为完成后,收购人应当在15日内将收购情况报告国务院证券监督管理机构和证券交易所,并予公告。

采取协议收购方式的,协议双方可以临时委托证券登记结算机构保管协议转让的股票,并将资金存放于指定的银行。

五、收购的法律后果

收购完成后,对被收购公司产生的影响主要表现在以下四个方面:

(一)终止上市交易

收购期限届满,被收购公司股权分布不符合证券交易所规定的上市交易要求的,该上市公司的股票应当由证券交易所依法终止上市交易;其余仍持有被收购公司股票的股东,有权向收购人以收购要约的同等条件出售其股票,收购人应当收购,即当仍持有被收购公司股票的股东此时要求出售股票,收购人必须接受所出售的股票。

(二)变更企业形式

收购行为完成后,被收购公司不再具备股份有限公司条件的,应当依法变更企业形式。

(三) 股票在法定期限内不得转让

在上市公司收购中，收购人持有的被收购的上市公司的股票，在收购行为完成后的 18 个月内不得转让。

(四) 股票变更

收购行为完成后，收购人与被收购公司合并，并将该公司解散的，被解散公司的原有股票由收购人依法更换。

第五节　信息披露与投资者保护

保护投资者合法权益是世界各国证券法的核心。一方面，因为投资者是证券市场资金供给方，失去了投资者及其资金投入的证券市场，将如同失去血液的躯壳；另一方面，因为投资者在证券市场上系弱者的假设，投资者与上市公司或发行人之间存在信息不对称，容易受到欺诈发行、操纵市场和内幕交易等不法行为的损害。

信息披露是证券发行人向投资者和社会公众传达信息的纽带，是投资者和社会公众了解证券发行人的重要窗口，是投资者进行投资决策的重要依据，是保护投资者合法权益的基础。

虽然《证券法》第一条就明确规定要保护投资者的合法权益，但在我国证券市场中，投资者经常因虚假信息披露、误导性陈述或者重大遗漏等信息披露问题，遭受重大损失。因此，切实保护投资者合法权益已迫在眉睫。2019 年修订的《证券法》新增了信息披露和投资者保护专章，强化了信息披露义务人的信息披露义务与法律责任，增加了对投资者的保护措施。

一、信息披露制度

信息披露制度，是指证券发行人及法律、行政法规和国务院证券监督管理机构规定的其他信息披露义务人，依法将自身的财务、经营等情况向国务院证券监督管理机构和证券交易场所报告，并向社会公众公开的法律制度。信息披露制度是证券法公开原则的具体体现，贯穿于证券的发行与交易的全过程。

(一) 信息披露的原则和方式

信息披露应遵循真实、准确、完整、及时、公平的原则。所谓真实，是指公开的信息必须真实可靠，不得有虚假记载、误导性陈述。所谓准确，是指公开的数据精确，并有合法根据。完整，是指公开的信息无重大遗漏。及时，是指应在法定期间内披露信息。公平，是指对所有投资者平等对待，同时发布信息。考虑到我国中小投资者众多，法律还要求披露的信息简明清晰，通俗易懂。

依法披露的信息，应当在证券交易场所的网站和符合国务院证券监督管理机构规定条件的媒体发布，同时将其置备于公司住所、证券交易场所，供社会公众查阅。

(二) 应予披露的信息

信息披露是信息披露义务人的法定义务，具有强制性。证券发行人不仅应披露公司的资产财务状况、持续经营能力、业务发展方向等基本面信息，同时还应披露公司运营中发生的重大事项,提示投资风险。

1. 证券发行和上市时应披露的信息。发行人依法获准发行股票或者公司债券后,应当公告招股说明书、公司债券募集办法。依法公开发行新股或者公司债券的,还应当公告财务会计报告。公司证券上市时应公告上市公告书。

2. 证券上市交易后应定期披露的信息。上市公司、公司债券上市交易的公司、股票在国务院批准的其他全国性证券交易场所交易的公司,应当按照国务院证券监督管理机构和证券交易场所规定的内容和格式编制定期报告,并依法报送和公告:(1)年度报告。在每一会计年度结束之日起4个月内,报送并公告年度报告,其中的年度财务会计报告应当经符合证券法规定的会计师事务所审计;(2)中期报告。在每一会计年度的上半年结束之日起2个月内,报送并公告中期报告。

发行人的董事、高级管理人员应当对证券发行文件和定期报告签署书面确认意见。发行人的监事会应当对董事会编制的证券发行文件和定期报告进行审核并提出书面审核意见。监事应当签署书面确认意见。发行人的董事、监事和高级管理人员应当保证发行人及时、公平地披露信息,所披露的信息真实、准确、完整。董事、监事和高级管理人员无法保证证券发行文件和定期报告内容的真实性、准确性、完整性或者有异议的,应当在书面确认意见中发表意见并陈述理由,发行人应当披露。发行人不予披露的,董事、监事和高级管理人员可以直接申请披露。

3. 应随时披露的可能对股票交易价格产生较大影响的重大事件。根据《证券法》第八十条的规定,发生可能对上市公司、股票在国务院批准的其他全国性证券交易场所交易的公司的股票交易价格产生较大影响的重大事件,投资者尚未得知时,公司应当立即将有关该重大事件的情况向国务院证券监督管理机构和证券交易场所报送临时报告,并予公告,说明事件的起因、目前的状态和可能产生的法律后果。前述重大事件包括:(1)公司的经营方针和经营范围的重大变化;(2)公司的重大投资行为,公司在1年内购买、出售重大资产超过公司资产总额30%,或者公司营业用主要资产的抵押、质押、出售或者报废一次超过该资产的30%;(3)公司订立重要合同、提供重大担保或者从事关联交易,可能对公司的资产、负债、权益和经营成果产生重要影响;(4)公司发生重大债务和未能清偿到期重大债务的违约情况;(5)公司发生重大亏损或者重大损失;(6)公司生产经营的外部条件发生的重大变化;(7)公司的董事、1/3以上监事或者经理发生变动,董事长或者经理无法履行职责;(8)持有公司5%以上股份的股东或者实际控制人持有股份或者控制公司的情况发生较大变化,公司的实际控制人及其控制的其他企业从事与公司相同或者相似业务的情况发生较大变化;(9)公司分配股利、增资的计划,公司股权结构的重要变化,公司减资、合并、分立、解散及申请破产的决定,或者依法进入破产程序、被责令关闭;(10)涉及公司的重大诉讼、仲裁,股东大会、董事会决议被依法撤销或者宣告无效;(11)公司涉嫌犯罪被依法立案调查,公司的控股股东、实际控制人、董事、监事、高级管理人员涉嫌犯罪被依法采取强制措施;(12)国务院证券监督管理机构规定的其他事项。

公司的控股股东或者实际控制人对重大事件的发生、进展产生较大影响的,应当及时将其知悉的有关情况书面告知公司,并配合公司履行信息披露义务。

4. 应随时披露的可能对公司债券的交易价格产生较大影响的重大事件。根据《证券法》第八十一条的规定，发生可能对上市交易公司债券的交易价格产生较大影响的重大事件，投资者尚未得知时，公司应当立即将有关该重大事件的情况向国务院证券监督管理机构和证券交易场所报送临时报告，并予公告，说明事件的起因、目前的状态和可能产生的法律后果。前述重大事件包括：(1)公司股权结构或者生产经营状况发生重大变化；(2)公司债券信用评级发生变化；(3)公司重大资产抵押、质押、出售、转让、报废；(4)公司发生未能清偿到期债务的情况；(5)公司新增借款或者对外提供担保超过上年末净资产的20%；(6)公司放弃债权或者财产超过上年末净资产的10%；(7)公司发生超过上年末净资产10%的重大损失；(8)公司分配股利，作出减资、合并、分立、解散及申请破产的决定，或者依法进入破产程序、被责令关闭；(9)涉及公司的重大诉讼、仲裁；(10)公司涉嫌犯罪被依法立案调查，公司的控股股东、实际控制人、董事、监事、高级管理人员涉嫌犯罪被依法采取强制措施；(11)国务院证券监督管理机构规定的其他事项。

信息披露义务人披露的信息应当同时向所有投资者披露，不得提前向任何单位和个人泄露。但是，法律、行政法规另有规定的除外。任何单位和个人不得非法要求信息披露义务人提供依法需要披露但尚未披露的信息。任何单位和个人提前获知的前述信息，在依法披露前应当保密。

(三) 信息披露义务人违反义务的民事责任

信息披露义务人未按照规定披露信息，或者公告的证券发行文件、定期报告、临时报告及其他信息披露资料存在虚假记载、误导性陈述或者重大遗漏，致使投资者在证券交易中遭受损失的，信息披露义务人应当承担赔偿责任；发行人的控股股东、实际控制人、董事、监事、高级管理人员和其他直接责任人员以及保荐人、承销的证券公司及其直接责任人员，应当与发行人承担连带赔偿责任，但是能够证明自己没有过错的除外。

二、投资者保护制度

我国证券市场的一个显著特征是拥有全球规模最大的中小投资者群体。2019年《证券法》从多个方面完善了投资者保护制度。

(一) 区分普通投资者和专业投资者，针对性地做出投资者权益保护安排

《证券法》将投资者区分为普通投资者和专业投资者，明确规定普通投资者与证券公司发生纠纷的，证券公司应当证明其行为符合法律、行政法规以及国务院证券监督管理机构的规定，不存在误导、欺诈等情形。证券公司不能证明的，应当承担相应的赔偿责任。这一规定，减轻了普通投资者维权时的举证责任。

专业投资者的标准，由国务院证券监督管理机构根据投资者的财产状况、金融资产状况、投资知识和经验、专业能力等因素规定。

(二) 建立上市公司股东权利代为行使征集制度

针对中小股东权利行使困难的问题，《证券法》规定，上市公司董事会、独立董事、持有1%以上有表决权股份的股东或者依照法律、行政法规或者国务院证券监督管理机构的规定设立的投资者保护机构(以下简称投资者保护机构)，可以作为征集人，自行或者委托证券公司、证券服务机构，公开请求上市公司股东委托其代为出席股东大会，并代为行使提案权、表决权等股东权利。

(三)完善上市公司现金分红制度

针对一些上市公司长期不实行现金分红的状况,《证券法》规定,上市公司应当在章程中明确分配现金股利的具体安排和决策程序,依法保障股东的资产收益权。上市公司当年税后利润,在弥补亏损及提取法定公积金后有盈余的,应当按照公司章程的规定分配现金股利。

(四)规定债券持有人会议和债券受托管理人制度

针对债券持有人维权难的问题,《证券法》规定,公开发行公司债券的,应当设立债券持有人会议,并应当在募集说明书中说明债券持有人会议的召集程序、会议规则和其他重要事项。公开发行公司债券的,发行人应当为债券持有人聘请债券受托管理人,并订立债券受托管理协议。受托管理人应当由本次发行的承销机构或者其他经国务院证券监督管理机构认可的机构担任,债券持有人会议可以决议变更债券受托管理人。

债券发行人未能按期兑付债券本息的,债券受托管理人可以接受全部或者部分债券持有人的委托,以自己名义代表债券持有人提起、参加民事诉讼或者清算程序。

(五)建立代表人诉讼制度

长期以来,我国证券市场投资者维权面临着立案难、审判周期长、裁决标准不统一等难题。为适应证券发行注册制改革的需要,《证券法》建立了代表人诉讼制度,为打开当前投资者维权难的局面进一步提供了法律依据。

1. 投资者依法推选代表人诉讼。投资者提起虚假陈述等证券民事赔偿诉讼时,诉讼标的是同一种类,且当事人一方人数众多的,可以依法推选代表人进行诉讼。对按照前述规定提起的诉讼,可能存在有相同诉讼请求的其他众多投资者的,人民法院可以发出公告,说明该诉讼请求的案件情况,通知投资者在一定期间向人民法院登记。人民法院作出的判决、裁定,对参加登记的投资者发生效力。

2. 投资者保护机构受托作为代表人诉讼。投资者保护机构受50名以上投资者委托,可以作为代表人参加诉讼,并为经证券登记结算机构确认的权利人依照前款规定向人民法院登记,但投资者明确表示不愿意参加该诉讼的除外。

由投资者保护机构代替律师来主导诉讼,很大程度上减少了滥诉和过早和解的可能。"明示退出""默示加入"的诉讼原则,有利于保护更多投资者,减轻投资者的诉讼负担。

第六节　证券交易场所与证券公司

一、证券交易场所

(一)证券交易场所的含义

证券交易场所是指为证券集中交易提供场所和设施,组织和监督证券交易的场所。目前我国可以开展证券交易的场所包括证券交易所、国务院批准的其他全国性证券交易场所和区域性股权市场。它们应依法设立,实行自律管理,取得法人资格。

证券交易所、国务院批准的其他全国性证券交易场所可以根据证券品种、行业特点、公司规模等因素设立不同的市场层次。按照国务院规定设立的区域性股权市场为非公开发行证券的发行、转让提供场所和设施。本节重点介绍证券交易所。

证券交易所是伴随着大规模证券交易的实际需要产生的，最早出现于西方国家。证券交易所的组织形式国际上主要有公司制和会员制两种。公司制证券交易所是由投资者以营利为目的组建的股份有限公司，其利润来源是对参与证券交易者收取的费用。交易所对在本所内的证券交易负有担保责任，必须设有赔偿基金。证券交易所的证券商及其股东，不得担任证券交易所的董事、监事或经理，以保证交易所经营者与交易参与者的分离。如英国伦敦证券交易所、香港联合证券交易所等即采用公司制。

会员制证券交易所，是由作为会员的证券公司共同出资组建的非营利性法人。交易所的组织机构由会员大会、理事会、总经理和监察委员会组成，只有会员及享有特许权的经纪人才能进场交易。交易所的运转费用由会员分担，交易所的积累归会员所有，其权益由会员共同享有。日本东京证券交易所、法国巴黎证券交易所等均实行会员制。

在我国，证券交易所是为证券集中交易提供场所和设施，组织和监督证券交易，实行自律管理的法人。目前有上海和深圳两家证券交易所，它们分别于1990年12月和1991年6月成立。

(二)我国证券交易所的法律特征

1. 实行会员制，不以营利为目的。根据《证券交易所管理办法》的规定，我国证券交易所实行会员制，设会员大会、理事会、总经理和监事会。会员大会为证券交易所的最高权力机构。证券交易所的财产积累归会员所有，其权益由会员共同享有，在其存续期间，不得将其财产积累分配给会员。

2. 具有法人资格。证券交易所依法设立，具有自己独立的财产，并能以自己的名义独立对外享有权利承担义务。证券交易所可以自行支配各项费用收入，但应当首先用于保证其证券交易场所和设施的正常运行并逐步改善。为防范风险，证券交易所应当从其收取的交易费用和会员费、席位费中提取一定比例的金额设立风险基金。风险基金由证券交易所理事会管理。

3. 使用专用名称。证券交易所必须在其名称中标明证券交易所字样。证券交易所性质特殊，使用专用名称，易用于识别。为避免混淆，法律规定其他任何单位或者个人不得使用证券交易所或者近似的名称。

4. 设立与解散由国务院决定。在现代，证券交易所的设立与解散直接关系到国家整个社会经济发展及社会的稳定，因此，必须在充分论证的基础上经国务院批准才能设立或解散。

5. 证券交易所章程的制定和修改，必须经国务院证券监督管理机构批准。证券交易所总经理，由国务院证券监督管理机构任免。

(三)证券交易所的职能

根据《证券交易所管理办法》的规定，证券交易所的职能包括：(1)提供证券交易的场所、设施和服务；(2)制定和修改证券交易所的业务规则；(3)审核、安排证券上市交易，决定证券暂停上市、恢复上市、终止上市和重新上市；(4)提供非公开发行证券转让服务；(5)组织和监督证券交易；(6)对会员进行监管；(7)对证券上市交易公司及相关信息披露义务人进行监管；(8)对证券服务机构为证券上市、交易等提供服务的行为进行监管；(9)管理和公布市场信息；(10)开展投资者教育和保护；(11)法律、行政法规规定的以及中国证监会许可、授权或者委托的其他职能。

二、证券公司

(一)证券公司的含义

证券公司是指依照《公司法》和《证券法》规定设立的，以营利为目的，从事证券经营业务的具有法人资格的金融机构。其组织形式为有限责任公司或者股份有限公司。证券公司从事的证券经营业务，涉及广大投资者的切身利益，为提高其运行的安全性，法律对其设立条件及内部经营管理有更高的要求。

(二)证券公司的法律特征

证券公司作为特种公司，其设立、运行须同时符合《公司法》和《证券法》。与一般公司相比，其法律特征主要表现在以下几个方面：

1. 业务范围特殊。证券公司是专门经营证券业务的公司。其业务范围包括：(1)证券经纪；(2)证券投资咨询；(3)与证券交易、证券投资活动有关的财务顾问；(4)证券承销与保荐；(5)证券融资融券；(6)证券做市交易；(7)证券自营；(8)其他证券业务。

2. 设立程序特殊。证券经营业务以证券买卖为基本表现形式，在业务开展过程中，与证券交易和投资有关的所有风险都会显现出来，从而形成证券经营业务的高风险性。针对这种特殊性，必须加强法律监管，才会实现证券市场的安全运行。依照《证券法》的规定，设立证券公司，首先应向国务院证券监管机构提出申请，公司设立申请获得批准的，申请人应当在规定的期限内向公司登记机关申请设立登记，领取营业执照。之后，还要自领取营业执照之日起15日内，向国务院证券监督管理机构申请经营证券业务许可证。未取得经营证券业务许可证，证券公司不得经营证券业务。证券公司在境外设立、收购或者参股证券经营机构，必须经国务院证券监督管理机构批准。

3. 设立条件特殊。证券公司是从事特殊业务的公司组织，其设立除了要具备《公司法》规定的一般条件外，还要具备《证券法》规定的下列条件：(1)有符合法律、行政法规规定的公司章程。证券公司的经营范围应取得国务院证券监督管理机构批准。(2)主要股东及公司的实际控制人具有良好的财务状况和诚信记录，最近三年无重大违法违规记录，净资产不低于人民币2亿元。(3)有符合《证券法》规定的注册资本。需要特别注意的是，证券公司的注册资本依法应当是实缴资本。其最低数额因经营范围不同而有不同要求。其中，证券公司经营证券经纪、证券投资咨询和与证券交易、证券投资活动有关的财务顾问业务的，注册资本最低限额为人民币5 000万元。经营证券承销与保荐、证券自营、证券资产管理或其他证券业务之一的，注册资本最低限额为人民币1亿元；经营其中两项以上业务的，注册资本最低限额为人民币5亿元。(4)董事、监事、高级管理人员、从业人员符合证券法规定的条件。(5)有完善的风险管理与内部控制制度。(6)有合格的经营场所、业务设施和信息技术系统。(7)法律、行政法规规定的和经国务院批准的国务院证券监督管理机构规定的其他条件。从上述规定可以看出，《证券法》所定设立条件比《公司法》条件更为严格，这既可以增强证券公司抗风险能力，也有助于妥善保护投资者利益。

4. 公司名称特殊。未经国务院证券监督管理机构批准，任何单位和个人不得以证券公司名义开展证券业务活动。

5. 从业人员任职资格特殊。证券公司从业人员掌管着大量的资金和证券，证券公司运营的安全性直接影响证券市场的稳定性。因此，法律对证券公司从业人员资格有更高的要求。表现在：(1)证券公司的董事、监事、高级管理人员，应当正直诚实、品行良好，熟悉证券法律、行政法规，具有履行职责所需的经营管理能力。除要符合《公司法》规定的任职资格要求外，不得有下列情形：①因违法行为或者违纪行为被解除职务的证券交易所、证券登记结算机构的负责人或者证券公司的董事、监事、高级管理人员，自被解除职务之日起未逾5年；②因违法行为或者违纪行为被吊销执业证书或者被取消资格的律师、注册会计师或者其他证券服务机构的专业人员，自被吊销执业证书或者被取消资格之日起未逾5年。(2)证券公司从事证券业务的人员应当品行良好，具备从事证券业务所需的专业能力。不能是因违法行为或者违纪行为被开除的证券交易所、证券登记结算机构、证券服务机构、证券公司的从业人员和被开除的国家机关工作人员。

此外，国家机关工作人员和法律、行政法规规定的禁止在公司中兼职的其他人员，不得在证券公司中兼任职务。

6. 监督管理特殊。表现在：(1)国务院证券监督管理机构认为有必要时，可以委托会计师事务所、资产评估机构对证券公司的财务状况、内部控制状况、资产价值进行审计或者评估。(2)证券公司的董事、监事、高级管理人员未能勤勉尽责，致使证券公司存在重大违法违规行为或者重大风险的，国务院证券监督管理机构可以撤销其任职资格，并责令公司予以更换。证券公司任免董事、监事、高级管理人员，应当报国务院证券监督管理机构备案。(3)证券公司违法经营或者出现重大风险，严重危害证券市场秩序、损害投资者利益的，国务院证券监督管理机构可以对该证券公司采取责令停业整顿、指定其他机构托管、接管或者撤销等监管措施，对该证券公司直接负责的董事、监事、高级管理人员和其他直接责任人员，可以通知出境管理机关依法阻止其出境；申请司法机关禁止其转移、转让或者以其他方式处分财产，或者在财产上设定其他权利。

(三)证券公司的业务规则

证券公司依法享有自主经营的权利，其合法经营不受干涉证券公司依法享有自主经营的权利，其合法经营不受干涉。但由于其经营业务的特殊性，为保障广大投资者的利益，减少经营风险，《证券法》对证券公司的主营业务规则作了较多强制性规定。本节仅介绍证券经纪业务、证券自营业务和保荐业务的基本规则。

1. 证券经纪业务。这是指证券公司在证券交易中接受客户委托买卖证券，并从中收取手续费或者佣金的业务活动。证券公司在从事证券经纪业务时应遵守的基本业务规则有：(1)分账管理，即必须为客户分别开立证券和资金账户，并对客户交付的证券和资金按户分账管理，如实进行交易记录，不得作虚假记载。(2)客户的交易结算资金依法应当存放在商业银行，以每个客户的名义单独立户管理。证券公司不得将客户的交易结算资金和证券归入其自有财产。证券公司破产或者清算时，客户的交易结算资金和证券不属于其破产财产或者清算财产。(3)正确置备、使用和保管委托书，即应当置备统一制定的证券买卖委托书，供委托人使用。采取其他委托方式的，必须作出委托记录。客户的证券买卖委托，不论是否成交，其委托记录应当按规定的期限，保存于证券公司。(4)严格按照委托书的要求办理业务，即应当根据委托书载明的证券名称、买卖数量、出价方式、价格幅度等，按照交易规则代理买卖证券；买卖成交后，应当按规定制作买卖成交报告单交付客户。(5)证券公司为客户买卖证券提供融资融券服务，应当按照国务院的规定并经国务院证券监督管理机构批准。未经批准不得为客户提供融资、融券服务。限制信用交易，有利于抑制过度投机。(6)禁止接受客户的全权委托，即证券公司不得接受客户的全权委托而决定证券买卖、选择证券种类、决定买卖数量或者买卖价格。证券市场是个高风险市场，法律既要保护投资者利益，又要体现风险自负的原则。(7)禁止对客户证券买卖的收益或者赔偿证券买卖的损失作出承诺，因为这既超越了证券公司的业务范围，也违背证券投资风险自负的原则。(8)从业人员不得私下接受客户委托买卖证券。证券公司的从业人员在证券交易活动中，执行所属的证券公司的指令或者利用职务违反交易规则的，由所属的证券公司承担全部责任。(9)证券公司应当妥善保存客户开户资料、委托记录、交易记录和与内部管理、业务经营有关的各项信息，任何人不得隐匿、伪造、篡改或者毁损。上述信息的保存期限不得少于20年。(10)国家设立证券投资者保护基金。证券投资者保护基金由证券公司缴纳的资金及其他依法筹集的资金组成。

  2. 证券自营业务。又称证券买卖业务，是指证券公司以自己的名义和资金买卖证券，并承担由此带来的风险或收益的活动。证券公司在从事证券自营业务时应遵守的基本业务规则有：(1)分业经营。证券公司应当建立健全内部控制制度，采取有效隔离措施，防范公司与客户之间、不同客户之间的利益冲突。证券公司必须将其证券经纪业务、证券承销业务、证券自营业务、证券做市业务和证券资产管理业务分开办理，不得混合操作。(2)必须使用自有资金和依法筹集的资金。(3)自营业务必须以自己的名义进行，不得假借他人名义或者以个人名义进行。证券公司不得将其自营账户借给他人使用。采取实名制有助于加强证券监管机构对证券市场的监管，减少证券交易中的违法和违规现象。(4)证券公司不得为其股东或者股东的关联人提供融资或者担保。(5)证券公司从每年的业务收入中提取交易风险准备金，用于弥补证券经营的损失。

  3. 保荐业务。这是指具有保荐资格的证券公司及其保荐代表人，接受发行人的委托，履行推荐发行人证券发行上市，并在证券上市后的保荐期间内，持续督导发行人履行规范运作、信守承诺、信息披露等义务，从中收取保荐费用的活动。保荐人应当遵守业务规则和行业规范，诚实守信，勤勉尽责，对发行人的申请文件和信息披露资料进行审慎核查，督导发行人规范运作。保荐人出具有虚假记载、误导性陈述或者重大遗漏的保荐书，或者不履行其他法定职责的，责令改正，给予警告，没收业务收入，并处以业务收入1倍以上10倍以下的罚款；没有业务收入或者业务收入不足100万元的，处以100万元以上1000万元以下的罚款；情节严重的，并处暂停或者撤销保荐业务许可。对直接负责的主管人员和其他直接责任人员给予警告，并处以50万元以上500万元以下的罚款。

第七节 《证券法》规定的其他机构

  证券的发行与交易除了需要有证券交易所和证券公司之外，还需要有一些管理和辅助机构。比如证券监督管理机构、证券登记结算机构、证券服务机构和证券业协会等，为规范这些机构的行为,《证券法》对各机构的职能和行为规范作出了规定。

一、证券监督管理机构

(一)我国的证券监督管理体制

证券监督管理体制,是指一国范围内以证券法为基础而构成的证券监督管理体系、层次结构、功能模式以及运行机制的统一体。

我国证券监督管理体制的确立经历了一个从分散到集中的过程。1992年以前,证券市场由中国人民银行主管,国务院有关部门以及沪深地方政府参与管理。1992年7月,国务院建立证券监督管理办公会议制度。同年10月,国务院成立证券委员会(简称证券委)和证券监督管理委员会(简称证监会),对全国证券市场进行统一的宏观管理和监督,同时国务院赋予其他有关部门和地方人民政府部分证券监督管理权。1997年,国务院将对证券交易所的管理权由地方转为中国证监会。1998年,国务院批准了《证券监管机构体制改革方案》,决定由国务院证券监督管理机构依法对全国证券市场实行集中统一监督管理。《证券法》在对此作出确认的同时,进一步规定,国务院证券监督管理机构根据需要可以设立派出机构,按照授权履行监督管理职责。在国家对证券发行、交易活动实行集中统一监督管理的前提下,依法设立证券业协会,实行自律性管理。国家审计机关对证券交易所、证券公司、证券登记结算机构、证券监督管理机构,依法进行审计监督。

(二)我国证券监督管理机构的职责

国务院证券监督管理机构依法对证券市场实行监督管理,维护证券市场公开、公平、公正,防范系统性风险,维护投资者合法权益,促进证券市场健康发展。根据《证券法》第一百六十九条的规定,国务院证券监督管理机构在对证券市场实施监督管理中履行下列职责:(1)依法制定有关证券市场监督管理的规章、规则,并依法进行审批、核准、注册,办理备案;(2)依法对证券的发行、上市、交易、登记、存管、结算等行为,进行监督管理;(3)依法对证券发行人、证券公司、证券服务机构、证券交易场所、证券登记结算机构的证券业务活动,进行监督管理;(4)依法制定从事证券业务人员的行为准则,并监督实施;(5)依法监督检查证券发行、上市、交易的信息披露;(6)依法对证券业协会的自律管理活动进行指导和监督;(7)依法监测并防范、处置证券市场风险;(8)依法开展投资者教育;(9)依法对证券违法行为进行查处;(10)法律、行政法规规定的其他职责。

国务院证券监督管理机构可以和其他国家或者地区的证券监督管理机构建立监督管理合作机制,实施跨境监督管理。

二、证券登记结算机构

(一)证券登记结算机构的含义和特征

证券登记结算机构是为证券交易提供集中登记、存管与结算服务,不以营利为目的的法人。我国从事证券登记结算业务的机构为中国证券登记结算有限责任公司。按照《证券登记结算管理办法》的规定,证券登记结算机构实行行业自律管理。证券登记结算业务采取全国集中统一的运营方式,由证券登记结算机构依法集中统一办理。

其法律特征是：(1)不以营利为目的。(2)依法登记，取得法人资格。(3)它的主要业务是为证券交易提供集中登记、存管与结算服务。其中，登记是指证券登记结算机构接受证券发行人的委托，通过设立和维护证券持有人名册确认证券持有人持有证券事实的行为。存管是指证券登记结算机构接受证券公司委托，集中保管证券公司的客户证券和自有证券，并提供代收红利等权益维护服务的行为。结算，是指清算和交收。

(二)证券登记结算机构设立的条件

设立证券登记结算机构，依法应当具备下列条件：(1)自有资金不少于人民币2亿元；(2)具有证券登记、存管和结算服务所必需的场所和设施；(3)主要管理人员和从业人员必须具有证券从业资格；(4)国务院证券监督管理机构规定的其他条件。

证券登记结算机构的名称中应当标明证券登记结算字样。证券登记结算采取全国集中统一的运营方式。证券登记结算机构章程、业务规则应当依法制定，并须经国务院证券监督管理机构批准。设立或解散证券登记结算机构必须经国务院证券监督管理机构批准。

(三)证券登记结算机构的职能

根据《证券法》的规定，证券登记结算机构依法履行下列职能：

1. 证券账户、结算账户的设立。设立证券账户、结算账户是证券登记结算机构履行职责的前提，也是证券公司委托证券登记结算机构办理证券登记结算业务的前提。投资者委托证券公司进行证券交易，应当申请开立证券账户和结算账户。证券登记结算机构应当按照规定以投资者本人的名义为投资者开立账户。证券账户用于记录投资者持有证券的余额及其变动情况。结算账户用于资金交收。投资者买卖证券，应当与证券公司签订证券交易、托管与结算协议。

投资者开立证券账户应当向证券登记结算机构提出申请。投资者申请开立账户，应当持有证明中华人民共和国公民、法人、合伙企业身份的合法证件。国家另有规定的除外。

证券登记结算机构可以直接为投资者开立证券账户，也可以委托证券公司代为办理。

2. 证券的存管和过户。证券的存管和过户。投资者应当委托证券公司托管其持有的证券，证券公司应当将其自有证券和所托管的客户证券交由证券登记结算机构存管，但法律、行政法规和中国证监会另有规定的除外。

证券持有人持有的证券，在上市交易时，应当全部存管在证券登记结算机构。证券登记结算机构应当妥善保存登记、存管和结算的原始凭证及有关文件和资料。其保存期限不得少于20年。

证券在证券交易所上市交易的，证券登记结算机构应当根据证券交易的交收结果办理证券持有人名册的变更登记。证券以协议转让、继承、捐赠、强制执行、行政划拨等方式转让的，证券登记结算机构根据业务规则变更相关证券账户的余额，并相应办理证券持有人名册的变更登记。证券因质押、锁定、冻结等原因导致其持有人权利受到限制的，证券登记结算机构应当在证券持有人名册上加以标记。

3. 证券持有人名册登记；

4. 证券交易的清算和交收。

5. 受发行人的委托派发证券权益。

6. 办理与上述业务有关的查询、信息服务。

7. 国务院证券监督管理机构批准的其他业务。

三、证券业协会

(一)证券业协会的含义

证券业协会是证券业的自律性组织,是社会团体法人。证券业协会的权力机构为全体会员组成的会员大会。证券公司应当加入证券业协会。证券业协会章程由会员大会制定,并报国务院证券监督管理机构备案。

(二)证券业协会的职责

根据我国《证券法》的规定,证券业协会履行下列职责:(1)教育和组织会员及其从业人员遵守证券法律、行政法规,组织开展证券行业诚信建设,督促证券行业履行社会责任;(2)依法维护会员的合法权益,向证券监督管理机构反映会员的建议和要求;(3)督促会员开展投资者教育和保护活动,维护投资者合法权益;(4)制定和实施证券行业自律规则,监督、检查会员及其从业人员行为,对违反法律、行政法规、自律规则或者协会章程的,按照规定给予纪律处分或者实施其他自律管理措施;(5)制定证券行业业务规范,组织从业人员的业务培训;(6)组织会员就证券行业的发展、运作及有关内容进行研究,收集整理、发布证券相关信息,提供会员服务,组织行业交流,引导行业创新发展;(7)对会员之间、会员与客户之间发生的证券业务纠纷进行调解;(8)证券业协会章程规定的其他职责。

四、证券服务机构

(一)证券服务机构的含义和种类

证券服务机构是依法设立的为证券的发行和上市交易提供服务的机构,主要包括会计师事务所、律师事务所以及从事证券投资咨询、资产评估、资信评级、财务顾问、信息技术系统服务等的机构。证券服务机构应当勤勉尽责、恪尽职守,按照相关业务规则为证券的交易及相关活动提供服务。

从事证券投资咨询服务业务,应当经国务院证券监督管理机构核准;未经核准,不得为证券的交易及相关活动提供服务。从事其他证券服务业务,应当报国务院证券监督管理机构和国务院有关主管部门备案。

(二)证券服务机构的义务及法律责任

证券服务机构应当妥善保存客户委托文件、核查和验证资料、工作底稿以及与质量控制、内部管理、业务经营有关的信息和资料,任何人不得泄露、隐匿、伪造、篡改或者毁损。上述信息和资料的保存期限不得少于10年,自业务委托结束之日起算。

证券服务机构为证券的发行、上市、交易等证券业务活动制作、出具审计报告及其他鉴证报告、资产评估报告、财务顾问报告、资信评级报告或者法律意见书等文件,应当勤勉尽责,对所依据的文件资料内容的真实性、准确性、完整性进行核查和验证。其制作、出具的文件有虚假记载、误导性陈述或者重大遗漏,给他人造成损失的,应当与委托人承担连带赔偿责任,但是能够证明自己没有过错的除外。

参考阅读

1. 相关法律文件。
2. 葛伟军. 中华人民共和国证券法规范总整理:证券法实用手册. 北京:法律出版社, 2016.

复习思考

1. 简述我国证券交易的一般规则。
2. 简述要约收购和协议收购的主要区别。
3. 简述证券交易所与证券公司的主要区别。
4. 简述我国国务院证券监督管理机构的主要职责。
5. 简述我国《证券法》规定的禁止交易行为的种类及构成要件。

案例分析

案情:郭某时任甲公司(上市公司)董事长。2017年6月11日,郭某与乙公司股东代表罗某、经理黄某等人见面,协商收购合作事宜。2017年7月13日,郭某决定甲公司与乙公司重组,双方签署了相关收购的合作协议。2017年9月28日,郭某通知甲公司董事会秘书安排停牌事宜。2017年9月29日,甲公司发布公告称,拟筹划购买资产相关的重大事项,公司股票自当日开市起停牌。2017年10月16日,甲公司发布《关于筹划重大资产重组停牌的公告》。2017年12月13日,甲公司发布《关于重大资产重组的一般风险提示暨暂不复牌公告》及《发行股份及支付现金购买资产并募集配套资金暨关联交易报告书》。

王某与郭某是同学,存在日常联络接触。在2017年7月13日至2017年9月29日期间,王某与郭某通话6次。王某利用长期由自己实际控制并使用的张某证券账户使用自己的资金于2017年8月7日买入20万股,8月8日买入232万股,8月9日买入10万股,8月10日买入22万股,4笔合计共买入甲公司股票284万股。截至2018年9月21日,"张某"账户持有的甲公司股票已全部卖出。经计算,该账户涉案交易亏损348万元。

问题:

1. 内幕交易的构成要件是什么?
2. 王某买卖甲公司股票的行为是否构成内幕交易?
3. 谁可以对张某账户买卖甲公司股票的行为进行调查?
4. 如果王某的行为构成内幕交易,应承担的法律责任是什么?

第十章 票 据 法

票据是商品经济发展的产物。在市场经济发达的国家，一切重要的交易活动，特别是国际贸易，基本上都是使用各种票据进行支付的。此外，票据还具有汇兑、结算、信用、融资等作用。在我国，随着社会主义市场经济的发展，经济、金融改革的深化，票据的使用日益广泛。为规范我国票据行为，保障票据活动中当事人的合法权益，维护社会经济秩序，促进社会主义市场经济的发展，我国于1995年5月10日由第八届全国人民代表大会常务委员会第十三次会议通过了《中华人民共和国票据法》（以下简称《票据法》），该法自1996年1月1日起施行。2004年第十届全国人民代表大会常务委员会第十一次会议通过《关于修改〈中华人民共和国票据法〉的决定》，自2004年8月28日施行。

此外，为了加强票据管理，维护金融秩序，经国务院批准中国人民银行于1997年8月21日发布《票据管理实施办法》，1997年9月发布《支付结算办法》。2000年11月21日最高人民法院发布《最高人民法院关于审理票据纠纷案件若干问题的规定》（以下简称《票据法解释》），2010年中国人民银行对《票据管理实施办法》，做了一次修正。

2009年，为了规范电子商业汇票业务，保障电子商业汇票活动中当事人的合法权益，促进电子商业汇票业务发展，中国人民银行发布了《电子商业汇票业务管理办法》。

与本章有关的法律文件主要有：《票据法》（2004年）、《票据管理实施办法》（2011年）、《支付结算办法》（1997年）、《票据法解释》（2000年）、《电子商业汇票业务管理办法》（2009年）、《民事诉讼法》等。

本章共分五节，对我国《票据法》及有关配套行政规章作了较为全面的介绍，内容涉及票据的含义和分类、票据的特征、票据法的含义和特征、票据行为、票据权利、票据运作的基本规则、涉外票据的法律适用。其中，票据的含义和分类、票据的特征、票据行为的有效要件、票据权利、票据运作的基本规则是本章的重点。

第一节 票据和票据法概述

一、票据概述

（一）票据的含义和特征

票据，是指出票人依票据法签发的，约定由自己或委托付款人在见票时或者在票据指定的日期向收款人或者持票人无条件支付确定的金额的一种有价证券。票据是依票据法签发的，根据我国《票据法》，票据的基本特征有以下几点。

1. 票据是完全有价证券。所谓完全有价证券，是指权利的设定、转移及行使均与证券不可分离的有价证券。票据权利的产生，必须作成证券。票据权利的转移，必须交付证券。票据权利的行使，必须提示证券。票据的这一特征，使它与记名股票等不完全有价证券相互区别。

2. 票据是金钱证券。票据所表示的权利，限定为金钱的给付，不能是劳务或其他。票据上记载的支付金额必须是确定的，不能有"一定商品的价金总额"等不确定的记载；否则，票据无效。

3. 票据是债权证券。票据是以表示债权为目的的，所以是债权证券。

4. 票据是可流通转让证券。票据的功能与货币近似，是在一定范围内可以代替货币使用的证券。票据债权的转让与一般债权的转让不同。转让一般债权依法应通知债务人，才能对债务人生效；而票据债权的转让，不需要通知债务人，就可对债务人发生效力。

5. 票据是无条件支付证券。出票人在签发票据时不能在票据上对票据金额的支付附加条件，否则票据会因其付款具有不确定性而无效。

6. 票据是要式证券。票据的作成，必须具备法定的形式、款式和内容。不同种类的票据有不同的格式和要求，票据只有符合法定要求，才能产生法律效力。

7. 票据是无因证券。票据关系都是基于一定的原因关系而产生的，但票据关系成立后，即与其原因关系相互分离。持票人在行使票据权利时不需要向相对人证明其取得票据的原因。

8. 票据是文义证券。票据上的权利和义务，完全根据票据上所记载的文字而确定。票据当事人不得以票据以外的事实来变更或补充票据文义。凡在票据上依法签名者，都要按照票据上所记载的文义承担责任。

(二) 票据的分类

根据《票据法》的规定，我国法定的票据形式分为汇票、本票和支票三种。

1. 汇票。汇票是出票人签发的，委托付款人在见票时或者在指定日期无条件支付确定的金额给收款人或者持票人的票据。汇票除具有一般票据的特征外，还有自己的特征：(1)汇票是一种委付证券，即汇票是出票人委托他人付款的证券。(2)汇票可以约定远期付款。汇票到期日的约定方式可以有四种，即定日付款、出票后定期付款、承兑见票后定期付款及见票即付。由于汇票并不必然是见票即付，因此可以供远期付款之用。

根据出票人身份的不同，《票据法》将汇票分为银行汇票和商业汇票。银行汇票是以银行为出票人、同时以银行为付款人的汇票。商业汇票是以银行以外的其他企业为出票人，以银行或其他企业为付款人的汇票。其中，当付款人为银行并由其承兑时，称为银行承兑汇票。当付款人为银行以外的其他企业并由其承兑时，称为商业承兑汇票。

传统的商业汇票为纸质票据，随着电子签名技术和电子签名法的颁布，电子票据应运而生。电子商业汇票是指由出票人依托电子商业汇票系统，以数据电文形式制作，委托付款人在指定日期无条件支付确定金额给收款人或者持票人的票据。电子商业汇票系统是经中国人民银行批准建立，依托网络和计算机技术，接收、存储、发送电子商业汇票数据电文，提供与电子商业汇票货币给付、资金清算行为相关服务的业务处理平台。根据《电子商业汇票业务管理办法》，电子商业汇票的出票、承兑、背书、保证、提示付款和追索等业务，必须通过电子商业汇票系统办理。电子商业汇票为定日付款票据，其付款期限自出票日起至到期日止，最长不得超过1年。

2. 本票。本票是出票人签发的、承诺自己在见票时无条件支付确定的金额给收款人或者持票人的票据。本票除具有一般票据的特征外，还有自己的特征：（1）本票是一种自付证券，即本票是由出票人自己支付的票据；（2）在我国，本票是见票即付的票据，当事人不能另外约定到期日。

本票因出票人身份的不同，可以分为银行本票和商业本票。银行本票是由银行作为出票人签发的本票。商业本票是由银行以外的其他企业作为出票人签发的本票。《票据法》对本票的使用作了较严格的限制，不仅规定本票的使用仅限于银行本票，而且规定银行本票必须是见票即付的。单位和个人在同一票据交换区域需要支付各种款项，均可以使用银行本票。

3. 支票。支票是出票人签发的，委托办理支票存款业务的银行或者其他金融机构在见票时无条件支付确定的金额给收款人或者持票人的票据。支票除具有一般票据的特征外，还有自己的特征：（1）支票是一种委付证券，即支票是出票人委托他人付款的证券。（2）支票的付款人只能是经批准可以办理支票存款业务的银行或者其他金融机构。所谓支票存款业务，是指活期存款业务。开立支票存款账户和领用支票，应当有可靠的资信，并存入一定的资金。（3）在我国，支票是见票即付的票据。

支票因支付票款方式的不同，可以分为现金支票、转账支票、普通支票和划线支票。现金支票专门用于支取现金，支票上印有"现金"字样；转账支票专门用于转账，支票上印有"转账"字样；普通支票既可以支取现金，也可以用于转账，支票上未印有"现金"或"转账"字样。专用于转账时，应当在支票正面注明。在普通支票左上角画两条平行线的，为划线支票，划线支票只能用于转账，不得支取现金。单位和个人在同一票据交换区域的各种款项结算，均可以使用支票。

二、票据法概述

（一）票据法的含义和特征

票据法是指国家制定的调整票据关系和与票据关系有关的非票据关系的法律规范的总称。

我国票据法的基本特征主要表现在以下三个方面。

1. 以强制性规范为主。票据关系虽然是一种债的关系，但在票据法中，从票据的种类、票据的用纸和格式、票据行为的款式，直至票据权利的享有和义务的承担，大多属于强制性规定，法律允许由当事人根据自己的意志决定的事项很少。

票据法之所以以强制性规范为主，主要是为了保障社会交易的安全，保护公共利益。因为票据不仅是特定当事人之间的一种支付手段，同时它还可以在一定程度上代替货币在社会公众之间流通，如果票据可以任意制作、发行、变更或排除其适用，势必影响票据的流通，扰乱社会经济秩序，给犯罪分子以可乘之机。采用强制性规范，则可以规范当事人的票据行为，提高票据的安全性，进而提高其流通性。

2. 有较多的技术性规范。票据法是为实现票据的经济功能而总结实践经验专门创设的，因此，其中具有较多的技术性规范，要正确地利用票据，并充分地享有票据权利，必须全面掌握这些技术规则。例如,汇票的承兑必须记载在汇票的正面,背书必须写在票据的反面,如果当事人违反了这些规定,就要承受对自己不利的后果。

3. 内容具有较强的国际统一性。票据法虽然主要用于调整国内票据关系,并由各国自己制定,属于国内法范畴,但由于票据本身是一种金钱支付手段,具有汇兑、支付、信用、融资等多方面的作用,而且调整这种手段的票据法主要是一些技术性规范,不受或较少受各国固有的风俗人情及政策的影响,加之当今世界国际间贸易日益频繁,如果各国票据法所确定的票据规则差别较大,势必会阻碍票据的使用和流通,使票据活跃金融的作用受到抑制。有鉴于此,各国在制定自己国家的票据法时都比较注意吸收国际上普遍适用的票据规则。

(二)票据关系

票据关系,是指票据当事人之间,基于票据行为,在票据上所发生的法律上的债权债务关系。它是票据本身所固有的法律关系。在票据关系中,票据权利主要是指持票人向票据债务人请求支付票据金额的权利。票据义务也称票据责任,是指票据债务人向持票人支付票据金额的义务。我国票据法规定的票据关系主要有票据发行关系、票据背书转让关系、票据承兑关系和票据保证关系。

1. 票据当事人。这是指享有票据权利、承担票据义务以及与票据权利和义务有密切联系的法律主体。当事人根据不同的标准可以有不同的分类,常用的分类有三种:(1)根据当事人在票据上的法律地位的不同,将当事人分为权利主体、义务主体和关系主体。权利主体是享有票据权利的持票人;义务主体是在票据上为票据行为的人。义务主体依据其票据行为性质承担票据责任;关系主体是既不享有票据权利,也未在票据上为票据行为,但其存在与票据权利的实现和义务的履行有密切联系的主体,如汇票上记载的未为承兑的付款人。(2)根据当事人是否随出票一同出现,将当事人分为基本当事人和非基本当事人。前者是指随票据出票时一同出现的人。汇票和支票的基本当事人有三个,即出票人、收款人和付款人。本票的基本当事人有两个,即出票人和收款人。(3)根据当事人在票据流通中依签章的前后顺序的不同,可以将当事人分为前手和后手。凡位于某人之前签章的,称为某人的前手;凡位于某人之后签章的,称为某人的后手。前手与后手的关系是债务人与债权人的关系。

2. 票据关系的内容。这是票据当事人在票据关系中的权利和义务。即持票人有权要求债务人按期支付票据金额,债务人有义务给予支付。票据债务人分为第一债务人(又称主债务人)和第二债务人(又称偿还义务人)。第一债务人是负有首先向持票人履行付款义务的人,如汇票上的承兑人。第二债务人是指在持票人依法向其行使追索权时,有义务向持票人履行付款义务的人。

(三)非票据关系

非票据关系,是指票据关系以外的、与票据行为有关的当事人之间依照法律的规定或当事人的约定所发生的权利和义务关系。非票据关系中权利人的权利不是票据行为本身所产生的,而是根据与票据行为有关的当事人之间依照法律的规定或当事人的约定所产生的。根据非票据关系成立的法律根据的不同,可以将其分为票据法上的非票据关系和一般法上的非票据关系。

1. 票据法上的非票据关系。这是指与票据行为相关联，当事人直接依据票据法形成的权利与义务关系。在我国，主要包括两种情形：(1)票据返还关系。其具体包括两种：一是当持票人为非法取得票据时，票据的合法权利人与非法持票人之间发生票据返还关系；二是在票据已获付款的情况下，付款人或付款代理人与持票人之间发生的票据返还关系。(2)利益返还关系。票据债权的取得一般均有相应的利益交换包含于其中。票据因时效期满或因手续欠缺等而丧失票据利益时，从公平的角度出发，原票据债务人通过票据交换而得到的利益或对价应予以返还。因此，《票据法》第十八条规定，持票人因超过票据权利时效或者因票据记载事项欠缺而丧失票据权利的，仍享有民事权利，可以请求出票人或者承兑人返还其与未支付的票据金额相当的利益。其中出票人或者承兑人与持票人之间的关系就是利益返还关系。

票据法上的非票据关系，虽然也是由票据法规定的，但与票据关系是不同的。从权利的角度看，两者的区别主要表现在三个方面：(1)权利产生的根据不同。票据关系中的权利产生于票据行为；非票据关系中的权利是由法律直接规定的。(2)权利内容不同。票据关系中的权利是票据上载明的金钱债权；非票据关系中的权利是返还票据或利益。(3)权利行使的依据不同。票据关系中权利的行使，以持有有效票据为依据；非票据关系中的权利因不是票载权利，所以只能依据票据以外的其他原因行使。

2. 一般法上的非票据关系。这是指依据民法的规定产生的与票据有关的权利与义务关系。在我国主要包括三种情形：(1)票据发生、转让的原因关系。(2)出票人与付款人之间的票据资金关系。(3)票据预约关系。即票据出票人与收款人之间，在签发和接受票据之前，对票据的种类、金额、到期日等票据记载事项达成的合意。

一般法上的非票据关系是票据的基础关系，一般情况下，票据关系一经成立即与其基础关系相互分离，但在法定条件下对直接当事人的票据权利有影响。

第二节 票据行为

一、票据行为的含义和特征

(一)票据行为的含义

票据行为有广义和狭义之分。广义的票据行为，是指以发生、变更或消灭票据关系为目的的法律行为或准法律行为，具体包括出票、承兑、背书、保证、改写、付款等。法律行为，是指以行为人的意思表示为要素，法律基于行为人的意思表示而赋予一定的效力，如出票、承兑等。准法律行为，是指不以行为人的意思表示为要素，法律直接规定其效力的行为，如付款等。狭义的票据行为，是指票据当事人以发生票据债务为目的，并以在票据上签章为权利与义务成立要件的法律行为。《票据法》规定的票据行为有出票、承兑、背书、保证四种。这些票据行为的共同特点是必须由当事人根据自己的意志在票据上记载法定内容并签章，然后根据在票据上的记载内容而承担相应的票据责任。本书所指的票据行为为狭义的票据行为。

票据行为根据其在票据中所起的作用可以分为基本票据行为和附属票据行为两种。前者是指原始的创设票据的行为,即出票行为;后者是指以出票为前提,在已经成立的票据上所为的行为。基本票据行为的效力,直接影响附属票据行为的效力,即基本票据行为因形式要件有欠缺而无效,在票据上所为的附属票据行为也随之无效。

(二)票据行为的特征

票据行为作为一种法律行为,与其他法律行为相比较,具有以下几个特征:

1. 要式性。票据行为必须采用法定的形式,法律一般不允许行为人任意加以选择或变更,否则行为无效。法律规定票据行为的要式性,目的在于使票据款式统一、明确,便于当事人在票据流通中能清晰地辨认票据上的权利和义务。

2. 文义性。票据行为的内容必须以票据上所记载的文字来确定。法律不允许当事人以票据以外的证据对票据文义予以更改或补充。票据行为的文义性,有利于保障票据受让人的权利,进而有利于票据的流通。

3. 无因性,又称抽象性。票据行为成立后,即使引起票据行为成立的基础关系有瑕疵或者无效,票据行为的效力一般也不因此受到影响。票据行为仅为票据的目的而独立存在,一般不受原因关系的影响。

票据行为的无因性,使持票人在请求付款时,只需对票据行为本身的有效性提出证据,而无须对票据原因的有效性提出证据。票据债务人不得以自己与出票人或持票人的前手间存在的抗辩事由,对抗持票人。但票据授受的直接当事人之间和出于恶意而取得票据的持票人除外。

4. 独立性。即在已经具备基本形式要件的票据上所为的各种票据行为,分别依照各自在票据上所记载的文义,独立发生效力,不受其他票据行为效力的影响。根据我国《票据法》,票据行为的独立性主要表现在以下四个方面:(1)无民事行为能力人或者限制民事行为能力人在票据上签章的,其签章无效,但是不影响其他签章的效力。(2)票据上有伪造、变造的签章的,不影响票据上其他真实签章的效力。(3)没有代理权而以代理人名义在票据上签章的,应当由签章人承担票据责任;代理人超越代理权限的,应当就其超越权限的部分承担票据责任。(4)被保证人的债务因实质条件有欠缺而无效的,保证人仍应对合法取得票据的持票人所享有的票据权利,承担保证责任。

法律规定票据行为具有独立性是因为:(1)各个票据行为实质上是独立进行的。虽然各个票据行为在同一票据上进行,但发生票据行为的原因关系是彼此独立的。(2)票据具有流通性。如果因流通中的某一票据行为无效而使其他票据行为无效,必然会影响票据的流通和增加交易风险。

二、票据行为的有效要件

票据行为是具有法律意义的行为,只有具备法定生效要件,才能发生预期的法律后果。票据行为生效的要件分为实质要件和形式要件。

(一)票据行为的实质要件

票据行为的实质要件主要是根据民法上规定的法律行为的生效要件确定的。由于票据经常在不特定的多数人之间流通,所以,票据行为的实质要件只对票据行为的直接当事人和恶意取得票据的第三人有效。

1. 行为人应具备票据能力。票据能力,包括票据权利能力和票据行为能力。前者是指行为人享有票据权利和承担票据义务的资格;后者是指行为人能通过自己的行为取得票据权利、设定票据义务的资格。对于票据权利能力,我国《票据法》没有任何明确的限制性规定。因此,只要具备民事主体资格,即有票据权利能力。对于票据行为能力,我国《票据法》对自然人作了明确的限制,规定只有具备完全民事行为能力的自然人才具有票据行为能力。

2. 意思表示应自愿、真实、合法。民法中关于意思表示的规定,一般也适用于票据行为。

(二)票据行为的形式要件

票据行为是要式行为,各国票据法对其形式都有严格的要求。根据《票据法》,票据行为有效的形式要件包括以下四个方面:

1. 票据凭证。《票据法》规定,汇票、本票、支票的格式应当统一。票据凭证的格式和印制管理办法,由中国人民银行规定。《票据管理实施办法》规定,票据当事人应当使用中国人民银行规定的统一格式的票据。

传统的票据凭证是纸质文本。随着电子签名技术规范的成熟,自2009年起,中国人民银行开始推广电子商业汇票,鼓励企业在中国人民银行批准设立的电子商业汇票系统签发电子商业汇票。电子商业汇票有利于提高支付结算效率、降低票据风险、发展电子商务和促进企业融资,目前已被企业广泛使用。

2. 记载事项。票据上的记载事项,依记载后的法律效力可细分为六类:(1)绝对必要记载事项,是指如果记载有欠缺,将导致票据无效或者票据行为无效的事项。(2)相对必要记载事项,是指如果记载有欠缺,法律对该欠缺事项另行推定,票据或者票据行为依然有效。比如汇票上未记载付款地的,法律规定以付款人的营业场所、住所或者经常居住地为付款地。(3)可以记载事项,是指记载与否由行为人自主决定,但一经记载,即具有票据法上的效力的事项。如出票人或背书人作出的"不得转让"的记载。(4)记载后不具有票据法上效力的事项。这类事项记载后虽不发生票据法上的效力,但可能发生其他法上的效力。如记载票据签发的原因或用途,虽不发生票据法上的效力,但可以起到说明原因的作用。(5)记载本身无效的事项,是指记载后既不具有票据法上的效力,也不具有其他法上效力的事项。此类事项的记载可以视为无记载。如《票据法》第九十一条规定,支票限于见票即付,不得另行记载付款日期。另行记载付款日期的,该记载无效。(6)记载后使票据或者票据行为无效的事项。此类事项不应记载,如有记载会导致票据或者票据行为无效。如根据我国《票据法》第二十二条的规定,票据记载支付条件的,票据无效。此外,《票据法》第三十三条第二款规定,将汇票金额的一部分转让的背书或者将汇票金额分别转让给两人以上的背书无效。

3. 签章。各种票据行为都要由行为人在票据上签章,以表明行为人按照票据所记载的事项承担票据责任。签章一般由行为人亲自进行,也可以委托代理人在票据上签章。由代理人签章的,应当在票据上表明其代理关系。

根据《票据法》的规定,票据上的签章,为签名、盖章或者签名加盖章。在票据上的签名,应当为该当事人的本名,即符合法律、行政法规以及国家有关规定的身份证件上的姓名。法人和其他使用票据的单位在票据上的签章，为该法人或者该单位的盖章加其法定代表人或者其授权的代理人的签章。《电子商业汇票业务管理办法》规定，票据当事人在电子商业汇票上的签章，为该当事人可靠的电子签名。电子签名所需的认证服务应由合法的电子认证服务提供者提供。可靠的电子签名必须符合《中华人民共和国电子签名法》第十三条第一款的规定，即电子签名应同时符合下列条件：(1)电子签名制作数据用于电子签名时，属于电子签名人专有；(2)签署时电子签名制作数据仅由电子签名人控制；(3)签署后对电子签名的任何改动能够被发现；(4)签署后对数据电文内容和形式的任何改动能够被发现。

对于具体签章人，《票据管理实施办法》中有较详细的规定，根据该办法，银行汇票上的出票人的签章、银行承兑商业汇票的签章，为该银行的汇票专用章加其法定代表人或者其授权的代理人的签名或者盖章。银行本票上的出票人的签章，为该银行的本票专用章加其法定代表人或者其授权的代理人的签名或者盖章。商业汇票上出票人的签章，为该单位的财务专用章或者公章加其法定代表人或者其授权的代理人的签名或者盖章。支票上的出票人的签章，出票人为单位的，为与该单位在银行预留签章一致的财务专用章或者公章加其法定代表人或者其授权的代理人的签名或者盖章；出票人为个人的，为与该个人在银行预留签章一致的签名或者盖章。

出票人在票据上的签章不符合我国《票据法》和《实施办法》规定的，票据无效；背书人、承兑人、保证人在票据上的签章不符合《票据法》和《实施办法》规定的，其签章无效，但是不影响票据上其他签章的效力。

4. 交付。票据行为人在票据上完成法定记载并签章后，有意识地把票据交付给相对人持有，票据行为始为完成。如果票据被盗、遗失或其他非基于出票人真实意思而为第三人取得，不属于交付，但此时票据行为人对于善意持票人仍应负责。

根据《电子商业汇票业务管理办法》，出票人签发电子商业汇票时，应将其交付收款人。交付是指票据当事人将电子商业汇票发送给受让人，且受让人签收的行为。签收是指票据当事人同意接受其他票据当事人的行为申请，签章并发送电子指令予以确认的行为。

三、票据的伪造、变造和更改

(一)票据的伪造

票据的伪造，是指无权限人假冒他人或虚构他人名义签章的行为。签章的变造属于伪造。票据伪造是一种违法行为，它可以是假冒出票人的名义创设原始票据，也可以是假冒他人名义实施的出票行为以外的其他票据行为，如背书、承兑的伪造等。

票据的伪造对被伪造人不产生法律效力。因为票据上虽然有被伪造人的签章，但系他人假冒，而非被伪造人自己的真正签章，因此，被伪造人对此不负法律责任。

票据的伪造对伪造人不产生票据上的责任。因为票据上的签章虽然由伪造人所写，但不是他本人的名字，因此，伪造人不负票据上的责任。但伪造票据是一种违法行为，根据我国《票据法》的规定，伪造人应承担民事侵权损害赔偿责任、刑事责任以及行政责任。

应当注意的是，同一票据上经常有多种票据行为，如果票据上既有伪造的签章，又有真实的签章，根据票据行为独立的原则，在票据上有真实签章的人仍应对自己的票据行为负责。即票据上有伪造的签章的,不影响票据上其他真实签章的效力。

(二)票据的变造

票据的变造,是指没有合法更改权的人在已成立的票据上变更签章以外的记载事项的行为。票据变造属于一种违法行为,其实施主体应是没有合法更改权的人。变造的内容应是票据上签章以外的记载事项。

票据被变造的,不影响票据上真实签章的效力。在变造之前签章的人,对原记载事项负责;在变造之后签章的人,对变造之后的记载事项负责;不能辨别是在票据被变造之前或者之后签章的,视同在变造之前签章。

票据的变造对变造人的责任,因其是否为票据行为人而有不同。如果变造人不是票据行为人,则不承担票据上的责任,但根据我国《票据法》的规定,变造人应承担民事侵权损害赔偿责任、刑事责任以及行政责任。如果变造人同时是票据行为人,则既应依法承担票据上的责任,又应依法承担民事责任、刑事责任以及行政责任。

(三)票据的更改

票据的更改,是指有更改权的人更改票据上记载事项的行为。票据的更改是一种合法行为。票据更改的要件有两个:一是票据更改的事项必须是法律允许更改的。我国《票据法》第九条规定,票据金额、日期、收款人名称不得更改,更改的票据无效。在实践中,如果法律规定不得更改的事项在记载时有误,只能由出票人重新签发票据。二是应当由原记载人更改,并由原记载人签章证明。签章证明是更改后的记载事项生效的必要条件。

第三节 票据权利

一、票据权利的含义和种类

票据权利,是指持票人向票据债务人请求支付票据金额的权利。票据为完全有价证券,因此,只有占有票据或者持有票据,才能行使票据权利。票据为债权证券,因此,票据权利的性质为债权。票据为金钱证券,因此,票据权利的内容是请求票面记载数额的金钱支付。总之,持票人因占有票据而享有的票据权利是一种依票据文义所能行使的一定数额的金钱支付请求权。

民法上的一般债权仅有一种请求权,即支付请求权,但票据权利有两种请求权,即付款请求权和追索权。所谓付款请求权,是指持票人请求票据主债务人或者其他付款义务人支付票据金额的权利。所谓追索权,是指持票人的付款请求权得不到实现,或有其他法定原因时,得以向付款人以外的票据债务人要求支付票据金额和其他有关损失及费用的权利。票据权利具有两种请求权,有利于保护持票人的权利,增加票据的安全性和信用性,保障票据的流通。

票据权利是因票据行为产生的,它与票据法上的特别权利不同。票据法上的特别权利是依票据法的特别规定所享有的权利,并不直接体现在票据上,其行使无须凭票据。票据法上的特别权利主要包括票据丧失时的权利、利益返还请求权、票据抗辩权等。

二、票据权利的取得

(一)票据权利取得的基本条件

合法取得票据是持票人享有和行使票据权利的前提。持票人取得票据权利一般应具备以下两个条件：

1. 持票人取得票据必须给付对价。根据我国《票据法》第十条的规定，票据的签发、取得和转让，应当遵循诚实信用的原则，具有真实的交易关系和债权债务关系。虽然票据本身是单纯的债权证券，但根据公平原则，持票人在依据票据法取得票据时，依法必须给付对价，不得无偿获得。所谓对价，即票据双方当事人认可的相对应的代价。

如果持票人是依据税法、继承法等票据法以外的其他法取得的票据，法律规定不受给付对价的限制，持票人可以无偿取得票据权利，但其享有的票据权利不得优于其前手的权利，即如果其前手的票据权利有瑕疵，继受取得人的票据权利应继受其权利瑕疵。

2. 持票人取得票据的手段必须合法，并出于善意。根据我国《票据法》第十二条的规定，以欺诈、偷盗或者胁迫等手段取得票据的，或者明知有前列情形，出于恶意取得票据的，不得享有票据权利。持票人因重大过失取得不符合本法规定的票据的，也不得享有票据权利。

(二)票据权利取得的途径

票据权利的取得途径可以分为原始取得和继受取得两种。所谓原始取得，是指最初取得的票据权利或直接依据法律规定而取得的票据权利，它具体表现为出票取得和善意取得两种方式。所谓继受取得，是指持票人从有票据处分权的前手权利人手中受让票据从而取得票据权利，它具体可以分为票据法上的继受取得和非票据法上的继受取得两种情形。

1. 出票取得。出票是创设票据权利的票据行为。持票人因出票人的出票行为而取得票据权利，即属于出票取得。因出票而取得票据权利的人，如果是汇票、本票或记名支票，应为票据上记载的收款人。如果是无记名支票，则可以是任何合法持票人。

2. 善意取得，是指持票人无恶意且无重大过失，从无权利人手中让以相当的对价受让票据而取得票据权利。善意取得是直接依据法律规定而取得的票据权利。善意取得应具备四个条件：(1)票据是从无处分权人手中取得的。(2)持票人在受让取得票据时属于善意，无恶意及重大过失。所谓善意，是指持票人在取得票据时尽了应有的审查注意，票据从外观上看不出瑕疵，持票人事实上也不知道转让人无处分权。持票人不存在诸如明知转让人无处分权而接受转让，或者只要稍微注意就会发现转让人权利有瑕疵，却因未审查发现而接受转让等情形。(3)依票据法规定的转让规则受让票据。(4)持票人在取得票据时给付了相应的对价。

善意取得票据者，法律推定其为原始取得票据权利，不继受其前手的权利瑕疵，票据债务人不能以其前手无处分权的事实对善意持票人主张抗辩。原票据权利人的损失应由无处分权人依法赔偿。

3. 票据法上的继受取得。它包括：(1)因合法背书转让而取得；(2)因清偿而取得，即保证人、被追索的债务人因对持票人实际支付票据金额后取得。

4. 非票据法上的继受取得。它主要包括：(1)因纳税人纳税而取得；(2)因继承而取得；(3)因组织依法合并、分立、破产清偿而取得；(4)因法院判决或仲裁机构的裁决而取得。

三、票据权利的行使与保全

票据权利的行使，是指票据权利人请求票据债务人履行其债务的行为，主要指票据付款请求权与追索权的行使。票据权利的保全，是指票据权利人为防止票据权利丧失所作出的具有法律意义的行为。如票据权利人按法定期限提示票据，或在付款人拒绝承兑、拒绝付款时作成拒绝证明，以防止票据权利丧失的行为。票据权利的行使，一般同时需要使用一些票据保全的措施，所以法律上经常将两者并称。

票据权利的行使与保全应在一定的处所和时间内进行。我国《票据法》第十六条规定，持票人对票据债务人行使票据权利，或者保全票据权利，应当在票据当事人的营业场所和营业时间内进行，票据当事人无营业场所的，应当在其住所进行。其中，票据当事人是指对票据债务负有义务的承兑人、付款人、保证人、出票人或者前手背书人。

(一)票据权利行使的法定期限

票据权利应在票据到期时及时行使。根据我国《票据法》第十七条的规定，票据权利在下列期限内不行使而消灭：(1)持票人对票据的出票人和承兑人的权利，自票据到期日起两年，见票即付的汇票、本票，自出票日起两年；(2)持票人对支票出票人的权利，自出票日起六个月；(3)持票人对前手的追索权，自被拒绝承兑或者被拒绝付款之日起六个月；(4)持票人对前手的再追索权，自清偿日或者被提起诉讼之日起三个月。

持票人因超过票据权利时效或者因票据记载事项欠缺而丧失票据权利的，仍享有民事权利，可以请求出票人或者承兑人返还其与未支付的票据金额相当的利益，即行使利益偿还请求权。

(二)票据权利保全的法定期限

按照一般票据法的原理，票据权利人应按法定期限提示票据以保全票据权利。所谓提示票据，即向票据付款人出示票据，请求对方为一定行为。提示分为两种：一种是提示承兑，即汇票持票人向票据上记载的付款人出示汇票，请求付款人承诺付款的行为；另一种是提示付款，即票据持票人向票据付款人出示票据，请求付款。持票人通过委托收款银行或者票据交换系统向付款人提示付款的，视同持票人提示付款。

1. 法定提示承兑的期限。我国《票据法》规定了两种情形：(1)定日付款或者出票后定期付款的汇票，持票人应当在汇票到期日前向付款人提示承兑；(2)见票后定期付款的汇票，持票人应当自出票日起一个月内向付款人提示承兑。见票即付的汇票无须提示承兑。

持票人如果没有在法定期限内提示票据，依法会丧失对出票人以外的前手的追索权。

2. 法定提示付款的期限。我国《票据法》规定了四种情形：(1)见票即付的汇票，自出票日起一个月内向付款人提示付款；(2)定日付款、出票后定期付款或者见票后定期付款的汇票，自到期日起10日内向承兑人提示付款；(3)本票自出票日起，付款期限最长不得超过两个月，持票人应在此期限内提示付款；(4)支票的持票人应当自出票日起10日内提示付款；异地使用的支票，其提示付款的期限由中国人民银行另行规定。

汇票的持票人未按法定期限提示付款的，在作出说明后，承兑人或者付款人仍应当继续对持票人承担付款责任。本票的持票人未按规定期限提示见票的，丧失对出票人以外的前手的追索权。支票持票人超过提示付款期限的，付款人可以不予付款，但出票人仍应当对持票人承担票据责任。

四、票据抗辩及限制

（一）票据抗辩

票据抗辩，是指票据债务人依据法定事由对票据债权人拒绝履行义务的行为。票据抗辩所根据的事由称为抗辩原因。债务人提出抗辩以阻止债权人行使债权的权利称为抗辩权。票据抗辩的原因一般可以分为物的抗辩和人的抗辩两大类。

1. 物的抗辩，也称绝对抗辩，或者客观抗辩，是指基于票据本身的事由发生的抗辩，它可以对所有持票人行使。根据行使抗辩权的债务人的范围的不同，物的抗辩又可以分为两种：(1)任何票据债务人都可以对所有持票人行使的抗辩，主要包括因欠缺形式要件而无效的票据、未到期票据、已依法付款或被依法提存的票据、因法院作出除权判决而被宣告无效的票据、权利超过时效的票据等；(2)特定票据债务人可以对所有持票人行使的抗辩。特定债务人主要包括欠缺民事行为能力的债务人、被他人无权代理或越权代理的债务人、伪造票据上的被伪造人等。

2. 人的抗辩，也称相对抗辩、主观抗辩，是指基于持票人自身或者票据债务人与特定的持票人之间的关系而产生的抗辩。根据行使抗辩权的债务人的范围的不同，人的抗辩又可以分为两种：(1)任何票据债务人都可以对特定持票人行使的抗辩，即持票人自身能力或票据权利有瑕疵，如持票人欠缺或丧失受领票据金额的能力、持票人取得票据不合法等；(2)特定票据债务人可以对特定持票人行使的抗辩，即特定票据债务人对不履行约定义务的与自己有直接债权债务关系的持票人可以进行的抗辩，如直接当事人之间原因关系无效或不成立的、直接当事人之间欠缺对价等。

（二）对票据抗辩的限制

抗辩权是民法上用于保护债务人合法权益的一项制度。票据法在引进这一制度的同时，考虑到票据有较强的流通性，因此，对票据债务人的抗辩权作了适当限制。从民法原理上看，物的抗辩是基于物的本身原因而发生的抗辩，它不会因物的流转而发生改变，因此，票据法对物的抗辩不需要加以限制。而人的抗辩，除任何票据债务人都可以行使的抗辩外，主要是基于特定当事人之间的关系而发生的抗辩。根据民法原理，债权转让时债权人必须将转让的事实通知债务人，其债权转让才对债务人生效；同时，债务人所能对转让人行使的抗辩都能对受让人行使。由于民法上的这种抗辩权可以随债权一同转移，所以每增加一次转让，便可能产生新的抗辩，转让次数越多，存在的抗辩权也越多，新债权人债权实现的可能性就越小。票据是流通证券，票据在流通过程中，持票人是经常变化的，某一特定当事人之间的关系其他人难以了解，如果适用民法中一般债权转让的规定，既不方便，又会使最终持票人的票据权利的实现缺乏保障。

为便利票据的流通，我国《票据法》一方面简化了票据转让的手续，规定票据的转让只需依法背书并交付，无需通知债务人即可生效；另一方面对票据中人的抗辩作了必要的限制，规定票据债务人不得以自己与出票人或者与持票人的前手之间的抗辩事由，对抗持票人，从而将票据债务人对特定人的票据抗辩主要局限于直接当事人之间。

应当明确的是，票据抗辩的限制是《票据法》为方便票据流通而特别规定的，因此，对明知存在抗辩事由而取得票据的持票人，或者对不是依据票据法所规定的方法而取得票据的持票人，如由于继承、公司合并等方式取得票据的人，票据抗辩的限制规定则不适用。

五、票据丧失的补救

票据丧失，是指持票人并非出于自己的本意而丧失对其票据的占有的情形。它可以是票据的绝对丧失，也可以是票据的相对丧失。所谓票据的绝对丧失，是指票据在物质形态上发生根本变化，不再具有票据形式，如票据被烧毁、洗烂等。所谓票据的相对丧失，是指票据在物质形态上未发生变化，只是票据权利人脱离了对票据的占有，如票据遗失、被盗等。票据丧失时，虽然票据上的权利不会当然地消灭，但由于行使票据权利必须以提示票据为前提，所以票据一旦丧失，不仅行使票据权利失去了依据，而且票款还有被他人冒领的可能。为保护失票人的票据权利，各国票据法都规定了一些票据丧失的补救办法。

国外法律对票据丧失后权利的补救，一般有三种不同的救济方式①：一是由失票人请求法院作出公示催告和除权判决，如德国、日本等的法律规定；二是由失票人提供担保，请求出票人给予副本或交付新票，如英国的法律规定；三是由失票人提供担保，通过向法院起诉要求票据债务人付款，如美国法便采用此种方式。

我国《票据法》第十五条规定："票据丧失，失票人可以及时通知票据的付款人挂失止付，但是，未记载付款人或者无法确定付款人及其代理付款人②的票据除外。收到挂失止付通知的付款人，应当暂停支付。失票人应当在通知挂失止付后三日内，也可以在票据丧失后，直接依法向人民法院申请公示催告，或者向人民法院提起诉讼。"这一规定表明，我国法律认可的票据丧失后可以采取的权利补救措施有挂失止付、公示催告和普通诉讼三种。失票人可以根据自己的情况自由选择。

（一）挂失止付

挂失止付，是指失票人将丧失票据的情况通知付款人或代理付款人，并由接受通知的付款人或代理付款人依法决定暂停支付，以防止票据款项被他人取得的一种补救措施。

1. 挂失止付适用的票据。挂失止付并非适用于所有的票据。根据我国《票据法》第十五条的规定，可以申请挂失止付的票据应当是记载了付款人或者能够确定付款人或其代理付款人的票据。因为未记载付款人或者无法确定付款人或其代理付款人的票据是无效票据。此外，我国《支付结算办法》对可以挂失止付的票据作了进一步的限制，规定已承兑的商业汇票、支票、填明"现金"字样和代理付款人的银行汇票以及填明"现金"字样的银行本票丧失，可以由失票人通知付款人或者代理付款人挂失止付，但未填明"现金"字样

---

① 梁英武．中华人民共和国票据法释论．第1版．上海：立信会计出版社，1995：39．
② 代理付款人是指根据付款人的委托，代其支付票据金额的银行、城市信用合作社和农村信用合作社。

和代理付款人的银行汇票以及未填明"现金"字样的银行本票丧失,不得挂失止付。

失票人票据丧失时应及时申请挂失止付。因为除付款人或代理付款人以恶意或者重大过失付款的之外,付款人或代理付款人在收到挂失止付通知书之前,已经向持票人付款的,不再承担责任。

2. 挂失止付的效力。付款人或者代理付款人收到挂失止付通知书后,查明挂失票据确未付款时,应立即暂停支付。如果在挂失止付的有效期内付款人或代理付款人付了款,付款人或代理付款人应承担民事赔偿责任。

挂失止付的效力只是暂时停止付款,根据我国《支付结算办法》第五十条的规定,付款人或者代理付款人自收到挂失止付通知书之日起 12 日内没有收到人民法院的止付通知书的,自第 13 日起,持票人提示付款并依法向持票人付款的,不再承担责任。因此,挂失止付并不能从根本上产生确定的阻止付款的作用,也不能解决失票人实现票据权利的问题。失票人要取得票据权利,还应在通知挂失止付后 3 日内,依法向人民法院申请公示催告,或者向人民法院提起诉讼。

应当明确的是,申请挂失不是向人民法院申请公示催告,或者向人民法院提起诉讼的必经程序。如果票据属于绝对丧失,票款不可能被他人冒领,失票人也可以不申请挂失止付。

(二)公示催告

公示催告既是一种法律制度,又是一种法律程序。作为一种制度,公示催告是指失票人在丧失票据后申请法院宣告票据无效,从而实现票据权利与票据本身的相互分离。作为一种程序,公示催告是指法院根据失票人的申请,以公示的方法,催告不确定的票据利害关系人在一定时间内向法院申报权利,如果逾期无有效权利人申报,法院则根据当事人的申请作出除权判决,宣告所丧失的票据无效。对于公示催告程序的适用范围和程序,我国《民事诉讼法》第十八章作了明确规定。此外,最高人民法院《关于适用〈中华人民共和国民事诉讼法〉的解释》和《票据法解释》中有更细化的规定。

1. 公示催告程序适用的票据。根据我国《民事诉讼法》第二百一十八条的规定,可以向人民法院申请公示催告的票据,应是可以依法背书转让的票据。根据我国《票据法》,票据一般是可以依法背书转让的,但被拒绝承兑、被拒绝付款或者超过付款提示期限的票据除外。此外,我国《支付结算办法》第二十七条规定,填明"现金"字样的银行汇票、银行本票和用于支取现金的支票不得背书转让。

2. 公示催告的基本程序及效力。公示催告是一种略式诉讼,不开庭审理,只根据申请人提供的事实、证据进行审查,实行一审终审制。其基本程序是:(1)失票人向票据支付地的基层人民法院提出书面公示催告申请。(2)人民法院自接受申请之日起七日内进行审查并作出是否受理的决定。(3)人民法院决定受理的,应当同时通知支付人停止支付,并在 3 日内发出公告,催促利害关系人申报权利。公告应当在有关报纸或者其他媒体上刊登,并于同日公布于人民法院公告栏内。人民法院所在地有证券交易所的,还应当同日在该交易所公布。(4)公示催告的期间,由人民法院根据情况决定。公告期间不得少于 60 日,且公示催告期间届满日不得早于票据付款日后 15 日。付款人收到人民法院停止支付通知的,应当停止支付,至公示催告程序终结。在公示催告期间,转让票据权利的行为无效。以公示催告的票据质押、贴现,因质押、贴现而接受该票据的持票人主张票据权利的,人民法院不予支持,但公示催告期间届满以后人民法院作出除权判决以前取得该票据的除外。(5)利害关系人在公示催告期内向人民法院申报权利的,或者在申报期限届满后、判决作出之前申报权利的,人民法院应当裁定终结公示催告程序,并通知申请人和付款人;申请人或者申报人可以向人民法院起诉。(6)如果在公示催告期限届满后,没有人申报的,申请人应当请求人民法院作出除权判决,宣告票据无效。人民法院作出判决后应当公告,并通知付款人。自判决公告之日起,申请人可以凭人民法院出具的其享有票据权利的证明,向付款人请求支付。(7)利害关系人因正当理由不能在判决前向人民法院申报的,自知道或者应当知道判决公告之日起一年内,可以向作出判决的人民法院起诉。

《民事诉讼法》规定,公示催告期间,转让票据权利的行为无效。因此,公告期间受让的人不享有票据权利。

(三)普通诉讼

普通诉讼,是指票据丧失后,失票人直接向人民法院提起民事诉讼,要求法院判令票据债务人向其支付票据金额。失票人提起的诉讼适用一般民事诉讼程序。对失票人提起诉讼的具体要求,我国有关法律未予规定。在实践中,失票人一般应提供所丧失票据的书面证明。诉讼的被告一般是付款人。在找不到付款人或付款人不能付款时,也可将其他票据债务人作为被告。诉讼请求的内容是要求付款人在票据到期日或判决生效后支付或清偿票据金额。法院受理案件后,债务人或法院可以要求失票人提供担保,用于补偿由于债务人支付已丧失的票据的款项后可能出现的损失。

第四节　票据运作的基本规则

一、票据的出票

(一)出票的含义和特征

出票,是指出票人签发票据并将其交付给收款人的票据行为。它由作成票据和交付票据两种行为构成。作成,是指在票据上记载法定内容并签章的行为。交付,是指根据自己的意思将票据给予他人。目前使用的各种票据都是按中国人民银行统一设计,由专门机构印制的票据,所谓"作成"仅是填写和签章而已。

出票的基本特征有:(1)出票是创设票据的行为。票据上的权利和义务均由出票人在创设票据时加以规定,因而,出票是基本票据行为。(2)出票是发行票据的行为。因为出票是票据进入流通领域的第一次交付。

(二)出票人

1.汇票的出票人。《票据管理实施办法》规定,银行汇票的出票人,为经中国人民银行批准办理银行汇票业务的银行。申请人使用银行汇票,应向出票银行填写"银行汇票申请书",出票银行受理银行汇票申请书,收妥款项后签发银行汇票,并用压数机压印出票金额,将银行汇票和解讫通知一并交给申请人。

商业汇票的出票人,为银行以外的企业和其他组织。向银行申请办理汇票承兑的商业汇票的出票人，必须具备下列条件：(1)在承兑银行开立存款账户；(2)资信状况良好，并具有支付汇票金额的可靠资金来源。

电子商业汇票的出票人必须为银行业金融机构以外的法人或其他组织。电子银行承兑汇票的出票人应在承兑金融机构开立账户。

2. 本票的出票人。《票据法》规定，本票的出票人必须具有支付本票金额的可靠资金来源，并保证支付。为了保证票据的信用，《票据法》只规定了银行本票，未规定商业本票。《票据管理实施办法》规定，银行本票的出票人，为经中国人民银行批准办理银行本票业务的银行。申请人使用银行本票，应向银行填写"银行本票申请书"，出票银行受理银行本票申请书，收妥款项后签发银行本票。

3. 支票的出票人。《票据管理实施办法》规定，支票的出票人，为在经中国人民银行批准办理支票存款业务的银行、城市信用合作社和农村信用合作社开立支票存款账户的企业、其他组织和个人。

《票据法》规定，开立支票存款账户，申请人必须使用其本名，并提交证明其身份的合法证件。开立支票存款账户和领用支票，应当有可靠的资信，并存入一定的资金，即出票人和付款银行或者其他金融机构之间应该具有真实的资金关系。出票人所签发的支票金额不得超过其付款时在付款人处实有的存款金额。出票人签发的支票金额超过其付款时在付款人处实有的存款金额的，为空头支票。禁止签发空头支票。支票的出票人不得签发与其预留本名的签名式样或者印鉴不符的支票。

《支付结算办法》规定，支票的出票人预留银行签章是银行审核支票付款的依据。银行也可以与出票人约定使用支付密码，作为银行审核支付支票金额的条件。出票人不得签发与其预留银行签章不符的支票；使用支付密码的，出票人不得签发支付密码错误的支票。否则，银行应予以退票，并按票面金额处以5%但不低于1000元的罚款；持票人有权要求出票人赔偿支票金额2%的赔偿金。对屡次签发的，银行应停止其签发支票。

如果签发空头支票的情节严重，符合刑法中有关票据诈骗罪的规定的，还应当按照刑法中的规定给予刑事处罚。

(三) 出票的款式

出票的款式，是指签发票据时在票据上记载的事项。出票人可以根据法律的规定和当事人的约定确定票据出票时的记载事项。

1. 汇票出票的款式。根据我国《票据法》的规定，汇票出票的绝对必要记载事项有：(1)表明"汇票"的字样；(2)无条件支付的委托；(3)确定的金额；(4)付款人名称；(5)收款人名称；(6)出票日期；(7)出票人签章。汇票上未记载上述事项之一的，汇票无效。

出票的相对必要记载事项为：付款日期、付款地和出票地。汇票上未记载付款日期的，为见票即付。汇票上未记载付款地的，付款人的营业场所、住所或者经常居住地为付款地。汇票上未记载出票地的，出票人的营业场所、住所或者经常居住地为出票地。

出票的可以记载事项主要有：(1)不得转让。记有此字样的票据，如果持票人转让的，不发生票据法上转让的效力。《票据法解释》第四十八条进一步规定，票据持有人背书转让的，背书行为无效。背书转让后的受让人不得享有票据权利，票据的出票人、承兑人对受让人不承担票据责任。(2)汇票支付的货币种类。当事人可以在汇票上记载应当支付的币种，付款人付款时，应当按照汇票上记载的币种支付。

出票上记载本身无效的事项主要有：(1)免除出票人的担保承兑责任；(2)免除出票人的担保付款责任。

记载使汇票无效的事项主要有附条件的支付委托。

电子商业汇票出票的绝对必须记载事项包括：(1)表明"电子银行承兑汇票"或"电子商业承兑汇票"的字样；(2)无条件支付的委托；(3)确定的金额；(4)出票人名称；(5)付款人名称；(6)收款人名称；(7)出票日期；(8)票据到期日；(9)出票人签章。与纸票相比，增加了出票人名称和票据到期日。

出票人可在电子商业汇票上记载自身的评级信息，并对记载信息的真实性负责，但该记载事项不具有票据上的效力。评级信息包括评级机构、信用等级和评级到期日。

2. 本票出票的款式。根据《票据法》的规定，本票出票的绝对必要记载事项有：(1)表明"本票"的字样；(2)无条件支付的承诺；(3)确定的金额；(4)收款人名称；(5)出票日期；(6)出票人签章。本票上未记载上述事项之一的，本票无效。

出票的相对必要记载事项有付款地和出票地。本票在我国仅限于见票即付，出票人不得另行记载付款日期。另行记载付款日期的，该记载无效。其他关于记载事项的要求，除与承兑有关的事项外适用汇票的规则。

3. 支票出票的款式。根据我国《票据法》的规定，支票出票的绝对必要记载事项有：(1)表明"支票"的字样；(2)无条件支付的委托；(3)确定的金额；(4)付款人名称；(5)出票日期；(6)出票人签章。支票上未记载上述事项之一的，支票无效。支票上的金额可以由出票人授权补记，未补记前的支票，不得使用。

支票的相对必要记载事项主要有付款地和出票地。收款人名称在支票中属于可以记载事项，支票上未记载收款人名称的，经出票人授权，可以补记。

支票在我国仅限于见票即付，出票人不得另行记载付款日期。另行记载付款日期的，该记载无效。其他关于记载事项的要求，除与承兑有关的事项外适用汇票的规则。

(四) 出票的效力

出票是具有法律效力的行为，一经完成即对票据当事人产生票据法上的效力。

1. 汇票出票的效力。汇票的基本当事人有出票人、付款人和收款人，因此，其出票的效力主要表现在三个方面：(1)对出票人的效力。汇票是委付证券，因此，出票人签发汇票后，依法只负担保承兑和担保付款的责任。出票人在汇票得不到承兑或者付款时，持票人可以要求出票人清偿票据金额和费用，并赔偿有关损失。(2)对付款人的效力。汇票的出票是单方的法律行为，出票人在出票前无需与付款人达成合意。因此，付款人并不因出票行为而当然地成为票据债务人。汇票的签发，只对付款人发生委托付款授权的效力，使付款人取得对汇票进行承兑和付款的资格。付款人可以对是否接受委托作出决定。如果付款人作出承兑，则成为汇票的第一债务人，对收款人或者持票人负绝对的付款责任。如果付款人拒绝承兑，则不负付款义务。一般说来，付款人是否要对汇票进行承兑，主要取决于其与出票人之间的约定。(3)对收款人的效力。收款人取得票据后即取得汇票上的一切权利。

2. 本票出票的效力。本票的基本当事人有出票人和收款人，因此，其出票的效力主要表现在两个方面：(1)对出票人的效力。本票是自付证券，因此，出票人签发本票后，便成为本票的第一债务人，依法应对收款人或者持票人承担绝对的和最终的付款责任。如果出票人拒绝付款导致持票人进行追索，持票人可以要求出票人清偿票据金额和费用，并赔偿有关损失。(2)对收款人的效力。收款人取得票据后即取得本票上的一切权利。

3. 支票出票的效力。支票的基本当事人有出票人、付款人和收款人，因此，其出票的效力主要表现在三个方面：(1)对出票人的效力。支票是委付证券，由于支票无需承兑，因此，出票人签发支票后，依法只负担保付款的责任。出票人在支票得不到付款时，持票人可以要求出票人清偿票据金额和费用，并赔偿有关损失。(2)对付款人的效力。支票的出票是单方的法律行为，与汇票一样，只对付款人发生委托付款授权的效力。与汇票不同的是，支票的付款人是否接受委托，应根据出票人在付款人处的资金情况决定。出票人在付款人处的存款足以支付支票金额时，付款人依法应当在当日足额付款。(3)对收款人的效力。收款人取得票据后即取得支票上的一切权利。

二、票据的承兑

(一)承兑的含义和特征

承兑，是指汇票付款人承诺在汇票到期日支付汇票金额的票据行为。承兑制度是汇票独有的一项制度，不适用于本票和支票。承兑的目的在于确定汇票上的权利和义务关系。汇票在出票时发出的委托付款指令，是出票人所为的单方法律行为，对付款人没有法律约束力，因此，在付款人承兑汇票以前，付款人是否承担付款义务是不确定的，持票人的票据权利只是一种期待权。汇票是典型的信用证券，从出票日至到期日一般约定有一定的时间，如果在这段时间内汇票上的票据权利始终处于不确定状态，则不利于汇票的流通。为使持票人的票据权利成为一种现实的权利，增强汇票的信用，票据法特设了承兑制度，持票人可以请付款人在汇票到期前表明付款态度，使持票人的权利得以确定。

汇票承兑的基本特征：(1)承兑是一种附属票据行为，它以存在有效的出票行为为前提。出票行为如果因在形式上不合法而无效，承兑行为也无效。(2)承兑是远期汇票付款人所为的票据行为。见票即付的汇票无需承兑。(3)承兑是付款人同意在汇票到期时无条件支付票据金额的一种具有法律效力的意思表示。(4)承兑是独立的票据行为。付款人是否承兑由付款人自行决定。(5)承兑是要式行为。持票人提示承兑后，付款人应在汇票正面记载法定内容，签章后交还对方。

(二)承兑的款式

承兑的款式，是指承兑汇票时在票据上记载的事项。根据《票据法》的规定，承兑的绝对必要记载事项有：(1)承兑文句，即应当在汇票正面记载"承兑"字样；(2)付款人承兑的签章；(3)付款日期。见票后定期付款的汇票，应当在承兑时记载付款日期。

承兑的相对必要记载事项为承兑日期。汇票上未记载承兑日期的，以自收到提示承兑的汇票之日起第三日为承兑日期。因为承兑与否涉及付款人的重大利益，付款人在收到请求承兑的汇票后，需要认真考虑以决定是否承兑。因此，我国《票据法》给付款人规定了三天的考虑期限，即付款人应当自收到提示承兑的汇票之日起三日内承兑或者拒绝承兑。

记载使承兑本身无效的事项为承兑所附的条件。根据《票据法》的规定，付款人承兑汇票，不得附有条件；承兑附有条件的，视为拒绝承兑。

承兑人承兑电子商业汇票，绝对必须记载事项包括：(1)表明"承兑"的字样；(2)承兑日期；(3)承兑人签章。承兑人可在电子商业汇票上记载自身的评级信息，并对记载信息的真实性负责，但该记载事项不具有票据上的效力。评级信息包括评级机构、信用等级和评级到期日。

(三)承兑的效力

付款人承兑的法律效力主要表现在三个方面：

1. 对付款人的效力。付款人承兑汇票后，便成为汇票的第一债务人，依法对汇票负有绝对的付款责任，直至汇票权利期限届满。即使付款人与出票人在事实上不存在资金关系，也不能以此为由对抗持票人。

2. 对持票人的效力。付款人承兑后，持票人所享有的付款请求权从不确定的权利转变为确定的权利。

3. 对出票人和背书人的效力。付款人承兑后，出票人和背书人可依法免于受到由于票据被拒绝承兑而引发的期前追索。

三、票据的背书

(一)背书的含义和特征

背书，是指持票人以将票据权利转让给他人或者将一定的票据权利授予他人行使为目的，在票据背面或者粘单上记载有关事项并签章的票据行为。背书制度是三种票据共有的一项制度，同时适用于汇票、本票和支票。

票据背书的基本特征有：(1)背书是一种附属票据行为。它以存在有效的出票行为为前提。出票行为如果因在形式上不合法而无效，背书行为也无效。(2)背书是持票人所为的行为。为背书行为的人称为背书人，接受背书的人称为被背书人。(3)背书的目的可以是转让票据权利，也可以是委托取款或设定质权等。(4)背书是要式行为。持票人应在票据背面或粘单上记载法定内容，签章后交给被背书人。

(二)背书的种类

背书按照其目的的不同，可以分为转让背书和非转让背书两大类。

1. 转让背书。是指以转让票据权利为目的的背书。转让背书应当基于真实、合法的交易关系和债权债务关系，或以税收、继承、捐赠、股利分配等合法行为为基础。

根据背书记载内容的不同，可以将转让背书分为完全背书和空白背书。完全背书，是指背书人在票据背面记载背书的目的、被背书人名称并签章的背书。所谓空白背书，是指背书人不记载被背书人名称，只在票据背面记载背书的目的并签章的背书。《票据法》不承认空白背书。但背书人未记载被背书人名称即将票据交付他人的，持票人在票据被背书人栏内记载自己的名称与背书人记载具有同等法律效力。

2. 非转让背书，是指不以转让票据权利为目的的背书，主要包括委托收款背书和设质背书两种。委托收款背书，是指以委托他人代为取款为目的的背书。设质背书，是指以为债务的担保设定质权为目的的背书。

(三)转让背书的款式与效力

1. 转让背书的款式。根据《票据法》的规定,转让背书的绝对必要记载事项有:(1)转让文句,即应当在票据背面记载"转让"字样;(2)背书人签章;(3)被背书人名称。

背书的相对必要记载事项为背书日期。背书未记载日期的,视为在汇票到期日前背书。

背书人可以在票据上记载"不得转让"字样,但不得记载部分背书和分别背书。根据我国《票据法》的规定,将票据金额的一部分转让的背书或者将票据金额分别转让给两人以上的背书无效。因为票据本身具有不可分性。如果背书附带条件,该记载不具有票据法上的效力。

电子商业汇票转让背书绝对必须记载事项包括:(1)背书人名称;(2)被背书人名称;(3)背书日期;(4)背书人签章。

2. 转让背书的效力。它主要表现在三个方面:(1)权利转移效力。背书交付后,票据权利便转移给被背书人。至于票据以外,因票据基础关系而产生的权利则不随背书而转移。票据债务人对背书人的"人的抗辩"被切断,票据债务人不得以对背书人的抗辩事由对抗善意的被背书人。(2)权利担保效力。背书交付后,汇票背书人依法对被背书人及其全体后手负有担保承兑和担保付款的责任,但记载"不得转让"字样的背书人对被背书人的后手不承担保证责任。本票、支票的背书人依法对被背书人及其全体后手负有担保付款的责任。(3)权利证明效力,又称资格授予效力,即票据上的背书只要有形式上的连续性,法律就推定持票人为合法权利人。以背书转让的票据,背书应当连续。持票人以背书的连续,证明其票据权利。所谓背书的连续,是指票据第一次背书转让的背书人是票据上记载的收款人,前次背书转让的被背书人是后一次背书转让的背书人,依次前后衔接,最后一次背书转让的被背书人是票据的最后持票人。背书的连续是依据背书的记载认定的,它使接受票据的当事人容易识别票据权利是否合法,简化持票人行使权利的手续。非经背书转让,而以其他合法方式取得票据的,依法举证,证明其票据权利。

根据《票据法》的规定,票据被拒绝承兑、被拒绝付款或者超过付款提示期限的,不得背书转让;背书转让的,背书人应当承担汇票责任。此外,出票人或背书人在电子商业汇票上记载了"不得转让"事项的,电子商业汇票不得继续背书。应当特别注意的是,背书人在电子商业汇票上记载"不得转让"事项的效力与纸票有不同。

(四)委托收款背书的款式与效力

1. 委托收款背书的款式。委托收款背书的记载事项与转让背书相似,只是将"转让"改为"委托收款"字样。其他应记载事项与转让背书的记载事项相同。

2. 委托收款背书的效力。它主要表现在两个方面:(1)代理权授予效力。即背书后,被背书人有权代背书人行使被委托的票据权利,但被背书人不得再以背书转让票据权利。此外,票据债务人与背书人之间的抗辩事由可以对抗被背书人。(2)权利证明效力。即只要委托收款背书具有连续性,被背书人就有代理权。被背书人在行使权利时,不需要另行证明代理权的存在。

(五)设质背书的款式与效力

1. 设质背书的款式。设质背书的记载事项与转让背书相似,只是将"转让"改为"质押"字样。其他应记载事项与转让背书的记载事项相同。以汇票设定质押时,出质人在汇票上只记载了"质押"字样未在票据上签章的,或者出质人未在汇票、粘单上记载"质押"字样而另行签订质押合同、质押条款的,不构成票据质押。

电子商业汇票质押的绝对必须记载事项包括:(1)出质人名称;(2)质权人名称;(3)质押日期;(4)表明"质押"的字样;(5)出质人签章。

2. 设质背书的效力。它主要表现在三个方面:(1)质权设定效力。背书后,被背书人取得票据质权。被背书人依法实现其质权时,可以行使票据权利,收取票据金额,用于偿付自己被担保的债权。如果票据金额多于被担保的债权,被背书人应将多余部分退还背书人。被担保债权的清偿期晚于票据到期日的,被背书人受领票据金额后,如无特别约定,应将票款提存,等债权到期后才能取得票据金额的所有权。(2)票据债务人对背书人的"人的抗辩"被切断。票据债务人不得以对背书人的抗辩事由对抗善意的被背书人。(3)权利证明效力。

四、票据的保证

(一)保证的含义和特征

保证,是指票据债务人以外的人,为担保被保证的票据债务人履行其票据债务,承诺与被保证人一起对持票人承担连带责任而在票据上所为的票据行为。票据保证制度只适用于汇票和本票,不适用于支票。

保证的基本特征有:(1)保证是一种附属票据行为。它以存在有效的出票行为为前提。出票行为如果因在形式上不合法而无效,保证行为也无效。(2)保证是债务人以外的人所为的行为。保证人为两人以上的,保证人之间依法承担连带责任。(3)保证具有独立性。被保证人的债务因实质条件有欠缺而无效的,保证人仍应对合法取得票据的持票人所享有的票据权利承担保证责任,但是,被保证人的债务因票据记载事项欠缺而无效的除外。(4)保证的目的在于担保票据债务的履行,不担保出票人与承兑人之间的利益偿还等非票据债务。(5)保证是单方法律行为,只需保证人一方在票据上作意思表示即可。(6)保证是要式行为。保证人应在票据或粘单上记载法定内容,正反面均可,签章后交给持票人。

(二)保证的款式

根据我国《票据法》的规定,保证的绝对必要记载事项有:(1)表明"保证"的字样;(2)保证人名称;(3)保证人签章。

保证的相对必要记载事项有:(1)被保证人的名称。保证人在汇票或者粘单上未记载被保证人的名称的,已承兑的汇票,承兑人为被保证人;未承兑的汇票,出票人为被保证人。保证人在本票上未记载被保证人的名称的,出票人为被保证人。(2)保证日期。保证人在汇票或者粘单上未记载保证日期的,出票日期为保证日期。(3)保证人的住所。

电子商业汇票保证的绝对必须记载事项包括:(1)表明"保证"的字样;(2)保证人名称;(3)保证人住所;(4)被保证人名称;(5)保证日期;(6)保证人签章。

保证附有条件的,不影响对票据的保证责任。

(三)保证的效力

保证的效力主要表现在保证人的票据责任和保证人的权利两个方面。

1. 保证人的票据责任。主要是与被保证人一起对合法持票人承担连带责任。因此，保证人与被保证人的票据责任在数量上相等，在法律地位上相同，在承担责任的顺序上不分先后。

共同保证人对被保证的票据债务依法承担连带责任，当事人不得通过约定免除。

2. 保证人的权利。这是指保证人清偿票据债务后，依票据法取得的权利。由于保证人是代替被保证人承担票据债务的人，因此，保证人清偿票据债务后，依法可以行使持票人对被保证人及其前手的追索权。保证人的保证行为是独立的票据行为，被保证人及其前手不能以对持票人的抗辩事由，对抗保证人。

五、票据的付款

(一)付款的含义和特征

票据付款，是指付款人或者代理付款人为消灭票据关系而支付票据金额的行为。其基本特征是：(1)付款行为是一种附属法律行为，但不是票据行为。因为付款行为足以发生票据法上的法律后果，但不以付款人在票据上为意思表示并签章为必要。(2)付款是付款人或者代理付款人的行为。(3)付款是依照票据文义支付票据金额的行为，其法律后果是消灭票据关系。

(二)付款的效力

1. 票据关系消灭。付款人依法足额付款后，全体票据债务人的责任解除。

2. 汇票付款人取得向出票人求偿的权利。即当出票人未向付款人提供资金或者未能提供足额资金的情况下，付款人在付款后可以依据民法的规定向出票人要求偿还。

《票据管理实施办法》规定，票据的付款人对见票即付或者到期的票据，故意压票、拖延支付的，由中国人民银行处以压票、拖延支付期间内每日票据金额0.7‰的罚款；对直接负责的主管人员和其他直接责任人员给予警告、记过、撤职或者开除的处分。

六、追索权

(一)追索权的含义和特征

追索权，是指票据到期不获付款或期前不获承兑，或者有其他法定原因时，持票人在依法行使或保全了票据权利后，向其前手请求偿还票据金额和其他法定款项的一种票据权利。追索权制度是票据法所特有的制度，适用于各种票据。

追索权的基本特征有：(1)追索权是为补充付款请求权而设的第二次请求权。只有在具备法定条件并履行了法定手续时，持票人才能行使。(2)追索权具有选择性、变更性和代位性。由于全体票据债务人对持票人承担连带责任，因此，持票人可以不按照票据债务人的先后顺序，对其中任何一人、数人或者全体行使追索权。但持票人为出票人的，对其前手无追索权。持票人为背书人的，对其后手无追索权。持票人对票据债务人中的一人或者数人已经进行追索的，对其他票据债务人仍可以行使追索权。被追索人清偿债务后，与持票人享有同一权利，对其前手可以代位行使追索权，直到票据上的最后债务人偿还后追索权才消灭。(3)追索权的范围,不仅包括票据金额,而且包括票据金额自到期日或者提示付款日起至清偿日止,按照中国人民银行规定的企业同期流动资金贷款利率计算的利息,以及取得有关拒绝证明和发出通知书的费用。

(二)追索权的分类

1. 根据行使追索权时间的不同,追索权可以分为期前追索权和到期追索权两类,分别适用不同的条件。(1)期前追索权,是指持票人在票据到期前依法行使的追索权。持票人只要具备下列条件之一即可行使期前追索权:汇票被拒绝承兑的;承兑人或者付款人死亡、逃匿的;承兑人或者付款人被依法宣告破产的或者因违法被责令终止业务活动的。(2)到期追索权,是指持票人于票据到期时依法行使的追索权。到期追索权行使的法定条件是票据到期不获付款。

2. 根据行使追索权的人的不同,追索权可以分为最初追索权和再追索权。前者是指最后持票人向票据上所有票据债务人的追索权,后者是指被追索人向其前手又行使的追索权。

(三)追索权行使的基本程序

1. 在法定期限内提示承兑或提示付款,并满足期前追索或到期追索的条件。

2. 取得拒绝证明。持票人行使追索权时,依法应当提供被拒绝承兑或者被拒绝付款的拒绝证明或者退票理由书以及其他有关证明。

3. 发出追索通知。持票人应当自收到被拒绝承兑或者被拒绝付款的有关证明之日起三日内,将被拒绝事由书面通知其前手;其前手应当自收到通知之日起三日内书面通知其再前手。持票人也可以同时向各汇票债务人发出书面通知。持票人未在规定的期限内通知的,持票人仍可以行使追索权。但因延期通知给其前手或者出票人造成损失的,由没有按照规定期限通知的票据当事人,承担对该损失的赔偿责任,但是所赔偿的金额以票据金额为限。

4. 持票人可以根据自己的意愿选定追索对象。被追索人清偿债务时,持票人应当交出票据和有关拒绝证明,并出具所收到利息和费用的收据。被追索人依法清偿后,其债务责任解除,可以向其他票据债务人行使再追索权。最后的被追索人完全清偿票据债务后,票据关系终止。

第五节 涉外票据的法律适用

一、涉外票据的含义

涉外票据,一般是指票据关系中具有涉外因素的票据。从理论上讲,所谓涉外因素主要表现在以下三个方面:(1)法律关系主体中至少有一方是国外的自然人、法人或其他组织;(2)法律关系的客体在国外;(3)引起法律关系发生、变更或终止的法律事实发生在国外。凡是具有上述三种因素之一的法律关系即是涉外法律关系。

我国《票据法》中所称的涉外票据,是指出票、背书、承兑、保证、付款等行为中,既有发生在中华人民共和国境内又有发生在中华人民共和国境外的票据。这一规定说明我国票据的涉外性是根据票据行为的发生地是否有国外的因素来确定的。

二、涉外票据适用法律的基本原则

根据我国《票据法》第九十六条的规定，涉外票据适用法律的基本原则是：

(一)我国缔结或者参加的国际条约同《票据法》有不同规定的，适用国际条约的规定，但是我国声明保留的条款除外

国际条约是国家之间缔结的，确定其相互关系中权利和义务的一种国际书面协议。我国《票据法》是国内法，当我国《票据法》与我国缔结的或者参加的国际条约发生冲突时，法律规定优先适用国际条约，表明我国是严格遵守我国缔结或者参加的国际条约的。国际条约内容很多，即使缔约或者参加，也不一定要同意其全部内容。根据国际准则，各主权国家对国际条约中某些与本国的基本制度、社会公共利益、公序良俗等相抵触的条款，都有声明保留的权利。声明保留的条款对本国不具有约束力。

(二)《票据法》和我国缔结或者参加的国际条约没有规定的，可以适用国际惯例

国际惯例，是指在国际交往中形成的被人们普遍认可的习惯做法。它本身不具有强制力，但当事人可以将其写入合同，使之具有法律约束力。

三、涉外票据适用法律的几个具体规定

由于各国法律对票据行为能力、票据行为的方式、票据债务的履行等涉及票据当事人基本权利和义务的规定各不相同，在解决涉外票据纠纷时，就会发生法律适用上的冲突。为有效地解决这一问题，我国《票据法》在规定我国涉外票据适用法律的基本原则的同时，对涉及票据权利和义务的基本问题的法律适用也作了一些具体规定，主要包括以下六个方面：(1)票据债务人的民事行为能力，适用其本国法律。票据债务人的民事行为能力，依照其本国法律为无民事行为能力或者为限制民事行为能力而依照行为地法律为完全民事行为能力的，适用行为地法律。(2)汇票、本票出票时的记载事项，适用出票地法律。支票出票时的记载事项，适用出票地法律，经当事人协议，也可以适用付款地法律。(3)票据的背书、承兑、付款和保证行为，适用行为地法律。(4)票据追索权的行使期限，适用出票地法律。(5)票据的提示期限、有关拒绝证明的方式、出具拒绝证明的期限，适用付款地法律。(6)票据丧失时，失票人请求保全票据权利的程序，适用付款地法律。

参 考 阅 读

1. 相关法律文件。
2. 朱鑫鹏，朱倩. 票据信用证业务中的法律风险及经典案例. 上海：立信会计出版社，2018.

复 习 思 考

1. 简述票据的含义和特征。
2. 简述票据行为的含义及其有效要件。

3. 简述票据的追索权与付款请求权的主要区别。
4. 简述期前追索权和到期追索权的主要区别。
5. 简述票据丧失补救的主要措施及各措施的优势和不足。
6. 简述银行汇票与支票的主要区别。
7. 简述涉外票据的含义及其适用法律的基本原则。

案 例 分 析

案情：A 为支付一批走私货货款，签发了一张以 N 为付款人的汇票给收款人 B，金额为 18 万元，B 依法办理承兑后，加注"本汇票不得转让"的字样后，将该汇票转让给 C。C 获得该汇票的第二天，因车祸而死亡，该汇票由其唯一的继承人 D 获得。D 将依法继承该汇票的有效证明粘贴在票据上并签章后，将该汇票背书转让给 E，E 获得该汇票之后，将汇票金额改为 118 万元，并背书转让给 F，F 又将该汇票背书转让给 G。G 在法定期限内向付款人请求付款，付款人在审查该汇票后拒绝付款，理由是：(1)该汇票背书不连续。因为 C 受让该汇票时是该转让行为的被背书人，而在下一次背书转让中，背书人不是 C，而是 D。(2)该汇票金额已被变造。随即，付款人作成退票理由书，退票。

问题：
1. 付款人的拒付理由是否合法，为什么？
2. B 和 D 转让票据的行为是否合法有效？
3. E 的行为属于何种违法行为？E 应对此承担哪些法律责任？
4. G 可以向本案中哪些当事人行使追索权？
5. 如何界定当事人的民事责任？

第十一章 保 险 法

　　保险是与现代经济发展和社会保障系统密切相关的一种特殊的制度，是分散风险、消化损失、保障经济安全的一项措施。保险最早起源于海上贸易，随着社会经济的发展和商事交易的多样化，保险的种类亦发展到难以计数。由于保险的触角已深入到人们生产、生活的各个方面，为了规范保险活动，保护保险活动当事人的合法权益，加强对保险业的监督管理，维护社会经济秩序和社会公共利益，促进保险事业的健康发展，1995年6月30日，第八届全国人民代表大会常务委员会第十四次会议通过了《中华人民共和国保险法》（以下简称《保险法》），该法于1995年10月1日起施行。随后，全国人民代表大会常务委员会分别在2002年10月、2009年2月对《保险法》作出修改，2009年的修改本自2009年10月1日起施行。由于一些保险合同的履行期限跨越了新旧法，为了明确新法施行前签订的保险合同的法律适用问题，2009年9月最高人民法院审判委员会通过《最高人民法院关于适用〈保险法〉若干问题的解释（一）》（以下简称《保险法解释一》）。2013年5月，最高人民法院审判委员会结合审判实践，就《保险法》中关于保险合同一般规定部分的有关法律适用问题作出解释，通过了《最高人民法院关于适用〈保险法〉若干问题的解释（二）》（以下简称《保险法解释二》）。

　　2014年8月、2015年4月，全国人民代表大会常务委员会再次对《保险法》进行过修改，目前实施的是2015年文本。2015年9月，最高人民法院审判委员会通过《最高人民法院关于适用〈保险法〉若干问题的解释（三）》（以下简称《保险法解释三》），就保险法中关于保险合同章人身保险部分有关法律适用问题作出解释。2018年5月，最高人民法院审判委员会通过《最高人民法院关于适用〈保险法〉若干问题的解释（四）》（以下简称《保险法解释四》），就保险法中财产保险合同部分有关法律适用问题作出解释，该解释自2018年9月1日起施行。

　　与本章有关的法律文件主要有：《保险法》（2015年）、保险法解释一至四、《保险资金运用管理暂行办法》（2014年）。

　　本章共分三节，对《保险法》作了较为全面的介绍，内容涉及保险的含义和构成要件、保险的分类、保险法的含义和调整对象、保险合同法和保险业法。其中，保险的含义和构成要件、保险的分类、保险合同法、保险公司设立的条件和保险公司的经营规则是本章的重点。

第一节　保险与保险法概述

一、保险的含义和构成要件

（一）保险的含义

保险是一种受法律保护的分散危险、消化损失的经济制度，它既是一种经济制度，也是一种法律制度。从经济角度看,它是以大数法则为基础,根据合理计算的原则,通过投保人共同出资建立保险基金,用于补偿在危险发生时所造成的投保人的损失,或者对于自然人死亡、伤残及生存到某一特定的期限而承担给付责任的经济制度。从法律角度看,它是投保人与保险人之间依法签订的一种合同,约定由投保人承担支付保险费的义务,由保险人对保险标的因保险事故的发生导致的损失承担经济补偿或给付责任的一种权利义务关系。

(二)保险的构成要件

保险的构成要件,是指保险存在必须具备的条件。在理论上一般认为,保险存在应具备以下要件:

1. 必须有特定危险存在。危险又称风险,一般是指在特定客观情形下,特定时间内,某一事件发生导致损失的不确定性。危险是客观存在的,但其发生的对象、发生的时间和造成的损失具有不确定性。危险是保险产生的前提,因为没有危险,就没有建立补偿损失的保险制度的必要了。但是,并非所有危险都是保险的对象,基于各种原因,保险人对某些危险不予承保。比如在财产保险中,对于战争、核辐射污染造成的财产损失,保险人是不赔偿的,因为这些危险发生的频率和造成的损失结果是难以预测的。所以,保险制度中的危险是特定的。

2. 保险人必须对保险事故造成的损失给予补偿。所谓保险事故是指保险合同约定的保险责任范围内的事故。

3. 必须有多数人参加,缴纳保险费,建立起保险基金。保险的经营方式是通过向投保人收取保险费,建立集中的保险基金,用以补偿保险事故造成的损失。只有多数人参加投保,才能达到每个投保人出资不多,同时又能够建立起比较雄厚的保险基金,从而使损失得到充分补偿的目的。

4. 保险关系必须通过保险合同才能确立,依法订立的保险合同具有法律约束力。

二、保险的分类

现代保险事业涉及面非常广泛,很难用一个统一的标准将它们严格区分。常见的分类主要有以下几种:

(一)商业保险和社会保险

这是按保险经营的目的和职能所作的划分。商业保险,是指保险人按照商业经营的原则,以营利为目的开办的保险。它具有承保的险种范围广、形式灵活、投保自愿等特点。《保险法》中所称的保险即为商业保险。社会保险,是指国家为实现某种社会政策或保障公民利益,不以营利为目的开办的保险。如企业职工基本养老保险、医疗保险等。社会保险开办的险种较少,但参保人数多,具有一定的强制性。保险费一般由国家、单位和个人共同负担。

(二)自愿保险与强制保险

这是按保险实施的形式所作的划分。自愿保险,是指投保人与保险人根据自愿原则成立的保险。投保人对是否投保、保险金额、保险期限等可以自行决定。强制保险,又称法定保险,是指由法律规定必须参加的保险。凡在法律规定的范围内,都必须全部投保,投保人对是否投保没有选择权。比如机动车交通事故责任强制保险。强制保险一般实行统一的保险条款和基础保险费率。

(三) 财产保险和人身保险

这是按保险的标的所作的划分。保险标的，是指保险的对象。财产保险是以财产及其有关利益为保险标的的保险，主要包括财产损失保险、责任保险、信用保险等。人身保险是以人的寿命和身体为保险标的的保险，主要包括人寿保险、健康保险、意外伤害保险等。

(四) 原保险和再保险

这是按保险人承担责任次序的不同所作的划分。原保险，也称第一次保险，是指保险人对被保险人因保险事故所致的损害，承担直接的赔偿责任的保险。

再保险，也称分保或第二次保险，是指保险人将其承担的保险业务，以分保形式部分转移给其他保险人的保险。原保险人在分摊危险责任的时候，必须将已收取的保险费的相应部分转让给再保险人。发生保险事故后，原保险人有权要求再保险人给付约定的再保险赔偿。

再保险是保险的保险，它可以分散保险公司的经营风险，扩大其承保能力。再保险以原保险的存在为前提，又独立于原保险。其独立性主要表现在：(1) 发生保险事故后，原保险中受益人只能向原保险合同的保险人索赔；(2) 再保险人只能向原保险人请求支付相应保险费；(3) 原保险人不得以再保险人不履行给付再保险赔偿为由，拒绝或拖延履行其对受益人给付保险金的义务。

(五) 单一保险、共同保险和重复保险

这是按保险人数的不同所作的划分。单一保险，是指投保人就一笔保险业务与一个保险人订立一个保险合同的保险。

共同保险，是指两个以上的保险人与投保人约定对同一笔保险业务各自承保一定的份额的保险。它与再保险的区别在于投保人应分别与每个保险人签订保险合同。发生保险事故后投保人应当分别向保险人索赔。

重复保险是指投保人对同一保险标的、同一保险利益、同一保险事故分别与两个以上保险人订立保险合同，且保险金额总和超过保险价值的保险。在财产保险合同中重复保险可能引发道德风险，所以法律对此种行为作出限制，规定在财产保险合同中，重复保险的投保人应当将重复保险的有关情况通知各保险人，并规定重复保险的各保险人赔偿保险金的总和不得超过保险价值。除合同另有约定外，各保险人按照其保险金额与保险金额总和的比例承担赔偿保险金的责任。

重复保险的投保人可以就保险金额总和超过保险价值的部分，请求各保险人按比例返还保险费。

三、保险法的含义和调整对象

保险法是以保险关系为调整对象的法律规范的总称。《保险法》第二条规定："本法所称保险，是指投保人根据合同约定，向保险人支付保险费，保险人对于合同约定的可能发生的事故因其发生所造成的财产损失承担赔偿保险金责任，或者当被保险人死亡、伤残、疾病或者达到合同约定的年龄、期限等条件时承担给付保险金责任的商业保险行为。"因此，《保险法》调整的保险关系是商业保险关系。从《保险法》的内容上看，主要包括保险合同、保险公司、保险经营规则、保险代理人和保险经纪人、保险业监督管理及法律责任。

第二节　保险合同法

一、保险合同的含义和特征

保险合同是投保人与保险人约定保险权利义务关系的协议。其基本特征是：

(一) 射幸性

所谓射幸性，是指当事人的利益具有一定的机会性。保险事故发生的对象、发生的时间和造成的损失具有不确定性，因此，保险合同当事人的损失或收益在性质上也具有不确定性。在合同有效期内，如果发生合同约定的损失，被保险人从保险人处获得的赔偿金额可能远远超过其所支付的保险费；如果没有发生损失，被保险人则无任何收益。

(二) 有偿性

保险合同的赔付虽然具有不确定性，但投保人与保险人之间是存在对价的，即投保人给付保险费是以保险人承担危险责任为对价的。

(三) 附合性

保险合同一般采用格式条款，其基本保险条款和保险费率也是由保险人单方事先拟定的，投保人一般只有对其条款表示同意才能签订保险合同。因此，保险合同实际上是保险人单方起主导作用的文件。为维护投保人利益，《保险法》第十七条规定，订立保险合同，采用保险人提供的格式条款的，保险人向投保人提供的投保单应当附格式条款，保险人应当向投保人说明合同的内容。对保险合同中免除保险人责任的条款，保险人在订立合同时应当在投保单、保险单或者其他保险凭证上作出足以引起投保人注意的提示，并对该条款的内容以书面或者口头形式向投保人作出明确说明；未作提示或者明确说明的，该条款不产生效力。根据《保险法解释二》，其中的"免除保险人责任的条款"包括保险人提供的格式合同文本中的责任免除条款、免赔额、免赔率、比例赔付或者给付等免除或者减轻保险人责任的条款，但保险人因投保人、被保险人违反法定或者约定义务，享有解除合同权利的条款，属于违约责任条款，不属于"免除保险人责任的条款"。保险人的提示义务是指保险人在投保单或者保险单等其他保险凭证上，对保险合同中免除保险人责任的条款，以足以引起投保人注意的文字、字体、符号或者其他明显标志作出提示的，保险人的说明义务是指保险人对保险合同中有关免除保险人责任条款的概念、内容及其法律后果以书面或者口头形式向投保人作出常人能够理解的解释说明。通过网络、电话等方式订立的保险合同，保险人以网页、音频、视频等形式对免除保险人责任条款予以提示和明确说明的，也可以认定为履行了提示和明确说明义务。

二、保险合同的基本原则

保险合同是一种特殊的民事合同，除具有一般民事合同应遵循的平等自愿、诚实信

用、公平互利等基本原则外,还有一些自己特有的原则,主要包括:

(一)最大善意原则

最大善意原则,也称最大诚信原则,是指在保险活动中当事人应当从善意出发,意思表示必须真实、非常讲究信誉、严格恪守诺言,以最大善意的方式履行义务,不得规避法律。最大善意原则是社会道德规范在保险合同关系中的表现。

最大善意原则始于海上保险初期,因为当时通信十分落后,在订立海上货物或船舶保险合同时,往往船舶及所载货物远在海外,保险人无法在承保前进行实地核查,只能根据投保人提供的书面材料决定承保,如果投保人实施欺诈,保险人很容易受损。因此,英国1906年颁布海上保险法时,将最大善意原则规定于其中。最大善意原则最早只适用于投保人,但在实践中,由于保险人常滥用此原则而拒绝履行赔偿义务,为保护投保人的利益,在以后的立法上便将这一原则规定为同时适用于投保人和保险人。我国《保险法》也采用这一做法,要求当事人订立保险合同时应如实履行相互告知义务,并在合同成立生效后以协作和善意的态度履行合同约定的义务。

(二)损失补偿原则

损失补偿原则,是指当保险事故发生使投保人或被保险人遭受损失时,保险人必须在责任范围内对投保人或被保险人所受的损失进行补偿。保险的目的,在于保护投保人或被保险人的合法权益,弥补保险事故给受害人造成的损失。因此,投保人只有在受到损失时,才能得到补偿。

损失补偿仅限于损失财产的实际价值,不包括精神损失。保险人补偿的范围主要包括:(1)保险事故发生时,保险标的的实际损失。在财产保险中,最高赔偿额以保险标的的保险金额为限;在人身保险中,以约定的保险金额为最高限额。(2)施救费用。我国《保险法》第五十七条第二款规定,保险事故发生后,被保险人为防止或者减少保险标的的损失所支付的必要的、合理的费用,由保险人承担;保险人所承担的数额在保险标的损失赔偿金额以外另行计算,最高不超过保险金额的数额。(3)诉讼费用。我国《保险法》第六十六条规定,责任保险的被保险人因给第三者造成损害的保险事故而被提起仲裁或者诉讼的,被保险人支付的仲裁或者诉讼费用以及其他必要的、合理的费用,除合同另有约定外,由保险人承担。(4)其他费用。主要指为了确定保险责任范围内的损失所支付的受损标的的检验、估价、出售等费用。我国《保险法》第六十四条规定,保险人、被保险人为查明和确定保险事故的性质、原因和保险标的的损失程度所支付的必要的、合理的费用,由保险人承担。

(三)保险利益原则

保险利益,又称可保利益,是指投保人或者被保险人对保险标的具有的法律上承认的利益。我国《保险法》第十二条规定,人身保险的投保人在保险合同订立时,对被保险人应当具有保险利益。财产保险的被保险人在保险事故发生时,对保险标的应当具有保险利益。订立保险合同的目的就是保障投保人或者被保险人对保险标的所具有的利益。因此保险利益是保险合同的根本要素。

坚持保险利益原则的意义在于:(1)防止赌博行为的发生。保险区别于赌博的关键在于有保险利益的存在。如果投保人或者被保险人对保险标的可以不具有保险利益,则意味着投保人或者被保险人可以随便对他人的财产或人身投保。一旦发生保险事故，投保人或者被保险人可以不受任何损失而获得保险赔偿或保险金，这样保险就失去了补偿损失的意义而成为赌博。(2)防止道德风险的发生。道德风险是指投保人或者被保险人为了获取保险赔偿而违反道德，故意促使保险事故发生或者在保险事故发生时放任损失的扩大。投保人或者被保险人如果对保险标的没有保险利益，很容易诱发道德风险的发生。(3)限制赔偿程度。保险利益是保险人所补偿损失的最高限度。投保人或者被保险人不能因保险而得到保险利益以外的利益。

构成保险利益应具备三个要件：(1)必须是合法利益。(2)必须是确定的利益。即投保人或者被保险人对保险标的的利益已经确定或可以确定。(3)必须是经济上的利益。即可以用金钱估量的财产利益或人身利益。其中，财产利益的范围主要包括现有利益、期待利益和财产责任利益。人身利益主要指人的生死存亡或身体遭受损害而导致的损失。

具有保险利益的人因保险对象的不同而不同，对财产具有保险利益的人我国《保险法》未明确规定，一般认为主要是财产的所有权人、经营管理权人、留置权人、承运人、抵押权人、承租人等。我国《保险法》第四十八条规定，保险事故发生时，被保险人对保险标的不具有保险利益的，不得向保险人请求赔偿保险金。

对人身具有保险利益的人，我国《保险法》作了明确规定，根据该法第三十一条的规定，投保人对下列人员具有保险利益：(1)本人；(2)配偶、子女、父母；(3)前项以外与投保人有抚养、赡养或者扶养关系的家庭其他成员、近亲属；(4)与投保人有劳动关系的劳动者。此外，被保险人同意投保人为其订立合同的，视为投保人对被保险人具有保险利益。比如企业受职工委托为职工投保。

订立人身保险合同时，投保人对被保险人不具有保险利益的，合同无效。为维护投保人利益，《保险法解释二》规定，人身保险中，因投保人对被保险人不具有保险利益导致保险合同无效，投保人主张保险人退还扣减相应手续费后的保险费的，人民法院应予支持。《保险法解释三》进一步规定，保险合同订立后，因投保人丧失对被保险人的保险利益，当事人主张保险合同无效的，人民法院不予支持，即保险合同订立时有保险利益即可。

(四)近因原则

近因，也称直接原因，是指对直接促成结果的发生有支配力的原因。近因原则，是指损失与保险事故的发生有直接关系时保险人才负赔偿责任。因果关系的出现一般可分为单一原因造成的损失和多种原因造成的损失两种情形。

1. 单一原因造成的损失。如该原因属于保险事故，保险人应给予赔偿。反之则拒赔。
2. 多种原因造成的损失。它又分为三种情形：(1)多种原因同时发生。如果说都是保险事故，则保险人应赔偿所有损失。如果既有保险事故，又有除外责任，保险人仅负责保险事故造成的损失。(2)多种原因连续发生。一般以后因、最有效原因为主因。如后因是前因直接而自然的结果，或合理的延续，则以前因为主因。保险人是否承担保险责任取决于主因是否属于保险事故。(3)多种原因间断发生。每种原因应视为单一原因，按单一原则处理。

(五)保险与防灾减损相结合原则

保险本身并不能防止保险事故的发生,只有加强防范并在发生事故时积极施救,才能减少事故的发生并减少损失。防灾减损是投保人、被保险人与保险人共同的责任。

三、保险合同的主体及辅助人

保险合同的主体,是指在保险合同中享有权利和承担义务的人。保险合同的主体根据其在合同关系中地位的不同,可以分为保险合同当事人和保险合同关系人。保险合同的辅助人是辅助当事人办理保险事务的人。目前主要有保险代理人、保险经纪人和保险公估人等。

(一)保险合同当事人

保险合同当事人,即投保人和保险人。他们是保险合同的签订人,一般也是合同权利义务的承受人。

1. 保险人。又称承保人,在我国是指与投保人订立保险合同,并按照合同约定承担赔偿或者给付保险金责任的保险公司。保险人应依法成立,并应当在国务院保险监督管理机构依法批准的业务范围内从事保险经营活动。

2. 投保人。又称要保人,在我国是指与保险人订立保险合同,并按照合同约定负有支付保险费义务的人。投保人应具有缔约的民事行为能力。

(二)保险合同关系人

保险合同关系人包括被保险人和受益人。

1. 被保险人。被保险人是指其财产或者人身受保险合同保障,享有保险金请求权的人。被保险人具有三个特征:(1)被保险人是保险事故发生时受损失的人。在财产保险中,被保险人是对保险财产具有保险利益的人,如财产所有权人。在人身保险中,被保险人是其生命或者身体因保险事故的发生而直接遭受损害的人。(2)被保险人可以是享有赔偿请求权的人。在财产保险中,被保险人可以自己行使赔偿请求权。但在人身保险中,特别是死亡保险中,被保险人无法自己行使给付保险金的请求权,故法律规定,可以由受益人享有该请求权。(3)被保险人可以是投保人自己,也可以是第三人。

2. 受益人。受益人是指人身保险合同中由被保险人或者投保人指定的享有保险金请求权的人。受益人具有三个特征:(1)受益人是在保险事故发生后有权领取保险金的人。(2)受益人是由投保人或被保险人在保险合同中指定的人。人身保险的投保人指定受益人时依法须经被保险人同意。被保险人为无民事行为能力人或者限制民事行为能力人的,可以由其监护人指定受益人。受益人为数人的,被保险人或者投保人可以确定受益顺序和受益份额;未确定受益份额的,受益人按照相等份额享有受益权。(3)投保人、被保险人依法可以为受益人。

(三)保险代理人

保险代理人,是指根据保险人的委托,向保险人收取佣金,并在保险人授权的范围内代为办理保险业务的人。在我国保险代理人既可以是机构,也可以是个人。

保险代理机构包括专门从事保险代理业务的保险专业代理机构和兼营保险代理业务的保险兼业代理机构。

保险代理机构应具备的法定条件是：(1)具备国务院保险监督管理机构规定的条件，取得保险监督管理机构颁发的经营保险代理业务许可证。(2)保险专业代理机构的高级管理人员，应当品行良好，熟悉保险法律、行政法规，具有履行职责所需的经营管理能力，并在任职前取得保险监督管理机构核准的任职资格。(3)个人保险代理人、保险代理机构的代理从业人员，应当品行良好，具有从事保险代理业务所需的专业能力。(4)有自己的经营场所，设立专门账簿记载代理业务的收支情况。(5)按照国务院保险监督管理机构的规定缴存保证金或者投保职业责任保险。

《保险法》规定，个人保险代理人在代为办理人寿保险业务时，不得同时接受两个以上保险人的委托。

保险代理人属于保险人方面的辅助人，保险人委托保险代理人代为办理保险业务，应当与保险代理人签订委托代理协议，依法约定双方的权利和义务。保险代理人应在授权范围内以保险人的名义进行保险业务活动。保险代理人与保险人在法律上视为同一人。投保人告知代理人的事项，即使保险代理人实际上并未告知保险人，也都假定保险人已知，保险人不得以投保人未履行如实告知义务而拒绝保险赔偿。我国《保险法》第一百二十七条规定，保险代理人根据保险人的授权代为办理保险业务的行为，由保险人承担责任。保险代理人没有代理权、超越代理权或者代理权终止后以保险人名义订立合同，使投保人有理由相信其有代理权的，该代理行为有效。保险人在对外承担责任后，可以依法追究越权的保险代理人的责任。

保险代理制度是一种特殊的代理制度，它与一般民事代理的区别在于：(1)保险代理人的代理权只能依据保险人的委托而产生，一般不存在法定代理和指定代理。(2)保险代理人的代理活动一般是有偿的，代理人有权向保险人收取代理手续费。一般民事代理是无偿的。

(四)保险经纪人

保险经纪人，是指基于投保人的利益，为投保人与保险人订立保险合同提供中介服务，并依法收取佣金的人。在我国保险经纪人只能是机构，不能是个人。

保险经纪人应具备的法定条件是：(1)具备国务院保险监督管理机构规定的条件，取得保险监督管理机构颁发的保险经纪业务许可证。(2)保险经纪人的高级管理人员，应当品行良好，熟悉保险法律、行政法规，具有履行职责所需的经营管理能力，并在任职前取得保险监督管理机构核准的任职资格。(3)保险经纪人的经纪从业人员，应当品行良好，具有从事保险代理业务或者保险经纪业务所需的专业能力。(4)应当有自己的经营场所，设立专门账簿记载保险经纪业务的收支情况。(5)应当按照国务院保险监督管理机构的规定缴存保证金或者投保职业责任保险。

保险经纪人属于投保人方面的辅助人，应与投保人签订经纪合同。根据我国《保险法》第一百二十八条的规定，保险经纪人因过错给投保人、被保险人造成损失的，依法承担赔偿责任。

保险经纪人与保险代理人的区别主要表现在以下六个方面：(1)前者是投保人的辅助人，以为投保人服务为主，基于投保人的利益与保险人或其代理人洽谈订立保险合同。后者是保险人的辅助人，以为保险公司服务为主，根据保险人的委托，代保险人办理保险业务。(2)前者一般以自己的名义从事业务活动。后者以保险人的名义从事业务活动。(3)前者既可以因为投保人或被保险人提供服务而向投保人或被保险人收取佣金,也可以因接受投保人委托向保险人办理投保手续而依法向保险人收取佣金。后者只能向保险人收取佣金。(4)前者在办理保险业务时因过错给投保人、被保险人造成损失的,由保险经纪人承担赔偿责任。后者在办理保险业务时因过错给投保人、被保险人造成损失的,由保险人承担责任。(5)前者受雇于投保人,可以比较各家保险公司的保险条款,从众多保险险种中间找出费率较低的、回报较高的险种,提供给投保人;而后者一般受雇于单一保险公司,只能为所代理的保险公司推销产品,因此,向客户推荐时只能在所代理的保险公司现有的保险险种中进行选择。(6)前者的业务范围要比保险代理人广,可以为投保人提供防灾、防损或风险评估、风险咨询服务;为投保人拟定投保方案,办理投保手续;为被保险人或受益人代办检验、索赔;为被保险人或受益人向保险人索赔;安排国内或国际的分入、分出业务等。后者一般只代理保险公司销售保险产品、代为收取保险费。

四、保险合同的订立

(一)保险合同订立的程序

合同的订立一般要经过要约和承诺两个阶段。保险合同条款的格式化,使本身十分复杂的保险合同,在订立时变得比较简单。

1. 投保人提出要约。即投保人提出投保申请,填写投保单,并将投保单交给保险人。投保人投保时应先向保险人索取投保单,在认可保险人设计的保险费率和保险条款后,与保险人商定保险费交付办法,并就合同的其他条款达成协议后,在投保单上填写相应内容,然后将投保单交给保险人。

订立保险合同时,保险人就保险标的或者被保险人的有关情况提出询问的,投保人应当如实告知。投保人故意不履行如实告知义务的,保险人对于合同解除前发生的保险事故,不承担赔偿或者给付保险金的责任,并不退还保险费。投保人因重大过失未履行如实告知义务,对保险事故的发生有严重影响的,保险人对于合同解除前发生的保险事故,不承担赔偿或者给付保险金的责任,但应当退还保险费。

根据《保险法解释二》的规定,投保人"应当如实告知"的内容,是指保险合同订立时,投保人明知的与保险标的或者被保险人有关的情况。投保人的告知义务限于保险人询问的范围和内容。当事人对询问范围及内容有争议的,保险人负举证责任。保险人以投保人违反了对投保单询问表中所列概括性条款的如实告知义务为由请求解除合同的,人民法院不予支持。但该概括性条款有具体内容的除外。

2. 保险人作出承诺。保险人对投保人的情况进行审核,对符合承保条件同意承保的,应在投保单上签字盖章,并及时向投保人签发保险单或者其他保险凭证。

(二)保险合同的主要条款

保险合同条款一般由法定条款和约定条款构成。

1. 法定条款。是指法律明确规定应列入保险合同的条款。根据我国《保险法》第十八条的规定,保险合同应当包括下列事项:(1)保险人的名称和住所;(2)投保人、被保险人的姓名或者名称、住所,以及人身保险的受益人的姓名或者名称、住所;(3)保险标的；(4)保险责任和责任免除；(5)保险期间和保险责任开始时间；(6)保险金额，即保险人承担赔偿或者给付保险金责任的最高限额；(7)保险费以及支付办法；(8)保险金赔偿或者给付办法；(9)违约责任和争议处理；(10)订立合同的年、月、日。

2. 约定条款。即投保人和保险人在法定条款之外，依法就与保险有关的其他事项作出约定形成的条款。常见的约定条款有三种：(1)保险价值。投保人和保险人约定保险标的的保险价值并在合同中载明的，保险标的发生损失时，以约定的保险价值为赔偿计算标准。投保人和保险人未约定保险标的的保险价值的，保险标的发生损失时，以保险事故发生时保险标的的实际价值为赔偿计算标准。保险金额低于保险价值的，除合同另有约定外，保险人按照保险金额与保险价值的比例承担赔偿保险金的责任。(2)保证条款。是指保险人要求投保人或被保险人对某一特定事项作出担保的条款。投保人或被保险人违背此条款，保险人不承担保险责任。(3)附加条款。是指在法定条款的基础上为了增加或修改法定条款的内容而制定的条款。

(三)保险合同的形式

保险合同一般表现为书面的保险单或者其他保险凭证。经投保人和保险人协商同意，也可以采取其他书面协议形式。无论何种形式都应当载明当事人双方约定的合同内容。目前我国普遍使用的保险合同形式主要有以下几种：

1. 投保单。也称投保书，是投保人向保险人申请订立保险合同的书面要约。为了便于开展业务，保险人根据不同险种的要求，将投保人投保时应告知的事项明确列出，印制成空白投保单供投保人填写。投保单虽然不是合同的正式文本，但保险人签单接受后，即成为合同的一部分。投保单上有记载，保险单上即使有遗漏，其效力与记载在保险单上等同。投保人应如实、完整地填写投保单，否则会影响合同的效力。

2. 保险单。也称保单、大保单。是保险合同成立后由保险人向投保人签发的证明保险合同成立的正式书面凭证。保险单应当明确、完整地记载保险合同当事人的权利和义务。保险单既是当事人享受权利、履行义务的基本依据，也是保险事故发生后被保险人索赔和保险人理赔的重要依据。

3. 暂保单。也称临时保单，是指在保险单签发之前由保险人或保险代理人出具给投保人或被保险人的临时保险凭证。它表示保险人或保险代理人已经接受了保险，等待保险人签发正式的保险单。暂保单的内容比较简单，只载明被保险人的姓名、承保危险的种类、保险标的等重要事项。

暂保单的效力与正式保险单的效力相同，它与保险单的主要区别在于：(1)有效期间较短，一般为30天。保险单一经交付，暂保单即自动失效。(2)在保险单签发前，保险人可以提前通知投保人终止暂保单的效力。人寿保险一般不使用暂保单。

4. 保险凭证。也称小保单，是一种在内容和格式上简化了的保险单，一般与保险单配套使用。凡保险凭证上未记载的内容，均以相应险种的保险单内容为准。保险凭证与保险单具有同等效力。主要适用于团体保险业务保险、货物运输保险、机动车辆及第三者责任保险。

根据《保险解释二》第十四条的规定，保险合同中记载的内容不一致的，按照下列规则认定：(1)投保单与保险单或者其他保险凭证不一致的，以投保单为准。但不一致的情形系经保险人说明并经投保人同意的,以投保人签收的保险单或者其他保险凭证载明的内容为准;(2)非格式条款与格式条款不一致的,以非格式条款为准;(3)保险凭证记载的时间不同的,以形成时间在后的为准;(4)保险凭证存在手写和打印两种方式的,以双方签字、盖章的手写部分的内容为准。

(四)保险合同的成立与生效

1. 保险合同成立的要件。我国《保险法》第十三条规定,投保人提出保险要求,经保险人同意承保,保险合同成立。可见,保险合同的成立,以投保人提出保险要求、保险人同意承保为标志。保险费的交付、保险单等保险凭证的签发不是保险合同成立的法定条件。保险合同成立后,投保人按照约定交付保险费,保险人按照约定的时间开始承担保险责任。

2. 保险合同的生效。依法成立的保险合同,自成立时生效。投保人和保险人可以对合同的效力约定附条件或者附期限。

有效的保险合同应具备《合同法》规定的合同有效的一般要件,并满足《保险法》的特殊要求。我国《保险法》规定的影响合同效力的特殊情形主要有:(1)订立人身保险合同时,投保人对被保险人不具有保险利益的,合同无效;(2)以死亡为给付保险金条件的合同,未经被保险人同意并认可保险金额的,合同无效;(3)财产保险合同的保险金额超过保险价值的,超过部分无效,保险人应当退还相应的保险费。

此外,我国《保险法》第十九条规定,采用保险人提供的格式条款订立的保险合同中的下列条款无效:(1)免除保险人依法应承担的义务或者加重投保人、被保险人责任的;(2)排除投保人、被保险人或者受益人依法享有的权利的。

订立保险合同一般应由投保人或者投保人的代理人亲自签字或者盖章。如果合同是由保险人或者保险人的代理人代为签字或者盖章的,根据《保险法解释二》第三条的规定,该合同对投保人不生效。但投保人已经交纳保险费的,视为其对代签字或者盖章行为的追认。保险人或者保险人的代理人代为填写保险单证后经投保人签字或者盖章确认的,代为填写的内容视为投保人的真实意思表示。但有证据证明保险人或者保险人的代理人存在《保险法》第一百一十六条、第一百三十一条相关规定情形的除外。

五、保险合同的履行

(一)保险合同履行的含义和特征

保险合同的履行,是指保险合同依法成立并生效后,合同当事人全面完成约定义务的行为。保险合同的履行与一般合同的履行相比,存在一些特殊性,主要表现在以下三个方面:

1. 保险人实际履行赔付的义务具有不确定性。如果在保险期限内未发生保险事故,或虽然发生了保险事故,但未给被保险人造成损害后果,保险人就没有履行赔付义务的必要。

2. 保险人履行赔付义务的时间不一定在合同有效期内。

3. 对同一保险事故造成的损失,其赔偿主体除有保险人外,可能还有其他责任人。保险人的赔付责任是基于合同而产生的,其他责任人的赔偿责任一般是基于侵权行为而产生的。

在财产保险中,如果保险事故的发生是第三者的过错引起的,且第三者依法应对被保险人承担赔偿责任,当保险人与责任人同时对被保险人进行赔偿时,则会使被保险人获得超额补偿,不符合保险的损失补偿原则。为解决这一问题,国际上普遍采用的方法有两种:(1)由保险人根据保险合同先行赔付,然后在其赔付金额限度内取得向第三者的代位求偿权。对第三者无力赔偿的,保险人也应履行其承担的赔付义务。(2)被保险人直接向第三者请求赔偿,其损失得到赔偿后,保险人就不再赔付;若损失不能得到全部赔偿,不足部分由保险人根据保险合同赔付。我国《保险法》规定,因第三者对财产保险标的的损害而造成保险事故的,保险人自向被保险人赔偿保险金之日起,在赔偿金额范围内代位行使被保险人对第三者请求赔偿的权利。保险事故发生后,被保险人已经从第三者取得损害赔偿的,保险人赔偿保险金时,可以相应扣减被保险人从第三者已取得的赔偿金额。但保险人依法行使代位请求赔偿的权利,不影响被保险人就未取得赔偿的部分向第三者请求赔偿的权利。保险事故发生后,保险人未赔偿保险金之前,被保险人放弃对第三者请求赔偿的权利的,保险人不承担赔偿保险金的责任。保险人向被保险人赔偿保险金后,被保险人未经保险人同意放弃对第三者请求赔偿的权利的,该行为无效。被保险人故意或者因重大过失致使保险人不能行使代位请求赔偿的权利的,保险人可以扣减或者要求返还相应的保险金。

在人身保险中,由于人的身体机能和生命的价值具有无限性,因此,被保险人因第三者的行为而发生死亡、伤残或者疾病等保险事故的,被保险人或者受益人既有权向保险人要求给付保险赔偿,也有权根据有关法律向第三者要求赔偿。两种权利互不影响,都受法律保护。保险人向被保险人或者受益人给付保险金后,不享有向第三者追偿的权利,被保险人或者受益人仍有权向第三者请求赔偿。

(二)投保人的法定义务

1. 交付保险费的义务。交付保险费是投保人的基本义务。保险费的数额及支付办法由当事人在保险合同约定。可以约定采用一次支付全部保险费或者分期支付保险费的方式。投保人应当按照合同约定向保险人支付保险费。

财产保险合同的保险费,一般约定在合同成立后一次交清。长期的人身保险合同的保险费大多采用分期支付的方式。根据我国《保险法》第三十六条的规定,人身保险合同约定分期支付保险费,投保人支付首期保险费后,除合同另有约定外,投保人自保险人催告之日起超过30日未支付当期保险费,或者超过约定的期限60日未支付当期保险费的,合同效力中止,或者由保险人按照合同约定的条件减少保险金额。被保险人在前款规定期限内发生保险事故的,保险人应当按照合同约定给付保险金,但可以扣减欠交的保险费。合同效力依《保险法》第三十六条规定中止的,经保险人与投保人协商并达成协议,在投保人补交保险费后,合同效力恢复。

保险人对人寿保险的保险费,不得用诉讼方式要求投保人支付。

2. 防灾减损义务。主要表现在两个方面:(1)积极预防保险事故的发生。保险合同签订后,投保人、被保险人依法应当遵守国家有关消防、安全、生产操作、劳动保护等方面的规定,维护保险标的的安全。保险人可以按照合同约定对保险标的的安全状况进行检查,及时向投保人、被保险人提出消除不安全因素和隐患的书面建议。投保人、被保险人未按照约定履行其对保险标的的安全应尽责任的,保险人有权要求增加保险费或者解除合同。保险人为维护保险标的的安全,经被保险人同意,可以采取安全预防措施。(2)禁止故意制造保险事故。为防止道德风险，法律规定，投保人、被保险人故意制造保险事故的，保险人有权解除合同，不承担赔偿或者给付保险金的责任；除《保险法》第四十三条规定外，不退还保险费。其中，《保险法》第四十三条的规定是："投保人故意造成被保险人死亡、伤残或者疾病的，保险人不承担给付保险金的责任。投保人已交足两年以上保险费的，保险人应当按照合同约定向其他权利人退还保险单的现金价值。""受益人故意造成被保险人死亡、伤残、疾病的，或者故意杀害被保险人未遂的，该受益人丧失受益权。"

此外，以被保险人死亡为给付保险金条件的合同，自合同成立或者合同效力恢复之日起2年内，被保险人自杀的，保险人依法不承担给付保险金的责任，但被保险人自杀时为无民事行为能力人的除外。保险人依照前款规定不承担给付保险金责任的，应当按照合同约定退还保险单的现金价值。因被保险人故意犯罪或者抗拒依法采取的刑事强制措施导致其伤残或者死亡的，保险人不承担给付保险金的责任。投保人已交足2年以上保险费的，保险人应当按照合同约定退还保险单的现金价值。

3. 危险增加通知义务。在合同履行期间，如果保险标的所处的环境等危险性增加时，保险人的风险也会随之增加，因此，《保险法》第五十二条规定，在合同有效期内，保险标的的危险程度显著增加的，被保险人应当按照合同约定及时通知保险人。

如何认定"危险程度显著增加"？根据《保险法解释四》的规定，应当综合考虑以下因素：（1）保险标的用途的改变；（2）保险标的使用范围的改变；（3）保险标的所处环境的变化；（4）保险标的因改装等原因引起的变化；（5）保险标的使用人或者管理人的改变；（6）危险程度增加持续的时间；（7）其他可能导致危险程度显著增加的因素。此外，保险标的危险程度虽然增加，但增加的危险属于保险合同订立时保险人预见或者应当预见的保险合同承保范围的，不构成危险程度显著增加。

4. 施救和通知义务。保险事故发生时，被保险人应当尽力采取必要的措施，防止或者减少损失。为鼓励保险人积极施救，我国《保险法》规定，保险事故发生后，被保险人为防止或者减少保险标的的损失所支付的必要的、合理的费用，由保险人承担；保险人所承担的费用数额在保险标的损失赔偿金额以外另行计算，最高不超过保险金额的数额。

为便于保险人准确定损，法律规定，投保人、被保险人或者受益人知道保险事故发生后，应当及时通知保险人。故意或者因重大过失未及时通知，致使保险事故的性质、原因、损失程度等难以确定的，保险人对无法确定的部分，不承担赔偿或者给付保险金的责任，但保险人通过其他途径已经及时知道或者应当及时知道保险事故发生的除外。

5. 单证提示和协助义务。保险人在理赔时要对引起保险标的发生损失的原因和受损情况进行调查，以便确定是否赔付及赔付数额。为提高理赔效率，保险事故发生后，按照保险合同请求保险人赔偿或者给付保险金时，投保人、被保险人或者受益人应当向保险人提供其所能提供的与确认保险事故的性质、原因、损失程度等有关的证明和资料。保险事故发生后，投保人、被保险人或者受益人以伪造、变造的有关证明、资料或者其他证据，编造虚假的事故原因或者夸大损失程度的，保险人对其虚报的部分不承担赔偿或者给付保险金的责任。

（三）保险人的法定义务

1. 及时签单义务。保险合同成立后，保险人应及时向投保人签发保险单或其他保凭证。

2. 及时理赔义务。《保险法》第二十三条规定，保险人收到被保险人或者受益人的赔偿或者给付保险金的请求后，应当及时作出核定；情形复杂的，应当在 30 日内作出核定，但合同另有约定的除外。保险人应当将核定结果通知被保险人或者受益人；对属于保险责任的，在与被保险人或者受益人达成赔偿或者给付保险金的协议后 10 日内，履行赔偿或者给付保险金义务。保险合同对赔偿或者给付保险金的期限有约定的，保险人应当按照约定履行赔偿或者给付保险金义务。保险人未及时履行前款规定义务的，除支付保险金外，应当赔偿被保险人或者受益人因此受到的损失。

3. 保密义务。保险代理人、保险公司及其工作人员在保险业务活动中不得泄露在业务活动中知悉的投保人、被保险人的商业秘密。

4. 账簿、原始凭证和有关资料保管义务。保险公司应当按照国务院保险监督管理机构的规定妥善保管业务经营活动的完整账簿、原始凭证和有关资料。其保管期限自保险合同终止之日起计算，保险期间在 1 年以下的依法不得少于 5 年，保险期间超过 1 年的依法不得少于 10 年。

六、保险合同的变更

保险合同的变更，指保险合同没有履行或没有完全履行之前，当事人根据情况变化，按照法律规定的条件和程序，对原保险合同的某些条款进行的修改或补充，主要包括保险合同主体的变更、保险合同内容的变更等。

(一) 保险合同主体的变更

1. 投保人或被保险人的变更。属于合同的转让或者保险单的转让，在人身保险合同中，保险标的即被保险人的生命或身体，是保险关系确立的基础，因此，被保险人是不能变更的。投保人的变更，只是改变了缴纳保险费义务的主体，不会加大保险人的保险责任。因此，人身保险合同的转让只需书面通知保险人即可，不必征得保险人的同意，但变更后的投保人应符合《保险法》关于投保人对被保险人所应具有的保险利益的要求。

应当注意的是，在人身保险中，受益人将以死亡为给付保险金条件的保险合同转让或者出质时，容易引发道德风险，因此，《保险法》第三十四条第二款规定，按照以死亡为给付保险金条件的合同所签发的保险单，未经被保险人书面同意，不得转让或者质押。

在财产保险合同中，投保人通常也是被保险人，投保人的变更主要发生在保险标的的转让过程中。保险标的转让后，原投保人对保险标的不再享有保险利益。保险标的在受让人手中，其危险性也会发生变化，有可能增加保险人的赔付风险。因此，我国《保险法》第四十九条的规定，财产保险标的的转让的，保险标的的受让人承继被保险人的权利和义务。除货物运输保险合同和另有约定的合同外，被保险人或者受让人应当及时通知保险人保险标的的转让的事实。被保险人、受让人未履行法定通知义务的，因转让导致保险标的危险程度显著增加而发生的保险事故，保险人不承担赔偿保险金的责任。

对于货物运输保险合同，法律允许保险单随保险标的的转让而自动转让，不需要经保险人通知，因为运输中的货物具有较强的流动性，若每次物权交易都要通知保险人，不利于商品的流转。

2. 保险人的变更。保险合同一般不在保险人之间转让，但当保险人被依法撤销或者被依法宣告破产时，投保长期人寿险的人便会遭受较大损失。为保护投保人的利益，我国《保险法》第九十二条规定，经营有人寿保险业务的保险公司被依法撤销或者被依法宣告破产的，其持有的人寿保险合同及责任准备金，必须转让给其他经营有人寿保险业务的保险公司；不能同其他保险公司达成转让协议的，由国务院保险监督管理机构指定经营有人寿保险业务的保险公司接受转让。

3. 受益人的变更。在人身保险合同中，投保人、被保险人与受益人可能是不同的人，投保人变更受益人便可能导致道德风险。因此《保险法》规定，人身保险合同的投保人变更受益人时须经被保险人同意。在财产保险合同中，投保人、被保险人与受益人通常是同一个人，因此，不会发生单纯的受益人的变化。

在人身保险合同中，变更受益人不会引起保险人保险责任的变化，因此，被保险人或者投保人变更受益人不必征得保险人的同意，但应书面通知保险人，否则，该变更不能对抗保险人。保险人收到变更受益人的书面通知后，依法应当在保险单或者其他保险凭证上批注或者附贴批单。

(二) 保险合同内容的变更

我国《保险法》规定，投保人和保险人可以协商变更合同内容。变更保险合同的，应当由保险人在保险单或者其他保险凭证上批注或者附贴批单，或者由投保人和保险人订立变更的书面协议。

保险合同内容的变更通常有两种情况：一是投保人根据自身需要而提出，主要涉及保险金额的增减等；二是因法定情况出现而应当变更，主要涉及保险费的增减等。比如《保险法》第五十三条规定，有下列情形之一的，除合同另有约定外，保险人应当降低保险费，并按日计算退还相应的保险费：(1) 据以确定保险费率的有关情况发生变化，保险标的的危险程度明显减少的；(2) 保险标的的保险价值明显减少的。

七、保险合同的终止

保险合同的终止，是指保险合同有效成立后，因法定或约定事由的发生，导致当事人之间的保险合同关系消灭。保险合同终止的原因主要有：

(一) 因期限届满而终止

每个保险合同都有明确的保险期限，保险期限届满，保险人的保险责任即告终止。期限届满是保险合同终止的最基本、最普遍的原因。

(二) 因保险人履行全部赔偿或给付全部保险金而终止

根据保险合同，保险人对保险标的损失的赔偿以约定的最高保险金额为限。当保险人赔偿金额达到保险金额或给付全部保险金后，除法律另有规定外，不论保险单是否到期，保险合同均告终止。

(三) 因解除而终止

保险合同的解除是指保险合同依法成立后，在有效期尚未届满之前，当事人依法提前终止合同的法律行为。保险合同的解除，应采用书面形式。保险合同的解除可以分为投保人自愿解除和保险人依法解除两种情形。

1. 投保人自愿解除。即投保人根据自己的意愿单方面决定解除保险合同。目前各国法律一般都规定，投保人可以随时提出解除保险合同。我国《保险法》也规定，除本法另有规定或者保险合同另有约定外，保险合同成立后，投保人可以解除合同。

投保人解除人身保险合同的，保险人应当自收到解除合同通知之日起30日内，按照合同约定退还保险单的现金价值。

在财产保险合同中，保险责任开始前，投保人要求解除合同的，应当按照合同约定向保险人支付手续费，保险人应当退还保险费。保险责任开始后，投保人要求解除合同的，保险人应当将已收取的保险费，按照合同约定扣除自保险责任开始之日起至合同解除之日止应收的部分后，退还投保人。

2. 保险人依法解除。保险合同成立后，为维护投保人的利益，各国法律一般规定保险人不得随意解除合同。我国《保险法》也规定，除本法另有规定或者保险合同另有约定外，保险合同成立后，保险人不得解除保险合同。可见，保险人要单方面解除合同必须符合法定或者保险合同约定的条件。

根据我国《保险法》，保险人可解除合同的法定情形主要有：（1）订立保险合同时，投保人故意或者因重大过失未履行如实告知义务，足以影响保险人决定是否同意承保或者提高保险费率的，保险人有权解除合同；但保险人在合同订立时已经知道投保人未如实告知的情况的，保险人不得解除合同。在保险合同成立后，保险人知道或者应当知道投保人未履行如实告知义务，仍然收取保险费的，保险人不得以投保人未履行如实告知义务为由主张解除合同。此外，保险人的合同解除权，自保险人知道有解除事由之日起，超过30日不行使而消灭。自合同成立之日起超过2年的，保险人不得解除合同。（2）未发生保险事故，被保险人或者受益人谎称发生了保险事故，向保险人提出赔偿或者给付保险金请求的，保险人有权解除合同，并不退还保险费。（3）投保人、被保险人故意制造保险事故的，保险人有权解除合同，不承担赔偿或者给付保险金的责任；除《保险法》第四十三条规定外，不退还保险费。（4）投保人申报的被保险人年龄不真实，并且其真实年龄不符合合同约定的年龄限制的，保险人可以解除合同，并按照合同约定退还保险单的现金价值。（5）自合同效力依法中止之日起满2年双方未达成协议的，保险人有权解除合同，但应当按照合同约定退还保险单的现金价值。（6）因保险标的的转让导致危险程度显著增加的，保险人自收到前款规定的通知之日起30日内，可以按照合同约定增加保险费或者解除合同。保险人解除合同的，应当将已收取的保险费，按照合同约定扣除自保险责任开始之日起至合同解除之日止应收的部分后，退还投保人。（7）投保人、被保险人未按照约定履行其对保险标的的安全应尽责任的，保险人有权要求增加保险费或者解除合同。（8）在合同有效期内，保险标的的危险程度显著增加的，被保险人应当按照合同约定及时通知保险人，保险人可以按照合同约定增加保险费或者解除合同。保险人解除合同的，应当将已收取的保险费，按照合同约定扣除自保险责任开始之日起至合同解除之日止应收的部分后，退还投保人。（9）保险标的发生部分损失的，保险人赔偿后，除合同另有约定的外，保险人可以解除合同，但应当提前15日通知投保人。合同解除的，保险人应当将保险标的未受损失部分的保险费，按照合同约定扣除自保险责任开始之日起至合同解除之日止应收的部分后，退还投保人。

(四)保险标的因保险责任以外的原因全部灭失而终止

第三节 保险业法

一、保险公司的法律规定

(一)保险公司的设立

保险公司,是指投资人以营利为目的依法设立的,经营保险业务的企业法人。保险公司从事的金融性经营活动涉及较广泛的社会层面,不仅对经济的繁荣,而且对社会的稳定都产生着极为重要的影响。因此,各国对保险公司的设立、终止及经营活动都实行严格管理。

根据《保险法》的规定,设立保险公司应当具备下列条件:

1. 主要股东具有持续盈利能力,信誉良好,最近3年内无重大违法违规记录,净资产不低于人民币2亿元。
2. 有符合《保险法》和《公司法》规定的章程。
3. 有符合《保险法》规定的注册资本,即注册资本的最低限额为人民币2亿元,并且注册资本必须为实缴货币资本。《保险法》的这一规定明显高于一般公司,主要是因为,保险公司的基本业务是补偿损失及给付保险金,虽然这些支付从理论上说应从保险基金中开支,但保险基金的积累有一个过程,在保险公司开业初期,保险基金总量很少,往往入不敷出,如果没有足够的注册资本作后盾,保险公司很容易破产。
4. 有具备任职专业知识和业务工作经验的董事、监事和高级管理人员。保险公司的董事、监事和高级管理人员,应当品行良好,熟悉与保险相关的法律、行政法规,具有履行职责所需的经营管理能力,并在任职前取得保险监督管理机构核准的任职资格。
5. 有健全的组织机构和管理制度。
6. 有符合要求的营业场所和与经营业务有关的其他设施。
7. 法律、行政法规和国务院保险监督管理机构规定的其他条件。

设立保险公司首先应当向国务院保险监督管理机构提出申请,获批后取得经营保险业务许可证,然后到企业登记机关办理登记手续,领取营业执照。保险公司在中华人民共和国境内设立分支机构的,也应当取得保险监督管理机构批准。

(二)保险公司的变更

根据《保险法》第八十四条的规定,保险公司有下列事项发生变更的,应当经保险监督管理机构批准:(1)变更名称;(2)变更注册资本;(3)变更公司或者分支机构的营业场所;(4)撤销分支机构;(5)公司分立或者合并;(6)修改公司章程;(7)变更出资额占有限责任公司资本总额5%以上的股东,或者变更持有股份有限公司股份5%以上的股东;(8)国务院保险监督管理机构规定的其他情形。

(三)保险公司的解散与清算

保险公司业务的特殊性,决定了保险公司的解散与清算必须具备法定的原因,并取得国务院保险监督管理机构的同意。

1. 保险公司的解散。根据《保险法》，保险公司解散的原因主要有两种：一是公司自主决定的解散。包括因分立、合并需要解散，或者股东会、股东大会决议解散，或者公司章程规定的解散事由出现，经国务院保险监督管理机构批准后解散。经营有人寿保险业务的保险公司，除因分立、合并或者被依法撤销外，不得解散。二是公司具备法定破产原因而解散。保险公司达到法定破产界限，经国务院保险监督管理机构同意，保险公司或者其债权人可以依法向人民法院申请重整、和解或者破产清算；国务院保险监督管理机构也可以依法向人民法院申请对该保险公司进行重整或者破产清算。

2. 保险公司的清算。保险公司解散，应当依法成立清算组进行清算。公司自主决定解散的，应按照《公司法》的规定自己组织清算组进行清算。保险公司依法申请破产的，则应按照《企业破产法》的规定进行清算。但在破产财产的分配上应优先适用《保险法》第九十一条的规定，即破产财产在优先清偿破产费用和共益债务后，按照下列顺序清偿：(1)所欠职工工资和医疗、伤残补助、抚恤费用，所欠应当划入职工个人账户的基本养老保险、基本医疗保险费用，以及法律、行政法规规定应当支付给职工的补偿金；(2)赔偿或者给付保险金；(3)保险公司欠缴的除第(1)项规定以外的社会保险费用和所欠税款；(4)普通破产债权。破产财产不足以清偿同一顺序的清偿要求的，按照比例分配。破产保险公司的董事、监事和高级管理人员的工资，按照该公司职工的平均工资计算。

(四)保险公司的经营规则

保险公司的经营规则是保险公司从事保险活动时必须遵守的法定行为准则。我国《保险法》规定的保险经营规则主要涉及公司的业务范围、偿付能力、资金运用和风险管理等方面。

1. 保险公司业务范围限制规则。保险公司的业务范围主要包括三个方面：(1)人身保险业务，包括人寿保险、健康保险、意外伤害保险等保险业务。(2)财产保险业务，包括财产损失保险、责任保险、信用保险、保证保险等保险业务。(3)国务院保险监督管理机构批准的与保险有关的其他业务。我国《保险法》规定，保险人不得兼营人身保险业务和财产保险业务。但是，经营财产保险业务的保险公司经国务院保险监督管理机构批准，可以经营短期健康保险业务和意外伤害保险业务。保险公司应当在国务院保险监督管理机构依法批准的业务范围内从事保险经营活动。

对财产保险公司兼营财产保险业务和长期人身保险业务进行严格限制，是各国的普遍做法。究其原因主要有两个方面：(1)财产保险业务和长期人身保险业务性质不同，因此，在承保手续、保险费计算、保险金的给付方法及经营技术等方面都有较大差别。(2)在经济上，两种业务兼营，需要大量资金，一般保险公司难于应付裕如，容易影响被保险人或受益人的利益和社会公共利益。

2. 保障最低偿付能力规则。偿付能力，是指保险人履行赔偿或给付保险金的能力。它是保险人的资金实力与其自身承担的危险负担责任的一种比较。为保证保险公司有充足的资金维护自身的稳定发展，我国《保险法》规定，保险公司应当具有与其业务规模和风险程度相适应的最低偿付能力。保险公司的认可资产减去认可负债的差额不得低于国务院保险监督管理机构规定的数额。经营财产保险业务的保险公司当年自留保险费，不得超过其实有资本金加公积金总和的4倍。

鉴于巨额的单笔保险，一旦出险，集中赔付可能会使保险公司发生支付困难，我国《保险法》还规定，保险公司对每一危险单位，即对一次保险事故可能造成的最大损失范围所承担的责任，不得超过其实有资本金加公积金总和的10%；超过的部分应当办理再保险。

3. 风险基金管理规则。经济补偿是保险制度的基本功能，为保障保险公司能及时支付赔款或给付保险金，各国保险法均要求保险公司建立相应的风险基金。我国《保险法》要求保险公司根据保障被保险人利益、保证偿付能力的原则，提取各项责任准备金；依法提取公积金和公司清算时用于清偿债务的保证金，并依法缴纳保险保障基金。

4. 保险资金运用规则。保险资金的运用，是指保险公司以营利为目的，将积累的部分保险资金用于投资的活动。保险公司在经营过程中，保险资金的使用具有间歇性和不确定性，总会有一些保险资金处于闲置状态，正确运用这部分资金，可以使保险资金保值增值，从而增强保险公司的偿付能力和竞争力。

保险资金在运用过程中存在一定的风险，因此，各国保险法对保险资金运用的范围和形式都有明确规定。《保险法》规定，保险公司的资金运用必须稳健，遵循安全性原则。保险公司的资金运用限于下列四种形式：(1)银行存款；(2)买卖债券、股票、证券投资基金份额等有价证券；(3)投资不动产；(4)国务院规定的其他资金运用形式。保险资金运用的细化规定参见中国保险监督管理委员会2010年7月发布，2014年4月4日修订的《保险资金运用管理暂行办法》。

为提高保险资金的运用效率和水平，经国务院保险监督管理机构会同国务院证券监督管理机构批准，保险公司可以设立保险资产管理公司，依法从事证券投资等活动。

二、保险业的监督管理

(一)保险业监督管理的含义和监督机构

保险业的监督管理，是指国家保险业监督管理部门依法对保险市场进行的监督与管理。由于保险经营对象具有特殊性，保险经营的资产具有负债性，保险业务具有分散性，保险的影响具有广泛性，因此各国都非常重视对保险业的监督管理。《保险法》以专章的形式规定了国家对保险业的监督管理。目前我国保险业的监督管理机构是国务院下设的中国银行保险监督管理委员会(简称中国银保监会)。

(二)中国银保监会在保险方面的主要职责[1]

1. 依法依规对全国保险业实行统一监督管理，维护保险业合法、稳健运行，对派出机构实行垂直领导。

2. 对保险业改革开放和监管有效性开展系统性研究。参与拟订金融业改革发展战略规划，参与起草保险业重要法律法规草案以及审慎监管和金融消费者保护基本制度。起草保险业其他法律法规草案，提出制定和修改建议。

3. 依据审慎监管和金融消费者保护基本制度，制定保险业审慎监管与行为监管规则。

4. 依法依规对保险业机构及其业务范围实行准入管理，审查高级管理人员任职资格。

---

[1] 中国银行保险监督管理委员会：http://www.cbirc.gov.cn/cn/list/9101/910101/1.html.

制定保险业从业人员行为管理规范。

5. 对保险业机构的公司治理、风险管理、内部控制、资本充足状况、偿付能力、经营行为和信息披露等实施监管。

6. 对保险业机构实行现场检查与非现场监管，开展风险与合规评估，保护金融消费者合法权益，依法查处违法违规行为。

7. 负责统一编制全国保险业监管数据报表，按照国家有关规定予以发布，履行金融业综合统计相关工作职责。

8. 建立保险业风险监控、评价和预警体系，跟踪分析、监测、预测保险业运行状况。

9. 会同有关部门提出保险业机构紧急风险处置的意见和建议并组织实施。

10. 依法依规打击非法金融活动，负责非法集资的认定、查处和取缔以及相关组织协调工作。

11. 根据职责分工，负责指导和监督地方金融监管部门相关业务工作。

12. 参加保险业国际组织与国际监管规则制定，开展保险业的对外交流与国际合作事务。

13. 负责国有重点金融机构监事会的日常管理工作。

14. 完成党中央、国务院交办的其他任务。

15. 职能转变。围绕国家金融工作的指导方针和任务，进一步明确职能定位，强化监管职责，加强微观审慎监管、行为监管与金融消费者保护，守住不发生系统性金融风险的底线。按照简政放权要求，逐步减少并依法规范事前审批，加强事中事后监管，优化金融服务，向派出机构适当转移监管和服务职能，推动保险业机构业务和服务下沉，更好地发挥金融服务实体经济功能。

参 考 阅 读

1. 相关法律文件。
2. 中国银行保险监督管理委员会网站。

复 习 思 考

1. 简述保险的含义和构成要件。
2. 简述原保险与再保险的主要区别。
3. 简述单一保险、共同保险和重复保险的主要区别。
4. 简述保险经纪人与保险代理人的主要区别。
5. 简述保险合同无效的法定情形。
6. 简述商业保险与社会保险的主要区别。
7. 简述保险合同当事人、关系人的主要义务。
8. 简述保险人单方解除保险合同的法定情形。

案例分析

案情:某汽车车主王某与某县保险公司于2013年6月10日签订了某品牌五吨汽车"车辆损失险"(20%免赔)和"第三者责任险"的保险合同,期限为一年。同年7月3日,该车运货前往厦门,途中被强行超车的一辆客车碰撞倾覆在路旁小河里,造成车损、人伤、货物浸损的交通事故。当天王某即向保险公司和交警中队报案,保险公司也在当天派人到现场勘验。7月7日,保险公司委托县车辆管理部门对该车进行车损估价、鉴定,其结论是该车损失人民币150 000元。

7月10日,保险公司按合同约定,依估价80%赔偿"车辆损失险"人民币120 000元,"第三者责任险"2 400元,车辆施救费400元,其中扣除"损余收回"200元,实赔人民币122 600元。之后,王某得知交警中队已查出肇事车,但王某没有告诉保险公司。7月15日王某私自前往交警中队与肇事车主达成协议,由对方赔偿王某货损7 650元,货物施救费1 850元。保险公司得知后,遂向法院起诉,要求王某退回保险公司已赔付的保险金。

问题:
1. 王某获得保险赔偿后,是否还有权向第三人索赔?
2. 保险公司行使代位求偿权的法定条件是什么?
3. 保险公司是否有权要求王某退回保险公司已赔付的保险金?
4. 保险公司免赔的20%部分,王某是否可以向肇事车主要求赔偿?

第十二章 税 法

税收是国家为了实现其职能的需要，按照税法的规定，凭借国家的政治权力，以国家的身份，强制地、无偿地向纳税人征收货币或实物的一种经济行政活动。税收是国家实现职能的一种重要方式，为了规范政府税收行为，加强税收征收管理，保障国家税收收入，保障纳税人的合法权益，各国都制定了税法，我国也不例外。

与本章有关的法律文件主要有：《中华人民共和国增值税暂行条例》(2017年)、《中华人民共和国消费税暂行条例》(2008年)、《中华人民共和国企业所得税法》(2018年)、《中华人民共和国企业所得税法实施条例》(2019年)、《中华人民共和国个人所得税法》(2018年)、《中华人民共和国个人所得税法实施条例》(2019年)、《中华人民共和国税收征收管理法》(2015年)、《中华人民共和国税收征收管理法实施细则》(2016年)等。

本章共分三节，以现行税收法律、法规为依据，并结合当前的现实情况，分别论述了税收法律关系及税法的构成要素、我国现行的主要税种、税收征收管理方面的有关法律问题，强调了违反税法的行为以及法律责任。其中，税法的构成要素，企业所得税、个人所得税、增值税的纳税主体和征税对象，违反税法的行为以及应当承担的法律责任是本章的重点。

第一节 税法概述

一、税法的含义

什么是税法？对此在学理上有多种理解，我们在此不作深入的讨论。可以简单地理解为税法是调整税收关系的法律规范的总称。税法是国家征税的依据，也是纳税人纳税的准绳。

我国税法从制定的立体层次上看，由三个层次构成：全国人民代表大会及常务委员会制定的法律；国务院及所属机构制定、发布的法规；地方政府的规范性文件。从税法本身的内容看，主要是由众多的单行法律、法规构成，比如《中华人民共和国增值税暂行条例》《中华人民共和国消费税暂行条例》《中华人民共和国企业所得税法》《中华人民共和国企业所得税法实施条例》《中华人民共和国个人所得税法》《中华人民共和国个人所得税法实施条例》《中华人民共和国房产税暂行条例》《中华人民共和国契税暂行条例》《中华人民共和国车船税法》《中华人民共和国资源税法》《中华人民共和国城镇土地使用税暂行条例》《中华人民共和国耕地占用税法》《中华人民共和国印花税暂行条例》《中华人民共和国车辆购置税暂行条例》《中华人民共和国烟叶税法》《中华人民共和国税收征收管理法》《中华人民共和国税收征收管理法实施细则》等，此外还有一些实施细则。

二、我国现行主要税种

我国现行税种主要由五部分构成。一是流转税。它是以纳税人的商品流转额和非商品流转额为征税对象的一类税，主要包括增值税、消费税、关税、土地增值税等。二是所得税。它是以纳税人的收益额为征税对象的一种税，主要包括企业所得税和个人所得税。三是财产税。它是以法定财产为征税对象，根据财产占有或财产转移的事实加以征收的一种税，主要包括房产税、城市房地产税和契税。四是资源税。它是国家对开发、利用境内资源的单位和个人就其开发、利用资源的数量或价值征收的一种税。但实际上，国家不会对所有资源课征资源税，而是选择某些特殊资源为征税对象，目前我国主要有：资源税、土地使用税、耕地占用税。五是行为税。它是以特定的行为为征税对象的一种税，主要包括印花税、车辆购置税、车船使用税、烟叶税等。

本章重点介绍流转税和所得税。

三、税收法律关系

(一) 税收法律关系的含义

税收法律关系，是指国家在征、纳税过程中与纳税人产生的法律关系，主要包括税收分配关系和征纳程序关系。税收法律关系是一种特殊的法律关系，与一般的民事法律关系有很大的区别。在税收法律关系中，一方是具有强大地位的国家，而另一方是只负有义务的单位或个人，而且双方具有单方面的权利、义务，财产的转移是单向性的，并且其产生以纳税人发生了税法规定的行为或事实为前提，无需以双方一致的意见为前提。

(二) 税收法律关系的构成要素

1. 税收法律关系的主体，是指在税收法律关系中依法享有权利或承担义务的当事人，可分为征税主体、纳税主体。征税主体是指国家，具体包括国家各级政府机关，代表国家实际履行税收征收管理职能的各级财政机关、税务机关、海关等。从传统意义上讲，税务机关是征税主体。纳税主体广义上有纳税人和扣缴义务人，纳税人按主体又可分为自然人、法人、非法人单位或企业，还可以分为居民纳税人、非居民纳税人等。

2. 税收法律关系的客体，是指税收法律关系的主体的权利、义务共同指向的对象，它是主体权利、义务存在的基础。客体由货币、实物和行为组成。

3. 税收法律关系的内容，是指税收法律关系的主体依法享有的权利和承担的义务。一般而言，在税收征收过程中产生的税收法律关系，征税主体总是权利主体，纳税主体总是义务主体，因此一方仅有权利，而另一方仅有义务。但对于税收法律关系每个主体自身而言，并非只有权利而不承担义务，也不是只承担义务而没有权利。我国《税收征收管理法》具体地规定了税收法律关系中主体的权利和义务。

四、税法的构成要素

税法的构成要素，是构成税法的基本内容，即是指各种单行税种具有的基本构成要素的总称。但在立法实践中，并非这些要素在每一种税法的法律条文中都必须一一明确规定和体现，税法要素是对各种单行税种法的共同基本内容的概括。这些基本的内容包括：纳税人、征税对象、税率、税目、纳税环节、纳税期限、纳税地点、减免税、税务争议及法律责任等。

（一）纳税人

纳税人，也称纳税义务人，是指税法规定的负有纳税义务的单位或个人。任何一个税种首要的是要解决对谁征税的问题，不同税种其纳税人是不同的，谁是纳税人应以税法规定为准。

在理解纳税人时要注意纳税人与扣缴义务人和负税人的区别。扣缴义务人是税法规定的负有代扣代缴、代收代缴税款义务的单位和个人，扣缴义务人不是实际上的纳税人，因为他不实际负担税款。扣缴义务人的设定主要是为了税收的源泉控制，简化征税手续。负税人即税收的实际负担者，纳税人不一定就是负税人。纳税人一般在直接税中是负税人，而在间接税中往往不是税款的实际负担者。

（二）征税对象与征税范围

征税对象是税法规定对什么征税，即征税客体。这是各税种的主要区别，每一种税都有明确的征税对象。按征税对象的性质通常可以划分为：流转额，包括商品流转额和非商品流转额；所得额，包括总收益额和纯收益额；财产，即法律规定的特定范围的财产；行为，即法律规定的特定性质的行为；资源，即法律规定的特定性质的资源等。

征税范围是税法规定的征税对象和纳税人的具体内容或范围，即课税征收的界限。凡是列入征税范围的，都应征税，未列入征税范围的不征税。征税范围是指征税对象的具体范围。

（三）税率

税率是应征税额与征税对象之间的比例。税率是计算应纳税额的尺度，体现着征税的深度，反映了应纳税人纳税负担的轻重，也反映了国家和纳税人之间的经济利益关系以及一定时期国家的税收政策。税率是税法的核心，因为它直接关系到国家财政收入和纳税人的负担。

我国现行的税率分为比例税率、累进税率和定额税率三种。

1. 比例税率，即在征税时不论征税对象的大小，均按同一个比例计算征税额的税率。比例税率最大的特点是，不因产品或销售额数量的大小而改变。

比例税率主要适用于流转额的征收，如增值税、营业税等。比例税率的优点是计算方便，征税纳税方便，对同一征税对象的不同纳税人而言，税负是相等的。其缺点是不能调节收入的具体情况，不能充分体现合理负担的原则。

2. 定额税率，又称固定税率，即对单位征税对象直接规定固定的应纳税额。定额税率计算简单，适用于从量计征的税种，通常对于那些价格稳定、质量标准比较统一的商品征税，如车船的使用、资源的利用、城镇土地的使用，消费税中的酒、汽油、柴油等。

3. 累进税率，是指随着征税对象数额的增多而相应逐级递增的税率。也就是说按征税对象数额的大小，划分若干等级，对不同的等级，规定高低不同的税率，征税对象越大适用税率越高。累进税率的调节功能强，而且作用直接，体现了对纳税人的公平原则。

累进税率可分为全额累进税率、超额累进税率、超率累进税率。我国目前施行的是超额累进税率、超率累进税率。

(1)全额累进税率,是指对同一征税对象的全部数额都按与之相应的最高等级的税率计征,即在征税对象数额增加到需要提高一个等级时,应就全部征税对象按高一级税率计算应纳税额,此时一定的征税对象的数额只适用一个等级的税率。

(2)超额累进税率。即对征税对象按其数额划分为若干等级,规定每个等级适用的税率,每个等级适用该等级的税率。征税对象数量增加,需要提高一级税率时,只对增加数额按提高一级税率计算征税额。计算税款的方法是:每个等级的征税对象的应纳税数额乘以该等级适用的税率,得出该等级的应纳税额,然后将各等级应纳税额累计相加,即为该征税对象的应纳税总额。我国现行的个人所得税中的工资和薪金所得、个体工商户的生产经营所得、企业承包承租经营所得等都适用超额累进税率。

(3)超率累进税率,是指将征税对象的全部数额划分为若干部分,每个部分分别适用与之对应的税率。全部征税对象应纳税额等于各部分应纳税额之和。超率累进税率与超额累进税率的区别在于:超率累进税率以征税对象的增长率为累进依据,而超额累进税率则以征税对象的数额为累进依据。

(四)税目

税目,是指某种税的征税对象的具体范围,是征税对象在质上的具体化。税目并不是每一税种法都应具备的内容,如果有的税种的征税对象简单、明确,则无划分税目的必要。只有当某一税种的征税对象范围广、内容复杂时才将其划分为税目。

(五)纳税的环节、期限、地点

1. 纳税环节,是指应税商品在其整个流转过程中,税法规定应当纳税的环节。商品从生产到消费要经历许多环节,纳税环节就是解决在许多环节中就哪个和哪几个环节纳税的问题。

2. 纳税期限,是指纳税人发生纳税关系以后,向国家缴纳税款的期限。纳税期限是确定双方是否按时行使征税权利和履行纳税义务的标准。在征税期前,征税机关不能征税,纳税人也不能在征税期限后纳税。

3. 纳税地点,是指纳税人缴纳税款的场所,即在何地申报和缴纳税款。纳税地点可以为纳税人住所地、营业地、财产所在地、行为发生地。

(六)减免税

减免税,是指国家对同一税种某一部分特定的纳税人,或特定的纳税对象给予减轻或免除税负的一种优惠。减免税是适应复杂的经济情况的需要,也是国家优化产业结构以及税收调节经济的重要手段。减免税按不同的标准可以分为多种,但不管是何种减免在执行中都不能随意。

(七)税务争议

税务争议是征税机关和相对人(包括纳税主体和非纳税主体)之间因确认或实施税收法律关系而产生的纠纷。税务争议主要分为两类:一类是相对人对征税机关的征税决定或事项不服引起的争议;另一类是相对人对处罚决定和强制执行不服而引起的争议。解决争议的方式主要是行政复议或行政诉讼,但行政复议或行政诉讼的前提条件是相对人要全面履行处理决定。

(八) 税收法律责任

税收法律责任，是指税收法律关系主体因违反税收法律规范所应承担的法律责任。主要有两种：一是纳税主体违反税法所应承担的法律责任。纳税主体违法的情形主要有：欠税、骗税、偷税、漏税和抗税；不按规定办理税务登记、不按规定进行税务申报；拒绝税务机关的检查；不据实报告财务、会计和纳税情况。其法律责任主要有：经济责任、行政责任和刑事责任。二是征税主体，主要是指实际履行税收征收管理职能的税务机关因违反税法所应承担的法律责任。征税主体违法的情形主要有：擅自改变税收征收管理范围的和税款入库级次的；查封、扣押纳税人个人及其所扶养家属维持生活必需的住房和用品的；与纳税人或扣缴义务人勾结、唆使或协助进行违法行为的；收受或索取贿赂或谋取不正当利益的；徇私舞弊、玩忽职守、打击报复的，等等。法律责任主要是行政责任和刑事责任。

第二节 流 转 税

一、流转税的含义和特征

（一）流转税的含义

流转税，指以纳税人商品生产、流通环节的流转额或者数量以及非商品交易的营业额为征税对象的一类税收。它主要包括：增值税、消费税、关税、土地增值税等。流转税是商品生产和商品交换的产物，是政府财政收入的重要来源。

流转税法，是调整因流转税的征纳而发生的各种关系的法律规范总称，它由一系列单行税种法组成，本节主要介绍增值税和消费税。

（二）流转税的特征

1. 税源稳定，征收及时。只要有生产流通存在，则不管生产经营者的生产经营状况如何，均应按一定的比例缴纳流转税。流转税的纳税期限一般为商品交易和劳务发生的当天，最长不超过一个月。

2. 简单易行。流转税的税率主要是比例税率或定额税率，且纳税人比较稳定，因此征收成本较低。

3. 间接性，课税隐蔽。纳税人通常不是流转税的实际负担人，流转税的税款一般包含在价金内或随同价金由商品或劳务的最终消费者负担。

二、增值税

（一）增值税的含义和特征

增值税是以商品（含应税劳务）在流转过程中产生的增值额为计税依据所征收的一种流转税。其中，增值额是商品在生产和流通中各环节的新增价值或商品附加值，即销售额减去外购货物及劳务支出金额的部分。增值税由国家税务局负责征收，税收收入中75%为中央财政收入，25%为地方收入。进口环节的增值税由海关负责征收，税收收入全部为中央财政收入。

根据增值税的原理和实施情况，我国增值税有以下几个特点：

1. 不重复征税。增值税只是对生产过程中纳税人创造的增值额进行征税。对销售额中属于转移过来的、以前环节已征过税的那部分销售额则不再征税。

2. 凭票管理，凭票抵扣。为了保证税款抵扣制度的实施，发生交易行为时销售方依法应当开具增值税发票给购买方，发票上注明货物的价款、税款及价税合计数，销售方凭发票上价税合计的金额收取货款，而购买方凭发票上注明的税款在计算当期应纳税额时进行抵扣。

3. 价外计税，价税分离。增值税以不含税销售额为计税依据，即计税价格不包含其本身的税额，税收负担明确，这一点与以含税价格为计税依据的其他流转税税种是完全不同的。一般开具的增值税专用发票都会分别标明货物的价款和增值税税款，但在商品零售环节，价款和税款可以不分开标明，这主要是考虑群众的消费心理，并未改变增值税价外税性质。

征收增值税的主要法律依据是《中华人民共和国增值税暂行条例》（以下简称《增值税暂行条例》）。该条例1993年12月国务院令第134号公布实施。2008年11月国务院第34次常务会议通过修订，2016年2月6日《国务院关于修改部分行政法规的决定》对部分条款作出修改。2017年11月19日，《国务院关于废止〈中华人民共和国营业税暂行条例〉和修改〈中华人民共和国增值税暂行条例〉的决定》发布，修订后的条例自2017年11月19日起施行。

2017年修订的主要目的，一是推动营业税改增值税成果合法化，二是简并税率改革，优化税率结构。

(二) 增值税的征税范围

增值税的征税范围包括在中华人民共和国境内销售货物或者加工、修理修配劳务（以下简称劳务），销售服务、无形资产、不动产以及进口货物。增值税具有征收的普遍性和连续性，是征税范围最广的税种，其收入占中国全部税收的60%以上。

(三) 增值税纳税人

2017年《增值税暂行条例》将原来的营业税的纳税人改为增值税纳税人，所以，修改后的增值税的纳税人，包括在中国境内销售货物或者加工、修理修配劳务（以下简称劳务），销售服务、无形资产、不动产以及进口货物的单位和个人。

增值税纳税人分为一般纳税人和小规模纳税人，分别采用不同的征收方式。一般纳税人采用购进扣税法计税；小规模纳税人采用征收率的方式征收。这样，既有利于增值税制度的推行，又有利于简化征收，强化征管，尤其是使基层税务机关能够集中较多的力量加强对大中型企业的纳税人征收和管理，抓好收入重点。

(四) 增值税的税率和征收率

我国增值税实行比例税率，根据《增值税暂行条例》第二条的规定，一般纳税人的增值税税率分为三档：基本税率、特别税率、零税率。小规模纳税人按征收率征收。因为小规模纳税人财务会计核算制度不健全，不能提供税法规定的课税对象和计税依据等资料，所以，由税务机关调查核定，按与课税对象和计税依据相关的其他数据计算应纳税额的比例征收。

1. 基本税率。增值税的基本税率为17%。一般纳税人销售货物、劳务、有形动产租赁服务或者进口货物，除了依法应适用特别税率和零税率的以外，均应适用此税率。

小规模纳税人因财务会计核算制度不健全，不能提供税法规定的课税对象和计税依据等资料，所以，由税务机关调查核定，按与课税对象和计税依据相关的其他数据计算应纳税额的比例征收。小规模纳税人增值税征收率为3%，国务院另有规定的除外。

2. 特别税率。分为11%和6%两种。

适用11%税率的有：(1)纳税人销售交通运输、邮政、基础电信、建筑、不动产租赁服务，销售不动产，转让土地使用权。(2)销售或者进口下列货物：粮食等农产品、食用植物油、食用盐；自来水、暖气、冷气、热水、煤气、石油液化气、天然气、二甲醚、沼气、居民用煤炭制品；图书、报纸、杂志、音像制品、电子出版物；饲料、化肥、农药、农机、农膜；国务院规定的其他货物。

适用6%税率的有：销售服务、无形资产(除依法适用17%税率、11%税率以及国务院规定的其他货物以外)。

3. 零税率。包括两种情形：(1)纳税人出口货物，税率为零；但是，国务院另有规定的除外；(2)境内单位和个人跨境销售国务院规定范围内的服务、无形资产。

4. 基本税率。增值税的基本税率为17%。一般纳税人销售货物、劳务、有形动产租赁服务或者进口货物，除了依法应适用特别税率和零税率的以外，均应适用此税率。

5. 小规模纳税人征收率。小规模纳税人增值税征收率为3%，国务院另有规定的除外。

2018年3月28日，国务院总理李克强主持召开国务院常务会议，确定深化增值税改革的措施，进一步减轻市场主体税负。会议决定，从2018年5月1日起，一是将制造业等行业增值税税率从17%降至16%，将交通运输、建筑、基础电信服务等行业及农产品等货物的增值税税率从11%降至10%。二是对装备制造等先进制造业、研发等现代服务业符合条件的企业和电网企业在一定时期内未抵扣完的进项税额予以一次性退还。三是统一增值税小规模纳税人标准。将工业企业和商业企业小规模纳税人的年销售额标准由50万元和80万元上调至500万元，并在一定期限内允许已登记为一般纳税人的企业转登记为小规模纳税人，让更多企业享受按较低征收率计税的优惠。① 2018年4月4日，财政部、税务总局发布《关于统一增值税小规模纳税人标准的通知》(财税〔2018〕33号)，规定自2018年5月1日起，增值税小规模纳税人的标准为年应征增值税销售额500万元及以下。

(五)增值税应纳税额的计算

具体分为四种情形：

1. 一般纳税人应纳税额的计算。一般纳税人销售货物、劳务、服务、无形资产、不动产(以下统称应税销售行为)，应纳税额为当期销项税额抵扣当期进项税额后的余额。其计算公式是：

---

① 参见国务院：5月1日起制造业等增值税税率从17%降至16%。http://news.ifeng.com/a/20180328/57137405_0.shtml.

应纳税额＝当期销项税额(销项税额＝销售额×税率)－当期进项税额

其中，销售额为纳税人发生应税销售行为收取的全部价款和价外费用，但是不包括收取的销项税额。进项税额是纳税人购进货物、劳务、服务、无形资产、不动产支付或者负担的增值税额。下列进项税额准予从销项税额中抵扣：(1)从销售方取得的增值税专用发票上注明的增值税额。(2)从海关取得的海关进口增值税专用缴款书上注明的增值税额。(3)购进农产品，除取得增值税专用发票或者海关进口增值税专用缴款书外，按照农产品收购发票或者销售发票上注明的农产品买价和11%的扣除率计算的进项税额，国务院另有规定的除外。进项税额＝买价×扣除率。(4)自境外单位或者个人购进劳务、服务、无形资产或者境内的不动产，从税务机关或者扣缴义务人取得的代扣代缴税款的完税凭证上注明的增值税额。

下列项目的进项税额不得从销项税额中抵扣：(1)用于简易计税方法计税项目、免征增值税项目、集体福利或者个人消费的购进货物、劳务、服务、无形资产和不动产；(2)非正常损失的购进货物，以及相关的劳务和交通运输服务；(3)非正常损失的在产品、产成品所耗用的购进货物(不包括固定资产)、劳务和交通运输服务；(4)国务院规定的其他项目。

当期销项税额小于当期进项税额不足抵扣时，其不足部分可以结转下期继续抵扣。

2. 小规模纳税人应纳税额的计算。小规模纳税人发生应税销售行为，实行按照销售额和征收率计算应纳税额的简易办法，并不得抵扣进项税额。其应纳税额计算公式是

应纳税额＝销售额×征收率

3. 进口货物应纳税额的计算。纳税人进口货物，按照组成计税价格和《增值税暂行条例》第二条规定的税率计算应纳税额。组成计税价格和应纳税额计算公式是：

组成计税价格＝关税完税价格＋关税＋消费税

应纳税额＝组成计税价格×税率

4. 出口货物退税。纳税人出口货物适用退(免)税规定的，应当向海关办理出口手续，凭出口报关单等有关凭证，在规定的出口退(免)税申报期内按月向主管税务机关申报办理该项出口货物的退(免)税；境内单位和个人跨境销售服务和无形资产适用退(免)税规定的，应当按期向主管税务机关申报办理退(免)税。

(六)增值税的免征情形

根据《增值税暂行条例》第十三条的规定，下列项目免征增值税：(1)农业生产者销售的自产农产品；(2)避孕药品和用具；(3)古旧图书；(4)直接用于科学研究、科学试验和教学的进口仪器、设备；(5)外国政府、国际组织无偿援助的进口物资和设备；(6)由残疾人的组织直接进口供残疾人专用的物品；(7)销售的自己使用过的物品。

此外，纳税人销售额未达到国务院财政、税务主管部门规定的增值税起征点的，免征增值税。

三、消费税

(一)消费税的含义和特征

消费税是对在我国境内从事生产、委托加工和进口应税消费品的单位和个人，就其应

税消费品的销售额或销售数量征收的一种税。消费税具有如下特征：

1. 征收范围具有选择性。它不是对所有的消费品和消费行为征收，而是只针对部分消费品和消费行为征收，主要用于引导消费方向。

2. 征税环节具有单一性。它只是在消费品生产、流通或消费的某一环节一次征收，而不是在消费品生产、流通和消费的每一个环节征收。

3. 税率、税额具有差别性。它可以根据消费品的不同种类、档次或者消费品中某一物质成分的含量，以及消费品的市场供求状况、价格水平、国家的产业政策和消费政策等情况，对消费品制定高低不同的税率、税额。

4. 征收方法具有选择性。国家根据每一课税对象的不同特点，采用不同的征收方法。有些采用从量定额征收，有些采用从价定率征收。

征收消费税的主要法律依据是《中华人民共和国消费税暂行条例》（以下简称《消费税暂行条例》），该条例国务院1993年12月3日发布，1994年1月1日起施行。2008年11月，国务院对该条例进行修订，修订后的条例于2009年1月1日施行。此外，同时发布实施的还有《消费税暂行条例实施细则》。

（二）消费税征税范围

消费税征税的范围有14项，分别是烟、酒及酒精、化妆品、贵重首饰及珠宝玉石、鞭炮及焰火、成品油、汽车轮胎、摩托车、小汽车、高尔夫球及球具、高档手表、游艇、木制一次性筷子、实木地板。

（三）消费税的纳税人

消费税的纳税人包括在中华人民共和国境内生产、委托加工和进口《消费税暂行条例》规定的消费品的单位和个人，以及国务院确定的销售《消费税暂行条例》规定的消费品的其他单位和个人。

（四）消费税的税率、税额

消费税按不同消费品分别采取比例税率、定额税率和比例加定额的复合税率。

实行比例税率的有：烟（含雪茄烟、烟丝）；酒（含酒精及白酒、黄酒、啤酒以外的其他酒）；化妆品；贵重首饰及珠宝玉石；鞭炮、焰火；汽车轮胎；摩托车；小汽车（含乘用车、中轻型商用客车）；高尔夫球及球具；高档手表；游艇；木制一次性筷子；实木地板。

实行定额税率的有：酒（含黄酒、啤酒）；成品油（含汽油、柴油、航空煤油、石脑油、溶剂油、润滑油、燃料油）。

实行比例加定额复合税率的有：卷烟；白酒。

（五）消费税应税额的计算

消费税实行从价定率、从量定额，或者从价定率和从量定额复合计税（以下简称复合计税）的办法计算应纳税额。其应纳税额计算公式是：

实行从价定率办法计算的应纳税额＝销售额×比例税率

实行从量定额办法计算的应纳税额＝销售数量×定额税率

实行复合计税办法计算的应纳税额＝销售额×比例税率＋销售数量×定额税率

其中，销售额为纳税人销售应税消费品向购买方收取的全部价款和价外费用。

第三节 所 得 税

一、所得税的含义

所得税,是以纳税人的所得额为征税对象的一种税。所得税的最大特点在于,首先是一种直接税,不能转嫁,其次是一种对人税,不是对物税,通常适用累进税率,实行源泉征收。所得税可分为企业所得税和个人所得税。

所得税法,是调整因所得税的征纳而发生的各种关系的法律规范总称,主要包括企业所得税法和个人所得税法。

二、企业所得税

征收企业所得税的主要法律依据是《中华人民共和国企业所得税法》(以下简称《企业所得税法》),该法于2007年3月由全国人民代表大会常务委员会审议通过,自2008年1月1日起施行。2017年12月,第十二届全国人民代表大会常务委员会第二十六次会议通过了《企业所得税法》的第一次修正,2018年12月,第十三届全国人民代表大会常务委员会第七次会议在《关于修改〈中华人民共和国电力法〉等四部法律的决定》中第二次修正。2007年12月国务院发布的《中华人民共和国企业所得税法实施条例》,在2019年4月《国务院关于修改部分行政法规的决定》中进行了修订。

(一) 企业所得税的征税范围

企业所得税的征税范围是企业来源于中国境内、中国境外的生产经营所得和其他所得,主要包括以下所得:销售货物收入;提供劳务收入;转让财产收入;股息、红利等权益性投资收益;利息收入;租金收入;特许权使用费收入;接受捐赠收入;其他收入。

(二) 企业所得税的纳税义务人

《企业所得税法》第一条规定:在中华人民共和国境内,企业和其他取得收入的组织(以下统称企业)为企业所得税的纳税人,依照本法的规定缴纳企业所得税。但个人独资企业、合伙企业不是企业所得税法的纳税人,即个人独资企业、合伙企业不适用《企业所得税法》。

我国依据居民税收管辖权和所得来源地税收管辖权的原则,采用注册成立地标准和实际管辖机构所在地标准,将企业分为居民企业和非居民企业。

居民企业,是依照中国法律、法规在中国境内成立,或者依照外国(地区)法律成立且实际管理机构在中国境内的企业。居民企业应当就其来源于中国境内、境外的所得缴纳企业所得税。

非居民企业,是依照外国(地区)法律、法规成立且实际管理机构不在中国境内,但在中国境内设立机构、场所的,或者在中国境内未设立机构、场所,但有来源于中国境内所得的企业。非居民企业在中国境内设立机构、场所的,应当就其所设机构、场所取得的来源于中国境内的所得,以及发生在中国境外但与其所设机构、场所有实际联系的所得,缴纳企业所得税。

（三）企业所得税税率

《企业所得税法》对于居民企业不区分内资或外资企业，均采用统一税率，企业所得税的税率为25%。对于非居民企业，在中国境内未设立机构、场所的，或者虽设立机构、场所但取得的所得与其所设机构、场所没有实际联系的，就其来源于中国境内的所得缴纳企业所得税，适用税率为20%。

（四）应纳税所得额的计算

应纳所得税税额是指在每一纳税年度内的总收入额，减除成本、费用和损失后的余额，计算公式是：

$$应纳税所得额 = 总收入 - 准予扣除的项目$$

《企业所得税法》明确地规定了计算应纳税所得额时准予扣除的项目，具体准予在计算应纳税所得额时扣除的项目是：

企业实际发生的与取得收入有关的、合理的支出，包括成本、费用、税金、损失和其他支出；企业发生的公益性捐赠支出，在年度利润总额12%以内的部分；超过年度利润总额12%的部分，准予结转以后3年内在计算应纳税所得额时扣除；企业按照规定计算的固定资产折旧，准予扣除；企业按照规定计算的无形资产摊销费用；企业作为长期待摊费用，按照规定摊销的支出：已足额提取折旧的固定资产的改建支出、租入固定资产的改建支出、固定资产的大修理支出、其他应当作为长期待摊费用的支出；企业使用或者销售存货，按照规定计算的存货成本；企业转让资产，该项资产的净值；企业开发新技术、新产品、新工艺发生的研究开发费用、安置残疾人员及国家鼓励安置的其他就业人员所支付的工资支出，可以在计算应纳税所得额时加计扣除。

在计算应纳税所得额时不予扣除的项目是：

向投资者支付的股息、红利等权益性投资收益款项；企业所得税税款；税收滞纳金；罚金、罚款和被没收财物的损失；税法规定以外的捐赠支出；赞助支出；未经核定的准备金支出；与取得收入无关的其他支出；《企业所得税法》第十一条规定的不得计算折旧扣除的固定资产(房屋、建筑物以外未投入使用的固定资产；以经营租赁方式租入的固定资产；以融资租赁方式租出的固定资产；已足额提取折旧仍继续使用的固定资产；与经营活动无关的固定资产；单独估价作为固定资产入账的土地；其他不得计算折旧扣除的固定资产)；《企业所得税法》第十二条规定的不得计算摊销费用扣除的无形资产(自行开发的支出已在计算应纳税所得额时扣除的无形资产；自创商誉；与经营活动无关的无形资产；其他不得计算摊销费用扣除的无形资产)；《企业所得税法》第十四条规定的企业对外投资期间，投资资产的成本；《企业所得税法》第十七条规定的企业在汇总计算缴纳企业所得税时，其境外营业机构的亏损不得抵减境内营业机构的盈利。《企业所得税法》第四十六条规定的企业从其关联方接受的债权性投资与权益性投资的比例超过规定标准而发生的利息支出。

（五）企业所得税税收优惠

根据《企业所得税法》的规定，企业依法享有的税收优惠可以分为以下几类：

一类是重点扶持和鼓励的产业、项目或企业减征优惠。国家重点发展的产业和项目，给予减征企业所得税优惠；国家需要重点扶持的高新技术企业，减按15%的税率征收企业所得税；符合条件的小型微利企业，减按20%的税率征收企业所得税。

二类是对企业的法定特殊收入免税优惠。此类主要是：国债利息收入；符合条件的居民企业之间的股息、红利等权益性投资收益；在中国境内设立机构、场所的非居民企业从居民企业取得与该机构、场所有实际联系的股息、红利等权益性投资收益；符合条件的非营利公益组织的收入。

三类是对企业的法定特殊所得免征、减征所得税。此类主要是：从事农、林、牧、渔业项目的所得；从事国家重点扶持的公共基础设施项目投资经营的所得；从事符合条件的环境保护、节能节水项目的所得；符合条件的技术转让所得；非居民企业在中国境内未设立机构、场所的，或者虽设立机构、场所但取得的所得与其所设机构、场所没有实际联系的，来源于中国境内的所得。

四类是减计收入优惠。对企业综合利用资源，生产符合国家产业政策规定的产品所取得的收入，可在计算应纳税所得额时减计收入。

五类是对企业的固定资产由于技术进步等原因，确需加速折旧的，可以缩短折旧年限或者采取加速折旧的方法。

六类是对企业特定投资实行税额抵免优惠。企业购置用于环境保护、节能节水、安全生产等专用设备的投资额，可以按一定比例实行税额抵免。

七类是对特定地区的减征或免征优惠。民族自治地方的自治机关对本民族自治地方的企业应缴纳的企业所得税中属于地方分享的部分，可以决定减征或者免征。自治州、自治县决定减征或者免征的，须报省、自治区、直辖市人民政府批准。

八类是国务院有权制定的企业所得税专项优惠政策。根据国民经济和社会发展的需要，或者由于突发事件等原因对企业经营活动产生重大影响的，国务院可以制定企业所得税专项优惠政策，报全国人民代表大会常务委员会备案。

九类是特别税收优惠。基于我国税收历史与现状，《企业所得税法》还规定了特别优惠。《企业所得税法》公布前已经批准设立的企业，依照当时的税收法律、行政法规规定，享受低税率优惠的，按照国务院规定，可以在《企业所得税法》施行后五年内，逐步过渡到本法规定的税率。享受定期减免税优惠的，按照国务院规定，可以在《企业所得税法》施行后继续享受到期满为止，但因未获利而尚未享受优惠的，优惠期限从《企业所得税法》施行年度起计算。法律设置的发展对外经济合作和技术交流的特定地区内，以及国务院已规定执行上述地区特殊政策的地区内新设立的国家需要重点扶持的高新技术企业，可以享受过渡性优惠，具体办法由国务院规定。国家已确定的其他鼓励类企业，可以按照国务院规定享受减免税优惠。

十类是计算应纳税所得额时加计扣除优惠。企业开发新技术、新产品、新工艺发生的研究开发费用、安置残疾人员及国家鼓励安置的其他就业人员所支付的工资可以在计算应纳税所得额时加计扣除。

十一类是抵扣优惠。创业投资企业从事国家需要重点扶持和鼓励的创业投资，可以按投资额的一定比例抵扣应纳税所得额。

十二类是折旧年限和折旧方法优惠。企业的固定资产由于技术进步等原因，确需加速折旧的，可以缩短折旧年限或者采取加速折旧的方法。

十三类是减计收入优惠。企业综合利用资源，生产符合国家产业政策规定的产品所取得的收入，可以在计算应纳税所得额时减计收入。

(六) 企业所得税的缴纳

企业所得税按年计算，企业在一个纳税年度中间开业，或者终止经营活动，使该纳税年度的实际经营期不足 12 个月的，应当以其实际经营期为一个纳税年度。企业依法清算时，应当以清算期间作为一个纳税年度。企业所得税分月或分季预缴，企业应当自月份或者季度终了之日起 15 日内，向税务机关报送预缴企业所得税纳税申报表，预缴税款。企业应当自年度终了之日起 5 个月内，向税务机关报送年度企业所得税纳税申报表，并汇算清缴。结清纳税人发生年度亏损的，可以用下一纳税年度的所得弥补，下一纳税年度的所得不足弥补的可以逐年延续弥补，但是延续弥补最长不得超过 5 年。企业应当在办理注销登记前，就其清算所得向税务机关申报并依法缴纳企业所得税。企业所缴纳的税，以人民币计算。所得以人民币以外的货币计算的，应当折合成人民币计算并缴纳税款。

对于居民企业，除税收法律、行政法规另有规定外，以企业登记注册地确定纳税地点，但登记注册地在境外的，以实际管理机构所在地为纳税地点。居民企业在中国境内设立不具有法人资格的营业机构的，应当汇总计算并缴纳企业所得税。

对于非居民企业，以机构、场所所在地为纳税地点。非居民企业在中国境内设立两个或者两个以上机构、场所的，经税务机关审核批准，可以选择由其主要机构、场所汇总缴纳企业所得税。非居民企业在中国境内未设立机构、场所的，或者虽设立机构、场所但取得的所得与其所设机构、场所没有实际联系的，来源于中国境内的所得缴纳企业所得税以扣缴义务人所在地为纳税地点。

非居民企业实行源泉扣缴。《企业所得税法》第三十八条规定："对非居民企业在中国境内取得工程作业和劳务所得应缴纳的所得税，税务机关可以指定工程价款或者劳务费的支付人为扣缴义务人。"依法规定应当扣缴的所得税，扣缴义务人未依法扣缴或者无法履行扣缴义务的，由纳税人在所得发生地缴纳。纳税人未依法缴纳的，税务机关可以从该纳税人在中国境内其他收入项目的支付人应付的款额中，追缴该纳税人的应纳税款。

企业与其关联方共同开发、受让无形资产，或者共同提供、接受劳务发生的成本，在计算应纳税所得额时应当按照独立交易原则进行分摊。

二、个人所得税

个人所得税，是对中国居民的境内外个人所得和非居民来源于中国境内的个人所得征收的一种税。个人所得税的征税依据是，1980 年 9 月 10 日颁布，2017 年 2 月 24 十二届全国人民代表大会常务委员会第二十六次会议通过的修改后的《个人所得税法》，这是自该法颁布后的第六次修改，以及 2018 年 12 月 18 日中华人民共和国国务院令 707 号签发的第四次修订的《中华人民共和国个人所得说法实施条例》(以下简称《个人所得税法实施条例》)。

(一) 个人所得税的纳税人

个人所得税的纳税人分为居民个人和非居民个人。

居民个人，是指在中国境内有住所，或者无住所而一个纳税年度内在中国境内居住累计满183天的个人。所谓在中国境内有住所的个人，是指因户籍、家庭、经济利益关系而在中国境内习惯性居住的个人。居民个人依法应就其从中国境内和境外取得的所得缴纳个人所得税。

非居民个人，是指在中国境内无住所又不居住，或者无住所而一个纳税年度内在中国境内居住累计不满183天的个人。非居民个人依法应就其从中国境内取得的所得缴纳个人所得税。

依据《个人所得税法实施条例》第三条的规定，除国务院财政、税务主管部门另有规定外，下列所得，不论支付地点是否在中国境内，均为来源于中国境内的所得：因任职、受雇、履约等在中国境内提供劳务的所得；将财产出租给承租人在中国境内使用而取得的所得；许可各种特许权在中国境内使用而取得的所得；转让在中国境内的不动产等财产或者在中国境内转让其他财产取得的所得；从中国境内企业、事业单位、其他组织以及居民个人取得的利息、股息、红得所得。

（二）个人所得税的征税范围

《个人所得税法》列举了9个方面的收入：（1）工资、薪金所得；（2）劳务报酬所得；（3）稿酬所得；（4）特许权使用费所得；（5）经营所得；（6）利息、股息、红利所得；（7）财产租赁所得；（8）财产转让所得；（9）偶然所得。

其中，（1）至（4）项所得称为综合所得，按纳税年度合并计算个人所得税；非居民个人按月或者按次分项计算个人所得税。纳税人取得的（5）至（9）项所得，依法分别计算个人所得税。

（三）个人所得税的税率

个人所得税的税率根据收入来源的不同，适用不同税率。

1. 综合所得，适用超额累进税率，税率为3%～45%，共划分为七级距，最低一级3%，最高一级45%。

2. 经营所得，适用超额累进税率，税率为5%～35%，共划分为五级距，最低一级5%，最高一级35%。

3. 利息、股息、红利所得，财产租赁所得，财产转让所得，偶然所得，适用比例税率，税率为20%。

（四）应纳税额的计算

应纳税额的计算公式是：

$$应纳税额 = 应纳税所得额 \times 适用的税率$$

应纳税所得额是纳税人收入总额扣除法定的必要费用后的余额，根据《个人所得税法实施条例》第八条的规定，个人所得的形式，包括现金、实物、有价证券和其他形式的经济利益；所得为实物的，应当按照取得的凭证上所注明的价格计算应纳税所得额，无凭证的实物或者凭证上所注明的价格明显偏低的，参照市场价格核定应纳税所得额；所得为有价证券的，根据票面价格和市场价格核定应纳税所得额；所得为其他形式的经济利益的，参照市场价格核定应纳税所得额。其具体计算标准是：

1. 居民个人的综合所得，以每一纳税年度的收入额减除费用6万元以及专项扣除、专项附加扣除和依法确定的其他扣除后的余额，为应纳税所得额。专项扣除，包括居民个人按照国家规定的范围和标准缴纳的基本养老保险、基本医疗保险、失业保险等社会保险费和住房公积金等；专项附加扣除，包括子女教育、继续教育、大病医疗、住房贷款利息或者住房租金、赡养老人等支出。

2. 非居民个人的工资、薪金所得，以每月收入额减除费用5000元后的余额为应纳税所得额；劳务报酬所得、稿酬所得、特许权使用费所得，以每次收入额为应纳税所得额。

3. 经营所得，以每一纳税年度的收入总额减除成本、费用以及损失后的余额，为应纳税所得额。

4. 财产租赁所得，每次收入不超过4000元的，减除费用800元，4000元以上的，减除20%的费用，其余额为应纳税所得额。

5. 财产转让所得，以转让财产的收入额减除财产原值和合理费用后的余额，为应纳税所得额。其中财产原值，按照下列方法确定：(1)有价证券，为买入价以及买入时按照规定交纳的有关费用；(2)建筑物，为建造费或者购进价格以及其他有关费用；(3)土地使用权，为取得土地使用权所支付的金额、开发土地的费用以及其他有关费用；(4)机器设备、车船，为购进价格、运输费、安装费以及其他有关费用。其他财产，参照以上方法确定财产原值。

纳税人未提供完整、准确的财产原值凭证，不能正确计算财产原值的，由主管税务机关核定财产原值。

合理费用，是指卖出财产时按照规定支付的有关税费。

6. 利息、股息、红利所得和偶然所得，以每次收入额为应纳税所得额。

7. 劳务报酬所得、稿酬所得、特许权使用费所得以收入减除20%的费用后的余额为收入额。稿酬所得的收入额减按70%计算。

8. 个人将其所得对教育、扶贫、济困等公益慈善事业进行捐赠，捐赠额未超过纳税人申报的应纳税所得额30%的部分，可以从其应纳税所得额中扣除；国务院规定对公益慈善事业捐赠实行全额税前扣除的，从其规定。

9. 居民个人从中国境外取得的所得，可以从其应纳税额中抵免已在境外缴纳的个人所得税税额，但抵免额不得超过该纳税人境外所得依法计算的应纳税额。

(五) 免征、减征个人所得税的法定情形

1. 免征情形。根据《个人所得税》第四条的规定，下列情形免征个人所得税：(1)省级人民政府、国务院部委和中国人民解放军军以上单位，以及外国组织、国际组织颁发的科学、教育、技术、文化、卫生、体育、环境保护等方面的奖金；(2)国债和国家发行的金融债券利息；(3)按照国家统一规定发给的补贴、津贴；(4)福利费、抚恤金、救济金；(5)保险赔款；(6)军人的转业费、复员费、退役金；(7)按照国家统一规定发给干部、职工的安家费、退职费、基本养老金或者退休费、离休费、离休生活补助费；(8)依照有关法律规定应予免税的各国驻华使馆、领事馆的外交代表、领事官员和其他人员的所得；(9)中国政府参加的国际公约、签订的协议中规定免税的所得；(10)国务院规定的其他免税所得。

2. 减征情形。有下列情形之一的，可以减征个人所得税，具体幅度和期限，由省、自治区、直辖市人民政府规定，并报同级人民代表大会常务委员会备案：(1)残疾、孤老人员和烈属的所得；(2)因自然灾害遭受重大损失的。

国务院可以规定其他减税情形，报全国人民代表大会常务委员会备案。

第四节　税收征收管理法

一、税收征收管理法的含义

税收征收管理法，是调整征税机关与纳税人在征税和纳税过程中产生的各种关系的法律规范的总称。其主要内容是税务管理、税款征收、税务检查、法律责任等。目前其主要法律依据是，2015年4月修订的《中华人民共和国税收征收管理法》(以下简称《税收征收管理法》)、2016年2月修订的《中华人民共和国税收征收管理法实施细则》等。

二、税务管理

税务管理的主要内容是：税务登记、账簿凭证管理、纳税申报。

(一)税务登记

税务登记是税收征收管理程序的第一步，是指纳税人按法定的程序向税务机关申报，办理书面登记的税务管理制度。

企业，企业在外地设立的分支机构和从事生产、经营的场所，个体工商户和从事生产经营的事业单位(以下统称从事生产、经营的纳税人)，自领取营业执照之日起30日内，持有关证件向税务机关申报办理税务登记。税务机关应于收到申报的当日办理登记并发给税务登记证件。工商行政管理机关应当将办理登记注册、核发营业执照的情况，定期向税务机关通报。从事生产、经营的纳税人到外县市从事生产经营活动，必须持所在地税务机关填发的外出经营活动的税收证明，向所在地税务机关报验登记，接受管理。

纳税人应当持税务登记证件，在银行或其他金融机构开立基本存款账户和其他存款账户，并将全部账号向税务机关报告。

税务登记的内容发生变化的，自企业登记机关办理变更登记之日起30日内或者在向企业登记机关申请办理注销登记之前，持有关证件向税务机关申报办理变更或注销税务登记。

纳税人发生解散、破产、撤销以及其他情形，纳税人应当在向企业登记机关或者其他机关办理注销登记前，持有关证件向原税务机关办理注销税务登记。

纳税人被吊销营业执照的，应自被吊销之日起15日内，向原税务登记机关申报办理注销税务登记。

(二)账簿、凭证管理

纳税人、扣缴义务人应按照有关法律、行政法规和国务院财政税务主管部门的规定设置账簿，根据合法、有效的会计凭证，进行核算。从事生产、经营的纳税人应当自领取营业执照之日起15日内设置会计账簿。

纳税人的财务、会计制度或者财务、会计处理办法和会计核算软件，应当自领取税务登记证之日起15日内，报送税务机关备案。

税务主管机关是发票的主管机关，负责发票印制、领购、开具、取得、保管、缴销的管理。增值税专用发票由国务院税务主管部门指定的企业印制，其他发票按照国务院主管部门的规定，分别由省、自治区、直辖市国家税务局、地方税务局指定企业印制。纳税人、扣缴义务人要按规定的保管期限保管账簿、记账凭证、完税凭证及其他资料，不得伪造、变造或擅自损毁。

(三) 税务申报

税务申报是纳税人扣缴义务人的一项法定义务。纳税人必须依法如实办理纳税申报，报送纳税申报表、财务会计报表以及税务机关根据实际需要要求纳税人报送的其他纳税资料。扣缴义务人也必须如实报送代扣代缴、代收代缴税款报告表以及税务机关根据实际需要要求扣缴义务人报送的其他有关资料。纳税人、扣缴义务人可以直接到税务机关办理纳税申报或者报送代扣代缴、代收代缴税款报告表，也可以按照规定采取邮寄、数据电文或者其他方式办理上述申报、报送事项。

根据2018年8月修订的《个人所得税法》第十条的规定，个人纳税人有下列情形之一的，应当依法办理纳税申报：(1) 取得综合所得需要办理汇算清缴；(2) 取得应税所得没有扣缴义务人；(3) 取得应税所得，扣缴义务人未扣缴税款；(4) 取得境外所得；(5) 因移居境外注销中国户籍；(6) 非居民个人在中国境内从两处以上取得工资、薪金所得；(7) 国务院规定的其他情形。扣缴义务人应当按照国家规定办理全员全额扣缴申报，并向纳税人提供其个人所得和已扣缴税款等信息。

纳税人、扣缴义务人不能如期申报的，经税务机关核准可以延期。

三、税款征收

税款征收，是应纳税人、扣缴义务人将应纳税款交与税务机关，或税务机关从纳税人、扣缴义务人处收缴税款并将收缴税款收入国库的行为。它是税收征收管理中非常重要的环节。

税款征收必须由税务机关、税务人员以及税务机关依法委托的单位或个人来进行，其他单位或个人不得进行税款征收。税务机关征收税款，税收优于无担保债权（法律另有规定的除外）。纳税人欠缴的税款发生在纳税人以其财产设定抵押、质押或纳税人的财产被留置之前的，税收应当先于抵押权、质权、留置权执行。纳税人欠缴税款，同时又被行政机关决定处以罚款、没收违法所得的，税收优先于罚款、没收违法所得。

(一) 税款征收的方式

税款征收的方式有多种，纳税人和税务机关可根据不同情况采取不同方式。

1. 查账征收是纳税人根据自己的财务账表反映的经营信息，并将有关真实、准确的资料提供给税务机关，税务机关经审核后，适用一定的税率进行征收。这一方式要求纳税人有较强的纳税意识。

2. 查定征收是税务机关通过定期查实纳税人的生产经营情况后确定应纳税额，从而对应纳税款分期定期征收的方式。这一方式主要是针对小型企业和个体工商户。

3. 查验征收是税务机关通过查验证照和实物，并据此确定应纳税额的一种方式。

4. 定期定额征收是税务机关对于小型纳税人的营业和所得额难以准确确定的情况下，

通过定期核定应纳税额，而分期定额征收的一种征税方式。

5. 代扣代缴、代收代缴是法律规定具有扣缴义务的单位和个人，按税法的规定对纳税人的应纳税额进行扣缴或收缴的征收方式。

6. 委托征收主要是指对少数零星分散的税收，税务机关可以委托有关单位代征，并发给委托代征证书，受托单位以税务机关的名义依法征收税款。

7. 邮寄、数据电文申报纳税。

(二)税款征收与缴纳税款的要求

1. 税款征收的要求。税务机关在税款征收时必须严格执行法律、法规的规定：

(1)税务机关、税务人员以及税务机关依法委托的单位和个人有权征税。税务机关应依法律、法规的规定征收税款，不得违法开征、停征、多征、少征、提前征收、延缓征收或摊派税款。

(2)按照法律、法规的规定减税、免税。对于各级人民政府、各级人民政府主管部门、单位和个人违法作出的减税免税决定，税务机关不得执行，并向上级税务部门报告。

(3)扣缴义务人依法履行代扣代收税款义务，税务机关按照有关规定付给代扣代收手续费。法律、法规没有规定负有代扣代收税款义务的单位和个人，税务机关不得要求其履行代扣代收税款义务。

(4)税务机关征收税款时，必须给纳税人开具完税凭证。扣缴义务人代扣代收税款时，纳税人要求扣缴义务人开具代扣代收税款凭证的，扣缴义务人应当开具。

2. 缴纳税款的要求。为了保证税款征收的完成，法律、法规也对纳税人提出了相应的要求：

(1)纳税人、扣缴义务人必须按规定的期限缴纳或者解缴税款，未按规定的期限缴纳或解缴税款的，税务机关除责令限期缴纳外，应从滞纳税款之日起，按日加收滞纳税款万分之五的滞纳金。纳税人因有特殊困难，不能按期缴纳税款的，经省、自治区、直辖市国家税务局、地方税务局批准，可以延期缴纳税款，但最长不得超过三个月。

(2)纳税人可以书面申请减税、免税，税务机关按法定的权限和法定的规定审批减税、免税申请。

(3)纳税人邮寄申报纳税的，应当在邮寄纳税申报表的同时，汇寄应纳税款。税务机关收到纳税申报表和税款后，必须向纳税人开具完税凭证，办理税款缴库手续。

3. 应纳税额的核定。应纳税额的计算是以纳税人相关的账簿、凭证、资料为依据，但是当这些计税依据不全面、不真实、混乱时，或纳税人出现一定的法律规定情形时，税务机关有权核定纳税人的应纳税额。纳税人有以下情形之一的，税务机关有权核定其应纳税额：(1)依照法律、行政法规的规定可以不设置账簿的；(2)依照法律、行政法规的规定应当设置账簿但未设置的；(3)擅自销毁账簿或者拒不提供纳税资料的；(4)虽然设置账簿，但账目混乱或者成本资料、收入凭证、费用凭证残缺不全，难以查账的；(5)发生纳税义务，未按照规定的期限办理纳税申报，经税务机关责令限期申报，逾期仍不申报的；(6)纳税人申报的计税额依据明显偏低，又无正当理由的。

关联企业应当按独立企业之间的业务往来收取或支付价款、费用，否则，税务机关可以依法核定其应纳税额。

(三)税收征收中的措施

为了确保税收征收的顺利完成,税务机关在税收征收中依法可以行使以下权利:

1. 税收保全措施。实施保全措施的目的是促使纳税人按时、足额纳税,防止纳税人逃避纳税义务。税务机关有根据认为从事生产、经营的纳税人有逃避纳税义务行为的,可以在规定的纳税期限之前,责令其限期缴纳应纳税款,在限期内发现纳税人有明显的转移、隐匿其应税商品、货物以及其他财产或应税收入的迹象的,税务机关可以采取下列税收保全措施:(1)责令纳税人提供担保。(2)书面通知纳税人开户银行或其他金融机构冻结纳税人的金额相当于应纳税款的存款。此项措施要经县以上税务局(分局)局长批准。(3)扣押、查封纳税人的价值相当于应纳税款的商品、货物或其他财产。此项措施要经县以上税务局(分局)局长批准。

保全措施的范围不包括纳税人个人及其所扶养家属维持生活必需的住房和用品。

2. 阻止出境。纳税人在出国前未结清税款、滞纳金,又不提供担保的,税务机关可以通知出境管理机关阻止其出境。

3. 行使代位权、撤销权。纳税人怠于行使到期债权,或者放弃到期债权,或者无偿转让财产,或者以明显不合理的低价转让财产而受让人知道该情形,对国家税收造成损害的,税务机关可以行使代位权、撤销权。

4. 强制执行措施。纳税人、扣缴义务人未按规定的期限缴纳或解缴税款,纳税担保人未按照期限缴纳所担保的税款,由税务机关责令限期缴纳,逾期仍未缴纳的,经县级以上税务局(分局)局长批准,税务机关可以:书面通知其开户银行或其他金融机构从其存款中扣缴税款;扣押、查封、依法拍卖或者变卖其价值相当于应纳税款的商品、货物或者其他财产,以拍卖或变卖所得抵缴税款。

强制执行的范围不包括纳税人、扣缴义务人个人及其所扶养家属维持生活必需的住房和用品。

5. 追征税款。因税务机关的责任,致使纳税人、扣缴义务人未缴或少缴税款的,税务机关三年内可以要求纳税人、扣缴义务人补缴税款,但不得加征滞纳金。因纳税人、扣缴义务人计算错误等失误,未缴或少缴税款的,税务机关在三年内可以追征税款、滞纳金,有特殊情况的追征可以延长五年。对偷税、抗税、骗税的,税务机关追征的措施可以无限期。

四、税务检查

税务检查是税务机关对纳税人和扣缴义务人履行义务进行的监督、审查活动。税务检查的内容主要是:检查纳税人的账簿、记账凭证、报表和有关资料;检查扣缴义务人代扣代缴、代收代缴税款账簿、记账凭证和有关资料;到纳税人的生产、经营场所和货物存放地检查其商品、货物或其他财产,检查纳税义务人有关的情况;责成纳税义务人、扣缴义务人提供有关的文件、证明材料和有关资料;询问有关问题和情况;到车站、码头、机场、邮政企业及其分支机构检查纳税人托运、邮寄应税商品、货物或其他财产的有关单据、凭证和有关资料;经县以上税务局(分局)局长批准,凭检查存款账户许可证明,查询纳税人、扣缴义务人在银行或其他金融机构的存款账户。在调查违法案件时,经批准可以查询涉案人员的储蓄存款。税务机关的工作人员对纳税人进行检查时，应当出示证件并负责保密。

五、违反税收征收管理法的法律责任

违反税收征收管理法的法律责任的具体形式主要有经济责任、行政责任和刑事责任。

(一)纳税人、扣缴义务人的法律责任

1. 纳税人、扣缴义务人应承担的经济责任或行政责任的行为

(1)纳税人未按照规定的期限申报办理税务登记、变更或者注销登记的；未按照规定设置、保管账簿或者保管记账凭证和有关资料的；未按照规定将财务、会计制度或者财务、会计处理办法和会计核算软件报送税务机关备查的；未按照规定将其全部银行账号向税务机关报告的；未按照规定安装、使用税控装置，或者损毁或者擅自改动税控装置的。由税务机关责令限期改正，可以处2000元以下的罚款；情节严重的，处2000元以上1万元以下的罚款。

(2)纳税人不办理税务登记的，由税务机关责令限期改正；逾期不改正的，经税务机关提请，由工商行政管理机关吊销其营业执照。

(3)纳税人未按照规定使用税务登记证件，或者转借、涂改、损毁、买卖、伪造税务登记证件的，处2000元以上1万元以下的罚款；情节严重的，处1万元以上5万元以下的罚款。

(4)扣缴义务人未按照规定设置、保管代扣代缴、代收代缴税款账簿或者保管代扣代缴、代收代缴税款记账凭证及有关资料的，由税务机关责令限期改正，可以处2000元以下的罚款；情节严重的，处2000元以上5元以下的罚款。

(5)纳税人未按照规定的期限办理纳税申报和报送纳税资料的，或者扣缴义务人未按照规定的期限向税务机关报送代扣代缴、代收代缴税款报告表和有关资料的，由税务机关责令限期改正，可以处2000元以下的罚款；情节严重的，可以处2000元以上1万元以下的罚款。

(6)纳税人、扣缴义务人编造虚假计税依据的，由税务机关责令限期改正，并处5万元以下的罚款。

(7)纳税人不进行纳税申报，不缴或者少缴应纳税款的，由税务机关追缴其不缴或者少缴的税款、滞纳金，并处不缴或者少缴的税款50%以上5倍以下的罚款。

(8)纳税人、扣缴义务人在规定期限内不缴或者少缴应纳或者应解缴的税款，经税务机关责令限期缴纳，逾期仍未缴纳的，税务机关除依法采取强制执行措施追缴其不缴或者少缴的税款外，可以处不缴或者少缴的税款50%以上5倍以下的罚款。

(9)扣缴义务人应扣未扣、应收而不收税款的，由税务机关向纳税人追缴税款。对扣缴义务人处应扣未扣、应收未收税款50%以上3倍以下的罚款。

(10)纳税人、扣缴义务人逃避、拒绝或者以其他方式阻挠税务机关检查的，由税务机关责令改正，可以处1万元以下的罚款；情节严重的，处1万元以上5万元以下的罚款。

(11)纳税人、扣缴义务人的开户银行或者其他金融机构拒绝接受税务机关依法检查

纳税人、扣缴义务人存款账户，或者拒绝执行税务机关作出的冻结存款或者扣缴税款的决定，或者在接到税务机关的书面通知后帮助纳税人、扣缴义务人转移存款，造成税款流失的，由税务机关处10万元以上50万元以下的罚款，对直接负责的主管人员和其他直接责任人员处1000元以上1万元以下的罚款。

2. 纳税人、扣缴义务人除承担经济责任或行政责任外，还要承担刑事责任的行为

(1) 纳税人伪造、变造、隐匿、擅自销毁账簿、记账凭证，或者在账簿上多列支出或者不列、少列收入，或者经税务机关通知申报而拒不申报或者进行虚假的纳税申报，不缴或者少缴应纳税款的，是偷税。对纳税人偷税的，由税务机关追缴其不缴或者少缴的税款、滞纳金，并处不缴或者少缴的税款50%以上5倍以下的罚款；构成犯罪的，依法追究刑事责任。

扣缴义务人采取以上所列手段，不缴或者少缴已扣、已收税款，由税务机关追缴其不缴或者少缴的税款、滞纳金，并处不缴或者少缴的税款50%以上5倍以下的罚款；构成犯罪的，依法追究刑事责任。

(2) 纳税人欠缴应纳税款，采取转移或者隐匿财产的手段，妨碍税务机关追缴欠缴的税款的，由税务机关追缴欠缴的税款、滞纳金，并处欠缴税款50%以上5倍以下的罚款；构成犯罪的，依法追究刑事责任。

(3) 以假报出口或者其他欺骗手段，骗取国家出口退税款的，由税务机关追缴其骗取的退税款，并处骗取税款1倍以上5倍以下的罚款；构成犯罪的，依法追究刑事责任。对骗取国家出口退税款的，税务机关可以在规定期间内停止为其办理出口退税。

(4) 以暴力、威胁方法拒不缴纳税款的，是抗税，除由税务机关追缴其拒缴的税款、滞纳金外，依法追究刑事责任；情节轻微，未构成犯罪的，由税务机关追缴其拒缴的税款、滞纳金，并处拒缴税款1倍以上5倍以下的罚款。

(5) 非法印制发票的，由税务机关销毁非法印制的发票，没收违法所得和作案工具，并处1万元以上5万元以下的罚款；构成犯罪的，依法追究刑事责任。从事生产、经营的纳税人、扣缴义务人有法律规定的税收违法行为，拒不接受税务机关处理的，税务机关可以收缴其发票或者停止向其发售发票。

(二) 税务机关和税务人员的法律责任

1. 税务机关和税务人员应承担的行政责任的行为

(1) 税务机关违反规定擅自改变税收征收管理范围和税款入库预算级次的，责令限期改正，对直接负责的主管人员和其他直接责任人员依法给予降级或者撤职的行政处分。

(2) 税务人员滥用职权，故意刁难纳税人、扣缴义务人的，调离税收工作岗位，并依法给予行政处分。

(3) 违反法律、行政法规的规定提前征收、延缓征收或者摊派税款的，由其上级机关或者行政监察机关责令改正，对直接负责的主管人员和其他直接责任人员依法给予行政处分。

(4) 税务人员在征收税款或者查处税收违法案件时，未按照本法规定进行回避的，对直接负责的主管人员和其他直接责任人员，依法给予行政处分。

(5) 未按照本法规定为纳税人、扣缴义务人、检举人保密的，对直接负责的主管人员

和其他直接责任人员,由所在单位或者有关单位依法给予行政处分。

(6)违反税收法律、行政法规应当给予行政处罚的行为,在5年内未被发现的,不再给予行政处罚。

2. 税务机关和税务人员除承担行政责任外,还应承担刑事责任的行为

(1)税务人员徇私舞弊,对依法应当移交司法机关追究刑事责任的不移交,情节严重的,依法追究刑事责任

(2)税务机关、税务人员查封、扣押纳税人个人及其所扶养家属维持生活必需的住房和用品的,责令退还,依法给予行政处分;构成犯罪的,依法追究刑事责任。

(3)税务人员与纳税人、扣缴义务人勾结,唆使或者协助纳税人、扣缴义务人有《税收征收管理法》第六十三条、第六十五条、第六十六条规定的行为,构成犯罪的,依法追究刑事责任;尚不构成犯罪的,依法给予行政处分。

(4)税务人员利用职务上的便利,收受或者索取纳税人、扣缴义务人财物或者谋取其他不正当利益,构成犯罪的,依法追究刑事责任;尚不构成犯罪的,依法给予行政处分。

(5)税务人员徇私舞弊或者玩忽职守,不征或者少征应征税款,致使国家税收遭受重大损失,构成犯罪的,依法追究刑事责任;尚不构成犯罪的,依法给予行政处分。

(6)税务人员对控告、检举税收违法违纪行为的纳税人、扣缴义务人以及其他检举人进行打击报复的,依法给予行政处分;构成犯罪的,依法追究刑事责任。

(7)税务人员违反法律、行政法规的规定,故意高估或者低估农业税计税产量,致使多征或者少征税款,侵犯农民合法权益或者损害国家利益,构成犯罪的,依法追究刑事责任;尚不构成犯罪的,依法给予行政处分。

(8)违反法律、行政法规的规定,擅自作出税收的开征、停征或者减税、免税、退税、补税以及其他同税收法律、行政法规相抵触的决定的,除依法规定撤销其擅自作出的决定外,补征应征未征税款,退还不应征收而征收的税款,并由上级机关追究直接负责的主管人员和其他直接责任人员的行政责任;构成犯罪的,依法追究刑事责任。

六、纳税人、扣缴义务人的权利及税务争议的解决

(一)纳税人扣缴义务人的权利

在税收征收过程中,纳税人、扣缴义务人有许多法律规定的义务,不履行义务要承担相应的法律责任,但是为了更好地履行义务,法律也赋予纳税人、扣缴义务人一定的权利。这些权利主要是:

1. 纳税人、扣缴义务人有权向税务机关了解国家税收法律、法规的规定以及与纳税程序有关的情况。

2. 纳税人、扣缴义务人有权要求税务机关为其保密。

3. 纳税人有权申请减税、免税及退税。

4. 纳税人、扣缴义务人对税务机关作出的决定,享有陈述权、申辩权、申请复议权、提起行政诉讼权及请求国家赔偿权。

5. 有权监督税务机关和税务人员的税收征收管理行为。

6. 有权控告和检举税务机关、税务人员的违法行为。

(二) 税务争议的解决

发生争议时，首先必须先依照税务机关的纳税决定缴纳或解缴税款及滞纳金或提供担保，然后依法申请行政复议，对行政复议不服的，可以依法向人民法院起诉。

当事人对税务机关的处罚决定、强制执行措施或税收保全措施不服的，可以依法申请行政复议，也可以向人民法院起诉。

当事人对税务机关的处罚决定，逾期不申请行政复议也不向人民法院起诉又不履行的，作出处罚决定的税务机关可以采取强制执行措施或申请人民法院强制执行。

参 考 阅 读

1. 相关法律文件。
2. 税政第一线微信公众号。
3. 中国财税法网。

复 习 思 考

1. 税收及其特征是什么？
2. 税法的构成要素有哪些？
3. 增值税的范围、纳税人有哪些？应纳税额如何计算？适用什么样的税率？
4. 消费税征收的对象及税率是什么？
5. 企业所得税的征收范围有哪些？适用什么样的税率？怎样计算其应纳税额？
6. 个人所得税的纳税人有哪些？其征收对象及税率如何？
7. 税务管理的主要内容是什么？

案 例 分 析

案情：张某、王某、李某三人共同投资组成一家有限责任公司，生产某种产品。经营一年后，公司生产状况良好，在一个纳税年度内生产获利10万元，由于公司又有了一项新专利，于是他们决定，将原有专利转让，通过转让专利获利6万元。三人决定，纳税后，留一部分用于再投资，剩余用于个人投资的分配。每人分配可在1万元以上。在三人中，张某在另一家公司还有投资，并从该公司收取股息0.5万元，另外还获取其他劳务报酬2万元。

问题：

1. 作为企业应该缴纳哪些税？
2. 张某个人应就哪些收入缴纳个人所得税？应适用何种税率？

3. 若张某还有一部分收入来源于国外，来源于国外的收入是否应该纳税？

4. 若公司在账簿上将转让专利的收入只列为3万元，此种行为是否合法，属于一种什么样的行为？

第十三章　会计法和审计法

会计法和审计法是对经济活动进行管理、监督的重要法律，特别是在虚拟经济的情况下，其管理和监督就更为重要。通过有效的管理和监督不但可以保护中小投资者和债权人的利益，而且也能减少国家资产的流失。

与本章有关的法律文件主要有：《中华人民共和国会计法》(2017年)(以下简称《会计法》)和《中华人民共和国审计法》(2010年)(以下简称《审计法》)。

本章共分两节，对我国《会计法》和《审计法》作了较为全面的介绍。内容涉及会计及会计法的含义、会计法的适用范围、会计的领导制度、会计工作中的责任主体、会计核算、会计监督、会计机构和对会计人员的要求、违反会计法应当承担的法律责任；审计的含义和分类、审计和会计的关系、审计监督的范围和基本原则、审计机关的职权等。本章的重点是会计工作中的责任主体，会计核算的基本要求，尤其是对公司、企业会计核算的特别要求，会计机构和会计人员的要求，会计禁入的规定以及违反会计法应承担的法律责任，审计与会计的区别，审计监督的范围，审计机关的职权等。

第一节　会　计　法

一、会计法概述

(一)会计及会计法的含义

1. 会计的含义。会计是随着生产的发展，逐步从生产职能中分离出来的一种管理职能。人们进行物质生产，必然关心自己的劳动成果，关心要用多少劳动时间，消耗多少物资，对比投入产出情况，这就需要把生产过程中的经济活动情况记录下来，由此产生了会计活动。会计的本质是对一定单位的经济业务进行计量、记录、分析和检查，作出预测，参与监督，旨在实现最优经济效益的一种管理活动。它的基本职能是会计核算和会计监督。现在会计工作已日益走向科学化、规范化和国际化。

2. 会计法的含义。广义的会计法是调整会计关系，规定会计原则、会计机构和会计人员的职责与法律责任等法律规范的总称。狭义的会计法是指由最高立法机关制定的《中华人民共和国会计法》以及由国务院发布的会计行政法规及规范性文件。我国第一部《会计法》是1985年1月21日由第六届全国人民代表大会常务委员会第二十九次会议通过的，并于1985年5月1日起施行，1993年12月29日第八届全国人民代表大会常务委员会第五次会议对其作了第一次修改，1999年10月31日第九届全国人民代表大会常务委员会又作了第二次修改。

2017年11月4日，全国人民代表大会常务委员会对其作了第三次修改，新法自2017年11月5日起施行。此次修改的重点是取消了会计从业资格证制度。

(二)《会计法》适用的范围

《会计法》第二条规定："国家机关、社会团体、公司、事业单位和其他组织(以下统称单位)必须依照本法办理会计事务。"第五十一条规定："个体工商户会计管理的具体办法，由国务院财政部门根据本法的原则另行规定。"

可见，《会计法》的适用范围主要是：国家机关(主要包括财政部门、税务部门、审计部门、业务主管部门等)、社会团体；公司、企业(包括中国企业、中外合资经营企业、中外合作经营企业、外资企业等)；事业单位及其他经济组织。《会计法》的适用范围比以前有所缩小，不包括个体工商户，因为修改后的会计法的有关规定更严格，要求更高，要求个体工商户也适用《会计法》是不现实的。

(三)会计工作的领导制度及会计制度

《会计法》第七条规定："国务院财政部门主管全国的会计工作，县级以上地方各级人民政府财政部门管理本地区内的会计工作。"可见我国的会计工作实行的是财政部门的领导制度，在财政部门的领导下，全国实行统一的会计制度。会计制度是政府管理部门对处理会计事务作出的规章、准则、办法等规范性文件的总称，包括对会计工作、会计核算、会计监督、会计人员、会计档案等方面的规范性文件。这个统一的会计制度由财政部统一制定并公布。

(四)会计工作中的责任主体

《会计法》第四条规定："单位负责人对本单位的会计工作和会计资料的真实性、完整性负责。"第二十一条规定："单位负责人应当保证财务会计报告真实、完整。"这是修改后的会计法的重大突破，明确了会计的责任主体。单位负责人是单位的法定代表人或者法律、行政法规规定代表单位行使职权的主要负责人，代表单位依法行使职权。在实际工作中，一些单位会计工作混乱，编造虚假会计信息使会计资料失真，往往不是会计部门和会计人员的孤立行为，在很多情况下是在单位负责人授意、指使、强令下进行的。总而言之，会计工作中种种使会计资料失真的行为并不单是个人行为，而是一种单位行为，所以对单位行为承担责任的自然是单位负责人。

二、会计核算

(一)会计核算的含义和内容

会计核算是会计的基本职能之一。会计核算，是指对生产经营活动实施全过程、全方位的预测、计算、比较、分析和考核。其基本内涵是以货币为主要量度，对单位的生产经营活动或预算执行过程及其结果进行连续、系统的记录、计算、分析，定期编制会计报表，形成一系列会计指标，为经营决策或业务活动提供可靠的信息和资料的一项管理活动。《会计法》规定了会计核算的基本内容、记账制、文字处理、会计核算的一般要求及特别要求。

根据《会计法》的规定，会计核算的基本内容主要包括：(1)款项和有价证券的收付；(2)财物的收发、增减和使用；(3)债权债务的发生和结算；(4)资本、基金的增减；(5)收入、支出、费用及成本的计算；(6)财务成果的计算和处理；(7)需要办理会计手续、进行会计核算的其他事项。

(二)会计核算的年度、记账制及会计记账的文字处理

1. 会计年度。会计年度，是指以一年为单位的会计期间。理论上只有在单位的所有生产经营活动或业务活动最终结束以后，才能进行准确的计算，但在现实中是不可能的。因此，为了定期总结单位的生产经营活动和业务活动的结果，会计上必须把生产经营活动过程在时间上划分为若干期间，每一会计期间终了结一次账，编制各种会计报表，反映这一期间财务状况和经营成果。会计年度自公历1月1日起至12月31日止。

2. 记账本位币，是指在日常登记账簿和编制会计报表过程中用来进行计量的货币。《会计法》规定，会计核算以人民币为记账本位币。但同时还规定，业务收支以人民币以外的货币为主的单位，可以选定其中一种货币作为记账本位币，但是编报的财务会计报告应当折算为人民币。

3. 会计记账的文字处理。《会计法》第二十二条规定："会计记录的文字应当使用中文。在民族自治地方，会计记录可以同时使用当地通用的一种民族文字。在中华人民共和国境内的外商投资企业、外国企业和其他外国组织的会计记录可以同时使用一种外国文字。"

(三)会计核算的一般要求

1. 会计核算要合法。会计核算合法的具体要求是：(1)凭证、会计账簿、财务会计报告和其他会计资料，必须符合国家统一的会计制度的规定。使用电子计算机进行会计核算的，其软件及其生成的会计凭证、会计账簿、财务会计报告和其他会计资料，也必须符合国家统一的会计制度的规定。(2)会计账簿登记必须以经过审核的会计凭证为依据，并符合有关法律、行政法规和国家统一的会计制度的规定。会计账簿应当按连续编号的页码顺序登记，会计账簿记录发生错误或者隔页、缺号、跳行的，应当按照国家统一的会计制度规定的方法来更正，并由会计人员和会计机构负责人(会计主管)在更正处盖章。(3)各单位采用的会计处理方法，前后各期应当一致，不得随意变更，确有必要变更的，应当按照国家统一的会计制度的规定变更，并将变更的原因、情况及影响在财务会计报告中说明。(4)会计资料的保管要合法。各单位对会计凭证、会计账簿、财务会计报告和其他会计资料应当建立档案，妥善保管。会计档案的保管和销毁办法，由国务院财政部门会同有关部门制定。

2. 会计核算要真实。会计核算真实的要求是：(1)财务报告应当根据经过审核的会计账簿记录和有关资料编制，并符合会计法和国家统一的会计制度的要求。不得以虚假的经济业务事项或者资料进行会计核算，必须根据实际发生的经济业务进行会计核算、填制会计凭证、登记会计账簿、编制财务会计报告。(2)单位提供的担保、未决诉讼等事项应当按照统一的会计制度的规定，在财务报告中予以说明。(3)不得私设账簿，不得进行假账行为。各单位发生的各项经济业务事项应当在依法设置的会计账簿上统一登记、核算，不得违反会计制度的规定私设会计账簿登记、核算。任何单位和个人不得伪造、变造会计凭证、会计账簿及其他会计资料，不得提供虚假的财务会计报告。这一规定主要是对虚拟经济业务事项、账外设账、随意改变会计确认标准或计量方法所作出的

禁止性的规定。(4)会计凭证要真实。会计凭证分为原始凭证和记账凭证,二者均应真实。在审核中对于不真实、不合法的原始凭证会计机构和会计人员有权不予接受,并向单位负责人报告;对记载不准确、不完整的原始凭证予以退回,并要求按会计制度的规定更正、补充。原始凭证上记载的内容不得涂改,原始凭证有错误的,应当由出具单位重开或者更正,更正处应当加盖出具单位的印章。原始凭证金额有错误的,应当由出具单位重开,不得在原始凭证上更改。记账凭证应当根据经过审核的原始凭证及有关资料编制。

3. 会计核算要准确。应做到账实相符、账证相符、账账相符、账表相符。即应当定期将会计账簿与实物、款项及有关资料相互核对,保证会计账簿记录与实物及款项的实有数额相符、会计账簿记录与会计凭证的有关内容相符、会计账簿之间相对应的记录相符、会计账簿记录与会计报表的有关内容相符。

三、对公司、企业会计核算的特别要求

(一)对公司、企业会计核算特别要求的必要性

对于公司和企业的会计核算,《会计法》除要求满足一般的会计核算要求外,还对其作了特别的要求。因为公司、企业是以营利为目的的经营性单位,其会计核算涉及多方面的利益,如涉及的投资者、债权人和社会公众的利益,同时还影响到国家的利益和宏观经济调控,涉及社会经济的稳定等。特别是当今经济已日益虚拟化,在现实中不断有一些大公司、大企业利用虚拟经济的一些特征,作出了违反法律规定的行为,给各方面的利益造成了很大的影响和损失,因此,有必要对公司、企业的会计核算提出一些特别的法定要求。

(二)对公司、企业会计核算特别要求的内容

1. 必须根据实际发生的经济业务事项,按照统一的会计制度的规定确认、计量和记录资产、负债、所有者权益、收入、费用、成本和利润。

2. 不得从事禁止性的行为。以下行为是《会计法》规定的禁止性行为:(1)随意改变资产、负债、所有者权益的确认标准或者计量方法,虚列、多列、不列或者少列资产、负债、所有者权益;(2)虚列或者隐瞒收入,推迟或者提前确认收入;(3)随意改变费用、成本的确认标准或者计量方法,虚列、多列、不列或者少列费用、成本;(4)随意调整利润的计算、分配方法,编造虚假利润或者隐瞒利润;(5)违反国家统一的会计制度规定的其他行为。

四、会计监督

会计监督分为内部监督和外部监督。

(一)内部监督

会计的内部监督,是指单位内部的会计机构和会计人员,通过一定的制度和手段对本单位会计工作及会计资料的合法性、真实性、准确性进行监督。

1. 各单位要建立内部监督制度。内部监督的主体一般是单位的会计机构和会计人员,各单位的会计机构和会计人员对本单位的财务状况的合法性、真实性最了解,因此,由他们对本单位的经济活动进行监督就最方便也最有力,所以《会计法》特别强调各单位要建

立、健全内部监督制度。

2. 内部监督制度的具体要求。《会计法》对单位内部会计监督制度提出了以下几个方面的要求:

(1) 不相容职务分离与牵制。《会计法》第二十七条第一款规定:"记账人员与经济业务事项和会计事项的审批人员、经办人员、财务保管人员的职责权限应当明确,并相互分离。"这里提出了不相容职务的分离与牵制问题。不相容职务,指的是不能同时由一人兼任的职务。记账与业务经办、业务审批、财物保管之间分别都属于不相容职务,不能由一人兼任,否则便为从事不法行为提供了可乘之机。

(2) 重大事项监督和制约。《会计法》第二十七条第二款规定:"重大的对外投资、资产处置、资金调度和其他重要经济业务事项的决策和执行的相互监督、相互制约的程序要明确。"这里强调了对于一些重要的经济业务事项的监督和制约。单位数额较大、具有战略意义的对外投资,不同于一般的收益性证券投资,单位价值较高的资产的清理、报废、置换、出售等不同于一般的商品买卖,单位数额较大的资金收入、付出、投放、收回等也不同于日常的资金收付。这些重要的经济业务事项对单位的经济运作和未来发展具有很大的影响,因而应该加强监督和制约,使决策与执行相互制约、相互监督。

(3) 内部审计制度。内部审计是单位内部经济监督的核心内容之一,通过内部审计能够有利于单位财产的安全、保证会计核算资料的真实、完整。因此,《会计法》第二十七条第四款规定,对内部审计的范围、期限和组织程序应当明确,对会计资料定期进行内部审计的办法和程序应当明确。

(4) 财产清查制度。财产清查,是指对单位的货币资金、财产物资和债权的清理和查证。财产清查是掌握有关财产实有金额的主要手段。《会计法》第二十七条第三款规定:"财产审查的范围、期限和组织程序应当明确。"

(5) 单位负责人要保证内部监督的实施。保证会计机构和会计人员依法履行职责,是单位负责人的重要义务。这一义务的重要内容是,单位负责人应当保证会计机构、会计人员依法履行职责,不得授意、指使、强令会计机构、会计人员违法办理会计事项。

(6) 会计机构、会计人员要履行监督的职权。职权的主要内容是,对于违反会计制度规定的会计事项,会计机构和会计人员有权拒绝办理或者按照职权予以纠正。发现会计账簿记录与实物款项及有关资料不相符的,按会计制度的规定有权自行处理的,应当及时处理;无权处理的,应当立即向单位负责人报告,请求查明原因,作出处理。

(二) 外部监督

外部监督,是指国家有关部门和社会审计机构及公民和其他单位依照法律和国家有关规定对各单位的会计状况进行的监督。

1. 任何单位和公民对违反《会计法》和国家统一会计制度规定的行为都有权检举。收到检举的部门有权处理的,应当依法按职责分工及时处理;无权处理的,应当及时移送有权处理的部门处理。收到检举的部门有义务为检举人保密。

2. 会计师事务所通过会计、审计活动进行监督。为了保证会计师事务所监督权利的实施,《会计法》强调,依法须经注册会计师进行审计的单位,应当向受委托的会计师事务所如实提供会计凭证、会计账簿、财务会计报告和其他会计资料及有关情况。任何单位或个人不得以任何方式要求或者示意注册会计师及其所在的会计师事务所出具不实或者不当审计报告。

3. 国家有关部门进行监督。国家有关部门即财政、审计、税务、人民银行、证券监管及保险监管等部门,这些部门应当而且有权依法对有关单位的会计资料实施监督检查。被监督的部门应当接受监督检查部门依法实施的监督检查,如实提供会计凭证、会计账簿、财务会计报告和其他会计资料以及有关情况,不得隐瞒谎报。

五、会计机构和会计人员

(一)会计机构的设置

1. 各单位应当根据会计业务的需要,设置会计机构,或在有关机构中设置会计人员并指定会计主管人员,不具备设置机构条件的,应当委托经批准设立从事会计代理记账业务的中介机构代理记账。

2. 国有或国有资产占控股地位或者主导地位的大中型企业必须设置总会计师。总会计师的任职资格、任免程序、职责权限由国务院规定。《会计法》特别强调国有或国有资产占控股地位或者主导地位的大中型企业必须设置总会计师,主要是为了加强对国有资产的监督管理,使国有资产增值、保值,以解决现实中国有资产流失的问题。

3. 会计机构内部应建立稽核制度。出纳人员不得兼任稽核、会计档案保管和收入、支出、费用、债权债务账目的登记工作。

(二)对会计人员的要求

1. 会计人员应当具备从事会计工作所需要的专业能力。担任单位会计机构负责人(会计主管人员)的,应当具备会计师以上专业技术职务资格或者从事会计工作三年以上经历。

2. 会计人员禁止从事的行为。会计人员不得从事以下行为:提供虚假财务报告,做假账,隐匿或者故意销毁会计凭证、会计账簿、财务会计报告,贪污、挪用公款、职务侵占等与会计职务有关的违法行为。因这些行为被依法追究刑事责任的人员,不得再从事会计工作。

3. 会计人员调动及离职要办理交接手续及监交。一般会计人员办理交接手续,由会计机构负责人(会计主管)监交;会计机构负责人办理交接手续,由单位负责人监交,必要时主管单位可以派人会同监交。

六、违反《会计法》的法律责任

违反《会计法》的法律责任,是指单位负责人、单位机构的主管人员、其他直接责任人员、会计人员及有关国家机关工作人员,违反《会计法》规定时应承担的法律责任。它包括行政责任和刑事责任。

根据违反《会计法》行为的性质,《会计法》分别规定了不同的法律责任。

1. 实施下列行为之一的,由县级以上人民政府财政部门责令其限期改正,可以对单位并处3 000元以上5万元以下的罚款;对其直接负责的主管人员和其他直接责任人员,可以处2 000元以上2万元以下的罚款;属于国家工作人员的,还应当由其所在单位或者有关单位依法给予行政处分的行为有：(1)不依法设置会计账簿的；(2)私设会计账簿的；(3)未按照规定填制、取得原始凭证或者填制、取得的原始凭证不符合规定的；(4)以未经审核的会计凭证为依据登记会计账簿或者登记会计账簿不符合规定的；(5)随意变更会计处理方法的；(6)向不同的会计资料使用者提供的财务会计报告编制依据不一致的；(7)未按照规定使用会计记录文字或者记账本位币的；(8)未按照规定保管会计资料，致使会计资料毁损的；(9)未按照规定建立并实施单位内部会计监督制度或者拒绝依法实施的监督或者不如实提供有关会计资料及有关情况的；(10)任用会计人员不符合会计法规定的。

有以上所列行为之一，构成犯罪的，依法追究刑事责任。会计人员有以上所列行为之一，情节严重的，五年内不得从事会计工作。有关法律对以上所列行为的处罚另有规定的，依照有关法律的规定办理。

2. 伪造、变造会计凭证、会计账簿，编制虚假财务报告，隐匿或者故意销毁依法应当保存的会计凭证、会计账簿、财务会计报告构成犯罪的，依法追究刑事责任。

尚不构成犯罪的，由县级以上人民政府财政部门予以通报，可以对单位并处5 000元以上10万元以下的罚款；对其直接负责的主管人员和其他直接责任人员，可以处3 000元以上5万元以下的罚款；属于国家工作人员的，还应当由其所在单位或者有关单位依法给予撤职直至开除的行政处分；对其中的会计人员，五年内不得从事会计工作。

3. 授意、指使、强令会计机构、会计人员及其他人员伪造、变造会计凭证、会计账簿，编制虚假财务会计报告或者隐匿、故意销毁依法应当保存的会计凭证、会计账簿、财务会计报告，构成犯罪的，依法追究刑事责任；尚不构成犯罪的，可以处5 000元以上5万元以下的罚款；属于国家工作人员的，还应当由其所在单位或者有关单位依法给予降级、撤职、开除的行政处分。

4. 单位负责人对依法履行职责、抵制违反《会计法》规定行为的会计人员以降级、撤职、调离工作岗位、解聘或者开除等方式实行打击报复，构成犯罪的，依法追究刑事责任；尚不构成犯罪的，由其所在单位或者有关单位依法给予行政处分。对受打击报复的会计人员，应当恢复其名誉和原有职务、级别。

5. 财政部门及有关行政部门的工作人员在实施监督管理中滥用职权、玩忽职守、徇私舞弊或者泄露国家秘密、商业秘密，构成犯罪的，依法追究刑事责任；尚不构成犯罪的，依法给予行政处分。

6. 违反《会计法》第三十条规定，将检举人姓名和检举材料转交给被检查单位和被检举人个人的，由所在单位或者有关单位依法给予行政处分。

第二节 审 计 法

一、审计及审计法概述

(一)审计的含义及类型

1. 审计的含义。审计，是指审计机关依法独立检查被审计单位的会计凭证、会计账簿、会计报表以及其他与财政收支、财务收支有关的资料和资产,监督财政收支、财务收支真实、合法和效益的行为。其中,财政收支,是指依照《中华人民共和国预算法》和国家其他有关规定,纳入预算管理的收入和支出,以及下列财政资金中未纳入预算管理的收入和支出:(1)行政事业性收费;(2)国有资源、国有资产收入;(3)应当上缴的国有资本经营收益;(4)政府举借债务筹措的资金;(5)其他未纳入预算管理的财政资金。财务收支,是指国有的金融机构、企业事业组织以及依法应当接受审计机关审计监督的其他单位,按照国家财务会计制度的规定,实行会计核算的各项收入和支出。

审计是国民经济发展和正常运行的客观需求,是保证社会财富和国家所有财产安全的有效手段,在当前也是促进廉政建设的重要保证。

2. 审计的类型。我国的审计包括三种类型,即国家审计、内部审计、社会审计。国家审计,是国家审计机关和审计人员通过审查会计凭证、会计账簿、会计报表,查阅有关文件、资料,检查现金、实物、有价证券,向有关单位和个人进行调查等方式,依法对被审计单位的财政收支、财务收支的真实、合法和有效益进行审查和评价的经济监督活动。内部审计,是指部门、单位内部的会计机构和会计人员对本单位及下属单位财政收支及有关的经济活动进行内部审查和评价的活动。社会审计,是指依法成立的社会审计机构和审计人员接受委托人委托,对被审计单位的财务收入及有关经济活动,进行公正评价的服务活动。

(二)审计和会计的关系

1. 审计与会计的联系。审计需要以会计资料为前提并以此为基础,离开了财务会计资料,审计工作就难以进行。会计活动是经济管理活动的重要部分,它需要审计进行监督,因此,它本身是审计监督的主要对象。

2. 审计和会计的区别。主要区别表现在以下方面:

(1)产生的基础不同。会计是为了加强经营管理,适应对劳动耗费和劳动成果进行记录、计算、分析的需要而产生的。审计则是生产资料所有权与经营权分离后或管理者内部出现分层次管理后出现的,是为了确认经营者或其他受委托管理者的经济责任。

(2)独立性不同。会计是对生产经营或管理过程的反映和监督,是经营管理的重要组成部分。审计则是对财政、财务收支及其他经济活动的真实性、合法性和效益进行审查,是对经济活动的监督,处于具体的经营管理之外,具有独立性。

(3)对象不同。会计的对象主要是经济活动的价值方面即资金运动过程,主要是通过货币形式对经济过程及其成果进行记录、核算、分析。审计的对象主要是会计资料和其他经济信息及其所反映的经济活动。

(4)方法与程序不同。会计方法相对来说要简单一些,会计主要是对经济业务活动进行记录、分类、核算、汇总及编表等,通过填制凭证、登记账簿和编制报表形成会计资料,并提供给有关人员,为管理和决策服务。而审计方法相对来说要复杂得多,审计的方法是审计人员为搜集审计证据、提出审计报告、完成审计任务、实现审计目标而采用的各种形式和手段。审计的对象不同,因此审计的目的、要求、内容和方式也不同,以经济、效益、效率为目标的"3E"审计,对审计方法的现代化和多样化提出了更高的要求。审计活动有一套专门的程序。

(5)职能不同。会计的基本职能是对经济活动过程的记录、核算和反映,主要是内部检查,其检查的目的主要是为了保证会计资料的真实和准确。同时它也具有自我监督职能。但审计的基本职能是公证、评价和监督,是独立于财会部门的外部监督检查,除了对会计活动和会计资料进行审查外,还要对其所反映的财政、财务收支及其他经济活动进行监督检查。

(三)审计法的含义和构成

审计法,是指调整审计活动中形成的各种审计关系的法律规范的总称。审计关系,是指国家审计机关及审计人员依法对会计凭证、会计账目、会计报表及有关资料和文件实地调查、分析、检验过程中所形成的一种经济审计监督关系。

我国审计法由以下内容构成:

1. 宪法。《中华人民共和国宪法》(以下简称《宪法》)中与审计有直接规定的就有七条,这些条款对审计机关的性质、设置、地位和领导关系,审计监督的范围和内容,审计监督的原则,审计长的地位和任免等作了明确的规定。

2. 审计专门法及与其有关的其他法律。《中华人民共和国审计法》(以下简称《审计法》)于1994年8月31日由第八届全国人民代表大会第九次会议通过,1995年1月1日起施行。该法于2006年进行了第一次修改,2006年2月28日第十届全国人民代表大会常务委员会第二十次会议通过了《关于修改〈中华人民共和国审计法〉的决定》。其他的法律如《中华人民共和国预算法》《会计法》等中的有关规定。

3. 有关审计方面的行政法规。这方面的行政法规一类是国务院发布的,如1997年10月21日发布,2010年2月修订的《中华人民共和国审计法实施条例》。另一类是国家审计署发布的一系列规定,如《中国国家审计准则序言》(2000年1月28日发布),《中华人民共和国国家审计基本准则》(2000年1月28日发布)等十余个规范性文件。

二、审计监督范围

宪法和审计法规定了审计监督的范围,修改后的审计法,对审计监督的范围作了更明确的规定。《审计法》第二条从总的方面对审计的范围进行了规定:国务院和县级以上地方人民政府设立审计机关。国务院各部门和地方各级人民政府及其各部门的财政收支,国有的金融机构和企业事业组织的财务收支,以及其他依照本法规定应当接受审计的财政收支、财务收支,依照本法规定接受审计监督。《审计法》的其他相关条款,则对审计监督的具体范围作了明确规定,而且审计范围方面作了扩大,特别是为了对国有资产实施更加充分、有效的审计监督,促进国有资产的保值增值,对国有资产的审计监督更加明确更加突出。具体的审计范围包含以下几个方面:

(一)审计机关对本级各部门(含直属单位)和下级政府预算的执行情况和决算,以及其他财政收支情况进行审计监督

所谓其他财政收支情况是指,按照《中华人民共和国预算法》和国家其他有关规定,纳入预算管理的收入和支出,以及预算外资金的收入和支出情况。

审计署在国务院总理领导下,对中央预算执行情况和其他财政收支情况进行审计监督,向国务院总理提出审计结果报告;地方各级审计机关分别在县以上行政首长和上一级审计机关的领导下,对本级预算执行情况和其他财政收支情况进行审计监督,向本级人民

政府和上一级审计机关提出审计结果报告。

(二)对中央银行的财务收支,对国有金融机构的资产、负债、损益,进行审计监督

审计署对中央银行的财务收支,对国有金融机构,如国家政策性银行等的资产、负债、损益,进行审计监督。

(三)对国家的事业组织和使用财政资金的其他事业组织的财务收支,进行审计监督

(四)对国有企业的资产、负债、损益,进行审计监督

(五)根据国务院的规定,对国有资本占控股地位或者主导地位的企业、金融机构进行审计监督

国有资本占控股地位或者主导地位的企业是指,国有资本占企业资本额50%以上的企业,国有资本占企业资本总额比例不足50%,但由于股权分散,国有资本投资者实质上拥有控制权的企业。国有资本占控股地位或者主导地位的金融机构是指,国有资本与该金融机构资本额50%以上的银行或非银行机构,国有资本占资本总额比例不足50%,但由于股权分散,国有资本投资者实质上拥有控制权的银行或非银行机构,如商业银行、非银行机构,包括信托投资公司、证券公司、保险公司等。

(六)对政府投资和以政府投资为主的建设项目的预算执行情况和决算,进行审计监督

政府以国有资产投资或政府融资为主的建设项目,包括技术改造项目的建设、设计、施工、采购等各环节的财务收支情况应当接受审计机关审计监督。

(七)对政府部门管理的和其他单位受政府委托管理的社会保障基金、社会捐赠资金以及其他有关基金、资金的财务收支,进行审计监督

接受审计的社会保障基金,主要包括养老、医疗、工伤、失业、生育等社会保障基金,接受审计的社会捐赠资金,主要包括救济、救灾、扶贫等社会救济资金等,此外需要进行审计的其他基金,必须接受审计机关审计。

(八)对国际组织和外国政府援助、贷款项目的财务收支,进行审计监督

(九)按照国家有关规定,对国家机关和依法属于审计机关审计监督对象的其他单位的主要负责人,在任职期间对本地区、本部门或者本单位的财政收支、财务收支以及有关经济活动应负经济责任的履行情况,进行审计监督

(十)对其他法律、行政法规规定应当由审计机关进行审计的事项,进行审计监督

三、审计监督的原则

(一)依法进行审计监督的原则

1. 在审计过程中要依照法定的职权进行审计(关于法定的职权见以下的有关论述)。

2. 按照法定的程序进行审计。审计程序是审计机构及审计人员对审计项目进行审计的法定步骤,《审计法》和《审计法实施条例》规定了审计的步骤:

(1)确定年度审计工作重点,编制年度审计项目计划。

(2)根据审计项目计划确定的审计事项组成审计组,并在实施审计三日前,向被审计单位送达审计通知书。

(3)进行审计,取得证明材料。审计人员向有关单位进行调查时,首先应当出示工作

证和审计通知副本，然后进行审计。审计人员通过审查会计凭证、会计账簿、会计报表，查阅与审计事项有关的文件、资料，检查现金、实物、有价证券，向有关单位和个人进行调查等方式进行审计，并取得证明材料。

(4)提交审计报告。审计组对审计事项实施审计后，应当向审计机关提交审计报告。审计报告送审计机关前，应当征求被审计单位的意见。被审计单位应自接到审计报告之日起10日内提出书面意见。审计组应当审查被审计单位对审计报告的意见，进一步核实情况，根据所核实的情况对审计报告作必要的修改，并将审计报告和被审计单位的书面意见一并报送审计机关。

(5)审计机关对审计事项作出评价、出具审计意见书和审计决定。审计机关收到审计报告后，应进行审定、评价、出具意见书，对违反国家规定的财政收支、财务收支行为，需要依法给予处理、处罚的，在法定职权范围内作出审计决定或者向有关主管机关提出处理意见。

审计机关应当自收到审计报告之日起30日内，将审计意见书和审计决定送达被审计单位和有关单位。审计决定自送达之日起生效。

(二)独立行使审计监督原则

独立审计原则是宪法和审计法确定的审计监督的一项基本原则，这一原则是保证审计真实性的前提，其主要内容是：

1. 审计监督不受其他任何行政机关、社会团体、个人的干涉，作出的结论，被审计机关必须执行。

2. 审计人员依法执行职务，受法律保护。任何组织和个人不得拒绝、阻碍审计人员依法执行职务，不得打击报复审计人员，审计机关负责人依照法定程序任免。审计机关负责人没有违法失职或者其他不符合任职条件的情况的，同级政府不得随意撤换，在提请决定前，必须经上一级审计机关同意。

3. 保证审计的经费。为了确保审计的独立性，《审计法》强调，审计机关履行职责所必需的经费，应当列入财政预算，由本级人民政府予以保证。

(三)双重领导原则

国务院和省、自治区、直辖市、设区的市、自治州、县、自治县、不设区的市、市辖区的人民政府设立审计机关。

国务院设立审计署，审计署在国务院总理的领导下，主管全国的审计工作，履行审计法和国务院规定的职责。县级以上的审计机关接受同级人民政府和上一级审计机关的领导，负责本行政区域内的审计工作。

地方各级审计机关对本级人民政府和上一级审计机关负责并报告工作，审计业务以上级审计机关领导为主。审计机关根据工作需要，经本级人民政府批准，可以在其审计管辖范围内设立派出机构。地方政府撤换审计机构负责人，在提请决定前，必须经上级审计机关同意。

(四)利害关系回避原则

审计人员办理审计事项，与被审计单位或者审计事项有利害关系的应回避，根据《审计法》的规定，有下列情形之一的，审计人员应当回避：

1. 与被审计单位负责人和有关主管人员之间有夫妻关系、直系血亲关系、三代以内旁系血亲以及近姻亲关系的。
2. 与被审计单位或者审计事项有经济利益关系的。
3. 与被审计单位或者审计事项有其他利害关系，可能影响公正执行公务的。

审计人员回避，由审计机关负责人决定；审计机关负责人的回避，由本级人民政府或者上一级审计机关负责人决定。

（五）保守秘密原则

审计人员要保守在执行职务中知悉的国家秘密和被审计单位的商业秘密。

（六）客观、真实、廉洁奉公原则

四、审计机关的职权

（一）监督检查权

监督检查权是审计机关的一项重要职权，修改后的《审计法》对监督职权的具体内容规定得更加详细。主要有：

1. 审计机关有权要求被审计单位按照审计机关的规定提供预算或者财务收支计划、预算执行情况、决算、财务会计报告，运用电子计算机储存、处理的财政收支、财务收支电子数据和必要的电子计算机技术文档，在金融机构开立账户的情况，社会审计机构出具的审计报告，以及其他与财政收支或者财务收支有关的资料，被审计单位不得拒绝、拖延、谎报。

被审计单位负责人对本单位提供的财务会计资料的真实性和完整性负责。

2. 有权检查被审计单位的会计凭证、会计账簿、财务会计报告和运用电子计算机管理财政收支、财务收支电子数据的系统，以及其他与财政收支、财务收支有关的资料和资产，被审计单位不得拒绝。

3. 有权就审计事项的有关问题向有关单位和个人进行调查，并取得有关证明材料。有关单位和个人应当支持、协助审计机关工作，如实向审计机关反映情况，提供有关证明材料。

审计机关经县级以上人民政府审计机关负责人批准，有权查询被审计单位在金融机构的账户。

审计机关有证据证明被审计单位以个人名义存储公款的，经县级以上人民政府审计机关主要负责人批准，有权查询被审计单位以个人名义在金融机构的存款。

（二）独立的任免权

审计监督的特殊性，使得审计机关工作人员特别是主要负责人往往成为地方保护主义的"眼中钉"，被穿"小鞋"，成为打击报复的对象，为了更好地保障审计监督的独立性、真实性，修改后的《审计法》增强了上级审计机关对下级审计机关人事任免的话语权，规定县级以上地方各级审计机关负责人依照法定程序任免，审计机关负责人没有违法失职或者其他不符合任职条件的情况的，不得随意撤换。在提请决定前，必须经上一级审计机关同意。

(三) 处理权

处理权是审计机关的另一项重要职权,这一职权决定了审计监督检查权是否能落到实处,也决定了审计的目的(维护国家财政经济秩序,提高财政资金使用效益,促进廉政建设,保障国民经济和社会健康发展)能否实现。修改后的《审计法》在处理权的规定方面更突出和详细,特别规定审计机关有以下执法权:

1. 审计机关依据有关财政收支、财务收支的法律、法规和国家其他有关规定进行审计评价,在法定职权范围内有权作出审计决定。审计机关在法定职权范围内作出的审计决定,被审计单位应当执行。

审计机关适用有关财政收支、财务收支的法律、法规和规定进行审计评价,作出审计决定,这是审计机关进行审计评价和处理、处罚的法律依据,也是审计机关的执法主体资格的依据,从而使审计执法变得容易。

2. 责令改正及批评警告权。审计机关认为被审计单位违反《审计法》的规定,拒绝或者拖延提供与审计事项有关的资料的,或者提供的资料不真实、不完整的,或者拒绝、阻碍检查的,有权责令改正、通报批评、警告;拒不改正的,依法追究责任。

3. 处分权与建议权。认为被审计单位违反《审计法》的规定,转移、隐匿、篡改、毁弃会计凭证、会计账簿、财务会计报告以及其他与财政收支、财务收支有关的资料,或者转移、隐匿所持有的违反国家规定取得的资产,审计机关认为对直接负责的主管人员和其他直接责任人员依法应当给予处分的,有权提出给予处分的建议。

审计机关认为被审计单位所执行的上级主管部门有关财政收支、财务收支的规定与法律、行政法规相抵触的,有权建议有关主管部门纠正,有关主管部门不予纠正的,审计机关应当提请有权处理的机关依法处理。

4. 采取处理措施权。对本级各部门(含直属单位)和下级政府违反预算的行为或者其他违反国家规定的财政收支行为,审计机关、人民政府或者有关主管部门在法定职权范围内,依照法律、行政法规的规定,区别情况采取相关措施,如责令限期缴纳应当上缴的款项(被审计单位拒不执行的,审计机关应当通报有关主管部门,有关主管部门应当依照有关法律、行政法规的规定予以扣缴或者采取其他处理措施,并将结果书面通知审计机关)、责令限期退还被侵占的国有资产、责令限期退还违法所得、责令按照国家统一的会计制度的有关规定进行处理以及其他处理措施。

5. 处罚权。对被审计单位违反国家规定的财务收支行为,依法应当处理、处罚的,审计机关有权在法定职权范围内作出审计决定或者向有关主管机关提出处理、处罚的意见。

6. 通报与公布权。有权向政府有关部门通报或者向社会公布审计结果。

五、违反《审计法》的法律责任

违反《审计法》的法律责任,是指被审计部门、审计机关的本级各部门和下级政府、审计人员以及其他有关人员违反《审计法》的规定所应承担的法律责任。我国《审计法》第六章对法律责任的主体及承担责任的形式作了明确的规定。《审计法》将责任的主体分为四类,被审计单位及有关人员违反《审计法》应承担的法律责任;审计机关的本级各部门

(含直属单位)和下级政府违反《会计法》应承担的法律责任;审计人员违反《审计法》的规定应承担的法律责任;其他有关人员违反《审计法》的规定应承担的法律责任。承担责任的形式主要是行政责任和刑事责任。

参 考 阅 读

1. 相关法律文件。
2. 全国人大法工委. 中华人民共和国审计法释义. 北京:法律出版社,2006.

复 习 思 考

1. 《会计法》的适用范围、责任主体是什么?
2. 会计核算的基本内容及要求是什么?
3. 公司、企业会计核算的特别要求是什么?
4. 会计监督的主要内容是什么?
5. 会计机构的设置及对会计人员的要求如何?
6. 审计与会计有何区别?
7. 审计的主要范围有哪些?
8. 审计的原则及审计机关的职权有哪些?

案 例 分 析

案情:某公司为了争取上市,公司有关负责人决定对公司进行包装。主要作出如下决定:在上市的有关材料中多列收入,将未来的收入也计入会计报告中,以此提高公司的业绩,并将公司的有关债务和一台重要设备将进入大修的情况不披露。根据单位负责人的意见,会计人员制作了会计报告,报告制成后,委托某会计师事务所进行审计,在审计中,会计师事务所发现该会计报告存在问题,准备出具保留意见。但此时,公司负责人要求会计师事务所对公司上市予以支持,考虑到以后的业务关系,会计师事务所决定不出具保留意见,公司获准上市。但上市后不久,由于设备大修,不能投入生产,加之债务到期,公司出现了严重亏损,给投资者造成重大损失。

问题:
1. 公司的哪些行为违反了《会计法》的有关规定?
2. 谁应该对会计资料的真实性承担责任?
3. 会计人员以执行单位负责人交给的任务为由,认为应该免除其相应的责任,是否可以?
4. 会计师事务所是否应该承担相应的法律责任?

第十四章　竞　争　法

竞争是一个孕育着革命的规律，凡是有生命的地方就有竞争。然而在经济生活中，竞争具有两面性，一方面能调动人们的积极性与创造性，但另一方面也能使人们为了自身的利益不择手段损害竞争对手的利益，从而破坏社会的经济秩序，因此对于不正当的竞争行为要通过立法进行管制。竞争法的立法目的就是为了维护公平竞争，规范参与市场竞争主体的行为。

与本章有关的法律文件主要有：《中华人民共和国反不正当竞争法》(2019年)、最高人民法院《关于审理不正当竞争民事案件应用法律若干问题的解释》(2007年)、《中华人民共和国反垄断法》(2007年)、《工商行政管理机关禁止垄断协议行为的规定》(2011年)、《工商行政管理机关禁止滥用市场支配地位行为的规定》(2011年)、《工商行政管理机关制止滥用行政权力排除、限制竞争行为的规定》(2011年)、最高人民法院《关于审理因垄断行为引发的民事纠纷案件应用法律若干问题的规定》(2012年)等。

本章共分为三节，主要阐述了竞争法的基本概念、发达国家竞争法的立法状况及其基本内容、中国反不正当竞争法的主要内容、中国反垄断法的主要内容。本章的重点是发达国家竞争法的主要内容、中国反不正当竞争法规制的不正当行为种类、中国反垄断法的适用以及所规制的主要垄断行为。

第一节　竞争法概述

一、竞争法的含义

竞争法(Competition Law)，在不同国家有不同的名称，美国称为"反托拉斯法"，欧洲称之为"竞争法"，日本称之为"禁止垄断法"。竞争法在各国市场经济的法律体系中占有十分重要的地位，美国将竞争法看做美国经济政策的基础，德国则认为其是市场经济的大宪章，而日本则认为其是经济宪章。

竞争法有广义和狭义之分。广义的竞争法，是指所有以维护公平竞争为目的、调整与市场相关的所有行业的结构与行为的法律规范的总称，包括反不正当竞争、反限制性竞争、反垄断等，而狭义的竞争法仅指反不正当竞争法。一般而言，发达国家竞争法的管制内容较宽，其立法也比较完善，因此可以说是广义上的竞争法。而发展中国家的竞争法的立法还处于起步阶段，只有少数国家制定了专门的竞争法，因此可以认为发展中国家的竞争法是狭义上的竞争法。

二、发达国家竞争法的立法状况

美国是目前国际上公认的最早制定竞争法单行法的国家,第二次世界大战以后,西方主要国家也纷纷制定了本国的竞争法。

(一)美国的竞争法律制度

美国的反垄断法称为反托拉斯法,由两部分构成:一部分是一般性的规定,另一部分是实践中确立的重要原则。

1. 一般性的规定。美国有三个法案,集中体现了反托拉斯法的一般规定,即 1890 年的《谢尔曼法》(Sherman Act)、1914 年的《克莱顿法》(Clayton Act)和 1914 年的《联邦贸易委员会法》。

《谢尔曼法》主要是广泛禁止各种有组织的反竞争做法以及禁止垄断和市场控制。其中有两条重要的原则性规定:第一条规定是任何以托拉斯或其他形式的联合、契约或共谋,限制州际或对外贸易或商业,均属非法、重罪;第二条规定是禁止任何人垄断,或企图垄断,或与任何其他人联合或共谋垄断州际或与外国之间的贸易或商业,否则被视为犯罪。

《克莱顿法》被称为管制兼并的武器,主要规定了视为反竞争行为的几种具体形式,即价格歧视、独家交易、搭卖安排和兼任董事。

《联邦贸易委员会法》主要是程序法,但在实体方面作了扩大,规定凡商业中的不正当竞争方式和商业中的不公平或欺骗性的行为或做法均属于违法,应予禁止。

2. 实践中确立的重要规则。美国是个判例国家,所以,具体判定一种行为是否构成反竞争做法,还需由在实践中形成的重要规则来确定。

(1)合理规则。某些对竞争的限制比较模糊的行为是否构成违法,必须慎重地考察企业行为的意图、行为方式以及行为后果等综合因素后,才能作出判断。只有企业存在谋求垄断的意图,并通过不属于"工业发展正常方法"实现了目的,造成对竞争的实质性限制的情况下,其行为才构成犯罪。

(2)本身违法规则。某些行为具有明显的反竞争性质,只要此类行为发生,则无需对其他因素进行考虑即可判定违法。属于此类的行为是:固定价格、联合抵制、拒绝交易、瓜分市场、维持转售价格、搭售及滥用专利权等。

3. 美国竞争法的适用性。适用性最明显地表现在以下两个方面:

一是出口卡特尔豁免,也就是说不适用于本国在出口方面针对外国市场作出的限制竞争和垄断的做法。即在出口方面的限制性做法,只要并非有意地、人为地限制美国国内市场,或影响美国国内价格,或限制美国国内其他竞争者的出口贸易,则不受反托拉斯法的限制。

二是具有域外适用性。在国际贸易中,域外的公司实施了某种限制性商业行为,但只要影响了美国的市场竞争,则不论是美国公司还是外国公司实施的,都属于违反了反托拉斯法,因此要受到反托拉斯法的限制。

(二)欧洲共同体的竞争法

欧洲共同体内存在着两套平行的竞争法,一套是欧洲共同体竞争法,另一套是各成员国根据自己的情况制定的国内竞争法。

欧洲共同体竞争法主要体现在《欧洲经济共同体条约》中的第八十五条和第八十六条。第八十五条的内容是：禁止足以影响成员国之间的贸易，并以阻碍、限制或歪曲共同市场内部竞争为目的，或具有这种效果的所有的企业之间的协议、企业联合组织的决定和联合一致的行为。第八十六条的内容是：禁止在共同体内企业滥用足以影响成员国之间贸易的优势地位。在垄断与兼并方面，则依是否滥用支配地位来判断是否违法。欧共体对垄断与兼并的管制并不太严，一般支持欧洲共同体市场内的跨国合并，以增强欧共体的竞争力。但是有优势且处于支配地位的公司作出合并，如果合并增强了其地位，从而妨碍了欧共体内的竞争，则这种行为就违反了第八十六条的规定，应当予以禁止。

欧洲共同体的竞争法主要是模仿美国的竞争法，因此在适用方面具有域外适用性，主要是根据单一经济实体原则对反竞争行为进行限制和管制，目的和重点在于追究外国母公司的法律责任。

(三) 其他发达国家的竞争法

1. 德国的竞争法。德国的竞争法主要由两大立法构成：一是 1909 年的《反不正当竞争法》，该法主要是反对商业关系中不正当或不道德的行为；二是 1957 年颁布的、后经过多次修改的《反对限制竞争法》，该法禁止的行为主要是卡特尔和大企业滥用优势。

在卡特尔方面，只要是具有以下因素的合同，就是卡特尔合同：即当事人具有共同的目的，取得非法利润；合同可能有限制竞争的效果；合同通过对竞争的限制，可能影响市场流通。卡特尔合同在法律上是无效的，执行这种协议的企业可被处以 100 万德国马克的罚款。

在滥用优势方面，规定企业有优势并不违法，只是滥用优势才违法。依该法规定：所谓优势即指某企业在市场上没有竞争者，或与其他竞争者相比，某企业在产品市场上占优势。如果具有优势地位的企业滥用优势，不公平地妨碍别的企业或无正当理由不公平地对待别的企业，卡特尔局可以禁止其滥用优势行为，受损害的企业可以起诉，要求赔偿。

2. 英国的公平贸易法。英国的竞争立法主要是由以 1973 年的《公平贸易法》为核心的一系列单行法组成。主要禁止的是垄断情势和限制性商业行为。

据英国的竞争法规定，一家公司或一项行动的两家以上的公司以阻碍或限制竞争的方式，提供或购买占市场 25% 的商品或服务，就存在着垄断的情势。在此情况下，政府垄断和合并委员会就会就是否存在垄断情势以及当事人的活动是否违背公共利益向国务大臣提出报告，国务大臣作出救济措施并经议会批准。

所谓限制性商业行为，通常是商品与劳务的供应商或加工商之间对价格、货物的销售条件、提供劳务的条件、生产商品的数量、提供的人员或供应的领域等的限制性做法。对于有以上限制性内容的协议，要向公平交易局登记，该局有权向法院起诉。另外，固定价格、分配市场、联合抵制等协议一般被认为也是非法的。

3. 日本的竞争法。1947 年日本颁布《禁止垄断与保持公平贸易方法的法律》，此法已作了多次修改。日本反垄断法主要是禁止私人垄断、不合理的限制贸易和不公平的商业行为。私人垄断是指一种商业活动，如果一个企业家排除或控制其他企业家的商业活动，违背公共利益，造成特定贸易领域中竞争的实质性限制，实际上限制了竞争，就形成私人垄断。不合理的限制贸易则包括固定价格，限制生产、技术、产品、设备、客户或供应商，造成实质上限制竞争的商业活动。不公平的商业行为包括歧视待遇、以过高的价格进行交易、胁迫客户等做法。对于上述行为不仅是一般违法，而且是刑事违法。

三、中国的竞争法

中国竞争法主要由反不正当竞争法和反垄断法两部分构成。

(一)反不正当竞争法

中国的反不正当竞争法是从 20 世纪 80 年代起逐步形成的。1980 年中国加入世界知识产权组织，1985 年加入《保护工业产权巴黎公约》。随着中国经济体制由计划经济向社会主义市场经济转变，市场竞争日益激烈，不正当竞争行为也伴随而生。为了促进社会主义市场经济健康发展，鼓励和保护公平竞争，制止不正当竞争行为，保护经营者的合法权益，1993 年 9 月 2 日，第八届全国人民代表大会常务委员会第三次会议通过了《中华人民共和国反不正当竞争法》(以下简称《反不正当竞争法》)，该法于 1993 年 12 月 1 日起实施。此后，为了配合该法的实施，原国家工商行政管理总局又发布了一系列配套的规范性文件，各省、市、区地方结合本地情况制定了一些实施条例或办法。2007 年 2 月，最高人民法院发布了《关于审理不正当竞争民事案件应用法律若干问题的解释》，这些规范性文件对规范经营者的市场竞争行为起到了积极的作用。

随着时代的发展，一些妨碍公平竞争的新现象、新问题相继出现。为了能够适应实践发展的需要，更好地鼓励和保护公平竞争，保护经营者和消费者的合法权益，2017 年，第十二届全国人大常委会第三十次会议通过修改《反不正当竞争法》的决定。此次修改以问题为导向，注重实用性和可操作性，加强了对不正当竞争行为规制的系统性、整体性和协同性，表现在：修订完善仿冒混淆行为规定，更加合理界定商业贿赂行为，增加禁止"组织虚假交易"规定，微调侵犯商业秘密相关条款，新增互联网领域专门内容、完善执法机关监督检查职权，加大处罚力度完善法律责任，注重与商标法、广告法、反垄断法等其他法律法规的衔接，删除了公用企业限制竞争、搭售、低价倾销、行政垄断和串通招投标等内容。2019 年第十三届全国人民代表大会常务委员会第十次会议通过决议，再次对《反不正当竞争法》作了修改，对侵犯商业秘密等不正当竞争行为加大了处罚力度。目前实施的是 2019 年文本。

(二)反垄断法

反垄断法是市场经济重要的基础性法律之一。2007 年 8 月 30 日，第十届全国人民代表大会常务委员会第二十九次会议通过《中华人民共和国反垄断法》(以下简称《反垄断法》)，该法自 2008 年 8 月 1 日起施行。为确保《反垄断法》顺利实施，作为国务院反垄断执法机关之一的原国家工商行政管理总局于 2010 年 12 月 31 日公布了《工商行政管理机关禁止垄断协议行为的规定》《工商行政管理机关禁止滥用市场支配地位行为的规定》《工商行政管理机关制止滥用行政权力排除、限制竞争行为的规定》。2012 年 5 月 8 日，最高人民法院出台《关于审理因垄断行为引发的民事纠纷案件应用法律若干问题的规定》，根据该规定，如果因垄断行为遭受损失而直接向人民法院提起诉讼，人民法院应该受理；对于联合提价等垄断行为，被诉垄断企业应承担举证倒置责任。该规定自 2012 年 6 月 1 日起实行。

第二节 反不正当竞争法

一、不正当竞争行为的含义和特征

(一)不正当竞争行为的含义

不正当竞争行为的含义,有关国际公约和各国立法界定不一。国际公约一般采取一般条款加列举的方式。比如《保护工业产权巴黎公约》规定:在工商业领域违反诚实惯例的竞争行为构成不正当竞争行为,并列举了若干应予以禁止的行为。1966年11月,保护知识产权国际局召集的由发展中国家和政府代表组成的专家委员会审查并通过的《发展中国家商标、商号和不公平竞争行为示范法》认为:违反工业或商业事务中诚实做法的任何竞争行为都是非法的,并列举了若干应予以禁止的行为。在国外相关法律中,德国法采用一般条款加列举的方法,将不正当竞争行为表述为"在营业中为竞争目的采取的违反善良风俗的行为",并列举了若干禁止的商业行为;日本法未规定一般条款,直接采用列举方法,将若干"不公正交易方法"规定为不正当竞争行为。虽然国际公约和各国立法的规定表述不尽相同,但是都认为不正当竞争行为实质上是一种违反平等、公正、诚实信用原则和竞争规则的非法行为。

《反不正当竞争法》第二条规定,"经营者在生产经营活动中,应当遵循自愿、平等、公平、诚信的原则,遵守法律和商业道德。本法所称的不正当竞争行为,是指经营者在生产经营活动中,违反本法规定,扰乱市场竞争秩序,损害其他经营者或者消费者的合法权益的行为。"由此可以看出,我国采用的是在规定市场竞争基本原则的基础上,以列举方式明确应禁止的不正当竞争行为。

(二)我国不正当竞争行为的特征

1. 不正当竞争的主体是经营者。经营者是指从事商品生产、经营或者提供服务(以下所称商品包括服务)的自然人、法人和非法人组织。此处的经营者是从行为角度认定的,不局限于商事主体,即不具有商事主体资格的自然人、法人和非法人组织如果从事经营行为也可以构成不正当竞争,应予以制止。比如非营利医院以给付"介绍费""处方费"等手段,诱使其他医院的医生介绍病人到本院做检查的行为。

2. 不正当竞争行为违反公认的市场竞争的基本规则。这是不正当竞争行为具有违法性、不正当性的基本依据,也是认定不正当竞争行为的关键。自愿、平等、公平、诚信、遵守法律和商业道德是公认的市场竞争的基本规则。如果与此相反,经营者以欺骗、假冒和妨碍为手段,以损害其他经营者的利益为代价,获取市场竞争优势,这种行为就是不公平和不正当的。但这些原则在实务中不好把握,因此,基于这些原则,《反不正当竞争法》列举了重点查处的七种行为。

3. 不正当竞争行为主要是一种侵权行为。不正当竞争行为侵害的是其他经营者的法定权益,因此是一种侵权行为。此外某些侵犯商业秘密的行为,还可能同时违反合同约定。

4. 不正当竞争行为以获取市场竞争优势为目的。这是区别不正当竞争行为与其他违法行为，尤其是与一般侵权行为的重要标志。不正当竞争行为，只适用于那些在违法经营者和受害经营者之间存在竞争关系的违法行为，即他们往往是提供同类商品或服务的经营者。

5. 不正当竞争行为是扰乱市场竞争秩序，损害消费者合法权益的行为。且然行为人的不正当竞争行为针对的是竞争者，但这种不以商业道德为基础的竞争，会破坏市场竞争机制，直接影响企业的创新动力，不仅会对其他经营者造成损害，而且会扰乱市场竞争秩序，损害消费者的合法权益。

二、不正当竞争行为的监管机构

不正当竞争行为涉及多个行业、多个领域，情况复杂，按照行政管理机关的职能分工，对这些不正当竞争行为的查处，需要由不同监管机构负责。为加强各个部门之间配合，国务院建立反不正当竞争工作协调机制，研究决定反不正当竞争重大政策，协调处理维护市场竞争秩序的重大问题。

在查处不正当竞争行为的主体方面，法律明确规定县级以上人民政府履行工商行政管理职责的部门作为主要查处主体。其他部门只有在相关法律、行政法规明确规定有查处权的，才可以由其依法查处。

三、不正当竞争行为的种类

在现实中不正当竞争行为是多种多样的，并随着经济生活的变化，不断出现新的形式。《反不正当竞争法》结合我国经营者在市场竞争中的行为特点以及现实，规定了七种行为作为不正当竞争行为。

(一) 引人误解的混淆行为

1. 引人误解的混淆行为的含义和表现

引人误解的混淆行为，是指经营者擅自使用与他人有一定影响的商品标识相同或近似的标识，擅自使用他人有一定影响的主体名称、域名主体部分、网站名称、网页等，引人误认为是他人商品或者与他人存在特定联系的行为。该行为不仅本身具有违法性，损害其他经营者的合法权益，而且也损害消费者的权益。因为当市场上不同产品的商标、字号或企业名称具有相同或者相似内容时，消费者会误认为是同一家公司的产品或出自同一个生产者。

根据《反不正当竞争法》第六条的规定，法律禁止的引人误解的混淆行为主要包括：(1) 擅自使用与他人有一定影响的商品名称、包装、装潢等相同或者近似的标识；(2) 擅自使用他人有一定影响的企业名称(包括简称、字号等)、社会组织名称(包括简称等)、姓名(包括笔名、艺名、译名等)。经营者登记的企业名称违反此项规定的，应当及时办理名称变更登记；名称变更前，由原企业登记机关以统一社会信用代码代替其名称。(3) 擅自使用他人有一定影响的域名主体部分、网站名称、网页等；(4) 其他足以引人误认为是他人商品或者与他人存在特定联系的混淆行为。这是兜底性条款，可以弥补列举不全导致的问题，让禁止混淆行为的规定在实践中涵盖的范围更广泛。

分析上述情形不难发现，其中的核心要件有两个，一是擅自使用的他人标识在相关领域应"有一定的影响"；二是"引人误认"。只有"有一定的影响"，才可能"引人误认"。只有"引人误认"，才可能对其他经营者或消费者产生损害。

2."有一定的影响"的认定依据

"有一定的影响"是一个相对的概念，是指为相关公众所知悉，有一定市场知名度和美誉度。如何认定"有一定的影响"？该法未明确规定。1993年《反不正当竞争法》使用的是"知名商品"，从语义上看，"知名商品"的要求高于"有一定的影响"。但基本立法思想是一致的，所以，在实务中可以参考最高人民法院《关于审理不正当竞争民事案件应用法律若干问题的解释》第一条关于"知名商品"的认定条件，即考虑该商品的销售时间、销售区域、销售额和销售对象，进行任何宣传的持续时间、程度和地域范围，作为知名商品受保护的情况等因素，进行综合判断。

原告应当对其商品名称、包装、装潢、企业名称、姓名、域名主体部分、网站名称、网页等"有一定的影响"负举证责任。

3."引人误解"的认定依据。这主要是指相关公众对商品来源产生错误认识。在实务中"相关公众"可以参考最高人民法院《关于审理商标民事纠纷案件适用法律若干问题的解释》第一条关于"相关公众"的认定条件，即"商标法所称相关公众，是指与商标所标识的某类商品或者服务有关的消费者和与前述商品或者服务的营销有密切关系的其他经营者。"

此外，根据最高人民法院《关于审理不正当竞争民事案件应用法律若干问题的解释》，"装潢"包括由经营者营业场所的装饰、营业用具的式样、营业人员的服饰等构成的具有独特风格的整体营业形象。

（二）商业贿赂行为

1. 商业贿赂行为的含义

商业贿赂行为，是指经营者为谋取交易机会或者竞争优势，采用财物或者其他手段贿赂交易相关方单位或者个人的行为。

商业贿赂行为严重损害平等、公平、诚实信用的市场竞争原则，阻碍市场机制的正常发挥，败坏社会风气，是各国反不正当竞争法重点打击的行为。

2. 商业贿赂行为的特征

根据《反不正当竞争法》第七条的规定，商业贿赂的特征是：

（1）行贿主体。行贿的主体是经营者。经营者的工作人员进行贿赂的，应当认定为经营者的行为；但是，经营者有证据证明该工作人员的行为与为经营者谋取交易机会或者竞争优势无关的除外。这一规定有利于经营者规范自身行为和行政机关开展执法工作。

（2）受贿主体。包括三种人：①交易相对方的工作人员。②受交易相对方委托办理相关事务的单位或者个人。比如交易相对方的代理人。③利用职权或者影响力影响交易的单位或者个人。比如国家机关及其工作人员利用其职权影响交易。

（3）商业贿赂的目的。是争取交易机会和竞争优势。这是其区别于一般贿赂的本质特征。获取"交易机会"是指经营者通过商业贿赂，取得与交易相对方达成交易的可能性。

（4）贿赂的手段。既包括财物，也包括其他手段。根据原国家工商行政管理总局发布的《关于禁止商业贿赂行为的暂行规定》,这里所称财物,是指现金和实物,包括经营者为销售或者购买商品,假借促销费、宣传费、赞助费、科研费、劳务费、咨询费、佣金等名义,或者以报销各种费用等方式,给付对方单位或者个人的财物。所称其他手段,是指提供国内外各种名义的旅游、考察等给付财物以外的其他利益的手段。

3. 商业贿赂与合法的折扣、佣金的区别。折扣是指经营者在销售商品时,给予对方一定的价格优惠。佣金是指中间人在商业活动中,因代买、代卖而收取的劳务报酬。为防止以折扣、佣金之名行商业贿赂之实,法律对折扣、佣金的给付设置了两个条件:一是要以明示方式进行;二是买卖双方如实入账,即经营者向交易相对方支付折扣、向中间人支付佣金的,应当如实入账。接受折扣、佣金的经营者也应当如实入账。

经营者为了销售或购买商品,采用账外暗中的回扣方式给予交易相对方财物的属于商业贿赂行为。所谓账外暗中,是指未在依法设立的反映其生产经营活动或者行政事业经费收支的财务账上按照财务会计制度规定明确如实记载,包括不记入财务账、转入其他财务账或者做假账等。

(三)虚假或者引人误解的商业宣传行为

1. 虚假或者引人误解的商业宣传的含义

虚假或者引人误解的商业宣传,是指经营者为了获取市场竞争优势和不正当利益,违反诚实信用原则,对商品的性能、功能、质量、销售状况、用户评价、曾获荣誉等作虚假或者引人误解的商业宣传,欺骗、误导消费者的行为。该行为不仅本身具有违法性,损害其他经营者的合法权益,而且也损害消费者的权益。

2. 虚假或者引人误解的商业宣传的特征

根据《反不正当竞争法》第八条的规定,虚假或者引人误解的商业宣传行为的主要特征是:

(1)宣传主体是经营者。1993年《反不正当竞争法》针对的主要是为自己宣传的经营者,为他人宣传的主体主要是广告经营者。随着电子商务平台交易的增多,网上卖家的销量、客户评价等对买家的购买意愿的影响越来越大。为促进交易,不少经营者委托他人通过组织虚假交易等方式,帮助自己提高销量或写好评、删差评,导致电子商务领域虚假宣传问题日益严重,甚至出现了专门组织虚假交易帮助他人进行虚假宣传以牟取不正当利益的情况。为遏制此类行为,2017年修改《反不正当竞争法》时,立法者将通过组织虚假交易等方式,帮助其他经营者进行虚假或者引人误解的商业宣传的行为增列为不正当竞争行为,将组织"刷单"的经营者也列为不正当竞争主体。但被组织参与虚假交易"刷单"的消费者没有被列为不正当竞争行为主体。

(2)宣传的目的,通过面向社会公众宣传提升自己的商品或服务信誉,或者帮助委托方提升商品或服务信誉,促进交易,不针对特定竞争对手。

(3)宣传的对象是经营者经营的商品或服务的相关信息,主要包括商品的性能、功能、质量、销售的状况、用户的评价、曾获得的荣誉等方面。

(4)宣传的内容虚假或者引人误解。

内容虚假即内容不真实,与实际情况不符。比如将国内小厂宣传为国外知名企业。引人误解一般指内容表述不清,有多重解释。或者虽然表述真实,但仅陈述部分事实,让人引发错误联想。比如有些保健品声称产品含有名贵药材，该物质对人体健康，但实际上产品中该种物质含量很少，几乎可以忽略不计。

3. 引人误解的虚假宣传行为的认定

引人误解的虚假宣传行为的核心是引人误解。根据最高人民法院《关于审理不正当竞争民事案件应用法律若干问题的解释》，人民法院在审理案件时应根据日常生活经验、相关公众一般注意力、发生误解的事实和被宣传对象的实际情况等因素，对引人误解的虚假宣传行为进行认定。

根据上述司法解释，下列行为应列为引人误解的虚假宣传行为：

(1) 对商品作片面的宣传或者对比的；

(2) 将科学上未定论的观点、现象等当作定论的事实用于商品宣传的；

(3) 以歧义性语言或者其他引人误解的方式进行商品宣传的。以明显的夸张方式宣传商品，不足以造成相关公众误解的，不属于引人误解的虚假宣传行为。

(四) 侵犯商业秘密的行为

加强知识产权保护，是建设知识产权强国的基础和前提。商业秘密作为知识产权的一种形式，越来越成为企业的核心竞争力，越来越受到世界各国的关注与重视。特别是在我国打造大众创业、万众创新社会营商环境的形势下，加强商业秘密保护具有重要的意义。

1. 商业秘密的含义和特征

商业秘密，是指不为公众所知悉、具有商业价值并经权利人采取相应保密措施的技术信息、经营信息等商业信息。根据原工商行政管理总局发布的《关于禁止侵犯商业秘密行为的若干规定》，受保护的商业信息包括设计、程序、产品配方、制作工艺、制作方法、管理诀窍、客户名单、货源情报、产销策略、招投标中的标底及标书内容等。

商业秘密具有以下法律特征：

(1) 不为公众所知悉。这是指该信息不是公开的信息，其他人不能从公开渠道获取。根据最高人民法院《关于审理不正当竞争民事案件应用法律若干问题的解释》第九条的规定，不为公众所知悉是指有关信息不为其所属领域的相关人员普遍知悉和容易获得。但具有下列情形之一的，可以认定有关信息不构成不为公众所知悉：①该信息为其所属技术或者经济领域的人的一般常识或者行业惯例；②该信息仅涉及产品的尺寸、结构、材料、部件的简单组合等内容，进入市场后相关公众通过观察产品即可直接获得；③该信息已经在公开出版物或者其他媒体上公开披露；④该信息已通过公开的报告会、展览等方式公开；⑤该信息从其他公开渠道可以获得；⑥该信息无需付出一定的代价而容易获得。

(2) 具有商业价值。具有商业价值是指该信息具有确定的商业价值，能为权利人带来现实的或者潜在的经济利益或者竞争优势，也可以是失败的实验数据。

(3) 权利人采取了相应的保密措施。商业秘密应当是权利人采取特别措施刻意保护的信息。因此，法律要求权利人在维权时需举证说明自己为防止信息泄露，采取了与其商业价值等具体情况相适应的合理保护措施。《反不正当竞争法》规定，具有下列情形之一，在正常情况下足以防止涉密信息泄露的，应当认定权利人采取了保密措施：①限定涉密信息的知悉范围，只对必须知悉的相关人员告知其内容；②对于涉密信息载体采取加锁等防范措施；③在涉密信息的载体上标有保密标志；④对于涉密信息采用密码或者代码等；

⑤签订保密协议;⑥对于涉密的机器、厂房、车间等场所限制来访者或者提出保密要求;⑦确保信息秘密的其他合理措施。

在侵犯商业秘密的民事审判程序中,商业秘密权利人提供初步证据,证明其已经对所主张的商业秘密采取保密措施,且合理表明商业秘密被侵犯即可。涉嫌侵权人如果想否定侵权,应当证明权利人所主张的商业秘密不属于《反不正当竞争法》规定的商业秘密。

2. 侵犯商业秘密行为的表现

对于侵犯商业秘密的行为,法律采用列举的方式加以规定。根据《反不正当竞争法》第九条的规定,经营者实施的下列行为属于侵犯商业秘密的行为:

(1)以盗窃、贿赂、欺诈、胁迫、电子侵入或者其他不正当手段获取权利人的商业秘密;

(2)披露、使用或者允许他人使用以前项手段获取的权利人的商业秘密;

(3)违反保密义务或者违反权利人有关保守商业秘密的要求,披露、使用或者允许他人使用其所掌握的商业秘密;

(4)教唆、引诱、帮助他人违反保密义务或者违反权利人有关保守商业秘密的要求,获取、披露、使用或者允许他人使用权利人的商业秘密。

经营者以外的其他自然人、法人和非法人组织实施前款所列违法行为的,视为侵犯商业秘密。

第三人明知或者应知商业秘密权利人的员工、前员工或者其他单位、个人实施本条第一款所列违法行为,仍获取、披露、使用或者允许他人使用该商业秘密的,视为侵犯商业秘密。

3. 侵犯商业秘密行为的举证责任

根据谁要求谁举证的一般原则,商业秘密权利人起诉他人侵权,应对他人的侵权行为进行举证。为减轻商业秘密权利人的举证负担,2019年《反不正当竞争法》规定,商业秘密权利人提供初步证据合理表明商业秘密被侵犯,且提供以下证据之一的,涉嫌侵权人应当证明其不存在侵犯商业秘密的行为:(1)有证据表明涉嫌侵权人有渠道或者机会获取商业秘密,且其使用的信息与该商业秘密实质上相同;(2)有证据表明商业秘密已经被涉嫌侵权人披露、使用或者有被披露、使用的风险;(3)有其他证据表明商业秘密被涉嫌侵权人侵犯。

(五)不正当有奖销售行为

1. 有奖销售的含义

有奖销售,是指经营者销售商品或提供服务时,附带性地向购买者提供物品、金钱或者其他经济上利益的一种促销行为。有奖销售具有双重性,一方面可以促销,但另一方面可以传递错误的信息,利用消费者的投机心理诱导消费者的市场选择。因此,各国对有奖销售一般是有限制地许可,即允许经营者实施不损害其他竞争对手、不损害消费者的利益、不违反公序良俗的有奖销售,禁止不正当有奖销售。

2. 不正当有奖销售行为的法定情形

根据《反不正当竞争法》第十条的规定,经营者采用下列方式销售的属于不正当有奖销售行为:

（1）所设奖的种类、兑奖条件、奖金金额或者奖品等有奖销售信息不明确，影响兑奖。比如宣称"买一赠一"，实际赠送的是一个小礼品。宣称所设奖品价值百万元，但实际使用却附加很多限制条件。

（2）采用谎称有奖或者故意让内定人员中奖的欺骗方式进行有奖销售。比如电脑抽奖时对不同主体设定不同的中奖概率。

（3）抽奖式的有奖销售，最高奖的金额超过5万元。所谓抽奖式是指以抽签、摇号等带有偶然性的方法决定购买者是否中奖的方式。如果是凭借智力、体力、技能等赢得奖励，一般视为参与人的合法回报，不属于不正当有奖销售。

经政府或者政府有关部门依法批准的有奖募捐及其他彩票发售活动，不适用《反不正当竞争法》的规定。

（六）损害商誉行为

1. 损害商誉行为的含义

根据《反不正当竞争法》第十一条规定，损害商誉行为，是指经营者编造、传播虚假信息或者误导性信息，损害竞争对手的商业信誉、商品声誉的行为。

商誉是商业信誉和商品声誉的合称。商誉是一种无形财产，属于知识产权范畴。其中，商业信誉主要指经营者通过公平竞争和诚信经营所取得的良好社会综合评价，包括经营者的资产状况、经营能力、信用情况等。商品声誉是商业信誉的组成部分，是指经营者提供的商品或服务质量的良好社会评价，包括商业的性能、用途、质量、效果等。

2. 损害商誉行为的特征

（1）损害的对象是特定竞争对手。这是指实施损害商誉行为的经营者与被害人之间存在商业上的竞争关系。被害人是明确的，可以是一个主体，也可以是多个主体。

（2）目的。降低竞争对手的商誉，使其竞争力下降，间接提高自身的市场竞争力。

（3）行为表现。编造、传播虚假或者误导性信息。比如，在商业信息发布会或洽谈会上传播对竞争对手不利的司法未决事实、利用说明书贬低竞争对手、在对外经营中向客户及消费者散布有损竞争对手的虚假事实、唆使或收买他人以顾客和消费者的名义投书新闻媒体贬低竞争对手的商业信誉等。

（4）对竞争对手的商誉造成实际损害。

（七）互联网领域的不正当竞争行为

1. 互联网领域的不正当竞争行为的含义

随着互联网技术在商业领域应用的普及，互联网领域的竞争日益激烈，利用技术手段违反市场竞争原则的事件日益增多。为规范互联网领域的竞争秩序，2017年《反不正当竞争法》就互联网领域特有的、利用技术手段实施的不正当竞争行为作出限制，增加了互联网领域的不正当竞争行为。

2. 互联网领域的不正当竞争行为的特点

（1）技术含量高。此类行为利用技术手段，通过影响用户选择或其他方式，妨碍、破坏其他经营者合法提供的网络产品或服务的正常运行。

（2）认定难度大。互联网领域的竞争判断需要较高的技术支持。

3. 互联网领域的不正当竞争行为的表现

根据该法第十二条的规定，互联网领域的不正当竞争行为，是指经营者利用技术手段，通过影响用户选择或者其他方式，实施妨碍、破坏其他经营者合法提供的网络产品或者服务正常运行的行为。具体包括下列情形：

（1）未经其他经营者同意，在其合法提供的网络产品或者服务中，插入链接、强制进行目标跳转；

（2）误导、欺骗、强迫用户修改、关闭、卸载其他经营者合法提供的网络产品或者服务；

（3）恶意对其他经营者合法提供的网络产品或者服务实施不兼容；

（4）其他妨碍、破坏其他经营者合法提供的网络产品或者服务正常运行的行为。

四、不正当竞争行为的经营者应承担的法律责任

不正当竞争行为的经营者应承担的法律责任分为民事责任、行政责任和刑事责任三个方面。三种责任独立存在，同一行为可能同时涉及三种责任。

（一）民事责任

根据《反不正当竞争法》第十七条的规定，经营者违反本法规定，给他人造成损害的，应当依法承担民事责任。因不正当竞争行为受到损害的经营者的赔偿数额，按照其因被侵权所受到的实际损失确定；实际损失难以计算的，按照侵权人因侵权所获得的利益确定。经营者恶意实施侵犯商业秘密行为，情节严重的，可以在按照上述方法确定数额的一倍以上五倍以下确定赔偿数额。赔偿数额还应当包括经营者为制止侵权行为所支付的合理开支。

为了加大对实施引人误认的混淆行为或侵犯商业秘密的行为的打击力度，《反不正当竞争法》修订时对此类行为增加了法定赔偿。2017年修订时规定，"经营者违反本法第六条、第九条规定，权利人因被侵权所受到的实际损失、侵权人因侵权所获得的利益难以确定的，由人民法院根据侵权行为的情节判决给予权利人300万元以下的赔偿。"2019年修订本将这一数额提高至500万元。其中"侵权行为的情节"，主要指侵权行为人的主观过错程度、采用的侵权行为手段和方式、侵权行为持续的时间、造成损害的程度等。

（二）行政责任

不正当竞争行为既损害其他经营者的合法权益，还损害市场竞争秩序和消费者权益，因此，有必要对实施不正当竞争行为的经营者给予一定行政处罚。对行为人给予的行政处罚措施主要有责令停止违法行为、没收违法商品、罚款、吊销营业执照等。

与1993年文本相比，目前实施的文本加大了对不正当竞争行为的行政处罚的力度，特别是提高了罚款额度。比如针对侵犯商业秘密的行为，原规定为根据情节处以1万元以上20万元以下的罚款，新文本在增加了没收违法所得的同时，并"处10万元以上100万元以下的罚款；情节严重的，处50万元以上500万元以下的罚款。"对商业贿赂行为，原规定为"处1万元以上20万元以下的罚款"，新文本改为"处10万元以上300万元以下的罚款。情节严重的，吊销营业执照。"对于不正当有奖销售行为，原规定为："处1万元以上10万元以下的罚款。"新文本改为"处5万元以上50万元以下的罚款"。

(三) 刑事责任

不正当竞争行为可能涉嫌触犯刑法，根据《中华人民共和国刑法》的规定，涉及不正当竞争行为的刑法罪名主要有：与商业贿赂有关的行贿罪、受贿罪和介绍贿赂罪，侵犯商业秘密罪，损害商业信誉，商品声誉罪，虚假广告罪等。

第三节 反垄断法

《反垄断法》是维护市场秩序的最重要的法律。该法共 8 章 57 条，该法最大的特点在于充分借鉴了国际经验，吸取了发达国家有关反垄断法的立法实践，同时结合中国市场经济的情况，对垄断行为及其相关问题进行了较全面的规定。

一、《反垄断法》的适用

(一) 适用的主体

《反垄断法》适用的主体是经营者，即从事商品生产、经营或者提供服务的自然人、法人和其他组织。

(二) 适用的范围

《反垄断法》第二条规定了该法的适用范围"中华人民共和国境内经济活动中的垄断行为，适用本法；中华人民共和国境外的垄断行为，对境内市场竞争产生排除、限制影响的，适用本法。"这个规定是一种很大的突破，首先与发达国家的反垄断法平衡。发达国家为了维护本国市场的公平竞争，保护本国生产者的利益，反垄断法都规定了域外适用性，即发生在本国内的垄断行为由本国反垄断法进行规制；发生在本国外的但只要影响了本国的市场竞争，则不论是本国的公司实施的行为，还是外国公司实施的行为，只要违反了本国的反垄断法，都要受到反垄断法的规制。我国《反垄断法》明确规定，反垄断法规制境内的垄断行为，但境外的垄断行为对境内产生排除、限制影响的，反垄断法同样进行规制。其次，体现了《反垄断法》的进攻性和灵活性。目前我国的企业还在发展之中，大多数企业还不够强，但是却要与国外企业同台竞争，这就需要有一个良好的竞争秩序，《反垄断法》对于维护市场秩序，保护本国企业的竞争具有重要意义。

(三) 适用例外

《反垄断法》的适用例外主要表现在两个方面：

一是知识产权例外。各国反垄断法都规定了知识产权例外，因为知识产权的特征之一是垄断性，法律保护知识产权的垄断性，不受反垄断法的规制。我国《反垄断法》也同样将知识产权排除。《反垄断法》第五十二条规定，经营者依照有关知识产权的法律、行政法规规定行使知识产权的行为，不适用本法；但是，经营者滥用知识产权，排除、限制竞争的行为，适用本法。

二是特定生产者例外。《反垄断法》第五十六条规定，农业生产者及农村经济组织在农产品生产、加工、销售、运输、储存等经营活动中实施的联合或者协同行为，不适用本法。

二、反垄断机构

为了对垄断行为进行有效的管理与控制,《反垄断法》规定,国务院设立反垄断委员会,负责组织、协调、指导反垄断工作。具体承担反垄断执法职责的机构有三个,即曰商务部(反垄断局)、国家发展和改革委员会(价格监督检查与反垄断局)与工商行政管理总局(反垄断与反不正当竞争执法局),分别负责相应的反垄断执法工作。商务部主要负责经营者集中行为审查,国家发展和改革委员会主要负责依法查处价格垄断行为,工商行政管理总局主要负责价格垄断行为以外的垄断协议、滥用市场支配地位、滥用行政权力排除限制竞争等审查。

2018年3月,《国务院机构改革方案》发布,该方案将国家工商行政管理总局的职责、国家质量监督检验检疫总局的职责、国家食品药品监督管理总局的职责、国家发展和改革委员会的价格监督检查与反垄断执法职责、商务部的经营者集中反垄断执法以及国务院反垄断委员会办公室等职责整合,组建国家市场监督管理总局,作为国务院直属机构。同时,保留国务院反垄断委员会,具体工作由国家市场监督管理总局承担。2018年3月21日,作为国务院直属机构的国家市场监督管理总局正式成立,负责反垄断统一执法,规范和维护市场秩序。

国家市场监督管理总局的成立,既有利于解决反垄断部门多头执法的问题,又有利于提高反垄断执法的一致性、专业性和权威性,对于我国反垄断执法工作的发展,具有里程碑式的重要意义。

三、《反垄断法》规定的垄断行为

《反垄断法》规定的垄断行为,主要有以下五种:

(一)垄断协议

什么是垄断协议?《反垄断法》明确规定,垄断协议,是指排除、限制竞争的协议、决定或者其他协同行为。具有竞争关系的经营者不得达成垄断协议,《反垄断法》第十三条、第十四条规定了垄断协议的具体形式。

1. 具有竞争关系的经营者达成垄断协议的形式

具有竞争关系的经营者达成下列协议为垄断协议:(1)固定或者变更商品价格;(2)限制商品的生产数量或者销售数量;(3)分割销售市场或者原材料采购市场;(4)限制购买新技术、新设备或者限制开发新技术、新产品;(5)联合抵制交易;(6)国务院反垄断执法机构认定的其他垄断协议。

2. 经营者与交易相对人达成垄断协议的形式

经营者与交易相对人达成下列协议为垄断协议:(1)固定向第三人转售商品的价格;(2)限定向第三人转售商品的最低价格;(3)国务院反垄断执法机构认定的其他垄断协议。

另外,行业协会不得组织本行业的经营者从事《反垄断法》所禁止的垄断行为。

3. 不属于垄断协议的协议

《反垄断法》第十五条规定,经营者能够证明所达成的协议属于下列情形之一的,不适用《反垄断法》第十三条、第十四条规定的垄断协议:(1)为改进技术、研究开发新产品的；(2)为提高产品质量、降低成本、增进效率，统一产品规格、标准或者实行专业化分工的；(3)为提高中小经营者经营效率，增强中小经营者竞争力的；(4)为实现节约能源、保护环境、救灾救助等社会公共利益的；(5)因经济不景气，为缓解销售量严重下降或者生产明显过剩的；(6)为保障对外贸易和对外经济合作中的正当利益的；(7)法律和国务院规定的其他情形。

属于以上第1至第5项情形，不适用《反垄断法》第十三条、第十四条规定的，经营者还应当证明所达成的协议不会严重限制相关市场的竞争，并且能够使消费者分享由此产生的利益。

4. 经营者违反《反垄断法》的规定，达成并实施垄断协议承担的法律责任

经营者违反《反垄断法》的规定，达成并实施垄断协议的，由反垄断执法机构责令停止违法行为，没收违法所得，并处上一年度销售额1%以上10%以下的罚款；尚未实施所达成的垄断协议的，可以处50万元以下的罚款。若经营者主动向反垄断执法机构报告达成垄断协议的有关情况并提供重要证据的，反垄断执法机构可以酌情减轻或者免除对该经营者的处罚。

(二) 滥用市场支配地位

1. 市场支配地位及其确定

什么是市场支配地位？《反垄断法》明确规定，市场支配地位，是指经营者在相关市场内具有能够控制商品价格、数量或者其他交易条件，或者能够阻碍、影响其他经营者进入相关市场能力的市场地位。

相关市场，是指经营者在一定时期内就特定商品或者服务(以下统称商品)进行竞争的商品范围和地域范围。

认定经营者具有市场支配地位，应当依据下列因素：(1)该经营者在相关市场的市场份额，以及相关市场的竞争状况；(2)该经营者控制销售市场或者原材料采购市场的能力；(3)该经营者的财力和技术条件；(4)其他经营者对该经营者在交易上的依赖程度；(5)其他经营者进入相关市场的难易程度；(6)与认定该经营者市场支配地位有关的其他因素。

有下列情形之一的，可以推定经营者具有市场支配地位：(1)一个经营者在相关市场的市场份额达到1/2的；(2)两个经营者在相关市场的市场份额合计达到2/3的；(3)三个经营者在相关市场的市场份额合计达到3/4的。但是有第2项、第3项规定的情形，其中有的经营者市场份额不足1/10的，不应当推定该经营者具有市场支配地位；被推定具有市场支配地位的经营者，有证据证明不具有市场支配地位的，不应当认定其具有市场支配地位。

2. 滥用市场支配地位的行为

《反垄断法》第十七条规定，具有市场支配地位的经营者从事下列行为属于滥用市场支配地位的行为：(1)以不公平的高价销售商品或者以不公平的低价购买商品；(2)没有正当理由，以低于成本的价格销售商品；(3)没有正当理由，拒绝与交易相对人进行交易；(4)没有正当理由，限定交易相对人只能与其进行交易或者只能与其指定的经营者进行交易；(5)没有正当理由搭售商品，或者在交易时附加其他不合理的交易条件；(6)没

有正当理由，对条件相同的交易相对人在交易价格等交易条件上实行差别待遇；(7)国务院反垄断执法机构认定的其他滥用市场支配地位的行为。

3. 经营者违反《反垄断法》的规定，滥用市场支配地位的法律责任

经营者违反《反垄断法》的规定，滥用市场支配地位的，由反垄断执法机构责令停止违法行为，没收违法所得，并处上一年度销售额1%以上10%以下的罚款。

(三)经营者集中

1. 经营者集中的情形

经营者集中主要是指以下三种情形：(1)经营者合并；(2)经营者通过取得股权或者资产的方式取得对其他经营者的控制权；(3)经营者通过合同等方式取得对其他经营者的控制权或者能够对其他经营者施加决定性影响。

2. 经营者集中的法定程序

经营者可以通过公平竞争、自愿联合，依法实施集中，扩大经营规模，提高市场竞争能力。但是为了控制和管理经营者的集中行为，《反垄断法》明确规定了经营者集中的法定程序：经营者申报，国务院反垄断执法机构审查、决定。

(1)经营者申报。经营者集中达到国务院规定的申报标准的，应当事先向国务院反垄断执法机构申报，未申报的不得实施集中。经营者向国务院反垄断执法机构申报集中，应当提交下列文件、资料：申报书(申报书应当载明参与集中的经营者的名称、住所、经营范围、预定实施集中的日期和国务院反垄断执法机构规定的其他事项)；集中对相关市场竞争状况影响的说明；集中协议；参与集中的经营者经会计师事务所审计的上一会计年度财务会计报告；国务院反垄断执法机构规定的其他文件、资料。

但是，经营者集中有下列情形之一的，可以不向国务院反垄断执法机构申报：参与集中的一个经营者拥有其他每个经营者50%以上有表决权的股份或者资产的；参与集中的每个经营者50%以上有表决权的股份或者资产被同一个未参与集中的经营者拥有的。

(2)国务院反垄断执法机构审查、决定

国务院反垄断执法机构应当自收到经营者提交的符合法定的文件、资料之日起30日内，对申报的经营者集中进行初步审查，作出是否实施进一步审查的决定，并书面通知经营者。

审查经营者集中，应当考虑的因素是：(1)参与集中的经营者在相关市场的市场份额及其对市场的控制力；(2)相关市场的市场集中度；(3)经营者集中对市场进入、技术进步的影响；(4)经营者集中对消费者和其他有关经营者的影响；(5)经营者集中对国民经济发展的影响；(6)国务院反垄断执法机构认为应当考虑的影响市场竞争的其他因素。

国务院反垄断执法机构作出决定前，经营者不得实施集中。国务院反垄断执法机构作出不实施进一步审查的决定或者逾期未作出决定的，经营者可以实施集中。

国务院反垄断执法机构决定实施进一步审查的，应当自决定之日起90日内审查完毕，作出是否禁止经营者集中的决定，并书面通知经营者。审查期间，经营者不得实施集中。

有下列情形之一的，国务院反垄断执法机构经书面通知经营者，可以延长审查期限，但最长不得超过60日：(1)经营者同意延长审查期限的；(2)经营者提交的文件、资料不准确，需要进一步核实的；(3)经营者申报后有关情况发生重大变化的。国务院反垄断执

法机构逾期未作出决定的,经营者可以实施集中。

国务院反垄断执法机构对于经营者集中具有或者可能具有排除、限制竞争效果的,应当作出禁止经营者集中的决定。但是,经营者能够证明该集中对竞争产生的有利影响明显大于不利影响,或者符合社会公共利益的,国务院反垄断执法机构可以作出对经营者集中不予禁止的决定。但对不予禁止的经营者集中,国务院反垄断执法机构可以决定附加减少集中对竞争产生不利影响的限制性条件。

3. 涉及国家安全的外资并购的审查

近些年来,发生在中国境内的外资并购份额日益扩大,一些跨国公司对中国一些重点企业和重点行业实施并购,为了规范跨国公司在中国境内的并购,维护国家经济安全,《反垄断法》对外资并购作了规定。国家对涉及国家安全的外资并购要进行两种审查,即对外资并购境内企业或者以其他方式参与经营者集中,涉及国家安全的,要依照《反垄断法》规定进行经营者集中审查,另外,还应当按照国家有关规定进行国家安全审查。

4. 经营者违反《反垄断法》的规定实施集中承担的法律责任

经营者违反《反垄断法》的规定,实施集中的,由国务院反垄断执法机构责令停止实施集中、限期处分股份或者资产、限期转让营业以及采取其他必要措施恢复到集中前的状态,可以处50万元以下的罚款。

(四) 垄断行业滥用垄断地位

《反垄断法》规定,对于关系到国民经济命脉的行业,国家对其经营者合法经营活动予以保护,但同时,禁止经营者借控制地位损害消费者利益。

《反垄断法》第七条规定,国有经济占控制地位的关系国民经济命脉和国家安全的行业以及依法实行专营专卖的行业,国家对其经营者的合法经营活动予以保护,并对经营者的经营行为及其商品和服务的价格依法实施监管和调控,维护消费者利益,促进技术进步。

但同时规定,前款规定行业的经营者应当依法经营,诚实守信,严格自律,接受社会公众的监督,不得利用其控制地位或者专营专卖地位损害消费者利益。

(五) 滥用行政权力排除、限制竞争

行政权力与垄断结合,限制经营者的竞争,是我国垄断的一个特点,针对这一特点,《反垄断法》明确规定,行政机关和法律、法规授权的具有管理公共事务职能的组织不得滥用行政权力,排除、限制竞争。第八条、第三十二条至第三十七条具体规定了行政机关和法律、法规授权的具有管理公共事务职能的组织不得滥用行政权力实施的具体行为。

1. 不得限定或者变相限定单位或者个人经营、购买、使用其指定的经营者提供的商品

2. 不得实施法律禁止的行为,妨碍商品在地区之间的自由流通

以下行为是不得实施的行为:

(1) 对外地商品设定歧视性收费项目、实行歧视性收费标准,或者规定歧视性价格;

(2) 对外地商品规定与本地同类商品不同的技术要求、检验标准,或者对外地商品采取重复检验、重复认证等歧视性技术措施,限制外地商品进入本地市场;

(3) 采取专门针对外地商品的行政许可,限制外地商品进入本地市场;

(4) 设置关卡或者采取其他手段，阻碍外地商品进入或者本地商品运出；
(5) 妨碍商品在地区之间自由流通的其他行为。

3. 不得以设定歧视性资质要求、评审标准或者不依法发布信息等方式，排斥或者限制外地经营者参加本地的招标投标活动

4. 不得采取与本地经营者不平等待遇等方式，排斥或者限制外地经营者在本地投资或者设立分支机构

5. 不得强制经营者从事本法规定的垄断行为

6. 行政机关不得滥用行政权力，制定含有排除、限制竞争内容的规定

7. 行业协会不得组织垄断

行业协会应当加强行业自律，引导本行业的经营者依法竞争，维护市场竞争秩序。行业协会违反《反垄断法》的规定，组织本行业的经营者达成垄断的，反垄断执法机构可以对其处以50万元以下的罚款，情节严重的，社会团体登记管理机关可以对其依法撤销登记。

四、对涉嫌垄断行为的调查

(一) 反垄断执法机构依法对涉嫌垄断行为进行调查的权利义务

1. 有权依法定的程序对涉嫌垄断行为采取措施

对于涉嫌垄断行为，反垄断执法机构在向反垄断执法机构主要负责人书面报告并经批准后，可以采取下列措施：进入被调查的经营者的营业场所或者其他有关场所进行检查；询问被调查的经营者、利害关系人或者其他有关单位或者个人，要求其说明有关情况；查阅、复制被调查的经营者、利害关系人或者其他有关单位或者个人的有关单证、协议、会计账簿、业务函电、电子数据等文件、资料；查封、扣押相关证据；查询经营者的银行账户。

2. 有权依法作出处理决定

反垄断执法机构对涉嫌垄断行为调查核实后，认为构成垄断行为的，应当依法作出处理决定，并可以向社会公布。对反垄断执法机构调查的涉嫌垄断行为，被调查的经营者承诺在反垄断执法机构认可的期限内采取具体措施消除该行为后果的，反垄断执法机构可以决定中止调查。反垄断执法机构决定中止调查的，应当对经营者履行承诺的情况进行监督。经营者履行承诺的，反垄断执法机构可以决定终止调查。

有下列情形之一的，反垄断执法机构应当恢复调查：经营者未履行承诺的；作出中止调查决定所依据的事实发生重大变化的。

3. 有保密义务

反垄断执法机构及其工作人员对执法过程中知悉的商业秘密负有保密义务。

(二) 被调查者及利害关系人的权利义务

被调查的经营者、利害关系人有权陈述意见，反垄断执法机构应当对被调查的经营者、利害关系人提出的事实、理由和证据进行核实。被调查的经营者、利害关系人或者其他有关单位或者个人应当配合反垄断执法机构依法履行职责，不得拒绝、阻碍反垄断执法机构的调查。

参考阅读

1. 相关法律文件。
2. 王瑞贺. 中华人民共和国反不正当竞争法解读. 北京：中国法制出版社，2017.
3. 法律出版社法规中心. 中华人民共和国反垄断法注释本. 北京：法律出版社，2017.

复习思考

1. 简述不正当竞争行为的含义和特征。
2. 简述引人误解的混淆行为的含义和表现。
3. 简述损害商誉与虚假宣传的主要区别
4. 简述商业贿赂行为的含义和特征。
5. 简述商业秘密的含义和侵权表现。
6. 简述《反垄断法》规定的垄断行为。

案例分析

案情：甲市 A 企业生产的"飞玉"牌保健酒在乙市十分畅销。乙市 B 企业生产的同类保健酒则销路不佳，于是 B 企业召开有关会议，商讨对策，决定采取以下措施：(1)分析 A 企业产品的配方与口味，改进自己产品的配方与口味，生产与 A 企业类似的产品；(2)散发小册子，宣传自己的产品，在宣传中加上自己产品本没有的多种疗效功能；(3)私下邀请 A 企业的营销负责人免费出国旅游，以获得 A 企业的商业营销策略和客户；(4)在春节期间，在大超市开展抽奖促销，最高奖一名，奖品为价值 5 万元的当年生肖金饰品一套；(5)请求乙市政府给予一定保护性的支持。

乙市政府为了支持本地企业的发展，以乙市政府办公室的名义发文，将 B 企业生产的保健酒作为政府对外重点推荐的产品，并要求乙市政府下属部门以 B 企业生产的保健酒作为对外接待用酒。

问题：

1. B 企业采取的各项措施是否属于不正当竞争行为，为什么？
2. 乙市政府对 B 企业的支持性做法是否属于行政垄断，为什么？

第十五章 产品质量法

产品质量关系到企业的生存与发展,也关系到消费者、使用者或第三人的权益,同时也关系到国家和特定区域国民经济发展的规划和目标。目前产品质量方面的诉讼与纠纷日益增多,特别是在国际贸易中,由我国产品质量引起的纠纷日渐增多,针对我国产品的诉讼也日渐增多,因此我们必须对产品质量法予以高度的重视。

与本章有关的法律文件主要有:《中华人民共和国产品质量法》(2018年)、《中华人民共和国侵权责任法》(2010年)。

本章共分四节,论述了产品质量法的基本原则、适用范围,产品的界定,我国产品质量的监督管理制度,产品责任及归责原则、承担赔偿责任的范围,产品责任及与合同品质担保义务的区别,产品缺陷及排除,生产者、销售者在产品质量方面的义务,违反产品质量法应承担的法律责任等。本章的重点是产品质量法的原则,企业质量体系认证制度、产品质量认证制度及其对企业的意义,产品责任、产品责任的归责原则及承担赔偿责任的范围,生产者、销售者在产品质量方面的义务等。

第一节 产品质量法概述

一、产品质量法的含义

产品质量法,是指调整生产者、销售者、消费者、使用者、政府有关部门以及与产品质量有关的其他机构等主体之间,在产品质量方面的权利、义务与责任等关系的法律规范的总称。我国调整产品质量的法律,是1993年2月22日第七届全国人民代表大会常务委员会通过的《中华人民共和国产品质量法》(以下简称《产品质量法》),该法自1993年9月1日起施行。以后,全国人民代表大会常务委员会分别在2000年7月、2009年8月、2018年12月对该法作了修订。目前实施的是2018年文本。

《产品质量法》调整的内容主要是产品质量的监督管理、生产者和销售者的产品质量责任和义务、造成损害后的赔偿、违反产品质量法应承担的法律责任等。在产品质量的法律关系中,主体是市场监督管理部门、法人、企业、有关的社会团体和中介机构以及自然人(包括本国公民、外国人、无国籍人)。客体是产品和行为(监督行为,制造、销售等行为)。产品质量法具有强制性,各类当事人不能任意排除。

二、产品质量法的原则

(一)加强对产品质量的监督管理

提高产品质量与加强监督管理有着必然的联系,《产品质量法》把对产品质量的监督管理作为重要的立法宗旨和基本原则，具体地规定了监督管理制度的内容。如规定了产品质量认证制度，企业质量体系认证制度，产品抽查检验制度，明确了政府对本地区产品质量的责任制，企业内部要有健全的产品质量管理制度等。

(二) 明确产品责任

在《产品质量法》中明确地规定了产品的生产者、销售者、检验和认证机构以及中介机构的产品责任。特别明确规定了各级政府市场监督管理部门的责任。

(三) 保护消费者的合法利益

消费者有社会监督权，有权就产品质量问题向生产者、销售者查询，向市场监督管理部门申诉，向人民法院起诉，有权获得赔偿。生产者、销售者、检验和认证机构及中介机构都要对消费者负责。

(四) 提高产品质量水平

各级政府应当把提高产品质量纳入国民经济和社会发展规划，加强对产品质量工作的统筹规划和组织领导，引导、督促生产者、销售者加强产品质量管理，提高产品质量。国家鼓励和推行科学的质量管理方法，鼓励企业产品质量达到并超过行业标准、国家标准和国际标准。鼓励市场监督管理部门和企业把产品质量提高至国际水平。

(五) 对违法行为重罚

为了使全社会重视产品质量，为了打击和制止违法行为，产品质量法对违法行为采取了更严厉的制裁措施。

三、产品的界定及《产品质量法》的适用范围

(一) 产品的界定

对产品在法律上予以界定是重要的，因为它涉及产品质量法的适用范围，同时也涉及责任主体对产品的责任。法律意义上的产品与经济学和物理学上的产品不同，产品质量法中的产品是由法律予以界定的，各国在产品的界定上大体一致，但是也有一定的区别，特别是在产品的内涵和外延上有很大的区别。

美国对产品的界定比较宽泛，凡是经过某种程度、某种方式加工处理的东西，包括任何可销售、可使用、可移动的制成品，不论是工业的还是农业的，也不论是整体还是部件、原材料等，只要由于使用它或通过它引起了伤害，都可归为发生责任的"产品"范畴。其概念只排除了未加工的东西。现在随着产品责任严格化趋势的发展，"产品的概念已扩大到包括无形资产，甚至扩大到包括土地"，"产品责任法已适用于租赁、委托、颁发许可证及动产转让而丝毫不考虑财产权益的转让。目前，正在出现将严格的产品责任法适用于办公室使用人的趋势"，为了使消费者能够依严格责任原则获取赔偿，越来越多的法院把房屋和公寓视为产品。[①]

欧洲理事会的《斯特拉斯堡公约》(关于造成人身伤害的产品责任公约)将产品定义为，产品指所有动产，包括天然动产或工业动产，无论是经过加工的还是未加工过的，即使组装在另外的动产内或组装在不动产内；并将动产分为两类——天然动产和工业动产。天然

---

① 赵相林. 国际产品责任法. 第 1 版. 北京：中国政法大学出版社，2000：48.

动产主要指动物、植物和矿物产品，这些产品无论是否经过加工，都属于引起责任的产品。工业动产，一般是指制造品。这类产品更容易出现缺陷，造成伤害，因此公约规定，即使将工业动产安装在不动产内或者组装在其他动产之中，仍被作为独立的动产对待，并由此确定产品责任。《欧洲共同体的产品责任指令》规定，产品是指初级农业产品和狩猎产品以外的所有动产，即使已被组装到另一动产或不动产之内。初级产品是指种植业产品、畜牧业产品、渔业产品，但经过加工的这类产品仍为产品责任中的产品。可见，这种界定使产品的范围非常大，可以说是无处不在。

《产品质量法》对产品的界定是指经过加工、制作，用于销售的产品，包括工业产品、农业产品、建筑材料、建筑配件、设备等。

(二)《产品质量法》的适用范围

在中华人民共和国境内从事产品的生产、销售活动均适用产品质量法，但建筑工程和军工产品不适用，由其他法律另行规定。

第二节 产品质量的监督管理

一、产品质量监督管理制度

《产品质量法》规定了我国产品监督管理制度，主要由产品质量标准制度、企业质量体系认证制度、产品质量体系认证制度、产品质量检查制度等几个方面组成。

(一)产品质量标准制度

1. 产品应当符合一定的标准，对于可能危及人身健康和人身、财产安全的工业产品，必须符合国家标准和行业标准，没有国家标准和行业标准的必须符合人体健康和人身、财产安全的要求，禁止生产和销售不符合人身与财产安全的工业产品。

2. 产品质量应当检验合格，不得以不合格产品冒充合格产品。

(二)企业质量体系认证制度

企业质量体系认证制度，是指国务院市场监督管理部门认可或授权的认证机构，依据国际通用的质量管理系列标准，对企业质量体系进行审核认证，合格后颁发认证书的制度。目前国际通用的质量管理系列标准，是指ISO发布的质量体系标准。ISO是国际标准化组织的缩写，它是由120个国家中的国家标准化团体组成的国际组织，其中，每个国家有一个会员代表，中国的会员代表是中国国家技术监督局(CSBTS)。

ISO质量体系标准包括ISO9000、ISO10000及ISO14000三种系列。ISO9000标准明确了质量管理和质量认证体系，每5~7年修订一次，自1987年公布以来已作了两次修订，适用于生产型及服务型企业，它包括三个体系标准和八条指导方针。三个体系标准是ISO9001、ISO9002和ISO9003，其中重要的是ISO9001，它为设计、制造产品及提供服务的组织，明确指出了一套完整质量体系中的20项要素。现在采用此标准已被公认是通向国际市场的通行证。中国已采用了ISO9000标准。ISO10000标准为从事审核质量管理和质量认证体系提供了指导方针。ISO14000标准明确了环境质量管理体系。

《产品质量法》规定，国家根据国际通用的质量管量标准，推行企业质量体系认证制度。企业根据自愿原则可以向国务院市场监督管理部门认可的或者国务院市场监督管理部门授权的部门认可的认证机构申请企业质量体系认证，认证合格的由认证机构颁发认证证书。仅取得企业质量体系认证书的企业，不得在产品上使用认证标志，但在认证书有效期内，申请相应的产品质量认证，均免除对企业质量体系的认证。

(三) 产品质量体系认证制度

产品质量体系认证制度，是依据一定的标准，由生产者和消费者之外的第三方对产品的质量进行证实和评价的一种制度。此制度源于英国，后来普遍推行，现在已有很多国家和地区开展了产品质量认证工作，并成立了一些国际性认证组织，我国也参加了一些国际组织。

我国产品质量体系认证制度的主要内容是：国家参照国际先进的产品标准和技术要求，推行产品质量认证制度；企业根据自愿的原则向国务院市场监督管理部门认可的或者国务院市场监督管理部门授权的认证机构申请产品质量体系认证；认证合格后，颁发合格证书，企业可以在产品、包装上使用产品质量认证标志。

(四) 产品质量检查制度

产品质量检查是国家、社会对产品质量进行检查和监督的一种制度。

1. 产品质量抽查制度。国家对产品质量实行以抽查为主要方式的检查制度，抽查的样品在市场上或在企业成品仓库内待销产品中随机抽取。国家抽查的产品地方不得另行复查，上级抽查的产品下级不得复查。

国家抽查的主要对象是：可能危及人体健康和人身、财产安全的产品；影响国计民生的重要的工业产品；消费者或有关组织反映有质量问题的产品。在检查中，生产者、销售者不得拒绝，监督部门具有了解情况权、查阅复制资料权、查封扣押权。

2. 产品质量检验制度。国家可以根据抽查的需要对产品进行检验，产品检验机构和认证机构也可以对产品进行检验和认证，但是要具备一定的法定要求：首先要具备相应的检测能力和条件；其次要依法设立，要经省级以上人民政府市场监督管理部门或者授权的部门考核合格，并有独立性，不得与行政机关和其他国家机关存在隶属关系或其他利益关系；要依法定的标准，客观、公正地出具检验结果。

3. 社会对产品质量监督制度。消费者有权就产品质量问题向产品的生产者、销售者查询，有权向市场监督管理部门和工商行政管理部门申诉。有关社会组织有权就消费者反映的产品质量问题建议有关部门负责处理，支持消费者起诉。

二、监督管理部门对产品质量的义务

(一) 监督管理主体

产品质量法对监督管理的主体范围作了扩大，规定国务院市场监督管理部门主管全国产品质量监督工作，国务院有关部门在各自的职责范围内负责产品质量监督工作；县级以上地方产品质量监督部门主管本行政区域内的产品质量监督工作，县级以上地方人民政府有关部门在各自的职责范围内负责产品质量监督工作。

(二) 监督管理部门对产品质量的义务

1. 各级政府应把产品质量纳入国民经济和社会发展规划，统筹规划和组织领导，各自在职责范围内负责产品质量工作。

2. 各级人民政府及工作人员和其他国家工作人员不得滥用职权，玩忽职守或徇私舞弊，包庇、放纵本地区、本系统内发生的违反产品质量法的行为。

3. 任何单位、个人不得排斥合格产品进入本地区。

4. 依法设立检验和认证机构。

5. 监督部门不得向社会推荐生产者的产品，不得参与产品的经营活动。

6. 监督管理部门应接受消费者的申诉，为检举者保密。

7. 检验、认证机构应据实出具检验结果，否则，给消费者造成损害或损失的，要与产品的生产者、销售者一起承担连带责任。

第三节 生产者、销售者的产品责任和义务

一、产品责任

(一) 产品责任的含义

产品责任，是指生产者、销售者及有关机构和有关人员，由于生产或销售的产品存在缺陷造成了消费者、使用者或第三人人身伤害或财产损失而要承担的一种法律责任。我国目前无单独的产品责任法，关于产品责任的规定，最集中地体现在《产品质量法》以及《侵权责任法》中。

产品责任涉及以下几方面的要素：

1. 产品责任主体。根据我国《产品质量法》的规定，产品责任主体是生产者、销售者、供货者，若检验认证机构出具的检验结果不实则检验认证机构也是产品责任主体。新修改的《产品质量法》将产品责任主体作了扩大。《产品责任法》第四十条至第四十四条对责任主体作了进一步明确。因产品存在缺陷造成他人损害的，生产者应当承担侵权责任；因销售者的过错使产品存在缺陷，造成他人损害的，销售者应当承担侵权责任；销售者不能指明缺陷产品的生产者也不能指明缺陷产品的供货者的，销售者应当承担侵权责任；因产品存在缺陷造成损害的，被侵权人可以向产品的生产者请求赔偿，也可以向产品的销售者请求赔偿；产品缺陷由生产者造成的，销售者赔偿后，有权向生产者追偿。因销售者的过错使产品存在缺陷的，生产者赔偿后，有权向销售者追偿；因运输者、仓储者等第三人的过错使产品存在缺陷，造成他人损害的，产品的生产者、销售者赔偿后，有权向第三人追偿。

2. 产品责任的受害者。这是发生产品责任后有权提起诉讼的当事人。受害者包括消费者、使用者或第三人。

3. 损害赔偿。依《产品质量法》《中华人民共和国侵权责任法》(以下简称《侵权责任法》)的规定，损害赔偿的范围包括：人身伤害、财产损失、精神损害、惩罚性赔偿等。关于人身伤害和财产损失的赔偿，《产品质量法》规定，因产品的缺陷造成受害人人身伤害的，侵害人应当赔偿医疗费、治疗期的护理费、因误工减少的收入等费用；造成残疾的，还应支付残疾者生活自助费、生活补助费、残疾赔偿金以及由其扶养的人所必需的生

活费等费用；造成受害人死亡的，并应当支付丧葬费、死亡赔偿金以及由死者生前扶养的人所必需的生活费等费用。因产品存在缺陷造成受害人财产损失的，侵害人应当恢复原状或者折价赔偿。受害人因此遭受其他重大损失的，侵害人应当赔偿损失。《侵权责任法》第十六条规定："侵害他人造成人身损害的，应当赔偿医疗费、护理费、交通费等为治疗和康复支出的合理费用，以及因误工减少的收入。造成残疾的，还应当赔偿残疾生活辅助具费和残疾赔偿金。造成死亡的，还应当赔偿丧葬费和死亡赔偿金。"关于精神损害的赔偿，《产品质量法》未作规定，但是在该法修订后，最高人民法院于2001年3月8日公布、2001年3月10日起实施的《关于确定民事侵权精神损害赔偿责任若干问题的解释》中明确规定了精神损害的赔偿，这是要求精神损害赔偿的法律依据。但由于司法解释不属于我国《立法法》所认可的立法形式，从这一角度看，《侵权责任法》出台以前，我国没有明确的法律规定精神损害赔偿这一民事侵权责任种类。《侵权责任法》从立法的高度首次确认精神损害赔偿制度。该法第二十二条规定"侵害他人人身权益，造成他人严重精神损害的，被侵权人可以请求精神损害赔偿"。

另外，《侵权责任法》还确立了惩罚性的赔偿制度。以加大生产者和销售者的责任。

对于明知产品存在缺陷仍然生产、销售，并且造成死亡或者健康严重损害的，如果仅从产品质量法等法律来寻求救济途径，显然是不够的。《侵权责任法》第四十七条规定"明知产品存在缺陷仍然生产、销售，造成他人死亡或者健康严重损害的，被侵权人有权请求相应的惩罚性赔偿"。该条的规定加重了生产者、销售者的法律责任，使被侵权人能够获得更多的赔偿。

(二)承担产品责任的期限

产品责任期限是责任主体承担赔偿责任的法定界限，在此期间责任主体的义务是满足受害人的赔偿请求，在此期限后，责任消灭，责任主体有权拒绝受害人的赔偿请求。我国《产品质量法》规定，因产品存在缺陷造成损害要求赔偿的诉讼时效期间为两年，自当事人知道或应当知道其权益受到损害时起计算。要求赔偿的请求权，在造成损害的缺陷产品交付最初消费者满10年后丧失，但是尚未超过明示的安全使用期的除外。

(三)产品责任与合同品质担保义务的区别

产品责任与合同品质担保义务虽然有一定的联系，但是它们之间的区别是很大的，最大的区别就在于合同品质担保当事人可以约定排除，而产品责任则不能约定排除，产品责任具有强制性。具体来说它们的区别是：

1. 责任主体和请求权利主体不同。在担保义务中，责任主体是卖方，而请求权利主体是买方。在产品责任中责任主体是卖方及生产、制造、加工、销售链上的任何人，请求权利主体是受到伤害的任何人。

2. 两者的性质不同。在担保义务中，原则上是无合同无责任，因此担保义务具有任意性，当事人可以约定，甚至可以排除。而产品责任是一种特殊的侵权责任，是一种强制性的责任，生产者是否有过失并不重要，注重的是侵权的结果。

3. 两者的适用范围不同。品质担保义务是担保货物无瑕疵，瑕疵是指产品不合格。产品责任是因产品缺陷造成损害的责任，缺陷是指产品具有不适当的危险，或没有提供使用者所期待的安全。

4. 两者的赔偿范围不同。品质担保义务赔偿的范围是实际损失以及为减少损失支出的费用，加上预期利润。而产品责任赔偿的范围则是人身伤害、财产损失以及精神损害。

二、产品缺陷及责任的排除

(一) 产品缺陷

产品缺陷是一个法律意义上的概念，由法律予以界定。缺陷的界定很重要，因为产品缺陷与责任主体承担责任的大小有关。一般认为缺陷包括以下几种：设计缺陷、指示上的缺陷、制造缺陷、原材料缺陷、装配上的缺陷及科学上不能发现的缺陷(各国规定不一)。

我国《产品质量法》规定，缺陷是指产品存在危及人身、他人财产安全的不合理的危险；产品有保障人体健康和人身、财产安全的国家标准、行业标准的，缺陷就是指不符合该标准。

(二) 产品责任的排除

生产者能证明有下列情形之一的，可以不承担产品责任：

1. 未将产品投入流通的；
2. 产品投入流通时，引起损害的缺陷不存在的；
3. 将产品投入流通时的科学技术水平不能发现缺陷的存在的。

三、生产者、销售者的义务

(一) 生产者在产品质量方面的义务

1. 产品必须符合保障人身财产安全的要求。即产品在质量上不得存在危及人身、财产安全的不合理的危险，有保障人体健康标准的应当符合标准。

2. 产品必须具备应有的使用性能，但是对于产品存在使用性能的瑕疵作出说明的除外。

3. 产品必须名副其实，即产品必须符合在产品或者其包装上注明采用的产品标准，符合以产品说明、实物样品等方式表明的质量状况。

4. 产品或标识、说明要真实并符合法定的要求。有产品质量检验合格证；有中文标明的产品名称、生产厂名和地址；根据产品的特点和使用要求需要标明产品规格、等级、所含主要成分的，要用中文予以标明，需要事先让消费者知晓的，应当事先在产品的外包装上标明或预先向消费者提供有关资料；限期使用的产品应标明生产日期和安全使用日期或者失效期限；使用不当，容易造成产品本身损坏或者可能危及人身、财产安全的产品，应当有警示标志或中文警示说明。

5. 危险物品及对运输有特殊要求的产品，其包装要符合相应的法律规定，依照有关规定作出警示说明，标明注意事项。

6. 不得从事法律禁止的行为。这些禁止性的行为是：不得生产国家明令淘汰的产品；不得伪造产地、不得伪造或者冒用他人的厂名、厂址；不得伪造或者冒用认证标志等质量标志；生产产品不得掺杂、掺假，不得以假充真、以次充好，不得以不合格产品冒充合格产品。

(二)销售者在产品质量方面的义务

1. 应当执行进货检验制度。即销售者进货时,要对所进货物进行检查,查明货物的质量水平,对货物应具备的标识进行检查。

2. 应采取措施,保持销售产品的质量。

3. 销售产品的标识应当符合有关对生产者的产品或其包装上的要求。

4. 不得从事法律禁止的行为。这些行为主要是:不得销售国家明令淘汰并停止销售的产品和失效、变质的产品;不得伪造或者冒用认证标志等质量标志;不得伪造产地,不得伪造或冒用他人的厂名、厂址;销售产品不得掺杂、掺假,不得以假充真、以次充好,不得以不合格产品冒充合格产品。

第四节 违反产品质量法应承担的法律责任

一、承担法律责任的原则

法律责任的原则,是指依据什么来确定责任主体承担相应的法律责任,责任原则是确定法律责任的重要依据。目前世界上产品责任发展较早,学理上和现行法上最发达,产品责任要求最严格的是美国,美国的产品责任法对世界其他国家产品责任立法有一定的影响和示范作用。

美国承担产品责任的原则或者说诉讼依据主要是:疏忽责任论、担保责任论、严格责任论。疏忽责任论又称过失责任论,是指生产者或销售者因疏忽而造成产品缺陷,致使消费者、使用者或第三人人身伤害或财产损失。以此责任论作为诉讼依据,原告负有较大的举证责任。担保责任论是指产品存在某种瑕疵,生产者或销售者违反了明示或默示的担保,致使消费者、使用者或第三人人身伤害或财产损失。以此作为诉讼依据,原告的举证责任较轻,不需证明生产者或销售者的疏忽。严格责任又称无过失责任,是指只要产品存在缺陷,致使消费者、使用者或第三人人身伤害或财产损失,生产者或销售者就要承担责任。严格责任论的责任主体的责任最大,不论主观上是否有过错,只看客观结果,即是否对消费者、使用者或第三人造成人身伤害或财产损失。以此为诉讼依据,原告的举证责任最轻,生产者、销售者的责任风险最大。目前严格产品责任已被许多国家纳入产品责任法,其趋势是对生产者的要求越来越严。

《产品质量法》关于产品责任的原则,生产者和销售者是有区别的。生产者适用的是无过错责任,即严格产品责任。《产品质量法》第四十一条规定"因产品存在缺陷造成人身、缺陷产品以外的其他财产损害的,生产者应当承担赔偿责任"。而销售者则适用过错责任,即疏忽责任。《产品质量法》第四十二条规定"由于销售者的过错使产品存在缺陷,造成人身、他人财产损害的,销售者应当承担赔偿责任"。《产品责任法》从侵权的角度规定,因产品存在缺陷造成他人损害的,生产者应当承担侵权责任,即生产者适用严格责任。因销售者过错使产品存在缺陷,造成他人损害的,销售者应当承担侵权责任,即对销售者实行过错责任。但与《产品质量法》不同的是,当销售者不能指明缺陷产品的生产者也不能指明缺陷产品的供货者的,销售者应当承担侵权责任。即在此种情况下,销售者适用严格责任。

二、承担法律责任的方式

承担责任的方式主要是民事责任、行政责任和刑事责任。

(一)民事责任

《产品质量法》规定,除法律规定的免责之外,因产品的缺陷造成损害的,责任主体应承担民事责任。对于人身伤害的赔偿,主要方式是支付各种赔偿金。对于财产损失的赔偿,主要方式是恢复原状、折价赔偿,造成重大损失的应当赔偿。对于产品本身的赔偿方式主要是修理、更换、退货等。

《侵权责任法》对承担民事责任的方式规定更多样。主要有赔偿损失、恢复原状、排除妨碍、消除危险、警示、召回等。

特别重要的是,《侵权责任法》首次确立了缺陷产品召回制度。对于已经进入流通领域的产品,如果产品存在缺陷并致人损害的,消费者可以依据《消费者权益保护法》《产品质量法》等向产品的销售者、生产者主张相应的赔偿权利,但是当产品进入流通后,发现缺陷,产品的生产者或者销售者是否应积极采用相应的补救措施,法律却没有明确规定。纵观世界各国的立法,缺陷产品的召回制度在世界上许多国家已成为一种法定的制度。为明确缺陷产品的召回制度,《侵权责任法》第四十六条确立了缺陷产品的召回制度,该条规定"产品投入流通后发现存在缺陷的,生产者、销售者应当及时采取警示、召回等补救措施。未及时采取补救措施或者补救措施不力造成损害的,应当承担侵权责任。被侵权人有权请求生产者、销售者承担排除妨碍、消除危险等侵权责任"。

(二)行政责任和刑事责任

修改后的《产品质量法》不但加大了行政处罚的力度和范围,对行政责任作了具体的规定,而且对违反《产品质量法》的犯罪行为作了具体规定。

1. 生产销售不合格产品。(1)生产不符合人体健康、人身、财产安全的国家标准、行业标准的产品的,责令停止生产、销售,没收违法生产、销售的产品,并处货值金额等值以上3倍以下的罚款,情节严重的吊销营业执照,构成犯罪的,依法追究刑事责任;(2)在产品中掺假、以假充真,以不合格的产品冒充合格的产品的,责令停止生产、销售,没收违法生产、销售的产品,并处货值金额等值50%以上3倍以下的罚款,有违法所得的,并处没收违反所得,情节严重的吊销营业执照,构成犯罪的,依法追究刑事责任;(3)生产和销售国家明令淘汰的产品的,责令停止生产、销售,没收违法生产、销售的产品并处违法生产、销售产品货值金额等值以下的罚款,并处没收违法所得,情节严重的吊销营业执照;(4)销售失效、变质产品的,责令停止销售,没收违法销售的产品,并处没收违法所得,情节严重的,吊销营业执照,构成犯罪的,追究刑事责任。

2. 欺诈、虚假行为。(1)伪造产地,伪造或冒用他人厂名、厂址、认证标志的,责令改正,没收违法生产、销售的产品,并处产品货值金额等值以下的罚款,有违法所得的没收违法所得,情节严重的,吊销营业执照。(2)包装、说明、标识与产品不符的,责令改正。限期使用的产品没有清晰标明生产日期、安全期或失效期的，没有必须具备的警示标志或中文说明的，责令停止生产、销售，并处产品货值金额等值30%以下的罚款，没收违法所得。(3)检验认证机构伪造检验结果，出具虚假证明的，责令改正，对单位处5万元以上10万元以下的罚款，对直接负责的主管人员和其他直接责任人员处1万元以上5万元以下的罚款，并处没收违法所得，情节严重的，取消检验、认证资格，构成犯罪的，依法追究刑事责任。出具的结果或证明不实造成损失的，应当承担相应的赔偿责任，造成重大损失的，撤销其检验、认证资格。对于不符合认证标志而使用认证标志的产品，未依法要求其改正的或取消其使用认证标志资格的，对因产品不符合认证标准给消费者造成损失的，与生产者、销售者一起承担连带责任；情节严重的，撤销其认证资格。产品质量检验机构向社会推荐生产者的产品或以监制、监销等方式参与产品经营活动的，由质量监督部门责令改正，消除影响，没收违法收入并处收入一倍以下的罚款，情节严重的，撤销其质量检验资格。(4)社会团体、中介机构对产品的品质作虚假承诺的，给消费者造成损失的，与产品的生产者、销售者一起承担连带责任。

3. 知道或应当知道属于《产品质量法》禁止生产和销售的产品而为其提供服务的。为禁止生产的产品提供运输、保管、仓储等便利条件的，或为以假充真的产品提供制假生产技术的，没收收入并处违法收入50%以上3倍以下的罚款，构成犯罪的，依法追究刑事责任。

4. 服务业的经营者将不能保障人体健康和人身财产安全的产品，掺杂、掺假、以假充真、以次充好或不合格的产品冒充合格产品，国家明令淘汰的产品，失效变质的产品用于经营服务的，责令停止使用，知道或应该知道是法律禁止销售的，按违法使用的产品的货值金额，依法对销售者的处罚规定进行处罚。

5. 隐匿、转移、变卖、损坏被市场监督管理部门查处、扣留的物品的，处货值等额以上3倍以下的罚款，有违法所得的，并处没收违法所得。

6. 以暴力、威胁方式阻碍市场监督管理部门执行职务的。以暴力、威胁方式阻碍有关部门执行职务的，依法追究刑事责任，未以暴力、威胁方式阻碍有关部门执行职务的，按治安管理处罚条例处理。

7. 政府工作人员和其他国家机关工作人员的责任。有下列行为之一的，给予行政处分，构成犯罪的依法追究刑事责任：包庇、放纵产品生产中的违法行为的；向当事人通风报信，帮其逃避查处的；阻挠、干预市场监督管理部门依法进行查处的，造成严重后果的。

8. 市场监督管理部门工作人员的责任。滥用职权、玩忽职守、徇私舞弊构成犯罪的，依法追究刑事责任，未构成犯罪的给予行政处分。

9. 市场监督管理部门及其他国家机关的责任。(1)市场监督管理部门超过规定的数量索取样品或向被检查人员收取费用的，由上级部门或监察机关责令退还，情节严重的对主要负责人给予行政处分；(2)市场监督管理部门或其他国家机关向社会推荐产品或以监制、监销等方式参与经营活动的，由上级部门或监察机关责令改正，消除影响，没收违法所得,情节严重的,对直接负责的主管人员和其他直接责任人员依法给予行政处分。

参 考 阅 读

1. 相关法律文件。
2. 陈璐. 产品责任. 第 1 版. 北京：中国法制出版社，2010.

复 习 思 考

1. 产品质量法调整的社会关系及其适用范围是什么？
2. 什么是产品缺陷？
3. 我国产品质量管理制度的主要内容有哪些？
4. 《侵权责任法》关于产品责任的规定与《产品质量法》相比，有什么变化？
5. 产品责任与合同品质担保义务有什么区别？
6. 生产者、销售者的产品责任和义务有哪些？
7. 产品责任及承担产品责任的原则是什么？

案 例 分 析

案情：张某买了一台切草机，使用近一年，没有发生什么问题。张某的朋友李某将张某的切草机借回家中使用，但在使用中，李某的手被严重切伤，住院治疗后虽无生命危险，但已丧失了部分劳动能力。经查，切草机由于缺少一块安全板，因此稍不留意，手就会被切伤。李某认为，自己的手是被张某的切草机切伤的，因此张某应承担有关损害的费用，但张某认为，自己是无偿将切草机借给李某使用，而且切草机在自己处也没出现什么问题，因此拒绝赔偿。

问题：

1. 李某是否可以提出损害赔偿请求？应该向谁提出损害赔偿请求？
2. 若责任主体认为李某不是消费者，且与李某没有合同关系，因此不应该承担对李某的赔偿责任，这一抗辩成立吗？
3. 责任主体应按什么原则进行赔偿，李某提出损害赔偿的请求可以包括哪些范围？
4. 为了使产品达到一定的质量，按产品质量法的要求，责任主体和政府有关方面应当采取哪些措施？

第十六章 经济争议的解决

在经济交往中,各方当事人之间在权利、义务等方面经常会发生各种内容十分复杂的争议和纠纷,纠纷是否能够解决好,不但影响到当事人的继续交往,而且也影响社会经济秩序的稳定和有序。所以,如何解决经济纠纷、用何种方式解决经济纠纷,是经济法的重要内容。

与本章有关的法律文件主要有:《中华人民共和国仲裁法》(2017年)、《中华人民共和国民事诉讼法》(2017年)、最高人民法院《关于适用〈中华人民共和国民事诉讼法〉的解释》(2014年)、全国人民代表大会常务委员会《关于在北京、上海、广州设立知识产权法院的决定》(2014年)、最高人民法院《关于北京、上海、广州知识产权法院案件管辖的规定》(2014年)等。

本章共分三节,主要论述了经济纠纷的解决方式,经济仲裁及特点,经济仲裁与诉讼的区别,经济仲裁协议,涉外经济仲裁的执行,经济诉讼的管辖,经济诉讼的一审、二审及审判监督程序,涉外经济诉讼等。本章重点是经济仲裁的含义及仲裁协议的特点、法律意义以及仲裁程序,涉外经济仲裁的有关问题,经济诉讼的管辖及程序等。

第一节 经济争议解决概述

一、经济争议的含义

经济争议,是指在经济交往或经济活动中所发生的争议。它可能发生在平等主体之间,也可能发生在不平等主体之间。本章所指经济争议,是指平等民商事主体之间发生的关于财产方面权利义务的争议。不平等主体之间的经济争议,一般通过行政复议或行政诉讼方式解决。

二、解决经济争议的方式

解决经济交往中的争议,首先要确定采用何种方式,解决争议的方式分为两大类:一类是当事人自己协商解决,即协商的方式;另一类是求助于第三人解决,即调解、仲裁或诉讼。

(一)协商

协商,是指当事人在自愿的基础上,按照有关法律和合同条款,通过磋商、谈判等方式,自愿达成和解协议,从而解决纠纷的一种方式。

这种方式是以自愿原则为出发点,当事人本着平等、互利的原则,就有关问题进行新的协商。协商是一种双方的法律行为，若协商一致，实际上就是达成了一项新的协议，对当事人有法律约束力，其法律约束力等同于合同的约束力，当事人必须遵守，否则就要承担法律责任。但要注意，协商要遵循合法原则，否则会影响协商的法律效力。

协商这种解决纠纷的方式的特点在于：一是没有第三人参与，不会泄露各方的商业秘密；二是方便、灵活，兼顾双方的利益，不易伤和气；三是经济，不须付出解决纠纷的太多成本。由于这些特点，因此对当事人以后的交往影响不大，所以在发生纠纷时，首先考虑协商这种纠纷的解决方式，是一种很好的选择。

(二)调解

调解，是指在当事人自愿的基础上，请求第三人出面，在第三人的主持下，当事人协商同意，达成新的协议，从而解决争议的方式。

调解可分为民间机构的调解、专门的仲裁机构的调解、法院的调解。不同的调解机构所作的调解，其法律效力是不同的，通过法院调解，当事人在调解书上签字后，调解书就与判决书具有同等的法律效力。仲裁机构制作的调解书与裁决书具有同等的法律效力。其他的调解，当事人在调解书上签字以后，对当事人就具有法律的约束力，但没有强制执行力。若达成协议后，一方当事人拒绝在调解书上签字，则调解无效。

(三)仲裁(略，以下将专门论述)

(四)诉讼(略，以下将专门论述)

三、解决争议的时效

(一)民事诉讼时效

1. 民事诉讼时效的含义。这是指民事权利人请求人民法院以强制程序保护其合法权益而提起诉讼的法定有效期限。如果民事权利受到侵害的人在法定的时效期间内未向人民法院行使诉权，当诉讼时效期间届满时，义务人可以提出不履行义务的抗辩。在法律规定的诉讼时效期间内，权利人向人民法院提出请求的，人民法院可以强制义务人履行所承担的义务；而在法定的诉讼时效期间届满之后，权利人行使请求权的，人民法院就不再予以保护。

值得注意的是，诉讼时效届满后，义务人虽可拒绝履行其义务，但权利人的权利本身及请求权并不消灭。人民法院不得主动适用诉讼时效的规定。诉讼时效期间届满，义务人同意履行的，不得再以诉讼时效期间届满为由抗辩；义务人已自愿履行的，不得请求返还。

2. 诉讼时效期间。《民法总则》第一百八十八条规定，向人民法院请求保护民事权利的诉讼时效期间为3年。法律另有规定的，依照其规定。比如《合同法》第一百二十九条规定，因国际货物买卖合同和技术进出口合同争议提起诉讼或者申请仲裁的期限为4年，自当事人知道或者应当知道其权利受到侵害之日起计算。

诉讼时效期间自权利人知道或者应当知道权利受到损害以及义务人之日起计算。法律另有规定的，依照其规定。但是自权利受到损害之日起超过20年的，人民法院不予保护；有特殊情况的，人民法院可以根据权利人的申请决定延长。

3. 时效的中止。这是指时效期间进入到最后6个月内时，出现了不可抗力等法定事由，使得权利人无法行使请求权，时效期限暂时停止计算，待法定事由消除后满6个月，诉讼时效期间届满。《民法总则》第一百九十四条规定，在诉讼时效期间的最后6个月内，因下列障碍，不能行使请求权的，诉讼时效中止：(1)不可抗力；(2)无民事行为能力人或者限制民事行为能力人没有法定代理人，或者法定代理人死亡、丧失民事行为能力、丧失代理权；(3)继承开始后未确定继承人或者遗产管理人；(4)权利人被义务人或者其他人控制；(5)其他导致权利人不能行使请求权的障碍。

自中止时效的原因消除之日起满6个月，诉讼时效期间届满。

4. 时效的中断。这是指在时效进行过程中，出现了某种法定事由，使已经进行的有效期间全部归于无效，中断的事由消除之后，时效重新计算。《民法总则》第一百九十五条规定，有下列情形之一的，诉讼时效中断，从中断、有关程序终结时起，诉讼时效期间重新计算：(1)权利人向义务人提出履行请求；(2)义务人同意履行义务；(3)权利人提起诉讼或者申请仲裁；(4)与提起诉讼或者申请仲裁具有同等效力的其他情形。

5. 不适用诉讼时效的情形。《民法总则》第一百九十六条规定，下列请求权不适用诉讼时效的规定：(1)请求停止侵害、排除妨碍、消除危险；(2)不动产物权和登记的动产物权的权利人请求返还财产；(2)请求支付抚养费、赡养费或者扶养费；(4)依法不适用诉讼时效的其他请求权。

(二)民事仲裁时效

民事仲裁时效，这是指民事权利人请求仲裁机关以强制程序保护其合法权益而申请仲裁的法定有效期限。如果民事权利受到侵害的人在法定的时效期间未内向仲裁机关行使诉权，当仲裁时效期间届满时，义务人可以提出不履行义务的抗辩。根据《民法总则》第一百九十八条的规定，法律对仲裁时效有规定的，依照其规定；没有规定的，适用诉讼时效的规定。

第二节　经济仲裁

一、经济仲裁的含义及其特点

(一)经济仲裁

经济仲裁，也称公断，是指各方当事人通过协议自愿地将已发生或可能发生的经济争议交付第三方裁决，最终裁决对各方均有约束力，从而解决争议的方式。

仲裁作为一种解决争议的方式，在国际上已有悠久的历史。1697年，英国正式制定了第一部仲裁法，1887年瑞典也制定了有关仲裁的法律，并于1917年成立了斯德哥尔摩商会仲裁院。此后仲裁制度获得了进一步的发展。目前仲裁已成为解决国际贸易争议的主要方式。1994年8月31日，全国人民代表大会常务委员会审议通过了《中华人民共和国仲裁法》(以下简称《仲裁法》)，自1995年9月1日施行。为配合《仲裁法》的施行，2005年12月，最高人民法院发布《关于适用〈仲裁法〉若干问题的解释》，自2006年9月8日起施行。2009年和2017年全国人民代表大会常务委员会对该法作过修订，目前实施的是2017年文本。

(二) 经济仲裁的特点

1. 自愿性或契约性。当事人自愿选择和提交仲裁，并且在仲裁时，可以选择仲裁程序、规则、仲裁事项等。

2. 独立性与自治性。仲裁机构是民间性的组织，不是国家机关，不受他人或其他组织的支配。

3. 准司法性。仲裁裁决是终局，对当事人有约束力，对于仲裁裁决当事人不能起诉，也不能向任何机关提出变更的要求。但仲裁机构本身并不能强制执行，仲裁裁决的执行要一方当事人向有管辖权的法院申请强制执行，从这一点而言，仲裁具有准司法性。

4. 专业性。仲裁的专业性强，仲裁员由各方面的专家组成，当事人还可以选定仲裁员，这样就可以避免法院提供的法官的随意性。而且，在经济争议中有的事项技术性、专业性很强，法院审起来十分困难，即便审了，由于专业的限制其公正性在一般情况下也难以保证，而由专家仲裁则更具有权威性和说服力。

5. 保密性。仲裁的审理不公开，所作的裁决除了当事人知晓外是不公布的，这样不但可以保守当事人的商业秘密，而且也使当事人的商业信誉不受影响。

6. 速度快、费用低。由于仲裁是一裁终局，且由各方面的专家临时组成仲裁委员会，因此仲裁的速度快。另外，由于程序简便，因此其费用也低。

7. 对于国际贸易仲裁，域外执行具有简便性。判决的域外执行是十分困难的，因为涉及国家主权问题。当然仲裁裁决的执行也是非常复杂的，许多国家从其国家利益考虑，都会对外国仲裁裁决在本国的执行作出一些限制，导致裁决得不到执行。为了解决这一问题，国际上已先后缔结了三个有关承认和执行外国仲裁裁决的国际公约，其中最有影响、最有普遍性的是联合国经济与社会理事会于1958年主持制定的《承认与执行外国仲裁裁决公约》，即《纽约公约》。现在已有100多个国家加入，我国于1986年12月加入，该公约于1987年4月22日对我国生效。

《纽约公约》原则上可以适用于任何一个外国仲裁裁决，但在现实中是不现实的，缔约国不可能承认与执行一切外国仲裁裁决，因此公约规定缔约国在加入该公约时可以作出互惠保留和商事保留。这样在保留的前提之下，缔约国之间的裁决就可以得到承认和执行。当事人可以直接向有管辖的外国法院申请执行，虽然还是要由外国法院来执行，但是和判决的执行是不同的。

二、经济仲裁的基本原则

(一) 自愿仲裁原则

《仲裁法》第四条规定，当事人采取仲裁方式解决纠纷，应当双方自愿，达成仲裁协议。没有仲裁协议，一方申请仲裁的，仲裁委员会不予受理。自愿原则是仲裁很重要的一个原则，这一原则所包含的内容是：

1. 当事人采用仲裁方式解决争议，应当双方自愿。
2. 向哪个仲裁机构申请仲裁，由双方当事人协商决定。
3. 仲裁员的选择由双方协商选择或双方委托仲裁委员会主任指定。
4. 在仲裁过程中双方可以自行和解，也可以撤回仲裁申请。

(二) 公平合理、及时原则

仲裁应当根据事实，符合法律规定，公平合理地解决纠纷。而且在解决纠纷中要及时，《仲裁法》第一条就提出及时地解决纠纷的原则。

(三) 独立仲裁原则

仲裁依法独立进行，不受行政机关、社会团体和个人的干涉。

(四) 不公开原则

《仲裁法》第四十条规定，仲裁不公开进行，除非当事人协议公开，但涉及国家秘密的除外。

(五) 一裁终局原则

《仲裁法》第九条规定，仲裁实行一裁终局制度。裁决作出后，当事人就同一纠纷再申请仲裁或向人民法院起诉的，仲裁委员会或人民法院不予受理。

(六) 或裁或审原则

当事人达成仲裁协议，一方向人民法院起诉的，人民法院不予受理，只有在仲裁协议无效的情况下，人民法院才受理。裁决被人民法院依法裁定撤销或不予执行的，当事人就该纠纷可以根据新的协议仲裁，也可以向人民法院起诉。

(七) 法院监督原则

法院对仲裁的监督原则主要体现在，人民法院对依法作出的仲裁裁决应执行，但对于不符合法律规定作出的仲裁，法院不仅可以拒绝，而且可以撤销。

三、仲裁委员会

仲裁委员会，是独立进行仲裁活动的机构。仲裁机构不是行政机关，《仲裁法》规定，仲裁委员会可以在直辖市和省、自治区人民政府所在地的市设立，也可以根据需要在其他设区的市设立，不按行政区划层层设立。

仲裁委员会的设立应当经过省、自治区、直辖市的司法行政部门登记。设立仲裁委员会应具备的条件是：(1)有自己的名称、住所和章程；(2)有必要的财产；(3)有该委员会的组成人员；(4)有聘请的仲裁员。

仲裁委员会由主任1人、副主任2人至4人和委员7~11人组成。主任、副主任和委员由法律、经济贸易专家和有实际工作经验的人员担任。其中法律、经济贸易专家不少于2/3。

仲裁委员会按照不同专业设仲裁员名册。仲裁员应当符合的条件是：(1)通过国家统一法律职业资格考试取得法律职业资格，从事仲裁工作满八年的；(2)从事律师工作满八年的；(3)曾任法官满八年的；(4)从事法律研究、教学工作并具有高级职称的；(5)具有法律知识、从事经济贸易等专业工作并具有高级职称或具有同等专业水平的。

四、仲裁协议及法律意义

(一) 仲裁协议

仲裁协议是当事人达成的同意将已发生或将发生的争议交付仲裁机构仲裁的协议。一项有效的仲裁协议要符合以下基本条件：

1. 主体合格，即当事人必须具有订立仲裁协议的合法资格。当事人各方只能是确定法律关系的当事人或其明确授权的代理人，无民事行为能力的人或者限制行为能力的人订立的仲裁协议无效。

2. 采用书面形式。提交仲裁的协议必须由书面形式作成。《仲裁法》规定当事人申请仲裁，应当向仲裁委员会递交仲裁协议、仲裁申请书及副本。可见，所提交的仲裁协议要求有书面形式。

书面形式可以表现为多种形式：(1) 仲裁条款。仲裁条款是主合同中的一个条款，是当事人在订立合同的时候签订的、同意把可能发生的争议提交仲裁的协议。这一条款与其他条款具有不同的法律效力，即不受主合同效力的影响。(2) 仲裁协议书，是为解决可能发生或已经发生的争议而单独订立的专门的仲裁协议。仲裁协议书可以在发生争议时，也可以在争议发生后，由双方当事人自愿、协商达成。(3) 载于其他文件中的仲裁协议。这类仲裁协议主要通过当事人之间的各种书信、电传、电报、数据电文以及其他各种记录表现出来。这种表现形式不象专门的仲裁协议书或仲裁条款那样集中，但却比较明确地反映了当事人自愿将争议提交仲裁的意思表示，因此这类意思表示也可视为仲裁协议。(4) 在申诉书、答辩书的交换中，一方称有仲裁协议，另一方不否认的，即认为是书面形式。

3. 内容合法，即申请仲裁的内容要符合法律的规定。一项有效的仲裁协议应当具备以下法定的内容：(1) 要有明确的、符合法律规定的仲裁事项。当事人可以通过概括的方式明确仲裁的事项，也可以通过具体列举的方式约定仲裁事项。但所约定的仲裁事项不能超出法律规定的范围，根据我国《仲裁法》的规定，婚姻、收养、监护、扶养及继承纠纷，依法应当由行政机关处理的行政争议、劳动争议和农业集体经济组织内部的农业承包合同争议，不能依仲裁法申请仲裁。(2) 具有申请仲裁的意思表示。提请仲裁的意思表示要用明确的语言写在仲裁协议的仲裁条款之中，不能含糊。如果不明确，当事人可以补充协议，达不成协议的，仲裁协议无效。而且仲裁协议的意思表示要真实，一方采取胁迫手段，迫使对方订立的仲裁协议无效。(3) 要明确选定仲裁机构或仲裁委员会。仲裁机构或仲裁委员会当事人要明确选择，如果未明确选定仲裁机构或仲裁委员会，当事人可以补充协议，达不成协议的，仲裁协议无效。

(二) 仲裁协议的法律意义

1. 排除法院管辖。确定仲裁，排除诉讼，这是仲裁协议的重要法律意义。有仲裁协议则对当事人有约束力，当事人只能向仲裁机构申请仲裁，而不能向法院起诉。一方当事人向法院提起诉讼，另一方当事人可以以有仲裁协议为由，请求法院停止审理。但要注意，当事人达成仲裁协议，一方向法院起诉未声明有仲裁协议，法院受理后，另一方在首次开庭前提交仲裁协议的，法院应当驳回起诉，仲裁协议无效的除外；另一方在首次开庭未对法院受理该案件提出异议的，视为放弃仲裁协议，法院应继续审理。

2. 仲裁协议对当事人有约束力，当事人应严格遵守仲裁协议约定的事项。

3. 仲裁协议具有独立性。仲裁协议的独立性表现在：(1) 仲裁协议独立存在。《仲裁法》第十九条规定，仲裁协议独立存在，合同的变更、解除、终止或无效，不影响仲裁协议的效力。《中国国际贸易仲裁委员会仲裁规则》第五条规定："合同中的仲裁条款应视为与合同其他条款分离地、独立地存在的条款，附属于合同的仲裁协议也应视为与合同其他条款分离地、独立地存在的一个部分。"即仲裁协议与合同的其他条款是相互独立的部分，合同的效力不影响仲裁协议的效力。(2)双方当事人自愿达成仲裁协议，对各方当事人具有同等的约束力，事后任何一方的反悔都是无效的。

4. 仲裁协议是仲裁机构受理仲裁的依据。没有仲裁协议，任何一方申请仲裁，仲裁机构都不会受理。

5. 仲裁协议是法院强制执行的依据之一。一方当事人不履行仲裁裁决，另一方当事人可以依照《民事诉讼法》的有关规定向人民法院申请执行。但是受申请的人民法院作出强制执行的行为，必须要有仲裁裁决和仲裁协议，如果没有仲裁协议，或者仲裁协议无效，法院将驳回申请人的申请。

五、经济仲裁的程序

(一) 申请和受理

1. 仲裁的申请。当事人在发生争议后向仲裁机构提出仲裁申请是仲裁的开始。当事人提出仲裁申请应当符合的条件是：有仲裁协议，有具体的仲裁请求和事实、理由；属于仲裁委员会受理的范围。当事人向仲裁委员会提出仲裁，应当向仲裁委员会递交仲裁协议申请书、仲裁协议书及副本。

仲裁协议申请书应当写明的事项是：(1)申请人和被申请人的姓名、性别、年龄、职业、工作单位和住所(如有邮编、电话、电传、电报号码或其他电子通信方式，也应写入)，法人或其他组织的名称、住所和法定代表人或主要负责人的姓名、职务；(2)申请人所依据的仲裁协议；(3)案情和争议的要点；(4)仲裁请求和所根据的事实、理由，证据和证据的来源、证人姓名和住所，委托代理人进行活动的，应当向仲裁委员会提交授权委托书。

2. 仲裁申请的受理。仲裁委员会在收到仲裁申请书之日起五日内进行审查，决定是否受理，并将是否受理的决定通知当事人。认为不符合条件的，应当书面通知当事人，并说明理由。

仲裁委员会受理仲裁申请后，应当在仲裁规则规定的期限内将仲裁规则和仲裁员名单送达申请人，并将仲裁申请书副本和仲裁规则、仲裁员名单和费用表送达被申请人。

申请人和被申请人应当在收到仲裁通知书之日起 20 日内在仲裁委员会仲裁员名单中选定一名仲裁员或委托仲裁委员会指定；被申请人应在收到通知书之日起 45 日内向仲裁委员提交答辩书和有关证明文件。被申请人如有反请求，应在收到通知书之日起，海事仲裁 45 日内，国际经济贸易仲裁 60 日内以书面的形式提交仲裁委员会。

(二) 组成仲裁庭

仲裁庭可以由三名仲裁员或者一名仲裁员组成，由三名仲裁员组成的，设首席仲裁员。当事人约定由三名仲裁员组成仲裁庭的，应当各自选定或各自委托仲裁委员会主任指定一名仲裁员，第三名仲裁员由当事人共同选定或共同委托仲裁委员会主任指定。第三名仲裁员是首席仲裁员。当事人未在规定的期限内约定仲裁庭的组成方式选定仲裁员的，由仲裁委员会指定。

仲裁员有下列情况之一的必须回避，当事人也有权提出回避申请：(1)是本案的当事人或当事人、代理人的近亲属；(2)与本案有利害关系；(3)与本案当事人、代理人有其他关系，可能影响公正仲裁的；(4)私自会见当事人、代理人，或接受当事人、代理人请客送礼的。

当事人对仲裁员的公正性和独立性产生怀疑时，可以书面向仲裁委员会提出要求回避申请。对仲裁员的回避申请应在第一次开庭之前提出，如果要求回避事由的发生和得知是在第一次开庭审理之后，可以在最后一次开庭终结之前提出。

仲裁员是否回避由仲裁委员会主任决定，仲裁委员会主任担任仲裁员时，由仲裁委员会集体决定。

仲裁员有私自会见当事人、代理人或接受当事人、代理人的请客送礼的情形，情节严重的，或在仲裁时有索贿、徇私舞弊、枉法裁决行为的，应依法承担法律责任，仲裁委员会应当将其除名。

(三)开庭和裁决

1. 开庭。仲裁应当开庭进行，当事人协议不开庭的，仲裁庭可以根据仲裁申请书、答辩书以及其他材料作出裁决。仲裁不公开进行，当事人协议公开的，除涉及国家秘密外，可以公开进行。

仲裁委员会应当在仲裁规则规定的期限内将开庭日期通知双方当事人。当事人有正当理由的，可以在仲裁规则规定的期限内请求延期开庭。

申请当事人经书面通知，无正当理由不到庭或者未经仲裁庭许可中途退庭的，可以视为撤回仲裁申请。被申请人经书面通知，无正当理由不到庭或者未经仲裁庭许可中途退庭的，仲裁庭可以进行缺席审理和可以缺席裁决。

当事人应对自己的主张提供证据，仲裁庭认为有必要收集证据，可以自行收集。当事人在仲裁的过程中有权进行辩论。辩论终结时，首席仲裁员或独任仲裁员应当征询当事人的最后意见。

2. 裁决。仲裁开庭后，当事人可以自行和解。达成和解协议的，可以请求仲裁庭根据和解协议作出裁决书，也可以撤回仲裁申请。

仲裁庭在作出裁决前，可以先行调解。当事人自愿调解的，仲裁庭应当调解，调解不成的，应当及时作出裁决。调解达成协议的，仲裁庭应当制作调解书，调解书与裁决书具有同等的法律效力。调解书经双方当事人签收后，即发生法律效力。在调解书签收前当事人反悔的，仲裁庭应当及时作出裁决。裁决书应当依照多数仲裁员的意见作出，少数仲裁员的不同意见可以记入笔录。仲裁庭不能形成多数意见时，裁决应当按照首席仲裁员的意见作出。裁决书由仲裁员签名，加盖仲裁委员会印章，并由当事人签收，裁决书自作出之日起发生法律效力，对当事人有约束力，一方当事人不履行仲裁协议，另一方当事人可以向人民法院申请强制执行。

(四)申请撤销裁决

仲裁具有一裁终局的特点。仲裁作出后，当事人不得向法院提起诉讼，也不得向有关方面申请复议。但是如果仲裁裁决在作出程序上有错误或内容上有错误，当事人是否还要履行？如果履行，对当事人的一方会显失公平，或者违反了当事人的自愿意志。申请撤销裁决就是为了纠正错误裁决而设定的法定程序。

当事人提出证据证明裁决有下列情况之一的,可以在收到裁决书之日起六个月内,向仲裁委员会所在地的人民法院申请撤销裁决:(1)没有仲裁协议的;(2)裁决的事项不属于仲裁协议的范围或者仲裁委员会无权仲裁的;(3)裁决所根据的证据是伪造的;(4)对方当事人隐瞒了足以影响公正裁决的证据的;(5)仲裁员在仲裁该案时有索贿、徇私舞弊,枉法裁决行为的。

人民法院经合议庭审查核实,发现有撤销的情形或裁决违背社会公共利益的,应当在受理撤销裁决申请之日起两个月内作出撤销的裁定。认为没有撤销的法定情形的,也应当在受理撤销裁决申请之日起两个月内作出驳回申请的裁决。

(五)裁决的执行

裁决作出后,当事人应当执行,若一方当事人不执行,另一方当事人可以向人民法院申请强制执行,受理的人民法院应当执行。根据《民事诉讼法》第二百三十七条的规定,被申请人提出证据证明仲裁裁决有下列情形之一的,经人民法院组成合议庭审查核实,裁定不予执行:(1)当事人在合同中没有订有仲裁条款或者事后没有达成书面仲裁协议的;(2)裁决的事项不属于仲裁协议的范围或者仲裁机构无权仲裁的;(3)仲裁庭的组成或者仲裁的程序违反法定程序的;(4)裁决所根据的证据是伪造的;(5)对方当事人向仲裁机构隐瞒了足以影响公正裁决的证据的;(6)仲裁员在仲裁该案时有贪污受贿,徇私舞弊,枉法裁决行为的。人民法院认定执行该裁决违背社会公共利益的,裁定不予执行。裁定书应当送达双方当事人和仲裁机构。仲裁裁决被人民法院裁定不予执行的,当事人可以根据双方达成的书面仲裁协议重新申请仲裁,也可以向人民法院起诉。一方当事人申请执行裁决,另一方当事人申请撤销裁决的,人民法院应当裁定中止执行。裁定撤销裁决的,应当裁定终止执行,撤销裁决的申请被驳回后,人民法院应当裁定恢复执行。

六、涉外经济仲裁

(一)涉外经济仲裁的含义和特点

涉外经济仲裁,是指在涉外经济贸易活动和海事活动中,由双方当事人在争议发生前或争议发生后,达成协议,自愿将争议提交仲裁机构裁决,并由此解决纠纷的一种制度。涉外经济仲裁除了具有国内一般仲裁的特点外,其最大的特点表现在:

1. 仲裁的内容更广,包括跨国经济交往中所发生的商事纠纷。
2. 当事人可以自愿地选择仲裁地点、仲裁机构、仲裁规则。
3. 当事人可以选择仲裁所适用的法律。
4. 仲裁裁决的效力需要明确确定。

(二)涉外经济仲裁协议的内容

1. 仲裁事项。首先确定哪些事项要提交仲裁,这一点在涉外经济仲裁中十分重要。要特别注意的是,为了使仲裁协议有效、裁决能得到承认与执行,须使约定提交仲裁的争议事项按照有关国家法律属于商事争议,或可仲裁的争议。因为1958年联合国《承认与执行外国仲裁裁决公约》规定,缔约国在加入时可以作出保留。其中规定任何国家在签署、批准或加入公约时,可以申明:"本国只对根据本国法律属于商事的法律关系,不论其是否为契约关系所引起的争执,适用本公约。"许多国家对此作了保留,因此,如果所约定的争议不属于有关国家国内法律认为的商事关系，则关于该项争议的仲裁条款或对该争议所作的裁决，就得不到这些国家的承认与执行。

我国的《仲裁法》规定，涉外经济贸易、运输和海事中发生的纠纷适用仲裁法。《中国国际贸易仲裁委员会仲裁规则》及《中国海事仲裁委员会仲裁规则》具体规定了涉外经济纠纷可以仲裁的事项。

一类是海事争议，另一类是其他契约性或非契约性的经济贸易的争议。具体是：（1）国际的或涉外的争议；（2）涉及我国香港、澳门特别行政区和台湾地区的争议；（3）外商投资企业相互之间以及外商投资企业与中国其他法人、自然人及经济组织之间的争议；（4）涉及中国法人、自然人及其他经济组织利用外国、国际组织或中国香港、澳门特别行政区、台湾地区的资金、技术或服务进行项目融资、招标投标、工程建筑等活动的争议；（5）中华人民共和国法律、行政法规特别规定或特别授权由仲裁委员会受理的争议；（6）当事人协商由仲裁委员会仲裁的其他国内争议。

2. 仲裁地点。地点很重要，因为它涉及用哪一国家的冲突规则来确定争议所适用的实体法。当事人可选择地点，我国对地点选择的方法是：规定在我国仲裁；规定在被告所在国仲裁；规定在双方同意的第三国仲裁。

3. 仲裁机构。仲裁机构是指在某一地的常设机构仲裁，当事人可以选择在某一地的仲裁机构进行仲裁，若一地有两个以上的仲裁机构，则要写明仲裁机构的具体名称。

4. 仲裁规则。仲裁规则是指仲裁时运用的法律程序，我国《仲裁法》规定，在我国仲裁机构仲裁须使用我国仲裁机构的仲裁规则。

5. 仲裁的法律适用。它是指用哪个国家的实体法来确定当事人的权利、义务。当事人依法可以选择，一般遵循"当事人选择优先"的原则。选择适用的法律十分重要，它与处理结果相关。一般仲裁所适用的法律应当与支配当事人关系的法律相同，在现实中，选择所适用的法律是当事人争论的一个问题，各方都想适用本国的法律。

当事人在选择所适用的法律时一般应考虑以下几个问题：（1）法律有无强制性规定。因为如果有强制性规定，必须适用强制性规定，不必另作选择。（2）根据不同的纠纷选择不同的具体的法律。（3）在选择了不同国家的法律之后，还要进一步明确是订立合同时的法律，还是仲裁时的法律。

如果当事人没有选择，放弃了选择的权利，则一般由仲裁庭按照仲裁地国家的冲突规范来援引准据法，或按常设机构的仲裁规则来选定。中国的涉外经济仲裁机构在决定适用哪一国的实体法时，一般遵循最密切联系原则来选择所适用的法律，通常可能选择缔约地国法、合同履行地国法、仲裁机构所在地国法、标的物所在地国法及当事人国籍法等。

6. 明确仲裁裁决的效力。一般各国都规定，仲裁裁决是终局，对当事人有约束力，不能向法院起诉。但有的国家的法律规定，当事人可以就仲裁裁决的程序问题向法院起诉。为了减少不必要的争议，裁决的效力要写明。

（三）仲裁机构

涉外仲裁机构是民间机构，比较知名的有：

1. 中国的涉外仲裁机构。主要有：

（1）中国国际贸易仲裁委员会及中国海事仲裁委员会。这是中国国际贸易促进委员会/中国国际商会下设的两个仲裁委员会。成立于1956年。总部设在北京,并在深圳、上海、天津、重庆、杭州、武汉和福州等地分别设有分会。总部及其分会是一个统一的仲裁委员会,适用相同的《仲裁规则》和《仲裁员名册》。目前中国国际贸易仲裁委员会和中国海事仲裁委员会的仲裁规则是2014年11月4日修订并通过的《中国国际贸易仲裁委员会仲裁规则》和《中国海事仲裁委员会仲裁规则》,自2015年1月1日起施行。

(2)华南国际经济贸易仲裁委员会(深圳国际仲裁院)、上海国际经济贸易仲裁委员会(上海国际仲裁中心)。分别成立于2012年和2013年。这两个机构是从中国国际贸易仲裁委员会中独立出来的,使用仲裁机构自己的仲裁规则。

(3)香港国际仲裁中心。成立于1985年,是一个民间非营利性中立机构,主要为了满足东南亚地区的商务仲裁的需要,同时也为中国内地当事人和外国当事人之间的经济争端提供"第三地"的仲裁服务。

2. 外国仲裁机构。比较有代表性的是:

(1)伦敦国际仲裁院。成立于1892年,是英国最重要的常设机构,其优势主要是处理海事争议,在海事争议的处理方面专业性很强。

(2)斯德哥尔摩商会仲裁院。该院成立于1917年,由于在政治上奉行中立政策,冷战时期逐步发展成国际贸易纠纷解决的中心,它的优点是制度完善、信誉好。特点是没有统一的仲裁员名单,当事人可自由指定任何国家、任何身份的人担任仲裁员。

(3)美国仲裁协会。该协会成立于1926年,是独立的非营利性的组织,总部在纽约。它是世界上最大的民间仲裁机构,有6万多人的仲裁名单。

除此之外还有苏黎世商会仲裁院、日本国际商会仲裁院、新加坡国际仲裁中心等仲裁机构。

3. 国际性仲裁机构。属于此类的仲裁机构主要是:

(1)国际商会仲裁院。该院成立于1932年,总部在巴黎,是第一个旨在解决国际商事争议而创立的仲裁机构,也是目前国际上受理和裁决国际商事争议最多的机构。

(2)解决投资争端国际中心。该中心是1966年10月14日在世界银行倡导下成立的,主要是处理投资争端,总部在华盛顿。

除此之外还有多边投资担保机构、世界知识产权组织仲裁中心等。

(四)涉外裁决的执行

我国仲裁法及有关仲裁的规则规定,涉外仲裁委员会作出的裁决,写明期限的,当事人在期限内自动履行,未写明期限的,应当立即履行。一方当事人不履行的,另一方当事人可以根据中国法律的规定,向中国法院申请执行,如果被执行人或其财产不在中华人民共和国内,当事人应根据1958年《承认及执行外国仲裁裁决公约》或中国缔结或参加的其他国际条约,向外国有管辖权的法院申请执行。

第三节 经济诉讼

经济诉讼,是指当事人依法将发生的争议请求法院运用审判权解决经济争议的一种方式。人民法院审理经济争议案件在程序上应依照《中华人民共和国民事诉讼法》(以下简称

《民事诉讼法》)。该法于 1999 年 4 月 9 日第七届全国人民代表大会第四次会议通过，目前已进行了第二次修改。2012 年 8 月 31 日第十一届全国人民代表大会常务委员会第二十八次会议通过《全国人民代表大会常务委员会关于修改〈民事诉讼法〉的决定》，新修改的文本于 2013 年 1 月 1 日施行。

2012 年《民事诉讼法》修改涉及条文 100 多条，增加诚实信用原则，新设公益诉讼、小额诉讼、第三人撤销之诉、行为保全、司法确认、担保物权实现等多项重大诉讼制度，对民事诉讼原则、立案制度、管辖制度、调解制度、证据制度、简易程序、特别程序、审判监督程序、执行程序和涉外程序等均有重大修改完善。可以说是中国法制建设进程上的又一里程碑。

2014 年 12 月 18 日最高人民法院审判委员会审议通过了《最高人民法院关于适用〈民事诉讼法〉的解释》，该解释共分 23 章，共 552 条，对人民法院适用民事诉讼法的相关问题作了全面系统、明确具体的规定，该解释自 2015 年 2 月 4 日起施行。

2017 年 6 月，全国人民代表大会常务委员会再次对《民事诉讼法》进行了修改，自 2017 年 7 月 1 日起施行。

一、经济诉讼的管辖

法院对经济诉讼的管辖，是指法院系统内各级法院之间以及同级法院之间受理第一审案件的分工与处理权限的划分。在我国，经济诉讼管辖主要有以下几种：

（一）级别管辖

级别管辖是按照人民法院组织系统上下级别来划分对第一审案件的管辖权。划分的依据是案件的性质、复杂程度以及对社会的影响程度。

基层人民法院管辖除上级法院管辖以外的所有第一审经济纠纷案件。

中级人民法院管辖的第一审经济纠纷案件有：重大涉外案件；在本辖区内有重大影响的案件。其中，重大涉外案件，包括争议标的额大的案件、案情复杂的案件，或者一方当事人人数众多等具有重大影响的案件。

高级人民法院管辖在本辖区内有重大影响的第一审民事案件。

最高人民法院管辖的第一审民事案件是：在全国有重大影响的案件以及最高人民法院认为应当由其审理的案件。

（二）地域管辖

地域管辖，是指按地区确定人民法院的管辖权。在我国，人民法院的管辖区与行政区的划分是一致的。地域管辖可以分为几类：

1. 一般地域管辖。这是指按照当事人住所地行使管辖权。地域管辖一般采取原告就被告的原则，即由被告住所地的人民法院管辖。被告的住所地与经常居住地人民法院不一致的，由经常居住地人民法院管辖。同一诉讼的几个被告住所地、经常居住地在两个以上人民法院辖区的，各人民法院都有管辖权。只有对不在中国领域内居住的人、下落不明的人或宣告死亡的人提起的有关身份的诉讼，以及对被采取强制性教育的人提起的诉讼，才由原告所在地或经常居住地人民法院管辖。

2. 特别地域管辖。这是指根据诉讼标的或诉讼标的所在地及被告住所地确定行使管辖权。以下几类属于特别地域管辖：(1)因合同纠纷引起的诉讼，由被告住所地或合同履行地人民法院管辖；(2)因保险合同纠纷提起的诉讼，由被告住所地或保险标的物所在地人民法院管辖；(3)因票据纠纷提起的诉讼，由票据支付地或者被告住所地人民法院管辖；(4)因公司设立、确认股东资格、分配利润、解散等纠纷提起的诉讼，由公司所在地人民法院管辖；(5)因铁路、公路、水上、航空运输和联合运输合同纠纷提起的诉讼，由运输始发地、目的地或被告住所地人民法院管辖；(6)因侵权行为提起的诉讼，由侵权行为地或被告住所地人民法院管辖；(7)因铁路、公路、水上和航空事故请求损害赔偿提起的诉讼，由事故发生地或车辆、船舶最先到达地、航空器最先降落地或被告住所地人民法院管辖；(8)因船舶碰撞或其他海事损害事故请求损害赔偿提起的诉讼，由碰撞发生地、碰撞船舶最先到达地、加害船舶被扣留地或被告住所地人民法院管辖；(9)因海难救助费提起的诉讼，由救助地或被救助船舶最先到达地人民法院管辖；(10)因共同海损提起的诉讼，由船舶最先到达地、共同海损理算地或航程终止地人民法院管辖。

3. 专属地域管辖。据案件的特定性质，某一类案件必须由一定地区的人民法院管辖。属于此类的是：(1)因不动产提起的诉讼，由不动产所在地人民法院管辖；(2)因港口作业中发生纠纷提起的诉讼，由港口所在地人民法院管辖；(3)因继承遗产纠纷提起的诉讼，由被继承人死亡时住所地或遗产所在地人民法院管辖。

(三) 协议管辖

协议管辖，是指当事人在协商的基础上对第一审案件共同协议选择应由哪一个人民法院管辖。协议管辖是对当事人意愿的尊重，有利于克服地方保护主义，使审判更为公正。

1. 当事人因合同或其他财产权益纠纷可以协议选择与争议有实际联系的人民法院管辖。如被告住所地、合同履行地、合同签订地、原告住所地、标的物所在地等人民法院管辖。

但要注意，协议管辖要用书面协议的形式，同时不得违反级别管辖、专属管辖的规定。

2. 两个以上人民法院都有管辖权的诉讼，原告可以向其中一个人民法院起诉；原告向两个以上有管辖权的人民法院起诉的，由最先立案的人民法院管辖。

3. 协议管辖具有一定的范围。国内协议管辖仅限于合同纠纷案件，而且只能选择我国人民法院管辖。涉外协议管辖，既可选择中国法院也可选择外国法院，但有些特殊案件不能选择只能由中国的法院管辖，属于此类的是：在中国境内履行的中外合资经营企业合同、中外合作经营企业合同、中外合作勘探自然资源合同发生的纠纷提起的诉讼，只能由中国的法院管辖。

(四) 移送管辖及指定管辖

人民法院受理经济纠纷案件后，发现不属于自己管辖时，应当移送有管辖权的人民法院。受移送的人民法院认为受移送的案件不属于自己管辖的，应当报上级人民法院指定管辖。有管辖权的人民法院由于特殊原因，不能行使管辖权的，由上级人民法院指定管辖。上级人民法院有权审理下级人民法院管辖的第一审民事案件；确有必要将本院管辖的第一审民事案件交下级人民法院审理的，应当报请其上级人民法院批准。下级人民法院对它所管辖的第一审民事案件，认为需要由上级人民法院审理的，可以报请上级人民法院审理。

(五)知识产权法院的管辖规则

为推动实施国家创新驱动发展战略，进一步加强知识产权司法保护，切实依法保护权利人合法权益，维护社会公共利益，2014年，全国人民代表大会常务委员会作出《关于在北京、上海、广州设立知识产权法院的决定》。根据《最高人民法院关于北京、上海、广州知识产权法院案件管辖的规定》，知识产权法院案件管辖规则是：

1. 知识产权法院管辖所在市辖区内的下列第一审案件：(1)专利、植物新品种、集成电路布图设计、技术秘密、计算机软件民事和行政案件；(2)对国务院部门或者县级以上地方人民政府所作的涉及著作权、商标、不正当竞争等行政行为提起诉讼的行政案件；(3)涉及驰名商标认定的民事案件。

2. 广州知识产权法院对广东省内上述第(1)项和第(3)项规定的案件实行跨区域管辖。

3. 北京市、上海市各中级人民法院和广州市中级人民法院不再受理知识产权民事和行政案件。广东省其他中级人民法院不再受理上述第(1)项和第(3)项规定的案件。北京市、上海市、广东省各基层人民法院不再受理上述第(1)项和第(3)项规定的案件。

4. 案件标的既包含上述第(1)项和第(3)项规定的内容，又包含其他内容的，按上述第一条和第二条的规定确定管辖。

5. 下列第一审行政案件由北京知识产权法院管辖：(1)不服国务院部门作出的有关专利、商标、植物新品种、集成电路布图设计等知识产权的授权确权裁定或者决定的；(2)不服国务院部门作出的有关专利、植物新品种、集成电路布图设计的强制许可决定以及强制许可使用费或者报酬的裁决的；(3)不服国务院部门作出的涉及知识产权授权确权的其他行政行为的。

6. 当事人对知识产权法院所在市的基层人民法院作出的第一审著作权、商标、技术合同、不正当竞争等知识产权民事和行政判决、裁定提起的上诉案件，由知识产权法院审理。

7. 当事人对知识产权法院作出的第一审判决、裁定提起的上诉案件和依法申请上一级法院复议的案件，由知识产权法院所在地的高级人民法院知识产权审判庭审理。

2018年最高人民法院发布《关于知识产权法庭若干问题的规定》，决定在最高人民法院设立知识产权法庭，知识产权法庭是最高人民法院派出的常设审判机构，设在北京市，主要审理专利等专业技术性较强的知识产权上诉案件。

(六)互联网法院的管辖规则

随着我国互联网经济发展势头愈发迅猛，围绕网上交易而形成的各类法律纠纷开始集中呈规模出现。2017年6月26日，中央全面深化改革领导小组第三十六次会议审议通过了《关于设立杭州互联网法院的方案》。设立杭州互联网法院，是司法主动适应互联网发展大趋势的一项重大制度创新。目前，北京、广州、杭州已设立了互联网法院。

为规范互联网法院诉讼活动，保护当事人及其他诉讼参与人合法权益，确保公正高效审理案件，2018年9月3日最高人民法院审判委员会通过《关于互联网法院审理案件若干问题的规定》，该规定第二条明确规定，北京、广州、杭州互联网法院集中管辖所在市的辖区内应当由基层人民法院受理的下列第一审案件：(1)通过电子商务平台签订或者履行网络购物合同而产生的纠纷；(2)签订、履行行为均在互联网上完成的网络服务合同纠纷；(3)签订、履行行为均在互联网上完成的金融借款合同纠纷、小额借款合同纠纷；(4)在互联网上首次发表作品的著作权或者邻接权权属纠纷；(5)在互联网上侵害在线发表或者传播作品的著作权或者邻接权而产生的纠纷；(6)互联网域名权属、侵权及合同纠纷；(7)在互联网上侵害他人人身权、财产权等民事权益而产生的纠纷；(8)通过电子商务平台购买的产品，因存在产品缺陷，侵害他人人身、财产权益而产生的产品责任纠纷；(9)检察机关提起的互联网公益诉讼案件；(10)因行政机关作出互联网信息服务管理、互联网商品交易及有关服务管理等行政行为而产生的行政纠纷；(11)上级人民法院指定管辖的其他互联网民事、行政案件。

当事人可以在该规定第二条确定的合同及其他财产权益纠纷范围内，依法协议约定与争议有实际联系地点的互联网法院管辖。

二、诉讼程序

(一)第一审程序

第一审程序，是指最初受理案件的法院审理案件时所用的程序。可以分为普通程序、简易程序和特别程序。普通程序分为以下阶段：

1. 起诉和受理。根据法律规定，原告起诉时应具备四个法定的条件：(1)原告是与本案有直接利害关系的当事人；(2)有明确的被告；(3)有具体的诉讼请求和事实、理由；(4)属于人民法院受理的范围和受诉人民法院管辖。

起诉应向人民法院递交起诉状，起诉状应记明的事项是：原告的姓名、性别、年龄、民族、职业、工作单位、住所、联系方式，法人或其他组织的名称、住所和法定代表人或主要负责人的姓名、职务、联系方式；被告的姓名、性别、工作单位、住所等信息，法人或者其他组织的名称、住所等信息；诉讼请求和所根据的事实与理由；证据和证据来源，证人姓名和住所。同时按被告人数提出副本。人民法院收到起诉状后，经审查，认为符合起诉条件的，应当在7日内立案；对不符合条件的，应当在7日内作出裁定书，不予受理；原告对裁定不服的，可以提起上诉。

在起诉阶段，新修改的《民事诉讼法》明确规定了先行调解制度，从而完善了我国人民法院司法调解制度。第一百二十二条规定"当事人起诉到人民法院的民事纠纷，适宜调解的，先行调解，但当事人拒绝调解的除外。"

2. 审理前的准备。首先，人民法院应在受理案件后的5日内将起诉状副本发送被告，被告应在收到之日起15日内提出答辩状。答辩状应当记明被告的姓名、性别、年龄、民族、职业、工作单位、住所、联系方式；法人或者其他组织的名称、住所和法定代表人或者主要负责人的姓名、职务、联系方式。人民法院在收到答辩状5日内将答辩状副本发送原告。被告不提交答辩状的，不影响人民法院审理。其次，人民法院要告知当事人有关的权利、义务。再次，合议庭组成人员确立后，应当在3日内告知当事人。最后，审判人员必须认真审核诉讼材料，调查收集必要的证据。

3. 开庭审理。人民法院应公开审理，但涉及国家机密、个人隐私及法律另有规定的情况则不公开审理，另外当事人申请不公开审理的，可以不公开审理。

开庭审理包括的主要阶段是：开庭准备、法庭调查、法庭辩论及宣告判决。一审判决在当事人收到判决书之日起 15 日后发生法律效力。

(二)第二审程序

第二审程序，是指当事人任何一方不服第一审人民法院的第一审判决或裁定，在法定的期间内、按法定的程序提起上诉，上一级人民法院审理案件时所适用的程序。

当事人不服一审判决，有权在判决书送达之日起 15 日内向上一级人民法院提出上诉。

上诉应当向第一审人民法院提出，当事人直接向第二审人民法院上诉的，第二审人民法院应当在 5 日内将上诉状交原审人民法院。

原审人民法院收到上诉状后应当在 5 日内将上诉状副本送达对方当事人，对方当事人在 15 日内提出答辩状。人民法院在收到答辩状之日起 5 日内将副本送达上诉人。原审人民法院收到上诉状、答辩状后，应当在 5 日内连同案卷和证据，送第二审人民法院。修改后的《民事诉讼法》第一百六十九条规定："第二审人民法院对上诉案件，应当组成合议庭，开庭审理。经过阅卷、调查和询问当事人，对没有提出新的事实、证据或者理由，合议庭认为不需要开庭审理的，可以不开庭审理。"第二审人民法院对上诉案件，经过审理，按照下列情形，分别处理：原判决、裁定认定事实清楚，适用法律正确的，以判决、裁定方式驳回上诉，维持原判决、裁定；原判决、裁定认定事实错误或者适用法律错误的，以判决、裁定方式依法改判、撤销或者变更；原判决认定基本事实不清的，裁定撤销原判决，发回原审人民法院重审，或者查清事实后改判；原判决遗漏当事人或者违法缺席判决等严重违反法定程序的，裁定撤销原判决，发回原审人民法院重审。原审人民法院对发回重审的案件作出判决后，当事人提起上诉的，第二审人民法院不得再次发回重审。

人民法院审理对判决的上诉案件，应当在第二审立案之日起 3 个月内审结。有特殊情况需要延长的，由本院院长批准。人民法院审理对裁定的上诉案件，应当在第二审立案之日起 30 日内作出终审裁定。当事人对发回重审的判决、裁定可以上诉。第二审人民法院的判决、裁定，是终审的判决、裁定，判决书自送达之日起发生法律效力。

(三)特别程序

特别程序，是指与通常诉讼程序相对应的、人民法院审理某些非民事权益争议案件所适用的特殊审判程序。根据修改后的《民事诉讼法》第一百七十七条的规定，适用特别程序的案件包括：确认选民资格案件、宣告失踪或者宣告死亡案件、认定公民无民事行为能力或者限制民事行为能力案件、认定财产无主案件、确认调解协议案件和实现担保物权案件等。其中确认调解协议案件和实现担保物权案件属于新纳入适用范围的案件。在此重点介绍。

1. 确认人民调解协议案件。根据《民事诉讼法》第一百九十四条、第一百九十五条的规定，申请司法确认人民调解协议，双方当事人应依照人民调解法等法律，自调解协议生效之日起 30 日内，共同向调解组织所在地基层人民法院提出。人民法院受理申请后，经审查，符合法律规定的，裁定调解协议有效，一方当事人拒绝履行或者未全部履行的，对方当事人可以向人民法院申请执行；不符合法律规定的，裁定驳回申请，当事人可以通过调解方式变更原调解协议或者达成新的调解协议，也可以向人民法院提起诉讼。

该程序一方面很好地保护了调解协议的各方，另一方面也增强了调解组织的地位，一定程度上赋予了人民调解协议的强制力。但是需要注意的是，根据法律的规定，人民调解协议的司法确认必须符合一定的条件：一是调解协议必须是经人民调解委员会调解的案件；二是必须各方当事人共同申请；三是必须在调解协议生效之日起 30 日内提出申请；四是向调解委员会所在地基层法院提出。

2. 实现担保物权案件。根据修改后的《民事诉讼法》第一百九十六条、第一百九十七条的规定，申请实现担保物权，担保物权人以及其他有权请求实现担保物权的人应依照物权法等法律，向担保财产所在地或者担保物权登记地基层人民法院提出。人民法院受理申请后，经审查，符合法律规定的，裁定拍卖、变卖担保财产，当事人依据该裁定可以向人民法院申请执行；不符合法律规定的，裁定驳回申请，当事人可以向人民法院提起诉讼。

（四）审判监督程序

审判监督程序，是指对已经发生法律效力的判决、裁定，发现有错误而重新再审，纠正错误的程序。

提起审判监督有以下途径：

1. 各级人民法院院长，对本院已经发生法律效力的判决、裁定、调解书，发现确有错误，认为需要再审的，应当提交审判委员会讨论决定。

2. 最高人民法院对地方各级人民法院已经发生法律效力的判决、裁定、调解书，上级人民法院对下级人民法院已经发生法律效力判决、裁定、调解书，发现确有错误的，有权提审或指令下级人民法院再审。

3. 人民检察院有权对民事诉讼实行法律监督。最高人民检察院对各级人民法院已经发生法律效力的判决、裁定，上级人民检察院对下级人民法院已经发生法律效力的判决、裁定，发现有《民事诉讼法》第二百条规定情形之一的，或者发现调解书损害国家利益、社会公共利益的，应当提出抗诉。各级人民检察院对审判监督程序以外的其他审判程序中审判人员的违法行为，有权向同级人民法院提出检察建议。

人民检察院提出抗诉的案件，接受抗诉的人民法院应当自收到抗诉书之日起 30 日内作出再审的裁定。有以下法定情形之一的，可以交下一级人民法院再审：（1）有新的证据，足以推翻原判决、裁定的；（2）原判决、裁定认定的基本事实缺乏证据证明的；（3）原判决、裁定认定事实的主要证据是伪造的；（4）原判决、裁定认定事实的主要证据未经质证的；（5）对审理案件需要的主要证据，当事人因客观原因不能自行收集，书面申请人民法院调查收集，人民法院未调查收集的。

4. 当事人对已经发生法律效力的判决、裁定，认为有错误的，可以向上一级人民法院申请再审；当事人一方人数众多或者当事人双方为公民的案件，也可以向原审人民法院申请再审。当事人申请再审的，不停止判决、裁定的执行。修改后的《民事诉讼法》第二百条规定：当事人的申请符合下列情形之一的，人民法院应当再审：（1）有新的证据，足以推翻原判决、裁定的；（2）原判决、裁定认定的基本事实缺乏证据证明的；（3）原判决、裁定认定事实的主要证据是伪造的；（4）原判决、裁定认定事实的主要证据未经质证的；（5）对审理案件需要的主要证据，当事人因客观原因不能自行收集，书面申请人民法院调查收集，人民法院未调查收集的；（6）原判决、裁定适用法律确有错误的；（7）审判组织的组成不合法或者依法应当回避的审判人员没有回避的；（8）无诉讼行为能力人未经法定代理人代为诉讼或者应当参加诉讼的当事人,因不能归责于本人或者其诉讼代理人的事由,未参加诉讼的;(9)违反法律规定,剥夺当事人辩论权利的;(10)未经传票传唤,缺席判决的;(11)原判决、裁定遗漏或者超出诉讼请求的;(12)据以作出原判决、裁定的法律文书被撤销或者变更的。(13)审判人员审理该案件时有贪污受贿、徇私舞弊、枉法裁判行为的。

另外,依《民事诉讼法》第二百零一条的规定,当事人对已经发生法律效力的调解书,提出证据证明调解违反自愿原则或者调解协议的内容违反法律的,可以申请再审。经人民法院审查属实的,应当再审。

当事人申请再审的,应当提交再审申请书等材料。人民法院应当自收到再审申请书之日起5日内将再审申请书副本发送对方当事人。对方当事人应当自收到再审申请书副本之日起15日内提交书面意见;不提交书面意见的,不影响人民法院审查。人民法院可以要求申请人和对方当事人补充有关材料,询问有关事项。

人民法院应当自收到再审申请书之日起3个月内审查,符合法律规定情形的,裁定再审;不符合法律规定的情形,裁定驳回申请。有特殊情况需要延长的,由本院院长批准。

当事人申请再审,应当在判决、裁定发生法律效力后6个月内提出,有《民事诉讼法》第二百条第一项、第三项、第十二项、第十三项规定情形的,自知道或者应当知道之日起6个月内提出。

人民法院审理再审案件,应当另行组成合议庭。按照审判监督程序再审的案件,发生法律效力的判决、裁定是由第一审人民法院作出的,按照第一审程序审理所作出的判决、裁定,当事人可以上诉。发生法律效力的判决、裁定是由第二审人民法院作出的,按照第二审程序审理,所作的判决是发生法律效力的判决,当事人不能上诉。一方当事人不履行,另一方当事人可以向人民法院申请强制执行。

(五)督促程序

督促程序又称支付令程序,是指人民法院根据债权人要求债务人给付金钱或有价证券的请求,不经过人民法院审理,直接向债务人发出支付令并要求其给付的程序。

申请支付的条件是:

1. 支付令适用于给付金钱或有价证券。
2. 债权人与债务人没有其他债务纠纷,不存在抵销关系。
3. 支付令能够送达当事人。

人民法院受理债权人的申请后,经审查债权人提供的事实、证据,对债权债务关系明确、合法的,应当在受理之日起15日内向债务人发出支付令;申请不成立的,则裁定驳回。债务人在收到支付令之日起15日内清偿债务,或向人民法院提出书面异议。债务人在规定的时间内不提异议又不履行的,债权人可以向人民法院申请强制执行。若债务人提出异议,人民法院收到债务人提出的书面异议后,经审查,异议成立的,应当裁定终结督促程序,支付令自行失效。支付令失效的,转入诉讼程序,但申请支付令的一方当事人不同意提起诉讼的除外。

(六)公示催告程序

公示催告程序,是指票据支付地基层人民法院根据可以背书转让的票据持有人的申请,以公示的方式,催告不明的票据关系当事人,在人民法院指定的期限内向人民法院申请票据权利,逾期无人申报,人民法院则作出宣告票据无效判决的程序(详见《票据法》一章中的有关论述)。

(七)保全与先予执行程序

1. 保全,是指在起诉前或人民法院受理案件后,作出判决前,根据当事人的申请或认为必要的时候,对于可能因一方当事人的行为或其他原因,使判决不能执行或难以执行的情况,或为了避免当事人或者利害关系人的利益受到不应有的损害或进一步的损害,作出保全裁定。

修改后的《民事诉讼法》第一百条规定"人民法院对于可能因当事人一方的行为或者其他原因,使判决难以执行或者造成当事人其他损害的案件,根据对方当事人的申请,可以裁定对其财产进行保全、责令其作出一定行为或者禁止其作出一定行为;当事人没有提出申请的,人民法院在必要时也可以裁定采取保全措施。"可见,保全分为财产保全和行为保全,《民事诉讼法》首次确立了行为保全制度。所谓行为保全,是指在民事诉讼中,为了避免当事人或者利害关系人的利益受到不应有的损害或进一步的损害,法院有权根据他们的申请对相关当事人的行为采取强制措施。

人民法院采取保全措施,可以责令申请人提供担保,申请人不提供担保的,驳回申请。申请人在人民法院采取保全措施后30日内不起诉或申请仲裁的,人民法院应当解除保全措施。保全限于请求的范围,或者与本案有关的财物。财产保全采取查封、扣押、冻结或者法律规定的其他方法。人民法院保全财产后,应当立即通知被保全财产的人。因申请人的错误采取保全措施,给被申请人造成损失的,申请人应当赔偿。

2. 先予执行,是指人民法院受理案件后,作出判决前,根据当事人一方的申请,先裁定另一方给付一定的财物,或先行裁定另一方作为或不作为的程序。人民法院裁定先予执行前可以责令当事人提供担保,当事人不提供担保的,驳回申请。申请人败诉的,应当赔偿被申请人因先予执行造成的财产损失。

先予执行的条件是:(1)当事人提出申请;(2)当事人之间权利、义务关系明确;(3)不先予执行将严重影响申请人的生活或生产经营;(4)被申请人有履行能力。

申请先予执行的范围:(1)追索赡养费、抚养费、抚育费、抚恤金及医疗费用的;(2)追索劳动报酬的;(3)因情况紧急需要先予执行的。如追索货款、追索赔偿费用、追索生产中急需的原材料和辅助材料及设备、追索急需的图纸和资料、追索一方重大违约给另一方造成重大损失急需的赔偿等。

当事人对财产保全或先予执行的裁定不服的,可以申请复议,但在复议期间不停止裁定的执行。

(八)强制执行程序

强制执行,是指人民法院的执行机构根据已发生法律效力的判决书、裁定或其他的法律文件,在当事人拒不履行义务的情况下,以国家的强制力确定和实现当事人权利、义务的一种程序。

1. 人民法院强制执行的根据。人民法院可以以下列法律文书作为根据,进行强制执行:(1)人民法院作出的民事判决书、裁定书、调解书、支付令及罚款决定书;(2)人民法院作出的具有财产内容的刑事判决书、裁定书；(3)人民法院作出的承认和执行外国法院、外国仲裁机构的裁定书；(4)仲裁机构制作的裁决书、调解书；(5)行政机关制作的依法由人民法院执行的决定书；(6)公证机关依法作出的具有强制执行效力的债权文书。(7)经法院确认的民事调解书。

2. 强制执行措施。强制执行的措施主要是：(1)查询、冻结和划拨被执行人的存款；(2)查封、扣押、冻结、拍卖及变卖被执行人的财产；(3)搜查被执行人及其住所或财产隐匿地；(4)强制执行被执行人交付法律文书指定交付的财物或票证；(5)强制迁出房屋或强制退出土地；(6)强制被执行人完成判决、裁定和其他司法文书指定的行为，费用由被执行人承担；(7)强制被执行人加倍支付延期履行给付金钱债务的利息，强制被执行人支付未在指定的期限内履行其他义务的迟延履行金；(8)其他法律措施。

被执行人不履行法律文书确定的义务，并有可能隐匿、转移财产的，执行员可以立即采取强制执行措施。

被执行人未按执行通知履行法律文书确定的义务，应当报告当前以及收到执行通知之日前一年的财产情况。被执行人拒绝报告或者虚假报告的，人民法院可以根据情节轻重对被执行人或者其法定代理人、有关单位的主要负责人或者直接责任人员予以罚款、拘留。

被执行人不履行法律文书确定的义务的，人民法院可以对其采取或者通知有关单位协助采取限制出境，在征信系统记录、通过媒体公布不履行义务信息以及法律规定的其他措施。

被执行人与他人恶意串通，通过诉讼、仲裁、调解等方式逃避履行法律文书确定的义务的，人民法院应当根据情节轻重予以罚款、拘留；构成犯罪的，依法追究刑事责任。人民检察院有权对民事执行程序进行法律监督。

3. 强制执行的法院。人民法院根据需要可以设立执行机构，对发生法律效力的民事判决、裁定，以及刑事判决、裁定中的财产部分，由第一审人民法院或者与第一审人民法院同级的被执行的财产所在地人民法院执行。

4. 申请强制执行的期限。申请执行的期间为二年。规定的二年期间，从法律文书规定履行期间的最后一日起计算；法律文书规定分期履行的，从规定的每次履行期间的最后一日起计算；法律文书未规定履行期间的，从法律文书生效之日起计算。申请执行时效的中止、中断，适用法律有关诉讼时效中止、中断的规定。

人民法院自收到申请执行书之日起超过6个月未执行的，申请执行人可以向上一级人民法院申请执行。上一级人民法院经审查，可以责令原人民法院在一定期限内执行，也可以决定由本院执行或者指令其他人民法院执行。

5. 强制执行异议。当事人、利害关系人认为执行行为违反法律规定的，可以向负责执行的人民法院提出书面异议。当事人、利害关系人提出书面异议的，人民法院应当自收到书面异议之日起15日内审查，理由成立的，裁定撤销或者改正；理由不成立的，裁定驳回。当事人、利害关系人对裁定不服的，可以自裁定送达之日起10日内向上一级人民法院申请复议。

执行过程中，案外人对执行标的提出书面异议的，人民法院应当自收到书面异议之日起15日内审查，理由成立的，裁定中止对该标的的执行；理由不成立的，裁定驳回。案外人、当事人对裁定不服，认为原判决、裁定错误的，依照审判监督程序办理；与原判决、裁定无关的，可以自裁定送达之日起15日内向人民法院提起诉讼。

(九) 涉外经济诉讼程序

涉外经济诉讼，是我国企业、经济组织及个人同外国的企业、经济组织和个人之间在经济交往中发生争议，其中一方当事人诉诸我国法院，我国法院依法解决其争议的活动。

涉外经济诉讼有以下特别规定：

1. 优先适用我国缔结和参加的国际公约。我国缔结和参加的国际公约同我国民事诉讼法有不同规定的，适用国际公约。但我国在缔结和参加国际公约时声明保留的除外。

2. 人民法院在审理涉外民事案件时应当使用中华人民共和国通用的语言和文字。

3. 外国当事人在我国法院提起诉讼、应诉，需要委托律师代理诉讼的，必须委托中国的律师。

4. 因合同纠纷或其他财产权益纠纷对在中华人民共和国境内没有住所的被告提起诉讼的，可以由合同签订地、合同履行地、诉讼标的物所在地、可供扣押财产所在地、侵权行为地或代表机构住所地人民法院管辖。当事人也可以书面协议选择与争议有实质性联系的地点的人民法院管辖，但不得违反级别管辖和专属管辖的规定。

5. 涉外经济贸易、运输和海事中发生的纠纷，当事人在合同中订有仲裁条款或事后达成仲裁协议，提交中国涉外仲裁机构或其他机构仲裁的，当事人不得向人民法院提起诉讼。

6. 根据中华人民共和国缔结或参加的国际条约，或者按照互惠原则，我国法院和外国法院可以相互请求协助代为送达文书、调查取证以及进行其他诉讼行为。但外国法院请求协助的事项有损于中华人民共和国的主权、安全或社会公共利益的，我国法院不予协助。

我国法院作出的发生法律效力的判决、裁定，如果被执行人或其财产不在中华人民共和国境内，当事人请求执行的，可以由当事人直接向有管辖权的外国法院申请承认和执行，也可以由我国法院依照中华人民共和国缔结或者参加的国际条约的规定，或者按照互惠原则，请求外国法院承认和执行。

涉外经济诉讼的时效为四年。

参 考 阅 读

1. 相关法律文件。
2. 余劲松，吴志攀. 国际经济法. 第4版. 北京：北京大学出版社，2014.

复 习 思 考

1. 经济仲裁的含义及特点是什么？

2. 经济仲裁与经济诉讼的区别在哪里？
3. 仲裁协议及主要条款有哪些？订立仲裁协议后的法律意义有哪些？
4. 涉外仲裁协议的主要条款以及涉外经济仲裁协议的执行各有哪些内容？
5. 经济诉讼管辖是如何划分的？
6. 审判监督程序与二审程序的区别在哪里？
7. 先予执行与强制执行的区别何在？
8. 涉外经济诉讼有哪些特别的规定？

案 例 分 析

案情：王某是中国武汉的一名商人。2015年，王某与一名中国香港商人、一名法籍华人，共同投资两亿元，在武汉市汉阳区成立了一家中外合资有限公司。前期三方合作良好，2019年三个股东之间因利润分配问题产生了纠纷，王某想通过法律途径解决。

问题：
1. 如果王某向法院起诉，何地、何级法院有管辖权？
2. 如果王某想通过仲裁方式解决争议，在签订仲裁协议时选择哪家仲裁机构对其最有利？
3. 请帮他们拟定一份解决合资合同纠纷的仲裁协议。

参 考 文 献

1. 赵中孚. 商法总论. 第 4 版. 北京：中国人民大学出版社，2009.
2. 范键，王建文. 商法总论. 北京：法律出版社，2011.
3. 漆多俊，经济法基础理论. 第 4 版. 武汉：武汉大学出版社，2008.
4. 曾咏梅. 中国商法教程. 武汉：武汉大学出版社，1996.
5. 王峰，曾咏梅. 商法. 北京：北京大学出版社，2008.
6. 全国人大常委会法工委. 中华人民共和国合伙企业法释义. 北京：法律出版社，2006.
7. 姚海波. 新合伙企业法解释与应用. 北京：中国法制出版社，2006.
8. 吴庆宝. 权威点评最高法院公司法指导案例. 北京：中国法制出版社，2010.
9. 卞耀武. 当代外国公司法. 北京：法律出版社，1995.
10. 李飞. 当代外国破产法. 北京：中国法制出版社，2006.
11. 尹正友，张兴群. 中美破产法律制度比较. 北京：法律出版社，2009.
12. 冯晓春. 知识产权法. 第 2 版. 北京：中国政法大学出版社，2010.
13. 陈传夫. 高新技术与知识产权. 武汉：武汉大学出版社，2000.
14. 孔祥俊. WTO 知识产权协定及国内适用. 北京：法律出版社，2002.
15. 曹建民，陈治东. 国际经济法专论. 第 2 卷. 第 3 卷. 第 5 卷. 第 6 卷. 北京：法律出版社，2000.
16. 熊英. 知识产权法原理·案例·疑难. 北京：知识产权出版社，2013.
17. 法律出版社法规中心. 中华人民共和国合同法（注释本）. 北京：法律出版社，2011.
18. 法律法规案例注释版系列编写组. 中华人民共和国担保法：案例注释版. 北京：中国法制出版社，2010.
19. 立金银行培训中心教材编写组. 银行票据承兑与贴现实务培训. 北京：中国经济出版社，2010.
20. 梁英武. 中华人民共和国票据法释论. 上海：立信会计出版社，1995.
21. 中华人民共和国审计署法制司. 中华人民共和国审计法修订. 北京：中国时代经济出版社，2006.
22. 王晓晔. 论反垄断法. 北京：社会科学文献出版社，2010.
23. 段晓红. 产品责任适用范围研究. 北京：中国社会科学出版社，2009.
24. 李俊. 美国产品责任法案例选评. 北京：中国对外经贸大学出版社，2007.
25. 赵相林，曹俊. 国际产品责任法. 北京：中国政法大学出版社，2000.

26. 余劲松，吴志攀. 国际经济法. 第 4 版. 北京：北京大学出版社，2014.
27. 王启富. 法律辞海. 长春：吉林人民出版社，1998.
28. 相关法律法规.

后 记

本书由曾咏梅主编,第一版至第七版书稿由曾咏梅和王峰老师合作完成。其中,曾咏梅负责撰写前言及第一、第二、第三、第四、第五、第六、第八、第十、第十一、第十二章,王峰老师负责撰写第七、第九、第十三、第十四、第十五、第十六、第十七、第十八、第十九章。此次修订,删除了原书第五、第十六、第十八章三章内容,保留十六章。因王峰老师已退休,所以此次主要负责税法一章的初步修订,增加李希负责税法第一节至第三节的再修订、会计法和审计法的修订,其他章节的改写和修订全部由曾咏梅负责。修订稿全部完成后,由曾咏梅对全书作最后的修改审定。

限于作者学术水平,书中难免会有疏漏、错讹之处,敬请热心读者不吝指正。

作 者

2019 年 12 月